Mario Gollwitzer • Manfred Schmitt
Sozialpsychologie

Mario Gollwitzer • Manfred Schmitt

Sozialpsychologie

Workbook

Anschrift der Autoren:

Prof. Dr. Mario Gollwitzer
Prof. Dr. Manfred Schmitt
Universität Koblenz-Landau
Fachbereich 8: Psychologie
Fortstraße 7
76829 Landau (Pfalz)

1. Auflage 2006

© Beltz Verlag, Weinheim 2006
Programm PVU, Psychologie Verlags Union
http://www.beltz.de

Lektorat: Maren Klingelhöfer
Herstellung: Uta Euler
Reihengestaltung: Federico Luci, Köln
Umschlagbild: Getty Images, Hamburg
Satz und Bindung: Druckhaus „Thomas Müntzer", Bad Langensalza
Druck: Druck Partner Rübelmann, Hemsbach

Printed in Germany

ISBN 3-621-27575-4
EAN 978-3621

Vorwort

Die Umstellung des Diplomstudiengangs Psychologie auf die Studienabschlüsse „Bachelor of Science" und „Master of Science" bringt eine Akzentverschiebung zu Lasten der psychologischen Grundlagenfächer und zu Gunsten der Anwendungsfächer mit sich. Die Lehrinhalte in den Grundlagenfächern werden in den Bachelor-Studiengängen nur noch etwa die Hälfte dessen ausmachen, was im Diplom-Grundstudium üblich war. Diese Verschiebung resultiert aus der politischen Vorgabe, den Bachelor als berufsqualifizierenden Abschluss zu konzipieren. Diese Vorgabe lässt sich nur erfüllen, indem Lehrkapazität von den Grundlagenfächern abgezogen und in die Anwendungsfächer investiert wird. Als Folge dieser Verlagerung erhöht sich der Bedarf an Lehrbüchern, die geeignet sind, die Inhalte der Grundlagenfächer repräsentativ und gleichzeitig effizient zu vermitteln.

Unser Lehrbuch dient diesem Zweck. Zentrale Themen und wichtige Theorien der Sozialpsychologie, klassische Untersuchungen und Befunde sowie jene Methoden, derer sich die sozialpsychologische Forschung bedient, werden darin so kompakt wie möglich dargestellt. Das Buch bildet sozusagen den kleinsten gemeinsamen Nenner der zahlreichen Lehr- und Handbücher, die ausführlicher sind und mehr ins Detail gehen.

Die Auswahl der Themen trägt unsere Handschrift. Wir halten es für wichtig, vom aktuellen Mainstream der Sozialpsychologie zu abstrahieren. So wichtig der Mainstream und die damit verbundene Bündelung von Forschungsressourcen für den wissenschaftlichen Fortschritt ist, so vergänglich ist er. In den 1970er Jahren konnte man als Sozialpsychologe besonders leicht auf sich aufmerksam machen, wenn man zum Thema Hilfsbereitschaft forschte. Heutzutage kann man mit Arbeiten zu diesem Thema kaum mehr Interesse wecken. Stattdessen sind „Social Cognition", „Soziale Identität" und „implizite Einstellungen" angesagt. In 20 Jahren werden diese Themen keine bedeutende Rolle mehr spielen. Ein neuer Mainstream wird sie abgelöst haben, möglicherweise biopsychologische Theorien des Sozialverhaltens. Wegen der Vergänglichkeit des Mainstreams und seiner Überbewertung zum Zeitpunkt seiner Dominanz haben wir uns bewusst dafür entschieden, wissenschaftshistorisch nachhaltige Theorien und zeitlose Fragestellungen in den Vordergrund zu rücken. Unser Lehrbuch ist also kein Lehrbuch der aktuellen Sozialpsychologie, sondern ein Lehrbuch beständiger sozialpsychologischer Fragestellungen, Perspektiven und Befunde. Außerdem haben wir uns bemüht, die Bedeutung sozialpsychologischen Wissens für die Angewandte Psychologie zu illustrieren. Dass dies nur exemplarisch geschehen konnte, ergibt sich aus dem Konzept des Buches.

Das Buch in seiner vorliegenden Form wäre nicht ohne die Unterstützung vieler hilfsbereiter und kompetenter Kolleginnen und Kollegen möglich gewesen. Anna Baumert, Tobias Gschwendner und Wilhelm Hofmann haben den Text kritisch gelesen, Fehler gefunden und gute Verbesserungsvorschläge gemacht. Bernd Bossong hat insbesondere zur Verbesserung des Kapitels „Evolutionspsychologische und soziobiologische Theorien" beigetragen. Katrin Eisenbach und Jelena Strache haben an der didaktischen Aufbereitung des Textes für die Lehrbuchform mitgearbeitet. Susan Burkhardt und Christine Reither haben die zitierte Literatur akribisch geprüft und viele Leerstellen im Quellenverzeichnis ergänzt. Gregor Roux hat an der Erstellung der Verzeichnisse mitgearbeitet. Ihnen allen gebührt unser herzlicher Dank. Nicht zuletzt möchten wir uns bei unseren Ansprechpartnerinnen beim Beltz Verlag in Weinheim, Frau Dr. Heike Berger, Ines Heinen sowie bei Maren Klingelhöfer bedanken, die mit vielen guten Ratschlägen dazu beitrugen, das Buch leserfreundlicher und ansprechender zu machen.

Wir widmen dieses Buch unserem gemeinsamen akademischen Lehrer, Leo Montada. Wie kein anderer hat er es verstanden und versteht er es, psychologische Fragen ganzheitlich zu stellen und zu reflektieren. Er hat sich nie einer Schule oder einer Theorie untergeordnet, geschweige denn den Paradigmen einer der sogenannten Teildisziplinen verschrieben. Vielmehr hat er den Horizont jeder seiner zahlreichen psychologischen Analysen zunächst maximal erweitert, um möglichst viele sich ergänzende Perspektiven auf das Thema einnehmen und ihren jeweiligen Erkenntniswert vergleichend prüfen zu können.

Landau, im November 2005   Mario Gollwitzer
                                                                    Manfred Schmitt

Inhalt

Teil II
Spezielle Themen der Sozialpsychologie

Teil III
Methoden

1 Einführung

Was ist Sozialpsychologie? Psychologie ist die Wissenschaft vom menschlichen Erleben und Verhalten. Innerhalb der Psychologie befasst sich die Sozialpsychologie mit der Beschreibung, Erklärung und Vorhersage von Verhalten und Erleben im sozialen Kontext. Ein Kontext ist immer dann „sozial", wenn das individuelle Verhalten und Erleben durch andere Menschen beeinflusst ist oder andere Menschen betrifft. Dabei spielt es nur eine untergeordnete Rolle, ob diese anderen Menschen in der jeweiligen Situation tatsächlich anwesend oder vorgestellt, d.h. subjektiv repräsentiert sind.

Definition

Sozialpsychologie befasst sich mit der Frage, welchen Einfluss die tatsächliche oder vorgestellte Anwesenheit anderer auf menschliches Erleben und Verhalten hat.

1.1 Sozialpsychologische Bezüge zu Nachbardisziplinen

1.1.1 Sozialpsychologie im Kanon der psychologischen Grundlagendisziplinen

Im Folgenden soll die Sozialpsychologie in den Kanon der benachbarten Grundlagendisziplinen eingeordnet werden. Wir sprechen bewusst nicht von „abgrenzen", da wir es generell für nicht sinnvoll erachten, psychologische Teildisziplinen hinsichtlich ihrer Unterschiedlichkeit zu betrachten: Alle Disziplinen beschäftigen sich mit menschlichem Verhalten und Erleben – jede in Anlehnung an ihre jeweiligen thematischen Strömungen, ihre typischen Fragestellungen, ihre Befunde und ihre empirischen Forschungsmethoden. Die Befunde und Modelle der verschiedenen Disziplinen schließen sich nicht aus, sondern ergänzen sich.

Um zu verstehen, worin die spezifische Denk- und Forschungstradition der Sozialpsychologie besteht, ist ein Vergleich mit einigen der anderen Teildisziplinen dennoch sinnvoll. Wir konzentrieren uns dabei auf die Grundlagendisziplinen Allgemeine Psychologie, Differentielle Psychologie, Entwicklungspsychologie sowie Biopsychologie (Tab. 1.1).

Jede Teildisziplin befasst sich mit unterschiedlichen – aber nicht widersprüchlichen oder konträren – Aspekten des Verhaltens und Erlebens: Unter der Überschrift „ist interessiert an . . ." werden in der linken Spalte von Tab. 1.1 diese Aspekte für jede Disziplin herausgestellt. Einige klassische Befunde der jeweiligen Disziplin werden beispielhaft in der mittleren Spalte („Beispielhafte Befunde") dargestellt, um zu veranschaulichen, was an der jeweiligen Disziplin so „typisch" ist.

Allerdings besteht für jede dieser Teildisziplinen auch ein Bezug zur Sozialpsychologie (vgl. die Fragestellungen unter der Überschrift „Bezug zur Sozialpsychologie" in der rechten Spalte). Diesen Bezügen ist gemeinsam, dass sie einen sozialen Kontext (Freunde, Eltern, andere soziale Gruppen, anonyme andere) oder soziales Verhalten (Ausländerfeindlichkeit, Hilfsbereitschaft, Aggression etc.) beinhalten.

Tabelle 1.1: Sozialpsychologische Bezüge zu den benachbarten psychologischen Grundlagendisziplinen

Allgemeine Psychologie

ist interessiert an ...	Beispielhafte Befunde	Bezug zur Sozialpsychologie
... Gesetzmäßigkeiten des Verhaltens und Erlebens, die auf alle (oder zumindest möglichst viele Menschen) zutreffen.	▶ Lernen am Modell ist umso effizienter, je ähnlicher das Modell dem Lernenden ist. ▶ Die Leistungsfähigkeit ist bei einem mittleren Grad an physiologischer Erregung am höchsten.	▶ Übernehmen Jugendliche eher die Einstellungen ihrer Freunde oder ihrer Eltern? ▶ Wenn die Anwesenheit anderer das Erregungsniveau erhöht, steigt dann auch die Leistungsfähigkeit einer Person?

Persönlichkeits- und Differentielle Psychologie

ist interessiert an ...	Beispielhafte Befunde	Bezug zur Sozialpsychologie
... Unterschieden zwischen Personen in Bezug auf Persönlichkeitsmerkmale, Leistungseigenschaften, Motive, Einstellungen etc.	▶ Persönlichkeitseigenschaften (wie „Extraversion") gehen eher mit entsprechendem Verhalten (z.B. Besuch vieler Partys) einher, wenn eine Person eine hohe Selbstaufmerksamkeit besitzt. ▶ Personen unterscheiden sich im Hinblick darauf, wie stark sie daran glauben (wollen), dass die Welt gerecht ist.	▶ Kann man aus einer Einstellung, die eine Person hat (z.B. gegenüber Ausländern), eher ihr Verhalten (z.B. Ausländerfeindlichkeit) vorhersagen, wenn sie eine hohe Selbstaufmerksamkeit besitzt? ▶ Sind Personen mit einem starken Glauben an eine gerechte Welt eher bereit, für Katastrophenopfer zu spenden?

Entwicklungspsychologie

ist interessiert an ...	Beispielhafte Befunde	Bezug zur Sozialpsychologie
... der Genese und der Veränderung psychologischer Merkmale im Lebenslauf.	▶ Eine Person ist als Erwachsener eher delinquent, wenn sie bereits als Kind extremes Trotzverhalten zeigte. ▶ Die moralische Entwicklung vollzieht sich bis zum frühen Erwachsenenalter in Stufen.	▶ Suchen sich „schwierige" Kinder eher eine soziale Umgebung, die delinquentes Verhalten gutheißt und dadurch bekräftigt? ▶ Sind Jugendliche umso hilfsbereiter, je höher ihr Moralentwicklungsniveau ist?

Biopsychologie

ist interessiert an ...	Beispielhafte Befunde	Bezug zur Sozialpsychologie
... den biologischen Grundlagen und Korrelaten menschlichen Verhaltens und Erlebens.	▶ Bei aggressiven Personen ist die Konzentration des männlichen Sexualhormons Testosteron erhöht. ▶ Das Hormon Cortisol spielt eine Rolle im Zusammenhang mit Stress und Stresserleben.	▶ Sind Männer aggressiver als Frauen? ▶ In welchen sozialen Situationen (z.B. Vorstellungsgespräch) ist der subjektive Stress für eine Person besonders hoch?

1.1.2 Bedeutung der Sozialpsychologie für psychologische Anwendungsdisziplinen

Die Sozialpsychologie profitiert von Erkenntnissen der anderen psychologischen Teildisziplinen. Umgekehrt haben sozialpsychologische Erkenntnisse für viele Fragestellungen der anderen psychologischen Teildisziplinen eine große Bedeutung. Dies gilt auch für die „klassischen" Anwendungsdisziplinen, die Klinische Psychologie, die Arbeits- und Organisationspsychologie, die Markt- und Konsumentenpsychologie sowie die Pädagogische Psychologie.

In Tab. 1.2 sind die Bezüge zwischen der Sozialpsychologie und den vier genannten Anwendungsdisziplinen dargestellt. In der linken Spalte der Tabelle („ist interessiert an . . .") wird jede der vier Disziplinen kurz charakterisiert. In der mittleren Spalte sind typische Forschungsthemen der jeweiligen Disziplin genannt. In der rechten Spalte wird schließlich aufgezeigt, worin der sozialpsychologische Beitrag zu dem jeweiligen Forschungsthema besteht.

1.1.3 Bedeutung der Sozialpsychologie für die Forschungsmethodologie

Schließlich ist die Sozialpsychologie auch von Bedeutung für die empirische Gewinnung und Verarbeitung von Daten. Viele psychologische Untersuchungssituationen sind soziale Situationen. Ohne fundierte Kenntnis der sozialen Prozesse, die in einer solchen Versuchssituation ablaufen, würde man Gefahr laufen, die gewonnenen Daten falsch zu interpretieren. Die Sozialpsychologie hat wesentlich dazu beigetragen, Störeinflüsse in Versuchssituationen, welche die Datenqualität mindern, zu identifizieren.

1.2 Aufbau und didaktisches Konzept des Buches

Dieses Lehr- und Arbeitsbuch ist in drei Blöcke unterteilt: Klassische Theorien (Teil I), Spezielle Themen der Sozialpsychologie (Teil II) und Methoden (Teil III).

Klassische Theorien. Teil I (Kapitel 2 bis 10) umfasst klassische Theorien, die die Sozialpsychologie nachhaltig beeinflusst haben oder von ihr beeinflusst worden sind. Dabei sind nicht alle der hier dargestellten Theorien „echte" sozialpsychologische Theorien, dennoch bilden sie heute die Grundlage vieler spezifischerer sozialpsychologischer Theorien. Das liegt daran, dass diese „Klassiker" – anders als manch neuere Theorie – einen sehr breiten Anwendungsbereich haben und daher in der Lage sind, eine ganze Reihe sozialer Phänomene relativ sparsam zu erklären.

Spezielle Themen der Sozialpsychologie. Teil II (Kapitel 11 bis 15) beschäftigt sich mit jenen Phänomenen, die traditionell zum Forschungsgebiet der Sozialpsychologie gehören: Konformität, soziale Einstellungen, aggressives Verhalten, Altruismus und Hilfsbereitschaft sowie soziale Gruppen. Dieses Themenspektrum ist zugegebenermaßen unvollständig. Bedeutsame sozialpsychologische Themen wie soziale Emotionen, soziale Normen, Selbst und Identität, soziale Kognition oder Vorurteile und Stereotype werden, obwohl sie zu den klassischen Fragestellungen der sozialpsychologischen Theorienbildung und Forschung gehören, im Kontext anderer Phänomene oder Theorien besprochen: Beispielsweise behandeln wir Aspekte des Themas Vorurteile und Stereotype im Rahmen der Sozialen Identitätstheorie (Kapitel 6) und in den Kapiteln 12 (Soziale Einstellungen) und 15 (Soziale Gruppen).

Tabelle 1.2: Bedeutung sozialpsychologischer Befunde für ausgewählte psychologische Anwendungsdisziplinen

Klinische Psychologie

ist interessiert an ...	Themen	Bezug zur Sozialpsychologie
... der Beschreibung und Erklärung sowie der Diagnose und der Veränderung unerwünschten abweichenden Verhaltens und Erlebens.	▶ Klinische Diagnostik ▶ Gruppentherapie	▶ Die soziale Beziehung zwischen Klient und Therapeut beeinflusst die diagnostische Situation. ▶ Gruppenprozesse und -phänomene (Macht, Status, Sympathie etc.) beeinflussen den Erfolg einer gruppentherapeutischen Maßnahme.

Arbeits- und Organisationspsychologie

ist interessiert an ...	Themen	Bezug zur Sozialpsychologie
... den vielfachen wechselseitigen Einflüssen zwischen Arbeitstätigkeiten, organisationalen Strukturen und menschlichem Verhalten und Erleben.	▶ Führung in Organisationen ▶ Gestaltung von Gruppenarbeit	▶ Der Führungsstil eines Managers wirkt sich direkt auf die Leistungsbereitschaft und die Motiviertheit der Mitarbeiter aus. ▶ Die Aufteilung der Aufgaben bei teilautonomen Arbeitsgruppen wirkt sich auf die Gruppenleistung aus.

Markt- und Konsumentenpsychologie

ist interessiert an ...	Themen	Bezug zur Sozialpsychologie
... Einstellungen gegenüber Marken und Produkten sowie Verhalten im Zusammenhang mit wirtschaftlichem Austausch.	▶ Werbung ▶ Kaufentscheidungen	▶ Ist eine Werbebotschaft zu massiv, bewirkt sie das Gegenteil dessen, was sie eigentlich erreichen soll. ▶ Ob eine Person beabsichtigt, ein Produkt zu kaufen oder nicht, hängt von den Erwartungen der sozialen Umwelt der betroffenen Person ab.

Pädagogische Psychologie

ist interessiert an ...	Themen	Bezug zur Sozialpsychologie
... den Prozessen der Sozialisation, der Erziehung und der Bildung.	▶ Trainingsmaßnahmen im Gruppenkontext ▶ Gestalten von Lehr-Lern-Kontexten (z.B. Schule)	▶ Die Zusammensetzung der Gruppe beeinflusst den Erfolg der Trainingsmaßnahme. ▶ Die aktive Einbeziehung von Schülerinnen und Schülern in die Unterrichtsgestaltung wirkt sich positiv auf Motivation und Leistung aus.

Methoden. Teil III ist methodologischen Grundlagen sozialpsychologischer Forschung gewidmet. Kapitel 16 geht der Frage nach, wie die Sozialpsychologie zu ihren Erkenntnissen kommt, welche Datenarten und empirischen Forschungsstrategien für die Sozialpsychologie typisch sind und welche Aspekte bei der Planung und Durchführung sozialpsychologischer Experimente und Studien zu beachten sind.

Bezüge der 3 Blöcke untereinander

Soziale Phänomene und Prozesse sollen durch Theorien erklärt werden. Zur Erklärung gibt es aber nie lediglich eine einzige Theorie, sondern für jedes Phänomen stets eine Reihe von Theorien, die – aufgrund von Paradigmenwechseln in der Historie des Faches, aufgrund widersprüchlicher empirischer Befunde oder aber aufgrund von neuen empirischen Erkenntnissen und theoretischen Weiterentwicklungen – jeweils ihre eigenen Erklärungsansätze verfolgen und sich dabei entweder ergänzen oder widersprechen. Gerade diese Widersprüchlichkeit macht den Reiz der Theorieentwicklung und die Dynamik des Forschungsgeschehens aus.

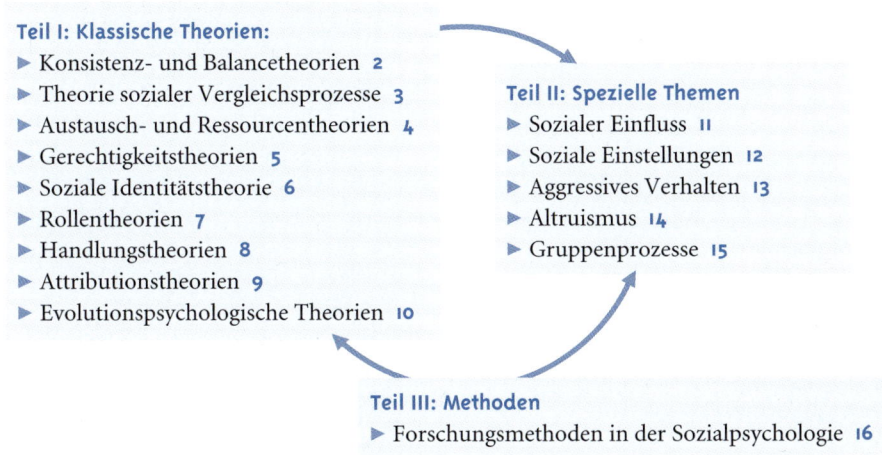

Teil I: Klassische Theorien:
► Konsistenz- und Balancetheorien 2
► Theorie sozialer Vergleichsprozesse 3
► Austausch- und Ressourcentheorien 4
► Gerechtigkeitstheorien 5
► Soziale Identitätstheorie 6
► Rollentheorien 7
► Handlungstheorien 8
► Attributionstheorien 9
► Evolutionspsychologische Theorien 10

Teil II: Spezielle Themen
► Sozialer Einfluss 11
► Soziale Einstellungen 12
► Aggressives Verhalten 13
► Altruismus 14
► Gruppenprozesse 15

Teil III: Methoden
► Forschungsmethoden in der Sozialpsychologie 16

Bezüge zwischen klassischen Theorien und speziellen Themen. Die Theorien von Teil I können auf spezielle Themen in Teil II bezogen werden. Die Bezüge haben wir jeweils am Kapitelbeginn graphisch und mit einfachen Stichworten veranschaulicht. Wir beschränken uns auf jene Bezüge, die im jeweiligen Kapitel tatsächlich behandelt werden. Es ließen sich noch viele weitere Bezüge herstellen – eine Beschränkung auf die wichtigsten und offensichtlichsten soll Ihnen helfen, nicht den Überblick zu verlieren.

Bezüge zwischen klassischen Theorien. Auch zwischen den klassischen Theorien bestehen vielfältige Beziehungen. Einige Theorien oder Theoriefamilien (z.B. Konsistenztheorien, Handlungstheorien) sind so breit angelegt, dass sie zu fast allen anderen Theorien Bezüge aufweisen; andere Theorien können als Vorläufer für spätere Weiterentwicklungen angesehen werden (z.B. gründen viele gerechtigkeitspsychologische Theorien auf austauschtheoretischen Prämissen). Diese Verbindungen greifen wir am Kapitelbeginn noch einmal graphisch auf und erläutern sie stichwortartig.

Bezüge zwischen speziellen Themen. Auch die speziellen Themen lassen sich mehr oder weniger aufeinander beziehen: Wo immer sich solche Bezüge anbieten und in den jeweiligen Kapiteln ausführlicher elaboriert werden, werden wir sie jeweils am Kapitelbeginn nennen.

Bezüge zwischen Methoden und Theorien bzw. Themen. Wir erkennen bereits in den ersten beiden Teilen die Bedeutung des empirischen Arbeitens für sozialpsychologische Forschung und Theorienbildung und lernen einige methodologische Konzepte bereits in diesen Kapiteln kennen. In Kapitel 16 (Forschungsmethoden) greifen wir die methodologischen Konzepte auf und erläutern sie näher.

Wir hoffen, hiermit die Orientierung im Buch, aber auch in der sozialpsychologischen Ideen- und Forschungswelt ein wenig zu erleichtern.

Teil I
Klassische Theorien

2 Konsistenz- und Balancetheorien

Sie kennen das bestimmt: Es ist angenehmer, bei einer Diskussion mit seinen Freunden einer Meinung zu sein. Es ist angenehmer, eine Entscheidung zu treffen, von der man schon vorher weiß, dass sie sicher richtig ist. Es ist angenehmer, eigene Überzeugungen nicht ändern zu müssen, selbst wenn nicht immer alles für ihre Richtigkeit spricht (zum Beispiel wollen wir auch dann noch an eine „gerechte Welt" glauben, wenn wir überall um uns herum Ungerechtigkeiten wahrnehmen). Es ist angenehmer, eine gute Leistung auf eigene Fähigkeiten zurückzuführen und schlechte Leistungen auf den Zufall zu schieben.

All dies sind Beispiele dafür, dass wir im Alltag nach Balance oder Konsistenz streben. Wir wollen Ordnung in unserem „kognitiven System", und wir wollen, dass unsere Überzeugungen und Meinungen mit unseren Handlungen übereinstimmen. Aber was tun wir, wenn es einmal keine Übereinstimmung ergibt? Wenn wir beispielsweise gezwungen werden, etwas zu tun, das unserer Überzeugung widerspricht?

Bezüge zu anderen Theorie-Kapiteln:

- Wir streben nach Konsistenz beim Vergleich mit anderen 3
- Gruppen streben nach Konsistenz 3
- Beziehungen mit schlechtem „Tauschwert" sind instabil 4
- Wir wollen an eine gerechte Welt glauben 5
- Wir sollten Rollen spielen, die zu uns passen 7
- Wir passen unsere Leistungen unserem Selbstbild an 9

Klassische Theorien:

- Konsistenz- und Balancetheorien 2
- Theorie sozialer Vergleichsprozesse 3
- Austausch- und Ressourcentheorien 4
- Gerechtigkeitstheorien 5
- Soziale Identitätstheorie 6
- Rollentheorien 7
- Handlungstheorien 8
- Attributionstheorien 9
- Evolutionspsychologische Theorien 10

Bezüge zu speziellen Themen-Kapiteln:

- Unsere Meinung hängt von der Meinung anderer ab 11
- Einstellungen verraten uns (und anderen), wer wir sind 12
- Wieso handelt man nicht immer gemäß seiner Einstellungen? 12
- Wir helfen, wenn wir wissen, dass wir helfen sollen 14
- Homogene Gruppen haben Vor- und Nachteile 15

2.1 Grundgedanke der Konsistenz- und Balancetheorien

Konsistenz- und Balancetheorien beschäftigen sich mit Beziehungen zwischen kognitiven Elementen. Kognitive Elemente sind – allgemein gesprochen – Bewusstseinsinhalte. Dazu gehören u.a.:

- Wahrnehmungen (Die Tafel ist grün),
- Denkprozesse (2 + 2 = 4),

- Meinungen und Einstellungen (Ich bin gegen die Todesstrafe),
- Handlungen (Ich werde jetzt eine rauchen).

Konsistenzmotiv. Alle Konsistenztheorien teilen die Annahme, dass Menschen danach streben, kognitive Elemente miteinander in Einklang zu bringen. Man spricht hierbei vom „Konsistenzmotiv". Tut eine Person beispielsweise etwas, was mit ihren Einstellungen oder Wertvorstellungen nicht vereinbar ist, so erlebt sie einen Widerspruch zwischen zwei kognitiven Elementen (Handeln und Wertvorstellungen). Andersherum gilt das Gleiche, wenn etwa eine Person etwas nicht tut, obwohl es ihre Einstellungen verlangen würden.

Ein System aus widersprüchlichen kognitiven Elementen wird als unangenehm erlebt, ist instabil und strebt nach Veränderung, bis ein Zustand der Widerspruchsfreiheit erreicht ist. Ein System aus widerspruchsfreien kognitiven Elementen wird als angenehm empfunden, ist stabil und strebt nach Aufrechterhaltung.

Synonyme für „Einklang"

Folgende Begriffe werden in den Konsistenz- und Balancetheorien synonym verwendet:
- Konsistenz (konsistent – inkonsistent)
- Balance (balanciert – unbalanciert)
- Widerspruchsfreiheit (widerspruchsfrei – widersprüchlich)
- Konsonanz (konsonant – dissonant)
- Harmonie (harmonisch – disharmonisch)
- Ausgewogenheit (ausgewogen – unausgewogen)
- Kongruenz (kongruent – inkongruent)

Es gibt heute eine größere Zahl von Theorien, die auf dem Grundgedanken des Konsistenzmotivs aufbauen. Die beiden bedeutendsten Theorien werden wir etwas genauer kennen lernen: Die Balancetheorie von Fritz Heider und die Dissonanztheorie von Leon Festinger. Auch auf einige Weiterentwicklungen dieser Theorien wird im Folgenden eingegangen.

2.2 Balancetheorie von Heider

Fritz Heider, ein deutscher Sozialpsychologe, der 1930 in die USA emigrierte, formulierte in einem kurzen Artikel (Heider, 1946) und später in einer Monographie (1958) als erster den Grundgedanken aller Konsistenztheorien.

2.2.1 Elemente und Relationen

Elemente. Grundeinheiten der Heiderschen Theorie sind Elemente. Die drei von Heider am häufigsten genannten Elemente sind die wahrnehmende Person selbst (P), eine andere Person (O, von engl. „other") und ein Objekt (X).

Einheits- und Wertrelationen. Zwischen den Elementen bestehen Relationen (Verknüpfungen). Es gibt zwei Arten von Relationen:

(1) **Einheitsrelationen (unit relations).** Sie charakterisieren sachliche Aspekte einer Beziehung zwischen Elementen (z.B.: P besitzt X).

(2) **Wertrelationen (sentiment relations).** Sie charakterisieren gefühlsmäßige Aspekte einer Beziehung zwischen Elementen (z.B.: P hasst O).

Positive und negative Relationen. Relationen können positiv oder negativ sein. Eine positive Einheitsrelation bedeutet Ähnlichkeit, Nähe, Zusammengehörigkeit, Besitz usw., eine negative Einheitsrelation bedeutet Unähnlichkeit, Distanz, Trennung, Gegensatz, Verlust usw. Eine positive Wertrelation bedeutet Wertschätzung oder Zuneigung, eine negative Wertrelation bedeutet Geringschätzung, Abneigung.

Multiple Relationen. Zwischen zwei Elementen können mehrere Relationen gleichzeitig bestehen: P kann ein Objekt X besitzen (Einheitsrelation) *und* mögen (Wertrelation), P und O können befreundet sein (Wertrelation) *und* zusammen wohnen (Einheitsrelation).

Gerichtete und ungerichtete Relationen. Relationen können gerichtet oder ungerichtet sein. Dies gilt jedoch im Allgemeinen nur für Einheitsrelationen; Wertrelationen sind in der Regel gerichtet.

Beispiel

Gerichtete und ungerichtete Relationen

▶ Peter besitzt ein Auto (gerichtete positive Einheitsrelation).

▶ Peter wohnt mit Otto zusammen (ungerichtete positive Einheitsrelation).

▶ Peter liebt Susanne (gerichtete positive Wertrelation).

▶ Peter und Susanne lieben sich gegenseitig (zwei gerichtete positive Wertrelationen).

2.2.2 Balanciertheit und Unbalanciertheit

Heider beschränkt sich in seiner Theorie auf zwei- und drei-elementige Strukturen. Zwei-elementige Strukturen nennt man Dyaden, drei-elementige Strukturen nennt man Triaden.

Zwei-elementige Strukturen (Dyaden). Zwei-elementige Strukturen sind balanciert, wenn alle vorhandenen Relationen das gleiche Vorzeichen haben.

Beispiel

Unbalancierte Dyaden

▶ Eine Person P wohnt in einer Wohnung X, die sie nicht mag. Dann ist die Einheitsrelation positiv, die Wertrelation negativ und die Struktur unbalanciert.

▶ Eine Person P liebt eine Person O, aber O liebt P nicht. Dann ist die bidirektionale Wertrelation zwischen P und O unbalanciert.

Balancierte Dyaden sind stabil, unbalancierte Dyaden sind instabil und motivieren zu Veränderungen. Unbalancierte Dyaden werden balanciert, indem auf eine Vereinheitlichung der Valenzen aller Beziehungen (positiv, negativ) hingewirkt wird. Daraus ergeben sich zwei Konsequenzen:

(1) Objekte und Personen, zu denen wir eine positive Wertbeziehung haben, möchten wir auch besitzen (positive Einheitsrelation).

(2) Objekte, die wir besitzen (positive Einheitsrelation) werden uns zunehmend sympathisch. Phänomene wie Ortsbindung und Heimatliebe lassen sich also mit Heiders Balancetheorie erklären.

Drei-elementige Strukturen (Triaden). Heider hat sich mehr mit Triaden als mit Dyaden befasst und dabei den Schwerpunkt seiner Analyse auf die P-O-X-Triade gelegt. Zur besseren Veranschaulichung der Verhältnisse in P-O-X-Triaden hat Heider einige Vereinfachungen vorgenommen:

▶ Er unterscheidet nicht mehr zwischen Einheitsrelationen und Wertrelationen.

▶ Er unterscheidet nicht mehr die multiplen Relationen zwischen gleichen Elementen.

▶ Er betrachtet nur noch die Valenz einer Relation (ist sie positiv oder negativ?).

Nach diesen Vereinfachungen gibt es in einer P-O-X-Triade noch genau drei Relationen:

(1) die Relation zwischen P (Ich) und O (eine andere Person),

(2) die Relation zwischen P (Ich) und X (einem Objekt),

(3) die Relation zwischen O (einer anderen Person) und X (einem Objekt).

Wenn wir nur noch die Valenz der Relationen betrachten, ergeben sich genau $2^3 = 8$ Valenzkonfigurationen: Vier dieser Konfigurationen sind balanciert, die restlichen vier Konfigurationen sind unbalanciert. Abb. 2.1 stellt diese acht Konfigurationen dar. Positive Relationen werden hier durch durchgehende Linien symbolisiert, negative Relationen durch gestrichelte Linien.

Abbildung 2.1. Balancierte und unbalancierte Triaden in der Balancetheorie von Heider.
Dargestellt sind drei-elementige Strukturen, bestehend aus einer Person P, einer zweiten Person O und einem Objekt X. **Durchgezogene Linien** bezeichnen positive Relationen (z.B. P mag O), **gestrichelte Linien** bezeichnen negative Relationen (z.B. O hasst X). Eine vollständige Kombination aller möglichen Relationen ergibt acht Möglichkeiten. Vier davon sind balanciert (obere Reihe), vier sind unbalanciert (untere Reihe)

balancierte Triaden

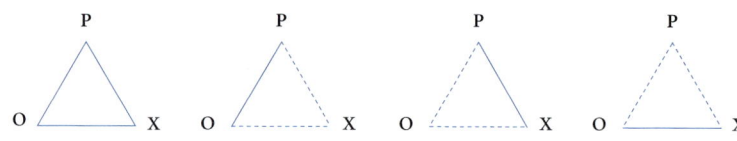

unbalancierte Triaden

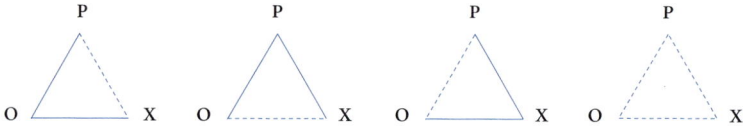

Balanciert ist eine Triade, wenn das Produkt der Valenzen positiv ist, was der Fall ist, wenn

▶ entweder alle drei Relationen positiv sind,

▶ oder zwei Relationen negativ sind und eine positiv.

Unbalanciert ist eine Triade, wenn das Produkt der Valenzen negativ ist, was der Fall ist, wenn

▶ entweder eine Relation negativ ist und die beiden anderen positiv sind,

▶ oder alle drei Relationen negativ sind.

Eine unausgewogene Struktur kann auf mehrere Arten balanciert werden. Im einfachsten Fall wird die Valenz *einer* der drei Relationen verändert.

Beispiel

Möglichkeiten der Balancierung einer unbalancierten kognitiven Struktur

Petra mag ihren Freund Otto, Otto verehrt den Musiker X-Man. Petra findet X-Man allerdings furchtbar. Petra kann nun diese Imbalance auflösen, indem sie entweder

▶ ihre Freundschaft zu Otto auflöst (die P-O-Relation negativiert),

▶ ihren Freund Otto von den Nachteilen des Musikers X-Man überzeugt (die O-X-Relation negativiert),

▶ oder selbst anfängt, X-Man doch nicht mehr so schlimm zu finden (die P-X-Relation positiviert).

2.2.3 Kommentar und Ausblick zur Balancetheorie

Kritikpunkte

Heiders grundsätzliche Überlegungen waren sehr einflussreich, blieben aber auch von Kritik nicht verschont. Besonders folgende drei Einwände sind gegen die Theorie vorgebracht worden:

(1) Sie sei nur auf extrem einfache, nämlich zwei- oder drei-elementige Strukturen anwendbar. Die meisten realen kognitiven Systeme seien jedoch komplizierter (Komplexitätsproblem).

(2) Sie unterscheide nur zwischen positiven und negativen Relationen, berücksichtige aber weder den Grad der Positivität bzw. Negativität und auch nicht die Stärke der Relation (Digitalitätsproblem).

(3) Sie erlaube keine Voraussagen über die Art der Änderung einer unbalancierten Struktur (Problem der konkreten Vorhersage).

Weiterentwicklungen

Als Entgegnung auf diese Kritikpunkte sind von anderen Autoren Weiterentwicklungen und Verallgemeinerungen der Theorie angeregt worden.

Lösung des Komplexitätsproblems. Zur Lösung des Komplexitätsproblems haben Cartwright und Harary (1956) eine Verallgemeinerung der Heiderschen Balancetheorie vorgeschlagen. Mit ihrem Ansatz ist die Theorie auf eine beliebige Anzahl von Kognitionen bzw. Relationen anwendbar.

Lösung des Digitalitätsproblems. Zur Lösung des Digitalitätsproblems haben Mohazab und Feger (1985) vorgeschlagen, die Intensität der einzelnen Relationen auf einer Ordinalskala darzustellen.

Lösung des Problems der konkreten Vorhersage. Heider selbst entwickelte keine (oder nur spärliche) theoretische Vorstellungen darüber, wie eine unbalancierte Struktur verändert wird. Bei einer unbalancierten Triade gibt es *drei* Möglichkeiten der Balancierung (siehe Beispielkasten S. 12, unten); bei einer unbalancierten Struktur aus mehr als drei Elementen steigt die Zahl von Möglichkeiten der Balancierung exponentiell an.

In der Folge wurden zu der Frage, wie eine Person eine unausgewogene Triade konkret balanciert, einige Ideen entwickelt. Zwei davon haben sich empirisch recht gut bewährt.

(1) Das Positivitätsprinzip (Zajonc & Burnstein, 1965) besagt, dass positive Relationen generell bevorzugt werden. Wenn eine unbalancierter Triade *eine* negative Relation beinhaltet, dann wird eher diese „positiv gemacht", als dass eine der beiden positiven „negativ" gemacht wird.

(2) Das Ökonomieprinzip (Rosenberg & Abelson, 1960) besagt, dass so wenige Relationen wie nötig geändert werden, um eine unbalancierte Struktur zu balancieren. Dieses Prinzip greift vor allem bei Strukturen, die aus mehr als drei Elementen bestehen.

Neuere Anwendungen

Deservingness. Die Balancetheorie hat Eingang in eine Reihe sozialpsychologischer Forschungsarbeiten und Theorien gefunden. Besonders von Bedeutung ist hier die Deservingness-Theorie des australischen Sozialpsychologen Norman Feather (z.B. Feather, 1999). Deservingness (Verdientheit) ist nach Feather dann gegeben, wenn eine kognitive Triade, bestehend aus Person, Handlung und Ergebnis, balanciert ist.

Verdientes und unverdientes Ergebnis (Feather & Dawson, 1998)

Eine Person strengt sich bei der Suche nach einem Arbeitsplatz an (Handlung), und sie erhält die Stelle (Ergebnis) – das ist verdient. Unverdient wäre es, wenn sie sich nicht anstrengen und die Stelle trotzdem bekommen oder wenn sie sich anstrengen und die Stelle nicht bekommen würde.

Die Deservingness-Theorie lässt sich allerdings nur dann mit den Termini Heiders beschreiben, wenn zwischen der Handlung und dem Ergebnis ein Zusammenhang wahrgenommen wird.

„Handlungs-Ergebnis-Kontingenz". Solche Zusammenhänge, sogenannte Handlungs-Ergebnis-Kontingenzen, können das Ergebnis eines subjektiven Konstruktionsprozesses sein: Schon der französische Entwicklungspsychologe Jean Piaget berichtete, dass Kinder (im Alter von ca. sechs Jahren) ein Ereignis (ein Kind fällt, als es über ein morsches Brett geht) mit einer völlig unzusammenhängenden vorangegangenen Handlung (das Kind hatte zuvor etwas Verbotenes getan) in Verbindung bringen. Er nannte dies „immanente Gerechtigkeit" oder „moralischen Realismus" (Piaget, 1932).

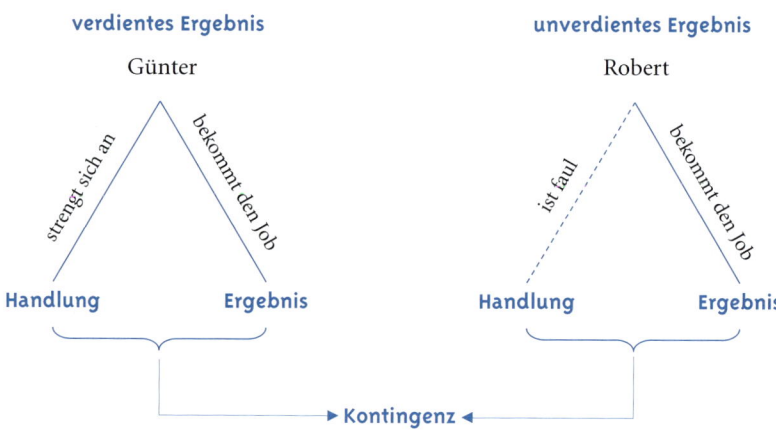

Abbildung 2.2. Verdientheit (Deservingness) als balancierte bzw. unbalancierte Triade.
Nach der Theorie von Feather (1999) lässt sich Verdientheit als eine Heidersche Triade darstellen. Demnach ist die linke Triade (Günter gibt sich bei der Jobsuche Mühe und erhält ein gutes Angebot) balanciert, die rechte Triade (Robert erhält einen Job, obwohl er faul war) unbalanciert. Voraussetzung ist, dass zwischen der Handlung (fleißig vs. faul sein) und dem Ergebnis ein Zusammenhang (eine Kontingenz) wahrgenommen wird

(z.B. Wer einen Job will, der muss auch etwas dafür tun)

2.3 Dissonanztheorie von Festinger

Während Heiders balancetheoretische Überlegungen ihre Grundlagen in der Wahrnehmungspsychologie haben, ist die Dissonanztheorie von Leon Festinger (1957) eher eine motivationale Theorie. Hinsichtlich ihrer Grundgedanken und ihrer Hypothesen sind sich die beiden Theorien jedoch sehr ähnlich.

Die Dissonanztheorie gehört nach wie vor zu den einflussreichsten Theorien der Sozialpsychologie. Streng genommen handelt es sich nicht um eine genuin sozialpsychologische Theorie, sondern um eine kognitive Motivationstheorie. Da Festinger aber Sozialpsychologe war und die Theorie vor allem in der Sozialpsychologie verbreitet wurde, gilt sie als sozialpsychologische Theorie.

Die große Aufmerksamkeit, die der Theorie zuteil wurde, hat drei Ursachen:

(1) Die Theorie ist sehr sparsam,

(2) sie hat einen großen Anwendungsbereich und

(3) sie kommt zu nicht-trivialen, dem „gesunden Menschenverstand" häufig widersprechenden Vorhersagen, die sich empirisch bewahrheitet haben.

2.3.1 Kognitive Elemente und Relationen

Festinger geht wie Heider davon aus, dass Menschen ein Bedürfnis nach Widerspruchsfreiheit und Harmonie haben. Widersprüche bezeichnet er als Dissonanz.

Kognitionen. Dissonanz oder Konsonanz bestehen zwischen kognitiven Elementen. Kognitive Elemente sind bei Festinger Aussagen über Personen oder Objekte, d.h. Vorgänge, Ereignisse oder Charakterisierungen. Relationen sind psychologische Verbindungen zwischen Kognitionen.

Verbundene und unverbundene Kognitionen. Nicht alle Kognitionen sind miteinander verbunden; Kognitionen können vielmehr auch voneinander unabhängig (isoliert) sein. Zum Beispiel sind die Kognitionen „Ich esse gerne Pommes Frites" und „Ich möchte gerne abnehmen" miteinander verbunden. Die Kognitionen „Tanzen macht Spaß" und „Benzin ist teuer" sind hingegen unverbunden. Über ein System isolierter Kognitionen macht die Theorie keine Aussagen. Die Theorie beschränkt sich auf Kognitionen, zwischen denen Verknüpfungen, d.h. Relationen bestehen.

Konsonante und dissonante Relationen. Zwei Kognitionen sind konsonant, wenn sie zueinander passen und sich nicht widersprechen; zwei Kognitionen sind dissonant, wenn sie zueinander im Widerspruch stehen. Jemand möchte z.B. abnehmen und geht regelmäßig joggen – diese beiden Kognitionen sind miteinander verträglich; es besteht eine konsonante Relation. Eine andere Person, die ebenfalls gerne abnehmen will, kauft sich im Schnellimbiss eine Portion Pommes Frites. Diese Handlung (Kognition 2) steht in Widerspruch mit ihrem Ziel, ihr Gewicht zu reduzieren (Kognition 1) – die Relation der beiden Kognitionen ist also dissonant.

2.3.2 Dissonanzerleben

Dissonante Relationen erzeugen einen unangenehmen Spannungszustand. Der Zustand der Dissonanz hat triebhaften Charakter; Dissonanz verlangt nach Reduktion, nach Auflösung. Die Stärke der Dissonanz steigt mit dem Anteil dissonanter Relationen an der Gesamtmenge aller Relationen. Je stärker die Dissonanz, desto stärker das Bedürfnis, sie zu reduzieren.

$$\textit{Stärke der Dissonanz} = \frac{\text{Anzahl dissonanter Relationen}}{\text{Anzahl dissonanter Relationen} + \text{Anzahl konsonanter Relationen}}$$

Die Stärke der Dissonanz ist eine Funktion der persönlichen Bedeutsamkeit der Kognitionen.

2.3.3 Dissonanzreduktion

Fünf Möglichkeiten der Dissonanzreduktion

Dies soll an folgendem Beispiel besprochen werden: Ich muss am Freitag Morgen um 9 Uhr einen Vortrag halten. Am Donnerstag Abend gibt ein Freund eine Party. Dissonanztheoretisch ausgedrückt: Zwischen den Kognitionen „Ich will auf die Party" und „Ich muss am nächsten Morgen ausgeschlafen sein" besteht ein psychologischer Widerspruch, die beiden Kognitionen sind dissonant. Die fünf Möglichkeiten, Dissonanz zu reduzieren, wären nun:

(1) **Änderung von Kognitionen.** „Wenn ich einen Vortrag halte, muss ich nicht unbedingt ausgeschlafen sein."
(2) **Addition konsonanter Elemente.** „Viele gute Freunde von mir gehen auch auf die Party."
(3) **Subtraktion dissonanter Elemente.** „Ich versuche, gar nicht an die Arbeit am Freitag zu denken."
(4) **Substitution.** Dissonante Elemente werden durch konsonante ersetzt: „Ob ich ausgeschlafen bin oder nicht, ist mir egal; wichtig ist, dass ich Spaß auf Partys habe!"
(5) **Veränderung der Wichtigkeit von Kognitionen** (z.B. Abwertung oder Aufwertung). „Ich habe mich schon das ganze Jahr auf diese Party gefreut. Gemessen an dieser Vorfreude ist es doch völlig egal, ob ich mal einen Tag unausgeschlafen bin oder nicht."

Die Dissonanzreduktion folgt drei Regeln:

Regel 1: Der kognitive Aufwand der Dissonanzreduktion soll so klein wie möglich sein

(vgl. Ökonomieprinzip von Rosenberg & Abelson, 1960; 2.2.3 Kommentar und Ausblick zur Balancetheorie). Der kognitive Aufwand der Dissonanzreduktion ist von zwei Faktoren abhängig:

(1) Anzahl von konsonanten Drittrelationen einer Kognition, d.h. die Anzahl derjenigen weiteren Kognitionen, mit denen die fragliche konsonant verbunden ist: Würde man die Anzahl der konsonanten Drittrelationen ändern, handelte man sich damit neue Dissonanzen ein. In unserem Beispiel: Je mehr Konsonanzen mit der Kognition „Ich will ausgeschlafen sein" verbunden sind, desto aufwendiger ist es, sie beispielsweise zu subtrahieren, zu verändern, zu substituieren oder abzuwerten. Mit anderen Worten: Je isolierter eine Kognition, desto einfacher ist sie zu ändern.
(2) Veränderungswiderstand einer Kognition: Manche Kognitionen sind einfacher zu ändern als andere. Handlungen („ich habe meine Versicherung betrogen") sind beispielsweise im Nachhinein nicht mehr leicht zu ändern – man kann sie lediglich herunterspielen oder leugnen. Einstellungen sind tendenziell leichter zu ändern als Handlungen, allerdings nur dann,
  ▶ wenn ihre persönliche Bedeutsamkeit nicht allzu groß ist,
  ▶ wenn es sich um subjektive Ansichten (versus objektive Fakten) handelt (die Kognition „Rauchen ist ungesund" ist schwerer zu ändern als die Kognition „Rauchen wirkt auf mich entspannend"),
  ▶ wenn nicht mit gesellschaftlichen Sanktionen zu rechnen ist (die Kognition „Es ist moralisch o.k., seine Versicherung zu betrügen" wird kaum öffentlich akzeptiert werden).

Regel 2: Die Effektivität der Dissonanzreduktion soll so groß wie möglich sein

Die Dissonanzreduktion kann sehr effektiv, aber auch völlig ineffektiv sein. Die Änderung einer Kognition ist umso effektiver, je mehr dissonante Relationen damit gleichzeitig behoben werden können.

In unserem Beispiel: Wenn ich mich entscheide, nicht auf die Party zu gehen, könnten dadurch gleichzeitig mehrere dissonante Relationen behoben werden: „Ich muss ausgeschlafen sein", „Ich kriege nichts hin, wenn ich nicht ausgeschlafen bin", „Ich muss am Freitag wichtige Dinge erledigen" usw. Die Änderung einer Kognition ist ineffektiv, wenn sich am Anteil dissonanter Relationen (Dissonanzstärke) nichts ändert, sondern es lediglich zu einer Umverteilung der Dissonanz kommt.

In unserem Beispiel: Ich habe acht gute Freunde; vier dieser Freunde wollen mich überreden, mit auf die Party zu gehen, die vier anderen appellieren an mein Gewissen, am folgenden Tag nicht unausgeschlafen zur Arbeit zu gehen. Egal wie ich mich entscheide: Es wird immer vier Personen (d.h. Relationen) geben, die meine Entscheidung begrüßen, und vier andere, die sie kritisieren. In diesem Fall würde man Dissonanz nicht reduzieren, sondern lediglich verlagern. Das ist ineffektiv.

Regel 3: Der Erfolg der Dissonanzreduktion soll so stabil wie möglich sein

Stabil ist eine Maßnahme zur Dissonanzreduktion dann, wenn die beteiligten Kognitionen stabil sind. Dies ist dann der Fall, wenn eine stabile Kognition durch eine Handlung bekräftigt werden kann. Zu solchen stabilen Kognitionen gehören Inhalte des Selbstkonzepts einer Person, d.h. Antworten auf die Frage „Wer bin ich?". Wenn zum Beispiel der Selbstkonzeptinhalt „Ich bin ein Partylöwe" für mich eine stabile Kognition, „Ich halte schlechte Vorträge, wenn ich unausgeschlafen bin" hingegen eine weniger stabile Kognition ist, wäre der Erfolg einer Dissonanzreduktion für mich stabiler, wenn ich auf die Party ginge.

2.3.4 Dissonanz nach Entscheidungen

Jede Entscheidung zwischen Alternativen impliziert Dissonanzen. Das kommt daher, dass jede Alternative ihre jeweils eigenen Vor- und Nachteile hat. Wenn man sich also zwischen zwei Alternativen A und B entscheiden soll und wählt B, so verzichtet man auf Vorteile der Alternative A und nimmt die Nachteile, die die Alternative B eventuell hat, in Kauf.

Dissonanztheoretisch kann man vorhersagen, dass Personen *nach* Entscheidungen versuchen, eine Dissonanz mit den fünf genannten Maßnahmen zu reduzieren.

Nach dem Kauf einer neuen Digitalkamera fokussiert man z.B. eher auf die Vorteile der Kamera (Addition konsonanter Kognitionen), während man Informationen über ihre Nachteile entweder zu vermeiden versucht (Subtraktion dissonanter Kognitionen) oder deren Wichtigkeit herunterspielt (Veränderung der Wertigkeit).

Die Aufwertung der gewählten Alternative bei gleichzeitiger Abwertung der nicht-gewählten Alternative wird als **Spreading-apart-Effekt** bezeichnet (nach Festinger, 1957: spreading apart of alternatives).

Dieser Effekt sollte umso ausgeprägter sein, je „knapper" die Entscheidung war, d.h. je unsicherer man sich mit seiner Entscheidung schon vorher war.

Brehm (1956): Gewählte und nicht gewählte Alternativen

Ablauf:

Brehm (1956) ließ in seinem Experiment, das als Marktforschungsuntersuchung getarnt war, acht Gegenstände, die den gleichen Geldwert hatten (z.B. Toaster, Wecker, Radio), hinsichtlich ihrer Attraktivität auf einer achtstufigen Ratingskala einschätzen (von 1 = nicht attraktiv bis 8 = sehr attraktiv). Nach dieser Einschätzung durften sich die Vpn einen von zwei zur Wahl gestellten Gegenständen als „Dankeschön" für ihre Teilnahme aussuchen.

Unabhängige Variable:

▶ **Bedingung 1:** Es wurden zwei Gegenstände zur Wahl gestellt, die von der jeweiligen Person in der vorangegangenen Attraktivitätsbewertung als sehr unterschiedlich eingestuft worden waren.

▶ **Bedingung 2:** Es wurden zwei Gegenstände zur Wahl gestellt, die von der jeweiligen Person in der vorangegangenen Attraktivitätsbewertung als relativ gleichwertig eingestuft worden waren.

▶ **Bedingung 3:** Die Vpn der Kontrollgruppe durften sich ihre Geschenke nicht aussuchen, sondern bekamen einfach eines zugeteilt (Kontrollgruppe).

Abhängige Variable:

Anschließend sollten alle acht Gegenstände erneut hinsichtlich ihrer Attraktivität bewertet werden.

Hypothesen:

▶ Nach einer Entscheidung werden die Alternativen im Sinne der Dissonanzreduktion umbewertet.

▶ Diese Umbewertung ist nach einer Entscheidung zwischen als gleichwertig eingestuften Alternativen stärker als nach einer Entscheidung zwischen als ungleich eingestuften Alternativen. (Durch die Kontrollgruppe sollte sichergestellt werden, dass nicht allein die Tatsache, dass man einen Gegenstand geschenkt bekommen hat, schon zu dessen Aufwertung führt.)

Ergebnisse:

▶ Der gewählte Gegenstand wurde im Nachhinein als attraktiver beurteilt, der nicht gewählte Gegenstand wurde im Nachhinein als weniger attraktiv beurteilt.

▶ Der nicht gewählte Gegenstand wurde besonders dann abgewertet, wenn die Alternativen als ähnlich eingestuft worden waren (hohe Dissonanz).

▶ Der Effekt trat nicht ein, wenn die Vpn das Geschenk nicht selbst aussuchen durften (Kontrollgruppe).

2.3.5 Dissonanz nach einstellungsdiskrepantem Verhalten

Dissonanz entsteht, wenn Menschen sich abweichend von ihren Werthaltungen, Einstellungen und Interessen verhalten. Dabei nimmt die Dissonanz umso mehr zu, je weniger gute Gründe es für das einstellungsdiskrepante Verhalten gibt. Eine Möglichkeit, die Dissonanz zu reduzieren, besteht in der nachträglichen Veränderung der eigenen Werthaltungen, Einstellungen und Interessen.

Festinger & Carlsmith (1959): Rechtfertigung einstellungsdiskrepanten Verhaltens

Ablauf:

Die Vpn wurden angewiesen, eine Stunde lang zwei monotone Aufgaben zu verrichten. Anschließend bat der Vl sie um Hilfe: Sie sollten der nächsten Vp, die im Wartezimmer saß, glaubwürdig mitteilen, dass die zu verrichtende Tätigkeit sehr interessant sei. Die Vpn sollten also lügen. (Ein solches „erzwungenes" einstellungskonträres Verhalten wird in der Fachliteratur als „forced compliance" – deutsch: etwa „erzwungene Einwilligung" – bezeichnet.)

Unabhängige Variable:

▶ **Bedingung 1:** Der Vl bot den Vpn 1 Dollar für ihre Mithilfe an.

▶ **Bedingung 2:** Der Vl bot den Vpn 20 Dollar für ihre Mithilfe an.

▶ **Bedingung 3:** Es wurde von den Vpn nicht verlangt, der nachfolgenden Vp etwas über die Untersuchung zu sagen (Kontrollgruppe).

Abhängige Variable:

Nachdem die Vpn die nachfolgende Vp belogen hatten, sollten sie auf einer Skala von −5 bis +5 angeben, wie interessant sie die Aufgabe selbst fanden. Ferner sollten sie (ebenfalls auf einer Skala von −5 bis +5) ihre Bereitschaft angeben, künftig an ähnlichen Experimenten teilzunehmen.

Hypothese:

Durch die Lüge sollte bei den Vpn in den ersten beiden Bedingungen kognitive Dissonanz entstehen. Diese Dissonanz sollte bei Vpn, die 1 Dollar bekommen hatten, größer sein als bei Vpn, die 20 Dollar bekommen hatten, da eine Lüge, die hoch belohnt wird, leichter gerechtfertigt werden kann als eine Lüge, die mit einem symbolischen Betrag von 1 Dollar bezahlt wird.

Ergebnis:

Tatsächlich zeigte sich die erwartete Einstellungsänderung in der Gruppe „hohe Dissonanz" (1 Dollar): Die Vpn dieser Gruppe fanden das Experiment interessanter als die Vpn der Gruppe „niedrige Dissonanz" (20 Dollar) und der Kontrollgruppe, und sie waren eher bereit, auch in Zukunft für ähnliche Experimente zur Verfügung zu stehen.

Man beachte: Die Ergebnisse sind ein gutes Beispiel für die kontraintuitiven Voraussagen der Dissonanztheorie. Laien sagen nämlich voraus, dass Personen die Aufgabe umso anregender finden und umso eher bereit sind, künftig an solchen Untersuchungen teilzunehmen, je höher sie dafür bezahlt werden.

2.3.6 Dissonanz nach enttäuschten Erwartungen

Dissonanz entsteht auch dann, wenn man viel in die Erreichung eines Ziels investiert, welches sich dann doch als weniger attraktiv erweist als erwartet.

Experiment

Aronson & Mills (1959): Aufwandsrechtfertigung

Ablauf:

Den Vpn (Psychologiestudentinnen) wurde in Aussicht gestellt, an einer interessanten Gruppendiskussion über Sexualität teilnehmen zu dürfen. Dazu mussten sie sich jedoch zunächst einer Aufnahmeprüfung unterziehen – angeblich um sicherzustellen, dass sie dazu auch geeignet seien.

Unabhängige Variable:

Variiert wurde der Schwierigkeitsgrad dieser Aufnahmeprüfung:

▶ **Bedingung 1:** Die Vpn mussten einem männlichen Vl ohne zu zögern, zu stottern oder zu erröten eine Liste mit obszönen Worten sowie eine pornographische Textpassage vorlesen.

▶ **Bedingung 2:** Die vorzulesenden Wörter und die Textpassage waren ebenfalls sexualitätsbezogen, aber „zivil".

▶ **Bedingung 3:** Hier wurde auf eine Aufnahmeprüfung verzichtet (Kontrollgruppe).

Anschließend durften die Vpn in die laufende Gruppendiskussion „live" über Kopfhörer hineinhören (in Wirklichkeit handelte es sich um ein vorbereitetes Tonband). Entgegen der Ankündigung und der Erwartung der Vpn war die Diskussion allerdings todlangweilig und zäh.

Abhängige Variable:

▶ Nachdem die Vpn eine Weile zugehört hatten, wurden sie gebeten, persönliche Einschätzungen über die Diskussion abzugeben.

Hypothesen:

▶ Wenn sich etwas, was man zuvor unbedingt haben wollte, im Nachhinein als unattraktiv herausstellt, ist die kognitive Dissonanz umso höher, je mehr man dafür investiert hat.

▶ Die Dissonanz kann reduziert werden, indem man die Attraktivität dessen, was man bekam, im Nachhinein aufwertet.

Ergebnisse:

▶ Den Erwartungen entsprechend wurde die Diskussion in der Kontrollgruppe („keine Aufnahmeprüfung") als am wenigsten interessant bewertet.

▶ Die Vpn der Gruppe „leichte Aufnahmeprüfung" bewerteten sie als etwas interessanter.

▶ Die Vpn der Gruppe „schwere Aufnahmeprüfung" bewerten sie als am interessantesten – hier war die größte Dissonanz entstanden.

2.3.7 Kommentar und Ausblick zur Dissonanztheorie

Die Dissonanztheorie ist nach ihrer Veröffentlichung weiterentwickelt und verschiedentlich modifiziert worden.

Rolle des Selbstkonzepts. So kritisiert Aronson (1968), dass es nicht die Unvereinbarkeit zweier Kognitionen per se sei, die aversive Gefühle auslöse und zu Veränderung motiviere; vielmehr sei dieser Veränderungsdruck nur dann gegeben, wenn es sich um eine Dissonanz mit dem Selbstkonzept handele.

Rolle des „Spannungszustandes". Eine Alternativinterpretation der empirischen Befunde, die im Rahmen der Dissonanztheorie gewonnen wurden, stammt von Daryl Bem (1965). Festinger hatte behauptet, dass der unangenehme Spannungszustand, der mit Dissonanzerleben einhergeht, der eigentliche „Motor" der Einstellungsänderung ist. Bem hält dagegen, dass die Annahme eines „unangenehmen Spannungszustandes" nicht nötig ist: Der Mensch erschließt seine Einstellungen aus seinen Handlungen. Wenn eine Person ein Experiment empfiehlt wie in der Untersuchung von Festinger und Carlsmith (1959), dann schließt sie daraus, dass das Experiment wirklich spannend gewesen sein muss. Bem (1965, 1972) leitet diese Hypothese aus seiner Selbstwahrnehmungstheorie ab, auf die wir hier jedoch nicht vertieft eingehen werden. Empirische Befunde (z.B. Zanna & Cooper, 1974) lassen jedoch vermuten, dass das Empfinden eines unangenehmen Spannungszustands in der Tat eine notwendige Voraussetzung für Einstellungsänderung zu sein scheint. Dies spricht eher für die Dissonanztheorie als für die Selbstwahrnehmungstheorie.

Integration der Dissonanztheorie in neuere Theorien. In Beziehung zu neueren sozialpsychologischen Theorien nehmen die Konsistenz- und Balancetheorien keinen unabhängigen Status ein. Sie wurden in neuere sozialpsychologische Theorien integriert oder bilden ihre Basis. So beruht beispielsweise die Gerechtigkeitsmotiv-Theorie (Lerner, 1980), die wir in Kapitel 5 kennen lernen werden, auf der Dissonanztheorie.

2.4 Zusammenfassung

Sowohl die Balancetheorie von Heider als auch die Dissonanztheorie von Festinger gehen von der Grundannahme aus, dass Menschen ein Bedürfnis nach kognitiver Konsistenz haben.

Balancetheorie. Die Balancetheorie von Heider ist so universell, dass nahezu alle Phänomene, die mit der Bewertung von Einstellungen und Verhalten zusammenhängen, mit Hilfe ihrer Termini

„Elemente und Relationen" bzw. „Balanciertheit und Unbalanciertheit" dargestellt werden können. Eine Schwäche der Balancetheorie ist jedoch, dass aus ihr keine Vorhersagen darüber abzuleiten sind, welche Strategien der Balancierung Menschen unter bestimmten Bedingungen nutzen.

Dissonanztheorie. Die Dissonanztheorie ist hier mit ihren „fünf Möglichkeiten der Dissonanzreduktion" und ihrem Konzept des „Veränderungswiderstandes einer Kognition" präziser.

Die fünf Möglichkeiten der Dissonanzreduktion sind:
(1) Änderung von Kognitionen,
(2) Addition konsonanter Elemente,
(3) Substraktion dissonanter Elemente,
(4) Substitution und
(5) Veränderung der Wichtigkeit von Kognitionen.

Die Dissonanzreduktion folgt drei Regeln:
(1) Der kognitive Aufwand soll so klein wie möglich sein,
(2) die Effektivität soll so groß wie möglich sein und
(3) der Erfolg soll so stabil wie möglich sein.

Beispiele für Manifestationsbereiche von Dissonanzerleben sind:
► Dissonanz nach Entscheidungen,
► Dissonanz nach einstellungsdiskrepantem Verhalten,
► Dissonanz nach enttäuschten Erwartungen.

Die Balance- und die Dissonanztheorie gehören wohl zu den einflussreichsten Theorien der Sozialpsychologie. Ein Grund für die Attraktivität der Dissonanztheorie mag darin liegen, dass sie in vielen Fällen zu Vorhersagen kommt, die dem common sense zuwiderlaufen.

2.5 Übungsaufgaben

(1) Erläutern Sie, wieso eine Triade, in der alle Relationen negativ sind, zu den unbalancierten Triaden gezählt wird.
(2) Wie wird eine solche Triade, die aus drei negativen Relationen besteht, nach dem Ökonomieprinzip am ehesten balanciert?
(3) Was besagt das „Positivitätsprinzip" von Zajonc und Burnstein (1965)? Geben Sie ein inhaltliches Beispiel anhand einer fiktiven kognitiven Triade.
(4) Erläutern Sie den Begriff „Dissonanzreduktion bei Nachentscheidungskonflikten": Was ist damit gemeint? Auf welche Arten kann man Dissonanzreduktion bei Nachentscheidungskonflikten erreichen? Schildern Sie Aufbau und Ergebnis einer klassischen Untersuchung zu diesem Thema.

Weiterführende Literatur

Kapitel zur Balancetheorie und zur Dissonanztheorie finden Sie in jedem sozialpsychologischen Lehrbuch in unterschiedlicher Ausführlichkeit. Einen guten Überblick, der insbesondere die Dissonanztheorie in den Kontext anderer theoretischer Ansätze stellt, finden Sie in folgendem Buchbeitrag:

Frey, D. & Gaska, A. (2001). Die Theorie der kognitiven Dissonanz. In D. Frey & M. Irle (Hrsg.), Theorien der Sozialpsychologie. Band 1: Kognitive Theorien (S. 275–324). Bern: Huber.

3 Theorie sozialer Vergleichsprozesse

Was Sie in diesem Kapitel erwartet

Wenn Menschen sich orientieren müssen, dann schauen sie, was andere tun. Das Verhalten anderer, ihre Meinungen, aber auch ihr Leistungsniveau zeigen uns, was „normal" oder was „gefordert" ist. Von Leuten, die uns ähnlich sind, schauen wir uns dabei mehr ab als von Leuten, die uns unähnlich sind. Innerhalb einer Gruppe streben wir nach Ähnlichkeit, aber von anderen Gruppen wollen wir uns „positiv" abheben.

Soziale Vergleiche sind allgegenwärtig. Oft helfen sie uns, das „Richtige" zu tun. Manchmal tun allerdings alle das „Falsche": Wenn im Bus eine Frau ohnmächtig wird und niemand reagiert, denken wir uns: „Na, dann wird es wohl nicht so schlimm sein." Wenn wir glauben, dass alle anderen in der Gruppe faul sind, dann geben wir uns auch keine große Mühe. Was aber passiert, wenn wir uns stark von anderen Personen in einer Gruppe unterscheiden, beispielsweise weil wir entgegen der Mehrheitsmeinung in der Gruppe auf unserer eigenen Meinung beharren?

Bezüge zu anderen Theorie-Kapiteln:

► Abweichler in einer Gruppe verursachen kognitive Dissonanz 2
► Wir vergleichen unsere Beziehungen mit den Beziehungen anderer um uns herum 4
► Wir wollen oft das, was andere auch haben 5
► Wir beobachten, wie andere ihre Rollen spielen 7
► Wir handeln oft so, wie andere es für richtig halten 8
► Soziale Vergleiche helfen bei der Suche nach Erklärungen 9
► Männer konkurrieren mit anderen Männern um „Weibchen" 10

Klassische Theorien:

► Konsistenz- und Balancetheorien 2
► Theorie sozialer Vergleichsprozesse 3
► Austausch- und Ressourcentheorien 4
► Gerechtigkeitstheorien 5
► Soziale Identitätstheorie 6
► Rollentheorien 7
► Handlungstheorien 8
► Attributionstheorien 9
► Evolutionspsychologische Theorien 10

Bezüge zu speziellen Themen-Kapiteln:

► Gruppen haben oft eine einheitliche Meinung 11
► Wir orientieren uns an den Einstellungen anderer 12
► Wenn in einer Notsituation niemand reagiert, wird das schon o.k. sein 14
► Manchmal lassen wir andere die Arbeit machen 15

Die Theorie sozialer Vergleichsprozesse ist neben der Konsistenztheorie eine zweite, sehr einflussreiche Theorie des Sozialpsychologen Leon Festinger. Die Theorie, die im Jahre 1954 publiziert wurde, versucht zu erklären, wie Menschen zu Meinungen kommen und wie sich ihr Selbstbild entwickelt. Zunächst beschränkte sich Festinger auf die Selbstbildkomponente „eigene Fähigkeiten". Die Theorie lässt sich aber auch auf andere Selbstbildkomponenten übertragen. Die zentralen Annahmen der Theorie konnten in vielen Untersuchungen bestätigt werden.

Festingers Theorie der sozialen Vergleichsprozesse hat in der Sozialpsychologie Modellcharakter: Sie ist – ähnlich wie die Dissonanztheorie – sehr systematisch aufgebaut, und sie kommt dem Ideal einer axiomatisierten Theorie näher als die meisten anderen sozialpsychologischen Theorien.

3.1 Hypothesen und Korollare

Die Theorie besteht aus neun Hypothesen und dazugehörigen Korollaren, d.h. Sätzen, die aus den Hypothesen folgen. Wir werden im Folgenden auf die neun Hypothesen und einige ihrer Korollare eingehen.

Hypothese 1: Jedem Menschen wohnt das Bedürfnis inne, seine Fähigkeiten und Meinungen (richtig) einzuschätzen.

Festinger nennt hier Fähigkeiten und Meinungen im gleichen Atemzug; später (Hypothese 4) werden wir sehen, dass sich für Fähigkeiten und für Meinungen unterschiedliche Vorhersagen ergeben. Wir werden diese beiden Aspekte schon jetzt stärker auseinanderhalten.

Validierungsbedürfnis von Fähigkeiten. Um sich in einer sozialen Situation möglichst angemessen verhalten zu können, ist eine korrekte Einschätzung der Situation sowie der eigenen Eigenschaften und Fähigkeiten meist unerlässlich: Wenn man sich beispielsweise für eine Klausur vorbereiten will, sollte man nicht nur das Anforderungsniveau der Klausur kennen, sondern auch wissen, wie viel man noch lernen muss und welche Lernstrategie man wählen sollte. Eine korrekte Selbsteinschätzung würde in diesem Fall bedeuten: „Wie viel weiß ich schon; wie viel muss ich noch lernen?"

Für eine korrekte Selbsteinschätzung benötigt man jedoch einen Bewertungsmaßstab: Woher weiß man also, wie viel man schon weiß? Objektive Kriterien sind hier hilfreich: Kontinuierliche Leistungsrückmeldungen, frühere (messbare) Erfahrungen oder bisherige Klausurnoten erleichtern eine Abschätzung der eigenen Fähigkeiten.

Validierungsbedürfnis von Meinungen. Bezogen auf Meinungen besagt die erste Hypothese, dass Menschen davon überzeugt sein möchten, dass ihr Geschmack, ihre Einstellungen, ihre Überzeugungen etc. möglichst „korrekt" sind. Denken Sie an die Diskussion um die Einführung von Studiengebühren in Deutschland: Die Meinungen hierzu gehen durchaus auseinander, aber jeder ist von der Richtigkeit seiner eigenen Meinung überzeugt und versucht, diese Richtigkeit argumentativ zu belegen. Auch hier gilt: Der Richtigkeit einer Meinung kann man sich am besten dann versichern, wenn es objektive Kriterien gibt, z.B. einen mathematischen Beweis, der die ökonomischen und bildungspolitischen Folgen der Einführung von Studiengebühren zweifelsfrei herleiten könnte. Einen solchen Beweis gibt es jedoch nicht. Diese Eigenschaft teilt unser Beispiel mit den meisten Meinungsdiskrepanzen: Objektive Kriterien für die Richtigkeit bzw. Falschheit einer Meinung stehen meist nicht zur Verfügung.

Hypothese 2: Wenn Menschen ihre Fähigkeiten und Meinungen nicht anhand objektiver Kriterien bewerten können, nehmen sie einen sozialen Vergleich mit den entsprechenden Fähigkeiten und Meinungen anderer Menschen vor.

Korollar 2a: Stehen zur Bewertung der eigenen Fähigkeiten und Meinungen keine objektiven Kriterien oder sozialen Vergleichsmöglichkeiten zur Verfügung, sind diese Bewertungen instabil.

Korollar 2b: Gibt es eine objektive Möglichkeit, die eigenen Fähigkeiten und Meinungen zu beurteilen, werden Menschen dieses objektive Kriterium wählen und ihre Fähigkeiten und Meinungen *nicht* über einen sozialen Vergleich bewerten.

Soziale Vergleiche zur Einschätzung eigener Fähigkeiten. Sie lernen für eine Klausur und haben mit anderen Studierenden eine Lerngruppe gebildet. Um sich auf die Klausur angemessen vorbereiten zu können, benötigen Sie eine möglichst valide Selbsteinschätzung Ihrer Fähigkeiten. Wenn Ihnen zur Abschätzung Ihrer Fähigkeiten keine objektiven Kriterien zur Verfügung stehen, greifen Sie auf soziale Vergleiche innerhalb Ihrer Lerngruppe zurück; Sie registrieren, wie viel die anderen lernen, welche Themen ihnen Schwierigkeiten bereiten, wie sie mit diesen Schwierigkeiten umgehen etc. Dies dient Ihnen zur Abschätzung Ihres eigenen Fähigkeitsniveaus: Sie halten sich dann für begabt, wenn Sie die Fragen, die in der Lerngruppe diskutiert werden, besser beantworten können als die anderen.

Soziale Vergleiche zur Einschätzung eigener Meinungen. Um herauszufinden, ob Ihre persönliche Meinung zum Thema Studiengebühren korrekt ist, vergleichen Sie sie mit den Meinungen der Personen in ihrem Umfeld. Je mehr Personen Ihre Meinung teilen, desto sicherer können Sie sich in Bezug auf ihre „Richtigkeit" sein. Allerdings gilt sowohl für Fähigkeiten als auch für Meinungen, dass nicht alle Personen im sozialen Umfeld gleichermaßen gut geeignet sind, als sozialer Vergleichsmaßstab herzuhalten.

Hypothese 3: Die Tendenz, sich mit einer anderen spezifischen Person zu vergleichen, ist umso geringer, je größer die wahrgenommene Unähnlichkeit zwischen der eigenen Meinung und der Meinung der anderen Person bzw. der eigenen Fähigkeit und der Fähigkeit der anderen Person ist.

Korollar 3a: Aus einer großen Anzahl anderer Personen wird für den sozialen Vergleich eine Person gewählt, die in ihren Fähigkeiten und Meinungen den eigenen ähnlich ist.

Korollar 3b: Wenn die einzig verfügbare Vergleichsperson von der eigenen Person sehr stark abweicht, gelingt es nicht, eine subjektiv präzise Bewertung der eigenen Fähigkeiten und Meinungen vorzunehmen.

Wieso ist die wahrgenommene Ähnlichkeit so wichtig für den sozialen Vergleich? – Festinger nimmt an, dass nur ähnliche Personen wirklich valide Rückschlüsse über die eigene Position zulassen.

Ähnlichkeit bei der Einschätzung von Fähigkeiten. Hierzu ein Beispiel: Sie spielen seit einem halben Jahr Schach und wollen nun Ihre Fähigkeiten als Schachspieler einschätzen. Sie werden sich weder mit absoluten Anfängern noch mit Garry Kasparov vergleichen. Beide würden für eine präzise Einschätzung Ihrer eigenen Fähigkeiten nichts hergeben. Die „Ähnlichkeit" kann sich auf die Fähigkeit selbst beziehen (d.h. Sie vergleichen sich mit Leuten, die ähnlich gut Schach spielen wie Sie oder sogar ein bisschen besser) oder auf relevante, mit der in Frage stehenden Fähigkeit zusammenhängende Attribute. Bezogen auf das Schachbeispiel: Wahrscheinlich werden Sie sich eher an denjenigen messen, von denen Sie wissen, dass Sie ähnlich alt sind und ebenfalls seit etwa einem halben Jahr Schach spielen.

Ähnlichkeit bei der Einschätzung von Meinungen. Wenn Sie sich der Richtigkeit Ihrer Meinung zum Thema Studiengebühren versichern wollen, werden Sie bei der Suche nach Vergleichspersonen nicht unbedingt einen Kindergarten oder ein Altersheim aufsuchen; wahrscheinlich fragen Sie eher Ihre Studienfreunde, Personen also, die Ihnen in Bezug auf für die Meinungseinschätzung relevante Merkmale ähnlich sind. Leider hat Festinger keine präziseren Aussagen dazu gemacht, nach welchen Kriterien man diese Merkmale und ihre Relevanz auswählt.

Uniformitätsdruck. Man kann den sozialen Vergleich auf Einzelpersonen oder auf Gruppen beziehen. Beispielsweise gilt für Gruppen: Stellt man fest, dass sich die eigene Fähigkeit oder Meinung von den Fähigkeiten und Meinungen der anderen Gruppenmitglieder unterscheidet, wird man bemüht sein, diese Diskrepanzen aufzulösen. Dies nennt Festinger „Uniformitätsdruck". Hier sehen wir wichtige Parallelen zur Dissonanztheorie (s. 2.3 Dissonanztheorie von Festinger). Eine Diskrepanz ist eine Abweichung, die Dissonanz erzeugt, und die deshalb entweder reduziert oder aber gerechtfertigt werden muss.

Eine Person hat drei Möglichkeiten zur Diskrepanzreduktion:

(1) Sie kann ihre eigene Position verändern (z.B. ihre Leistung anpassen oder ihre Meinung verändern).

(2) Sie kann die Position anderer verändern (z.B. sie darin unterstützen, ihre Leistung zu verbessern oder versuchen, sie von der eigenen Meinung zu überzeugen).

(3) Sie kann die Gruppe verlassen bzw. den sozialen Vergleich abbrechen.

Nach Festinger hängt die Wahl einer dieser drei Möglichkeiten von bestimmten Randbedingungen ab und fällt für Fähigkeits- und für Meinungsdiskrepanzen unterschiedlich aus. Der erste Unterschied zwischen Fähigkeits- und Meinungsdiskrepanzen wird in Hypothese 4 formuliert.

Hypothese 4: Bei Fähigkeiten gibt es einen Druck zur Verbesserung, bei Meinungen nicht.

Wie ist das zu erklären? Fähigkeiten werden eher auf einer quantitativen Dimension beurteilt, während Meinungen sich eher qualitativ unterscheiden. Sportliche Leistungen z.B. sind relativ klar auf einer „besser-schlechter"-Dimension zu messen. Aber es ist nicht immer einwandfrei möglich, eine bestimmte Meinung, z.B. zum Thema Studiengebühren, als besser oder schlechter zu beurteilen (auch wenn Menschen mitunter felsenfest von der Richtigkeit ihrer Meinung überzeugt sein mögen). Darüber hinaus können Meinungen leichter verändert werden als Fähigkeiten – hierüber macht Hypothese 5 eine Aussage.

Hypothese 5: Es gibt objektive Beschränkungen, die es unmöglich machen oder erschweren, die eigenen Fähigkeiten zu ändern. Solche Beschränkungen gibt es bei Meinungen nicht.

Persönliche Leistungsgrenzen. Menschen stoßen bei dem Versuch, ihre Fähigkeiten zu verbessern, irgendwann an Grenzen. Solche Grenzen gibt es bei Meinungen nicht.

Das bedeutet allerdings nicht, dass Meinungsdiskrepanzen in einer Gruppe immer ohne weiteres lösbar wären! Die einfachste Möglichkeit, den Uniformitätsdruck im Falle von Meinungsdiskrepanzen in einer Gruppe zu verringern, wäre zwar, wenn alle Gruppenmitglieder sich auf die gleiche Meinung einigten, aber da jeder von der Richtigkeit der eigenen Meinung überzeugt ist, gestaltet sich dieser Einigungsprozess durchaus schwierig – man denke nur an die entsprechenden Bemühungen von Fraktionsvorsitzenden im Deutschen Bundestag, die eigenen Leute „auf Linie" zu bringen.

Eine Möglichkeit zur Auflösung von Fähigkeits- und Meinungsdiskrepanzen besteht darin, die Gruppe zu verlassen bzw. abweichende Gruppenmitglieder auszuschließen. Solche Austritts- oder Ausschlussprozesse sind typischerweise nicht konfliktfrei. Hierzu macht Hypothese 6 eine Aussage.

Hypothese 6: Den sozialen Vergleich mit anderen Personen, die von einem selbst verschieden sind, aufzugeben, geht mit Feindseligkeit und Abwertung gegenüber diesen Personen einher, und zwar in dem Maße, in dem der Vergleich zu unangenehmen Konsequenzen für die eigene Person führen würde.

Korollar 6a: Dies gilt im Allgemeinen nur für Meinungsdiskrepanzen, nicht für Fähigkeitsdiskrepanzen.

Soziale Exklusion. Die Initiative zur Beendigung eines sozialen Vergleichs kann entweder von der abweichenden Person selbst ausgehen (Austritt) oder aber von der Gruppe (Ausschluss oder „Exklusion"). In beiden Fällen wird die Ähnlichkeit zwischen den Abweichlern und der Gruppe noch weiter vergrößert bzw. stärker betont: Die Abweichler werden von der Gruppe als „Verräter" oder „Abtrünnige" beschimpft, die sowieso nur mehr geschadet als genutzt hätten. Parteiaustritte oder -wechsel prominenter Politiker (z.B. Otto Schily oder Oskar Lafontaine) sind beste Beispiele.

Festinger behauptet nun interessanterweise, dass Austritte und Ausschlüsse nur im Falle von Meinungsdiskrepanzen mit Feindseligkeit und Abwertung einhergehen, nicht aber im Falle von Fähigkeitsdiskrepanzen. Diese Behauptung kann jedoch auf der Basis Festingers eigener (allerdings erst später publizierter) Theorie der kognitiven Dissonanz in Zweifel gezogen werden: Jede Beendigung einer Gruppenzugehörigkeit dürfte Dissonanz auslösen, und zweifelsohne ist die Abwertung der Gruppe aus Sicht des austretenden Abweichlers (bzw. jede Abwertung des Abweichlers aus der Sicht der Gruppe) eine Möglichkeit zur Dissonanzreduktion. Dies gilt auch für Fähigkeitsdiskrepanzen: Wenn Sie Ihre Lerngruppe verlassen, weil Sie es einfach nicht schaffen, deren Leistungsniveau zu erreichen, könnten Sie die anderen als „Streber" verspotten. Dies dürfte Ihnen den Austritt psychologisch erleichtern.

In Hypothese 7 kommt nun ein neuer Aspekt zur Sprache: Nicht alle Gruppen streben gleichermaßen nach Uniformität: Vielmehr gibt es gruppenbezogene Merkmale, die den Uniformitätsdruck mehr oder weniger erhöhen.

Hypothese 7: Alle Faktoren, die die Relevanz einer Gruppe für den sozialen Vergleich beeinflussen, beeinflussen auch das Bedürfnis nach Uniformität innerhalb der Gruppe.

Korollar 7a: Je größer die Attraktivität der Gruppe für ihre Mitglieder, desto stärker ist deren Bedürfnis nach Uniformität der Fähigkeiten und Meinungen innerhalb dieser Gruppe.

Korollar 7b: Je größer die Relevanz einer Fähigkeit oder Meinung für eine Gruppe, desto stärker ist der auf diese Fähigkeit bzw. Meinung bezogene Uniformitätsdruck.

Relevanz. Relevant sind alle jene Fähigkeiten oder Meinungen, die für die Gruppenmitglieder wichtig sind und über die sich die Gruppe definiert. Eine Lerngruppe für eine wichtige Klausur hat für ihre Mitglieder eine weitaus größere Relevanz als eine lose Clique von Bekannten, die sich samstags abends zum Fußball schauen trifft.

Hypothese 8: Wenn sich Personen, zu denen man eine Diskrepanz bezüglich Fähigkeiten oder Meinungen wahrnimmt, auch hinsichtlich solcher Merkmale unterscheiden, die mit der Diskrepanz korreliert sind, dann wird man sich eher nicht mit diesen Personen vergleichen.

Beispiel. Sie sind zu sechst in einer Lerngruppe. Fünf von Ihnen – inklusive Sie selbst – hatten im Abitur eine Durchschnittsnote von 2,0, nur einer hatte eine Durchschnittsnote von 1,1. Er ist auch der Beste in Ihrer Gruppe. Sie werden sich wahrscheinlich nicht mit dieser Person vergleichen, weil dies für die Einschätzung Ihrer eigenen Lernfortschritte wenig hergibt. Die Gruppe wird wahrscheinlich die Vergleichbarkeit ihrer Mitglieder mit dem Einser-Abiturienten bestreiten – dies würde zum einen den Uniformitätsdruck verringern, zum anderen würde sich die Vergleichbarkeit der Gruppenmitglieder untereinander erhöhen.

Hypothese 9: Wenn es eine Verteilung von Fähigkeiten und Meinungen innerhalb einer Gruppe gibt, gilt: Je näher man sich am Modalwert der Verteilung befindet,

▶ desto eher wird man versuchen, die Positionen der anderen zu verändern,

▶ desto weniger wird man bereit sein, die eigene Position zu verändern und

▶ desto weniger wahrscheinlich ist es, dass man den Vergleich mit unähnlichen Personen abbricht.

Wahl der Strategie. Welche Strategie zur Herstellung von Uniformität in einer Gruppe gewählt wird, hängt von der individuellen Position auf dem Kontinuum von Fähigkeiten und Meinungen ab. Bei Meinungsdiskrepanzen heißt das: Je stärker man von einer konsensuellen Gruppenmeinung abweicht, desto wahrscheinlicher ist eine Annäherung der eigenen Position an diese vorherrschende Gruppenmeinung und desto unwahrscheinlicher ist es, dass man versucht, die anderen von der eigenen Meinung zu überzeugen. Ein sozialer Vergleich mit unähnlichen Personen in der Gruppe wird umso eher abgebrochen, je „devianter" man selbst ist.

Beispiel. Sie diskutieren in Ihrer Lerngruppe über das Thema Studiengebühren und sind selbst als einziger dagegen, unterscheiden sich also stark vom Modalwert. Dann werden Sie vermutlich Ihre eigene Meinung ändern oder die Gruppe verlassen. Gibt es aber außer Ihnen noch drei weitere Gegner und nur zwei Befürworter, liegt der Modalwert also näher an Ihrem eigenen Wert, werden Sie eher versuchen, die zwei Befürworter umzustimmen.

Experiment

Festinger et al. (1952): Orientierung am Gruppenkonsens

Ablauf:
Den Vpn wurde mitgeteilt, dass sie gleich mit einer Gruppe über einen strittigen Punkt diskutieren sollten. Zuvor sollten sie sich aber ihre eigene Meinung bilden und schriftlich formulieren.

Unabhängige Variable:
Den Vpn wurde anschließend gesagt, dass sie

▶ **Bedingung 1:** mit ihrer Meinung genau auf der Linie der Gruppenmeinung seien oder

▶ **Bedingung 2:** mit ihrer Meinung stark von der Gruppenmeinung abwichen.

Hypothese:
Ob eine Person ihre eigene Meinung ändert oder ob sie versucht, die Meinung der anderen Gruppenmitglieder zu verändern, hängt in den meisten Fällen davon ab,

wie weit sie mit ihrer eigenen Meinung vom Gruppenkonsens entfernt ist.

Ergebnisse:
▶ Die Vpn in Bedingung 1 hielten meist an ihrer Meinung fest und versuchten, die Meinung der Teilnehmer zu verändern, die sehr gegen den vermeintlichen Gruppenkonsens argumentierten.

▶ Die Vpn in Bedingung 2 passten hingegen ihre Meinung meist an die erwartete Gruppenmeinung an.

▶ Die stark abweichenden Gruppenmitglieder in Bedingung 2 suchten meist mit den Gruppenmitgliedern das Gespräch, die eine Position vertraten, die zwischen ihrer eigenen Meinung und der scheinbaren Mehrheitsmeinung lag.

Statusdifferenzierung von Gruppen. Festinger hat auch den Aspekt der Statusdifferenzierung innerhalb und zwischen Gruppen in seine Theorie einbezogen. Hierzu macht er folgende Aussagen:

▶ Die Segmentierung in Gruppen, die sich in Bezug auf Fähigkeiten und Meinungen gleichen, zeigt sich auch beim Status.

▶ Das Bedürfnis nach Gruppierung in Statusgleiche zeigt sich nicht nur bei Personen mit hohem Status, es zeigt sich auch bei Personen mit niedrigem Status.

▶ Gruppen mit hohem und niedrigem Status stellen soziale Vergleiche nur innerhalb der Gruppen an, vergleichen die eigene Gruppe aber nicht mit anderen Gruppen.

▶ Die Tendenz, statushomogene Gruppen zu bilden, zeigt sich besonders bei gesellschaftlichen Minderheiten (z.B. Homosexuellen). Die geringere Vergleichbarkeit mit anderen Mitgliedern der Gesellschaft führt zu Bewertungsunsicherheiten, und dies wiederum verstärkt das Bedürfnis, sich mit ähnlichen Personen zu vergleichen.

3.2 Kommentar und Ausblick

3.2.1 Bezüge zu anderen Theorien

Die Theorie sozialer Vergleichsprozesse ist keine in sich geschlossene Theorie. Sie schneidet eine Reihe unterschiedlicher sozialer und sozialpsychologischer Phänomene an. Am ehesten von psychologischem Interesse sind Festingers Aussagen zur Orientierungsfunktion von Gruppen, zum Uniformitätsdruck in Gruppen sowie zum Umgang mit Diskrepanzen in Gruppen. Hier ergeben sich eine Reihe von Bezügen zu anderen sozialpsychologischen Theorien, auf die wir im Folgenden kurz eingehen.

Relative Deprivation. Mitglieder innerhalb der eigenen Gruppe besitzen eine wichtige Orientierungsfunktion für das Individuum. Das zeigte sich in einer Untersuchung von Stouffer et al. (1949): Hier wurden Militärpolizisten und Angehörige der US-Luftwaffe nach ihrer Zufriedenheit mit der Arbeit, ihren Aufstiegs- und Karrierechancen und ihrer Bezahlung befragt. Da Luftwaffesoldaten im Allgemeinen besser bezahlt und eher befördert wurden als Militärpolizisten, nahmen die Autoren an, dass jene zufriedener mit ihrer Tätigkeit und ihren Karriereoptionen sein sollten als die Militärpolizisten. Das Gegenteil war der Fall: Militärpolizisten waren wesentlich zufriedener als Luftwaffesoldaten. Die Erklärung: Luftwaffesoldaten vergleichen sich nicht, wie angenommen, mit den Militärpolizisten, sondern mit anderen Luftwaffesoldaten. Der soziale Vergleich findet also lediglich innerhalb einer Gruppe statt und nicht zwischen Gruppen. Wenn nun innerhalb einer Gruppe die Aufstiegschancen gut sind, so ist das für die Nicht-Beförderten eher frustrierend, als wenn die Aufstiegschancen innerhalb der Gruppe generell weniger gut sind. Diese Erklärung führt zum gerechtigkeitspsychologisch relevanten Konzept der relativen Deprivation (s. 5.6 Theorie der relativen Deprivation).

Sozialer Einfluss. In Gruppen gibt es Uniformitätsdruck. Dies wurde besonders eindrucksvoll in den Versuchen zur sozialen Beeinflussung von Sherif (1936), Asch (1951, 1955) und Moscovici (1976) demonstriert (s. 11 Sozialer Einfluss). In diesen Experimenten zeigte sich ein verblüffendes Ausmaß an Beeinflussung der anwesenden Vpn durch (scheinbare) Gruppenmitglieder. Bei den Gruppenmitgliedern handelte es sich in Wirklichkeit um sogenannte Konföderierte, d.h. Komplizen des Vl, die beispielsweise in Schätzaufgaben absichtlich eine falsche Meinung abgeben sollten. In einigen Experimenten führte der soziale Einfluss dazu, dass die Vpn tatsächlich ihre Meinungen änderten („echter Einfluss"), in anderen Experimenten änderten die Vpn hingegen nur ihre öffentliche, nicht jedoch ihre private Meinung.

Die Stärke des Uniformitätsdrucks in einer Gruppe hängt von einigen Randbedingungen ab, so etwa vom Einfluss potentieller Stressoren. Der Uniformitätsdruck ist dann besonders groß, wenn die Gruppe eine schwierige Entscheidung mit möglicherweise fatalen Konsequenzen unter Zeitdruck zu treffen hat. Die schädlichen Effekte einer übersteigerten Uniformität wurden von Janis (1972, 1982) als Groupthink-Phänomen beschrieben (s. 15.4.2 Leistungsvorteile homogener Gruppen).

3.2.2 Weiterentwicklungen der Theorie sozialer Vergleichsprozesse

Wahl einer Uniformitätsstrategie. Was die Strategien zur Reduktion von Diskrepanzen in einer Gruppe angeht (Änderung der eigenen Meinung, Versuch der Meinungsänderung der anderen, Exklusion bzw. Verlassen der Gruppe), scheint die Wahl einer dieser Strategien komplizierter zu sein als ursprünglich von Festinger angenommen. Neben der Entfernung vom Modalwert der Gruppe sowie der Relevanz und Attraktivität der Gruppe sind noch weitere wichtige Einflussvariablen denkbar, u.a.:

▶ wie „leicht" es ist, die Gruppe zu verlassen (man denke an Sekten),
▶ Machtverhältnisse in der Gruppe,
▶ die persönliche Bindung an die eigene Meinung,
▶ die Sicherheit bezüglich der Korrektheit der eigenen Meinung,
▶ Persönlichkeitsvariablen wie Verträglichkeit, Dominanz, Autoritarismus etc.

Selbstwertmotiv. Dem von Festinger angenommenen Motiv, sich selbst korrekt einzuschätzen, kann man andere, alternative Motive gegenüberstellen, die die gleichen Verhaltenskonsequenzen nach sich ziehen. Der Uniformitätsdruck in einer Gruppe kann unter Umständen plausibler dadurch erklärt werden, dass Personen aus der Gruppenmitgliedschaft einen positiven Selbstwert ziehen. Die Mitgliedschaft in einer Clique, die in der Schulklasse hohen Status genießt, ist für alle prinzipiell attraktiv, denn sie erhöht den persönlichen Selbstwert; dafür ist man bereit, sich den Meinungsführern in dieser Clique anzupassen, auch wenn es der eigenen Meinung widerspricht.

Die Annahme, dass es eher das Bedürfnis nach positiver sozialer Identität ist, das zu Konformitätsbereitschaft und Solidarität mit einer Gruppe beiträgt, und nicht unbedingt das Bedürfnis nach korrekter Selbsteinschätzung, findet sich etwas versteckt in Korollar 7a. Die Soziale Identitätstheorie (Kapitel 6) basiert ebenfalls auf dem Motiv nach positiver Selbstwertschätzung durch die Gruppenmitgliedschaft.

3.3 Zusammenfassung

Die zentralen Aussagen der Theorie sozialer Vergleichsprozesse von Leon Festinger (1954) sind:
▶ Menschen wollen ihre Fähigkeiten und Meinungen richtig einschätzen. Das tun sie entweder, wenn möglich, auf der Basis objektiver Kriterien oder auf der Basis sozialer Vergleiche.

- Personen, die uns ähnlich sind, stellen geeignetere soziale Vergleichsobjekte dar als Personen, die uns unähnlich sind.
- In sozialen Gruppen gibt es ein Streben nach Uniformität.
- Welche Strategie zur Herstellung von Uniformität gewählt wird, ist abhängig davon, wie groß der Abstand der eigenen Fähigkeiten oder der eigenen Meinung zum Modalwert der Gruppenmeinung oder Gruppenleistung ist.

Die Theorie sozialer Vergleichsprozesse lässt sich mit anderen sozialpsychologischen Theorien verknüpfen, wie mit der
- Relativen Deprivationstheorie (siehe Kapitel 5) und der
- Sozialen Identitätstheorie (siehe Kapitel 6).

Mit der Theorie sozialer Vergleichsprozesse können folgende Phänomene erklärt werden:
- Phänomene des sozialen Einflusses (siehe Kapitel 11),
- Intra-Gruppenphänomene (siehe Kapitel 15).

3.4 Übungsfragen

(1) Stellen Sie sich vor, Sie diskutieren mit einer Gruppe von Kommilitonen über das Thema Einführung von Studienkonten an Universitäten. Sie selbst sind radikaler Gegner von Studiengebühren jeglicher Art. Einige in Ihrer Gruppe befürworten das Studienkontenmodell. Denken Sie an Hypothese 9 der Theorie:
- Unter welchen Umständen werden Sie Ihre eigene Meinung im Laufe dieser Gruppendiskussion ändern?
- Unter welchen Umständen werden Sie versuchen, die Befürworter des Studienkontenmodells argumentativ auf Ihre Seite zu ziehen?
(2) Was versteht Festinger (1954) in seiner Theorie sozialer Vergleichsprozesse unter Uniformitätsdruck? Auf welche Weisen kann diesem Uniformitätsdruck nachgegeben werden? Wovon hängt die Stärke des Uniformitätsdrucks ab?

Weiterführende Literatur

Es lohnt sich sehr, einen Blick in die Originalliteratur zu werfen und nachzuvollziehen, wie Festinger selbst seine Theorie entwirft und systematisiert. Der Text ist relativ knapp und durchaus verständlich geschrieben: Festinger, L. (1954). A theory of social comparison processes. Human Relations, 7, 117–140.

Eine komprimierte Darstellung und Würdigung der Theorie findet sich in folgendem Buchbeitrag: Frey, D., Dauenheimer, D., Parge, O. & Haisch, J. (2001). Die Theorie sozialer Vergleichsprozesse. In D. Frey & M. Irle (Hrsg.), Theorien der Sozialpsychologie. Band I: Kognitive Theorien (2. Aufl.) (S. 81–121). Bern: Huber.

4 Austausch- und Ressourcentheorien

In jeder sozialen Beziehung gibt es Geben und Nehmen – egal ob es sich um einen Smalltalk auf einer Party handelt oder um eine Liebesbeziehung. Wir schauen uns an, was wir in eine Beziehung „hineinstecken" und vergleichen es damit, was wir „herausbekommen". Ist der Nettonutzen ungünstig, brechen wir die Beziehung ab und schauen uns nach Alternativen um. Das setzt allerdings voraus, dass wir den Tauschwert der verfügbaren Alternativen auch tatsächlich kennen. Soziale Vergleiche helfen bei der Ermittlung des Tauschwertes einer Beziehung.

Der „Beziehungsnutzen" eines Partners A hängt meist vom Nutzen des anderen Partners B ab; in diesem Fall spricht man von Interdependenz. Wenn A von B abhängt, aber nicht umgekehrt, so hat B

Was Sie in diesem Kapitel erwartet

Macht über A und kann dessen Verhalten kontrollieren.

Auch Hilfehandlungen basieren auf einem Austauschgedanken, der sogenannten Reziprozitätsnorm. Helfen ist, wie jede Investition, mit Kosten verbunden – wobei auch die Entscheidung, nicht zu helfen, mit Kosten verbunden sein kann: Im schlimmsten Fall plagen den Hilfeversager Schuldvorwürfe.

Schließlich findet man Austauschprozesse in Gruppen. Beispielsweise ist man manchmal bereit, nur so viel in die Gruppenleistung zu investieren, wie man glaubt, dass die anderen ihrerseits zu geben bereit sind. Jede soziale Beziehung impliziert eine Reihe von Tauschgeschäften. Aber heißt das dann, dass wir ständig nur dabei sind, Tauschwerte zu berechnen?

Belohnungen und Kosten. Austauschtheorien beschreiben menschliches Sozialverhalten in ökonomischen Begriffen. Sie gehen davon aus, dass man jede soziale Interaktion als einen Austausch von Werten beschreiben kann. Werte können positiv sein; dann spricht man von Belohnungen, z.B. Geld, Zuwendung, Liebe, Status, Aufmerksamkeit. Werte können negativ sein; dann spricht man von Kosten, z.B. Zeitaufwand, Selbstkontrolle, konkreten materiellen Kosten. Eine zentrale Annahme der meisten Austauschtheorien ist, dass sich alle Belohnungen und alle Kosten auf einer gemeinsamen Skala abbilden lassen, so dass es letztlich möglich ist, den Gewinn oder Profit einer Beziehung als Belohnung oder Kosten in einer einzigen Maßzahl zu bestimmen.

Bemessung der Kosten im Versicherungswesen

Einen ökonomischen Bewertungsmaßstab für ideelle Werte findet man auch im Versicherungswesen. Der Verlust eines Auges bei Schadensersatz- und Schmerzensgeldklagen wird in Euro beziffert. Diese Praxis konnte man besonders drastisch in den USA erleben, wo Angehörige der Opfer des 11. September ihre Schadensersatzforderungen u.a. danach bemaßen, ob und wie lange das Opfer nachweislich gelitten hatte. Es wurden unterschiedliche Minutensätze für Leiden, Leiden unter Todesangst und Leiden in sicherer Erwartung des Todes zugrunde gelegt.

Hedonistisches Menschenbild. Alle Austauschtheorien fußen auf einem hedonistischen Menschenbild. Man geht also davon aus, dass Menschen versuchen, angenehme Situationen aufzusuchen und unangenehme Situationen zu vermeiden.

▶ Eine Sozialbeziehung wird nur eingegangen und aufrechterhalten, wenn sie für beide Partner ertragreich, mit Belohnungen verbunden ist.

▶ Hat man mehrere Beziehungsalternativen zur Auswahl, wird diejenige gewählt, die sich am ertragreichsten erweisen könnte.

Die Gültigkeit dieser Annahmen wird für kurzfristige ebenso wie für langfristige Beziehungen beansprucht. Allerdings wird bei längerfristigen Beziehungen auch über einen längeren Zeitraum aufgerechnet, was man investiert und herausbekommen hat.

Zur Aufrechterhaltung einer belohnenden Beziehung ist es wichtig, auch den Partner zufrieden zu stellen. Kosten und Nutzen müssen über die egoistische Perspektive hinaus ausgewogen sein. Allerdings – so die Annahme der Austauschtheorien – dienen Investitionen (Kosten und Verzicht auf Belohnungen) in einer Beziehung letztlich doch nur dem egoistischen Ziel der Gewinnmaximierung.

Von besonderer Bedeutung sind die Austauschtheorie von Homans (1961), die Interdependenztheorie von Thibaut und Kelley (1959; Kelley & Thibaut, 1978) sowie die Ressourcentheorie von Foa und Foa (1974). Sie sind zwar schon relativ alt, haben jedoch nachhaltigen Einfluss auf die Theorieentwicklung in der Sozialpsychologie genommen und leben als Bestandteile anderer Theorien, etwa aktueller Gerechtigkeitstheorien, fort.

4.1 Austauschtheorie von Homans (1961)

George C. Homans war Soziologe und hat seine Theorie 1961 in einem renommierten Werk mit dem Titel „Social behavior: Its elementary forms" veröffentlicht. In späteren Arbeiten, insbesondere in der Neuauflage des Buches im Jahre 1974, hat er seine Theorie modifiziert und erweitert. Die Modifikationen waren aber weniger einflussreich als die ursprüngliche Variante. Homans ist in seinem Denken stark vom Behaviorismus, vor allem von den Arbeiten Skinners, geprägt. Somit fußt seine Theorie in weiten Teilen auf allgemeinen lern- und motivationspsychologischen Gesetzmäßigkeiten.

Thesen	Erläuterungen
These 1: Je häufiger eine bestimmte Handlung einer Person in der Vergangenheit belohnt wurde, desto eher wird die Person diese Handlung auch künftig ausführen.	Diese These entspricht dem Grundsatz der Skinnerschen Theorie der operanten Konditionierung: Je stärker die Belohnung für ein Verhalten, desto eher wird man dieses Verhalten zeigen.
These 2: Wenn in der Vergangenheit eine bestimmte Handlung im Kontext eines bestimmten Reizmusters belohnt wurde, wird die betreffende Person diese Handlung in einem anderen Kontext umso eher ausüben, je ähnlicher das gegenwärtige Reizmuster dem damaligen Reizmuster ist.	Diese These entspricht dem lernpsychologischen Gesetz der Reizgeneralisierung. Konkret verstehen wir darunter z.B. die Ausdehnung einer Austauschbeziehung auf andere Bereiche, etwa eine lohnende Beziehung am Arbeitsplatz auf private Bereiche.
These 3: Je wertvoller das Resultat einer Handlung für eine Person ist, desto eher wird sie diese Handlung ausführen.	In dieser These kommt zum Ausdruck, dass der Wert einer Belohnung oder bestimmter Kosten subjektiv ist und unter anderem von der Lerngeschichte des Individuums abhängt. Der Wert eines Handlungsergebnisses geht in eine rationale Kosten-Nutzen-Berechnung des Individuums ein. Im Unterschied zu These 1 wird hier nicht das Ergebnis eines Lernprozesses, sondern eine rationale Entscheidung aufgrund des erwarteten Profits einer Handlung beschrieben. Je größer der Profit, den eine Person aus einer Handlung zieht, desto eher wird sie diese Handlung ausführen.
These 4: Je öfter eine Person in jüngster Vergangenheit eine bestimmte Belohnung erhalten hat, desto weniger wertvoll wird für sie jeder weitere Empfang dieser Belohnung.	Diese These wird auch Sättigungs-Deprivations-These genannt. Sie beschreibt einen motivationspsychologischen Sättigungs- oder Habituationsprozess. Umgekehrt gilt, dass der Wert einer Belohnung steigt, wenn diese längere Zeit entbehrt wurde. Dies entspricht dem motivationspsychologischen Deprivationsphänomen: Je stärker die Entbehrung einer bestimmten Sache, desto wertvoller wird sie.
These 5 (1961): Je krasser die Regel der distributiven Gerechtigkeit zum Nachteil der Person verletzt wurde, desto stärker wird diese mit der Emotion Ärger reagieren.	Mit dieser These geht Homans über die traditionelle Lern- und Motivationspsychologie hinaus. Er führt ein bis dato in der Psychologie nicht behandeltes Motiv ein – das Gerechtigkeitsmotiv. Zudem verbindet er lern- und motivationspsychologische mit emotionspsychologischen Aussagen.
These 5 (1974): Wenn eine Handlung der Person nicht jene Belohnung einbringt, die sie erwartet hat, oder ihr eine Bestrafung einbringt, die sie nicht erwartet hat, wird die Person mit Ärger reagieren und aggressives Verhalten zeigen.	Die Neuformulierung der These stellt eine Verallgemeinerung der Variante von 1961 dar. Da hier offen blieb, was mit „distributiver Gerechtigkeit" gemeint ist (s. 5 Gerechtigkeitstheorien), verwendete Homans diesen Begriff später nicht mehr, sondern spricht lediglich von den „Erwartungen einer Person".

Konformität gegenüber Gruppennormen

Die Vielfalt sozialer Phänomene, die Homans mit Hilfe seiner Theorie beschreiben und erklären will, ist beeindruckend. Die Konformität gegenüber Gruppennormen erklärt er austauschtheoretisch: Wenn sich eine Person in einer Gruppe normkonform verhält, profitiert hiervon sowohl das Individuum, denn es erhält Anerkennung von Seiten der Gruppe, als auch die Gruppe, denn sie gewinnt an Stabilität. Beide Parteien haben Bestrafungsmacht: Die Person kann die Gruppe, wenn sie ihr die Anerkennung versagt, durch Verlassen bestrafen. Die Gruppe kann die Person, wenn sie Normen nicht befolgt, durch Missbilligung ihres Verhaltens bestrafen.

4.2 Interdependenztheorie von Thibaut und Kelley

Die erste Version der Interdependenztheorie wurde bereits in den 1950er Jahren entwickelt (Thibaut & Kelley, 1959), später wurde sie dann modifiziert und weiterentwickelt (Kelley & Thibaut, 1978).

Definition

Interdependenz bedeutet gegenseitige Abhängigkeit. Damit ist gemeint, dass das Verhalten einer Person, oder besser gesagt der Wert, den eine Verhaltensoption für eine Person hat, vom Verhalten anderer Personen abhängt.

Wie Homans, so nehmen auch Thibaut und Kelley an, dass jedes Verhalten Belohnungen und Kosten mit sich bringt. Wie alle Austauschtheoretiker gehen sie davon aus, dass diese auf einer gemeinsamen psychologischen Skala abgebildet und verrechnet werden und dass Menschen bestrebt sind, die Verhaltensalternative mit dem größten Belohnungswert (Outcome) zu wählen.

4.2.1 Vergleichsniveau und Ergebnismatrix

Vergleichsniveau (CL). Der Belohnungswert eines Verhaltens ergibt sich aus dem sogenannten Vergleichsniveau CL (comparison level). In Anlehnung an das motivationspsychologische Konzept von Kurt Lewin könnte man von Anspruchsniveau sprechen. Vereinfacht gesprochen bedeutet Vergleichsniveau: Was habe ich von einer Beziehung zu erwarten, was steht mir zu?
Der CL bildet sich auf der Grundlage eigener Erfahrungen (temporale Vergleichsprozesse; wie war es in früheren Beziehungen?) und durch Beobachtung anderer Beziehungen (soziale Vergleichsprozesse; wie sind die Beziehungen meiner Freunde geartet?).

Vergleichsniveau für Alternativen (CL_{alt}). Neben dem CL gibt es ein zweites Vergleichsniveau, das Vergleichsniveau für Alternativen (CL_{alt}). Es bezeichnet die Outcome-Erwartungen der im Moment verfügbaren Alternativen, d.h. anderer möglicher Beziehungen oder Interaktionen. Es kann durchaus mehrere CL_{alt} geben: So viele, wie Interaktionsalternativen gerade verfügbar sind.

Die Person bewertet die Attraktivität eines Interaktionspartners im Vergleich zu ihrem CL, d.h. zu ihren früheren Beziehungen oder zu den Beziehungen anderer Personen.
▶ Wenn der Outcome (Belohnung aus der gegenwärtigen Beziehung) über dem CL liegt, ist die Person zufrieden und hält an der Beziehung fest bzw. setzt die Interaktion fort.
▶ Wenn der Outcome unter dem CL liegt, treten die CL_{alt} auf den Plan: Findet die Person eine verfügbare Interaktions- oder Beziehungsalternative, deren CL_{alt} den Outcome der gegenwärtigen Interaktion oder Beziehung übertrifft, wird sie die gegenwärtige Interaktion oder Beziehung abbrechen und sich der Alternative zuwenden.

▶ Wenn die Person keine Alternative findet, deren CL_{alt} den Outcome der gegenwärtigen Beziehung übersteigt, wird sie in der gegenwärtigen Beziehung oder Interaktion bleiben, auch wenn deren Outcome unter dem CL liegt.

Ergebnismatrix. Da an einer Interaktion immer mindestens zwei Personen beteiligt sind, sind für die Aufrechterhaltung oder den Abbruch von Interaktionen und Beziehungen nicht nur die Outcomes einer Person von Bedeutung, sondern die Outcome-Kombinationen beider Personen. Zur Darstellung der Interaktions- oder Beziehungsoutcomes beider Personen verwenden Thibaut und Kelley die sogenannte Ergebnismatrix:

▶ In den Spalten stehen die Handlungsalternativen von A.
▶ In den Zeilen stehen die Handlungsalternativen von B.
▶ In den Zellen stehen die Belohnungen und Kosten der jeweiligen Handlungskombination, oberhalb der Diagonale jene für A, unterhalb jene für B.
▶ Statt Belohnung und Kosten getrennt aufzuführen, kann man auch den Nettonutzen N (Differenz zwischen Belohnungen und Kosten) eintragen, da beide laut Annahme auf einer gemeinsamen Skala abgebildet und verrechnet werden.

Je nachdem, ob es sich bei den Spalten und Zeilen um zeitlich begrenzte Verhaltensakte oder um Verhaltensgewohnheiten oder Verhaltenseigenschaften handelt, kann die Ergebnismatrix die Bilanz einer zeitlich begrenzten Interaktion oder einer länger bestehenden Beziehung beinhalten (Abb. 4.1).

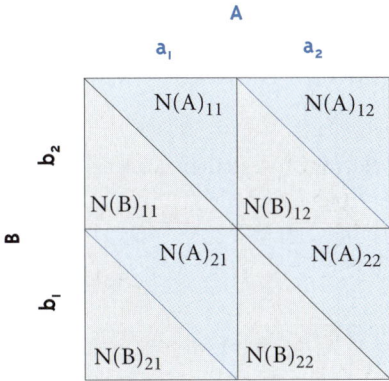

Abbildung 4.1. Ergebnismatrix in der Theorie von Thibaut und Kelley. Zwei Personen A und B haben jeweils zwei Verhaltensoption: a_1 oder a_2 bzw. b_1 oder b_2. Dies ergibt vier mögliche Konstellationen. Jede dieser Konstellationen hat nun sowohl für A als auch für B einen bestimmten Nutzen **N**. Der Nutzen einer Konstellation kann für A und B völlig unterschiedlich ausfallen

Man kann die Ergebnisse nicht zu jedem Zeitpunkt gleich gut abschätzen: Sowohl die Alternativen als auch die damit verbundenen Belohnungen und Kosten wird man möglicherweise erst im Laufe der Interaktion erfahren. Darum ist es zu Beginn einer Beziehungsentwicklung typisch, dass man zu erforschen versucht, was die Alternativen der eigenen und der anderen Person sowie die jeweiligen Kosten und Belohnungen sind. Ein Beispiel: Ein Mann hat auf einer Party eine attraktive Frau kennengelernt, möchte sie für sich gewinnen. Er weiß, dass diese Frau von vielen anderen Männern begehrt und umschwärmt wird. Was tut er? – Er muss versuchen, den „comparison level" dieser Frau für die Alternativen, die Nebenbuhler, herabzusetzen und ihr zu zeigen, dass sie mit ihm eine hochwertige Belohnung an der Hand hat. Das Problem ist, dass er zunächst herausfinden muss, was die Frau überhaupt als Belohnung versteht.

4.2.2 Macht und Abhängigkeit
Im Folgenden werden wir drei Austauschmuster etwas ausführlicher behandeln: Schicksalskontrolle, einseitige und wechselseitige Verhaltenskontrolle.

Schicksalskontrolle

Eine Person A hat es in der Hand, wie gut das Beziehungs- oder Interaktionsergebnis für den Interaktionspartner B ist. Das Verhalten von B ist für seinen Outcome irrelevant. Ein Beispiel: Bert möchte mit Agathe ausgehen. Er könnte Agathe vorschlagen, entweder ins Kino oder zusammen essen zu gehen. Bert selbst ist es egal, wichtig ist nur, wie Agathe reagiert. Wenn sie ablehnt, wäre das maximal unbefriedigend für Bert. Die Schwierigkeit für Bert ergibt sich daraus, dass er ihre Vorlieben nicht kennt. Insofern bestimmt allein Agathes Reaktion den Outcome von Bert. Agathe hat Schicksalskontrolle über Bert.

Verhaltenskontrolle

Man unterscheidet zwischen einseitiger Verhaltenskontrolle (einer der beiden Beziehungspartner kann das Verhalten des anderen kontrollieren) und wechselseitiger Verhaltenskontrolle (die Kombination des Verhaltens beider Beziehungspartner wirkt für jeden von ihnen verhaltensbestimmend).

Einseitige Verhaltenskontrolle. Bei einseitiger Verhaltenskontrolle von B über A muss A sich auf das Verhalten von B einstellen, um seinen Outcome zu maximieren. Mit anderen Worten: B kann das Verhalten von A steuern. Ein Beispiel: Agathe überlegt, ob sie sich mit Bert treffen oder lieber an einer Präsentation arbeiten soll, die sie am nächsten Tag fertig haben muss. Wenn Bert nicht von sich aus anruft, würde sie eher zu Hause bleiben und arbeiten und sich nicht mit ihm treffen. Falls er jedoch anruft, wird sie nicht widerstehen können und sich mit ihm treffen wollen, statt zu Hause zu bleiben und zu arbeiten. Anders gesagt: Ob Bert anruft oder nicht, wirkt sich direkt darauf aus, wie Agathe sich verhalten wird. Bert hat einseitige Verhaltenskontrolle über Agathe.

Wechselseitige oder reflexive Verhaltenskontrolle. Bei wechselseitiger Verhaltenskontrolle müssen sich sowohl A als auch B auf das Verhalten des jeweils anderen einstellen, um den eigenen Outcome zu maximieren.

Beispiel

Zwei Brüder haben wechselseitige Verhaltenskontrolle übereinander (aus Mikula, 1997)

Zwei Brüder haben die Wahl, zu Hause zu bleiben oder auszugehen. Für den älteren Bruder ist es am attraktivsten, zu Hause zu bleiben, wenn der Bruder ausgeht (+2). Etwas weniger attraktiv ist es für ihn auszugehen, wenn der Bruder zu Hause bleibt (+1). Neutral ist es, mit dem jüngeren Bruder zu Hause zu bleiben (0). Unattraktiv ist es, mit dem jüngeren Bruder auszugehen (−1). Genau das ist für den jüngeren Bruder am attraktivsten (+2). Am zweitattraktivsten ist für ihn, mit dem älteren Bruder zusammen zu Hause zu bleiben (+1). Neutral ist es für ihn auszugehen, während der ältere Bruder zu Hause bleibt (0). Unattraktiv ist es schließlich für ihn, zu Hause zu bleiben, während der Bruder ausgeht (−1).

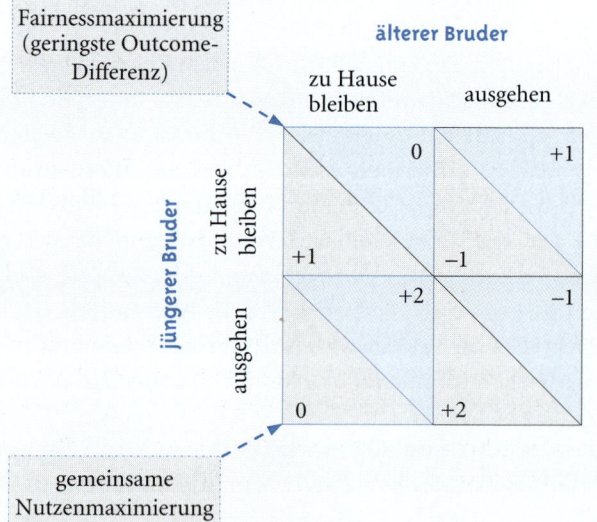

Betrachtet man die Haupteffekte, so stellt man fest, dass der ältere Bruder lieber zu Hause bleibt, während der jüngere Bruder eher ausgehen will. Die Wechselwirkung zeigt, dass diese Präferenz vom Verhalten des Bruders abhängt: Der ältere Bruder würde am liebsten allein zu Hause bleiben, der jüngere am liebsten mit seinem älteren Bruder ausgehen. Welche der vier Kombinationen gewählt wird, hängt von der Orientierung der beiden ab: Wenn beide darin übereinstimmen, den gemeinsamen Outcome zu maximieren, müssen sie die Kombination unten links wählen (Summenwert: +2). In diesem Fall hat der ältere Bruder einen beträchtlichen Vorteil.

Wenn beide nach dem Gleichheitsprinzip verfahren wollen, dann müssen sie die Variante oben links wählen, da dort der Outcome-Unterschied minimal ist (Differenz: 1). In diesem Fall hat der jüngere Bruder einen geringen Vorteil.

Unter dem Gesichtspunkt der gemeinsamen Nutzenmaximierung wäre die Variante oben rechts die schlechteste (Summenwert: 0). Unter dem Gesichtspunkt der Fairness (Gleichbehandlung) wäre die Variante unten rechts die schlechteste (Summenwert: +1; Differenz: 3).

Dieses einfache Beispiel (zwei Personen, zwei Verhaltensalternativen) lässt ahnen, wie kompliziert soziale Entscheidungssituationen werden können, wenn mehr als zwei Personen betroffen und mehr als zwei Verhaltensalternativen gegeben sind. Man denke an eine Familie mit mehreren Kindern.

Gefangenendilemma

Wechselseitige oder reflexive Kontrolle besteht auch im „Gefangenendilemma": Zwei Angeklagte werden einer gemeinsam begangenen Straftat bezichtigt. Der Richter unterbreitet jedem von ihnen folgendes Angebot (siehe Abb. 4.2):

▶ Wenn du gestehst und damit deinen Komplizen belastest, kommst du ohne Strafe davon, dein Komplize kommt für fünf Jahre ins Gefängnis.

▶ Wenn ihr beide schweigt, dann haben wir trotzdem genug belastendes Beweismaterial, um euch für zwei Jahre einzusperren.

▶ Wenn ihr beide gesteht, müsst ihr beide vier Jahre hinter Gitter.

Die beiden Gefangenen haben keine Möglichkeit, sich gegenseitig abzustimmen. In der ökonomischen Spieltheorie wird diese Situation als Gefangenendilemma bezeichnet. Schweigen lohnt sich nur, wenn der andere auch schweigt. Den anderen zu verpetzen, lohnt sich nur (für einen selbst), wenn der andere schweigt. Wenn beide schweigen, erhalten sie eine milde Strafe (Reward-Bedingung). Das wäre eine faire Lösung. Wenn der eine gesteht, während der andere schweigt, hat der Geständige einen einseitigen Vorteil (Temptation-Bedingung) und der Schweigende einen einseitigen Nachteil (Sucker-Bedingung). Hier zeigt sich der Eigennutzcharakter der Spielinstruktion. Wenn beide gestehen, werden sie beide bestraft (Punishment-Bedingung). Diese Bestrafung ist allerdings zumindest für beide gleich, also fair.

Reflexiv ist dieses Kontrollmuster wie im Beispiel der Brüder, weil eine Person A mit ihrem Handeln in Abhängigkeit der Handlungen von B auch ihre eigenen Outcomes beeinflusst.

Was wäre die rationalste Strategie? Es wäre für beide lohnenswerter (und risikoärmer) zu gestehen, denn die maximale Bestrafung wäre vier Jahre Gefängnis, die durchschnittliche Bestrafung (Erwartungswert) wäre zwei Jahre. Würde man selbst schweigen, dann wäre die maximale Bestrafung fünf Jahre, der Erwartungswert 3,5 Jahre.

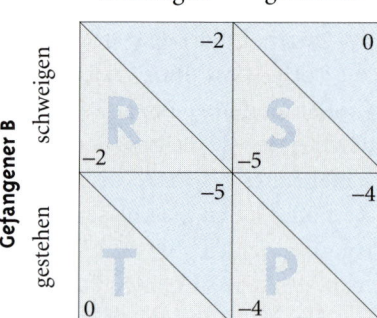

Abbildung 4.2. Ergebnismatrix des „Gefangenendilemmas". Aus der Sicht des Gefangenen **B** stellt sich die Situation wie folgt dar: Wenn er schweigt, wird er entweder für seine Loyalität mit **A** belohnt (R = reward) oder von **A** ausgenutzt (S = sucker). Wenn er gesteht, wird er entweder auf Kosten von **A** freigelassen (T = temptation) oder gemeinsam mit **A** bestraft (P = punishment)

Das Gefangenendilemma legt unkooperatives Verhalten nahe. Wenn man sich perfekt rational verhalten würde, dann müsste man auf jeden Fall gestehen. Dabei wird von den Ökonomen allerdings übersehen, dass es noch ein anderes Prinzip als das der Eigennutzmaximierung gibt: Den anderen zu übervorteilen, ist aus Gesichtspunkten der Loyalität aversiv, eine faire Lösung zu suchen, hingegen erstrebenswert (auch wenn sie im Falle einer drohenden Gefängnisstrafe nicht unbedingt im Vordergrund stehen mag)!

4.3 Kritik an den Theorien von Homans und von Thibaut und Kelley

Gegen die Austauschtheorien von Homans und von Thibaut und Kelly gab es einige Einwände.

Einseitiges Menschenbild. Zunächst wurde das zugrunde liegende Menschenbild kritisiert, das den Menschen auf ein ausschließlich nach Gewinnmaximierung trachtendes Wesen reduziert. Die fürsorglichen und prosozialen Facetten des menschlichen Wesens blieben ausgeblendet. Außerdem sei der Mensch nicht ausschließlich rational gesteuert, sondern verhalte sich häufig stimmungsabhängig und irrational.

Experiment

Güth et al. (1982): Ultimatum-Bargaining-Spiel

Befunde aus der ökonomischen Spieltheorie zeigen deutlich, dass der Mensch nicht immer eigennutzmotiviert und perfekt rational vorgeht. Das kann man gut anhand empirischer Ergebnisse zum sogenannten Ultimatum-Bargaining-Spiel verdeutlichen.

Ablauf des Spiels:
Es gibt zwei Spieler A und B, die sich weder vor dem Spiel, währenddessen, noch hinterher kennen lernen. Spieler A bekommt einen Geldbetrag zur Verfügung gestellt (z.B. 100 Euro), den er zwischen sich und Spieler B aufteilen soll. Spieler A macht einen Aufteilungsvorschlag. Der Vl teilt Spieler B diesen Vorschlag mit. Spieler B kann den Vorschlag entweder akzeptieren, dann wird das Geld dem Verteilungsvorschlag entsprechend verteilt, oder ablehnen, dann bekommt niemand etwas.

Hypothese:
Wenn der Mensch prinzipiell
▶ eigennutzmotiviert und
▶ perfekt rational
wäre, wie würde sich Spieler A dann verhalten? – Er würde seinem Mitspieler so wenig wie möglich (z.B. 1 Euro) und sich selbst so viel wie möglich (99 Euro) zuteilen. Er müsste nämlich davon ausgehen, dass B diese Aufteilungsentscheidung nicht ablehnt, denn 1 Euro zu haben ist besser als keinen Euro zu haben, was die Konsequenz wäre, wenn B ablehnen würde.

▶

Ergebnisse:
Die empirischen Ergebnisse sprechen eine andere Sprache (Güth et al., 1982): Im Durchschnitt teilt sich A „nur" etwa 67 Euro zu, und der durchschnittliche Betrag aller Selbstzuteilungen von A, denen B zuge- stimmt hat, liegt bei etwa 61 Euro. In einem Viertel aller Fälle schlägt A sogar von vornherein eine Gleichvertei- lung vor. Das zeigt, dass Menschen eben nicht aus- schließlich eigennutzmotiviert und/oder perfekt rational handeln.

Abstraktheit der Theorien. Es wurde sowohl gegen die Theorie von Homans als auch gegen die Theorie von Thibaut und Kelley eingewandt, sie seien zu abstrakt und würden in einer konkreten Situation keine Verhaltensvorhersagen erlauben, ohne dass spezifische Zusatz- informationen (etwa über die Motive der Beteiligten) bekannt wären. Besonders gegen die The- orie von Thibaut und Kelley wurde vorgebracht, sie betrachte nur eine Momentaufnahme aus einer Interaktionsgeschichte und erlaube deshalb keine Vorhersagen über die Entwicklung von Beziehungen. Thibaut und Kelley haben in ihrer neuen Fassung von 1978 auf diesen Ein- wand reagiert (interessierte Leserinnen und Leser seien hier auf den Text von Mikula, 1997, verwiesen).

Begrenzung auf Dyaden. Es wurde kritisiert, dass das Austauschmodell zu sehr auf Dyaden zugeschnitten und nicht ohne erhebliche Modifikationen zur Erklärung von Interaktionen und Beziehungen zwischen mehreren Personen und Gruppen geeignet sei. Dabei wird übersehen, dass sich die Ergebnismatrix formal problemlos um zusätzliche Dimensionen erweitern ließe. Allerdings wirft eine derartige Erweiterung die Frage auf, ob Menschen solche komplexen Mus- ter überhaupt noch verarbeiten können und das Modell noch geeignet ist, menschliches Verhal- ten zu beschreiben. Vermutlich greifen Menschen mit zunehmender Interaktionskomplexität in der Realität auf vereinfachende Entscheidungsheuristiken zurück.

Gemeinsame Skala von Belohnung und Kosten. Es wurde die Annahme in Frage gestellt, alle Belohnungen und Kosten könnten auf einer einzigen psychologischen Skala verrechnet werden. Selbst wenn dies möglich wäre, seien die „Umrechnungskurse" der verschiedenen Kosten- und Belohnungswährungen in eine einheitliche psychologische Outcome-Währung (Thibaut & Kelley) oder psychologische Profit-Währung (Homans) nicht bekannt.

4.4 Ressourcentheorie von Foa und Foa (1974)

Die Ressourcentheorie von Foa und Foa (1974) setzt bei der Vergleichbarkeit bzw. Unvergleich- lichkeit von Belohnungen an. Die Autoren legten ihren Vpn eine große Zahl von Ressourcen zur Beurteilung im vollständigen Paarvergleich vor. Die Ressourcen stammten aus sechs inhaltlichen Kategorien: Liebe, Status, Information, Geld, Güter und Gefälligkeiten/Dienstleistungen.

Dimensionen von Ressourcenklassen. Die Ähnlichkeitsurteile der Probanden wurden gemittelt und einer multidimensionalen Skalierung (MDS) unterzogen. Dabei versucht man, die Struktur der subjektiven Ähnlichkeiten als dimensionales System zu beschreiben, nach der Devise: so viele Dimensionen wie nötig, so wenige wie möglich. Foa und Foa fanden heraus, dass sich ein zweidimensionales System am ehesten eignet, alle Ressourcen hinreichend zu beschreiben. Die beiden Dimensionen wurden interpretiert als:

(1) **Konkretheit versus Symbolhaftigkeit.** Konkret bedeutet, dass Ressource messbar ist. Reichtum äußert sich beispielsweise sichtbar in einem großen Haus. Symbolhaft bedeutet, dass eine Ressource nicht direkt messbar oder sichtbar ist; dies ist beispielsweise bei hohem sozialen Ansehen oder hoher Intelligenz der Fall.

(2) **Partikularität versus Universalität.** Eine Ressource ist extrem partikularistisch, wenn sie nur für eine einzige Person einen hohen Wert besitzt. Eine Ressource ist extrem universalistisch, wenn sie für alle Personen eine einheitliche Bedeutsamkeit hat.

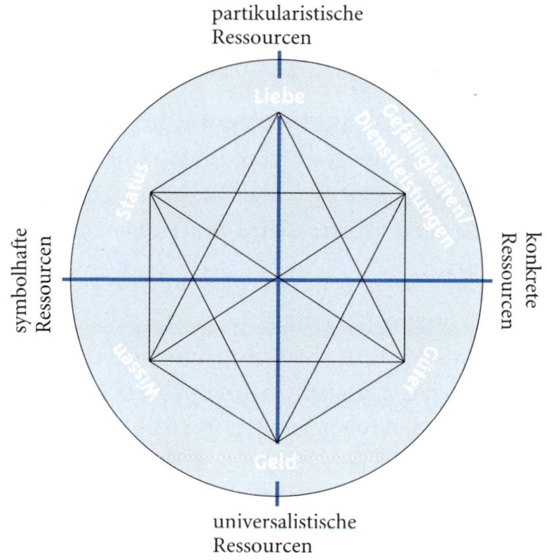

Abbildung 4.3. Struktur von Ressourcenklassen nach Foa und Foa. Die sechs Ressourcenklassen Liebe, Status, Wissen, Geld, Güter und Gefälligkeiten/Dienstleistungen lassen sich danach klassifizieren, ob sie eher einen konkret fassbaren oder eher einen symbolischen Wert haben **(horizontale Achse)** und ob ihr Wert eher für alle Personen identisch ist (universell) oder ob ihr Wert sich von Person zu Person unterscheidet (partikularistisch) **(vertikale Achse)**

Muster des Ressourcenaustauschs

Foa und Foa gehen davon aus, dass die Art einer Sozialbeziehung wesentlich dadurch bestimmt wird, welche Ressourcen die Partner austauschen. Sie nehmen an, dass Ressourcen nicht beliebig tauschfähig sind, sondern dass es bestimmte Austauschmuster gibt, die bevorzugt werden. Diese Annahme wird in vier Thesen spezifiziert:

These	Erläuterung
These 1. Je näher zwei Ressourcen auf den beiden Dimensionen zueinander liegen, ▶ als desto ähnlicher werden sie wahrgenommen, ▶ desto stärker werden sie als Gegenleistung füreinander im Austausch bevorzugt und ▶ desto eher werden sie auch tatsächlich getauscht.	Geld und Liebe liegen auf den beiden Dimensionen weit voneinander entfernt. Daraus folgt, dass man Liebe nicht kaufen kann.
These 2. Je partikularistischer eine Ressource ist, ▶ desto eher wird sie gegen dieselbe Ressource getauscht und ▶ desto enger ist der Variationsbereich anderer Ressourcen, mit denen sie ausgetauscht wird.	Liebe wird oft gegen Liebe getauscht, aber nicht Geld gegen Geld. Außerdem sind die Tauschobjekte von Liebe sehr begrenzt, während die Tauschobjekte von Geld nahezu unbegrenzt sind.

These	Erläuterung
These 3. Je geldähnlicher eine Ressource ist, desto eher entspricht der Wert, den der Geber verliert, dem Wert, den der Empfänger bekommt, so dass der Verlust des einen dem Gewinn des anderen gleich wird.	Mit Geld erkaufte Tauschobjekte können für den gleichen oder einen ähnlichen Betrag veräußert werden bzw. ein mit Geld erkauftes Tauschobjekt kann gegen ein anderes Objekt von gleichem Geldwert getauscht werden. Diese These besagt, dass Geld der verbindlichste Maßstab für unsere Transaktionen ist.
These 4. Wenn eine Ressource nicht verfügbar ist, wird sie eher durch eine universelle als durch eine partikularistische ersetzt.	Diese These folgt aus der zweiten und besagt, dass der Anbieter eines Tauschobjekts, der eine bestimmte Gegenleistung haben möchte, diese aber nicht bekommen kann, besser mit einer universellen Zwischenwährung bedient ist als mit einer partikularistischen, für die es weniger Interessenten gibt. Geld als universalistischste Ressource ist für solche Situationen das optimale Ersatzobjekt.

4.5 Kommentar und Ausblick

Sozialbeziehungen als Austauschbeziehungen. Dass sich Sozialbeziehungen (auch) auf der Basis ökonomischer Begrifflichkeiten (Nutzen, Kosten, Vergleichsniveau, Tauschwert etc.) definieren und allgemein als Austauschbeziehungen beschreiben lassen, ist nicht unbedingt eine revolutionäre Erkenntnis. Allerdings haben Homans sowie Thibaut und Kelley als erste in der Sozialpsychologie eine austauschtheoretische Perspektive eingenommen. Die These, dass Sozialbeziehungen austauschtheoretisch zu konzipieren sind, ist im Prinzip so allgemein und universell, dass sie – ähnlich wie die Grundaussagen der Dissonanztheorie, der Balancetheorie und der Theorie sozialer Vergleichsprozesse – heute als common sense der Sozialpsychologie gilt und Bestandteil weiterführender Theorien geworden ist. Besonders die Forschung zur subjektiven Gerechtigkeit von Aufteilungsentscheidungen (distributive Gerechtigkeit) sowie die Forschung zu Arbeits- und Beziehungszufriedenheit wurden maßgeblich vom austauschtheoretischen Gedankengut beeinflusst.

Austauschtheorien im Lichte des Zeitgeists. Die lernpsychologische Basis der Theorien von Homans und Thibaut und Kelley sowie die Reduzierung der psychologischen Vorgänge auf Kosten-Nutzen-Abwägungen machen die Theorien relativ statisch und „kühl" – die Attraktivität einer solch „kühlen" Theorie mag man im Lichte der Zeit verstehen: In den 1950er Jahren war man noch immer davon überzeugt, dass man „innere" Vorgänge nicht modellieren könne und sie für die Erklärung und Vorhersage von Verhalten auch nicht notwendig seien.

Der Mensch als „rationaler Nutzenmaximierer". Was wahrscheinlich auch schon die frühen Austauschtheoretiker ahnten, ist heute gewiss: Weder die Annahme, dass der Mensch bei seinen Entscheidungen rein rational vorgeht, noch die, dass sein zentrales Motiv Eigennutzmaximierung ist, lassen sich in dieser Form halten. Zwar können auch die Austauschtheoretiker erklären, wieso Menschen bisweilen an objektiv wenig gewinnbringenden Alternativen (z.B. einer unattraktiven Arbeitsstelle, einer unbefriedigenden Partnerschaft etc.) festhalten, diese Erklärungen fußen jedoch auf einer Reihe von zusätzlichen Annahmen (zum Beispiel, dass sich eine Person ihrer verfügbaren Alternativen bewusst ist und den Wert all dieser Alternativen – CL_{alt} – kennt). Wir wissen jedoch schon aus der Alltagserfahrung, dass man sich – sogar wenn man mit der Situation unzufrieden ist – nicht immer für Alternativen interessiert; das wiederum wäre dissonanztheoretisch zu erklären (vgl. 2 Konsistenz- und Balancetheorien).

In Kapitel 5 (Gerechtigkeitstheorien) und in Kapitel 14 (Altruismus und Hilfsbereitschaft) werden wir sehen, dass Eigennutzmaximierung nur eines unter vielen Motiven ist, die soziales Handeln bedingen.

4.6 Zusammenfassung

Wir haben hier drei klassische Austauschtheorien besprochen:
(1) die Austauschtheorie von Homans,
(2) die Interdependenztheorie von Thibaut und Kelley,
(3) die Ressourcentheorie von Foa und Foa.

Austauschtheorie von Homans. Die Theorie ist noch sehr lerntheoretisch geprägt. Im Kern besteht sie aus fünf Thesen, die soziales Verhalten erklären durch:
(1) operante Konditionierung,
(2) Reizgeneralisierung,
(3) Kosten-Nutzen-Berechnung,
(4) Sättigung und Deprivation,
(5) Erwartung gerechter Verteilungsprozesse.

Interpendenztheorie von Thibaut und Kelley. Entscheidend an dieser Theorie ist die Annahme, dass zur Abschätzung des Nutzens einer Austauschbeziehung zwei Vergleichsstandards herangezogen werden, nämlich:
(1) ein Soll-Zustand des zu erwartenden Nutzens (CL) und
(2) der Nutzen, den verfügbare Alternativen bringen würden (CL_{alt}).

Nach Thibaut und Kelley gibt es drei Outcome-Muster, die etwas über die Art der Beziehung aussagen:
(1) Schicksalskontrolle (A bestimmt den Outcome von B)
(2) einseitige Verhaltenskontrolle
(3) wechselseitige oder reflexive Verhaltenskontrolle (bestes Beispiel: das Gefangenendilemma, das im Rahmen ökonomischer Verhaltenstheorien ausführlich untersucht wurde).

Ressourcentheorie von Foa und Foa. Diese Theorie ist eine Erweiterung der anderen Austauschtheorien. Sie befasst sich mit der Frage der Dimensionalität von Austauschgütern und macht Vorhersagen über die Wahrscheinlichkeit bestimmter Tauschgeschäfte.
Die beiden Dimensionen, die sich nach Foa und Foa am ehesten eignen, um alle Ressourcen hinreichend zu beschreiben, sind:
▶ Konkretheit versus Symbolhaftigkeit und
▶ Partikularität versus Universalität.

4.7 Übungsaufgaben

(1) Wie können Sie mit Hilfe der Theorie von Homans erklären, dass eine Frau, deren Mann ihr jeden Tag Blumen mitbringt, nicht unbedingt zufrieden mit ihrer Beziehung sein muss?

(2) Was könnte eine mögliche (und mit der Theorie von Homans verträgliche) Erklärung dafür sein, dass sich eine Person für eine Alternative A entscheidet, die einen Belohnungswert von „4" hat, obwohl eine Alternative B einen Belohnungswert von „5" gehabt hätte?

(3) Wie kann man mit Hilfe der Theorie von Thibaut und Kelley erklären, dass eine Person in einer Firma, in der ihr die Arbeit überhaupt keinen Spaß macht, dennoch weiter arbeiten möchte?

(4) Max und sein Freund Jochen planen Urlaub. Zur Debatte stehen ein Strandurlaub auf Mallorca oder ein Wanderurlaub in Norwegen. Bei der Frage nach den jeweiligen Präferenzen ergibt sich folgende Ergebnismatrix:

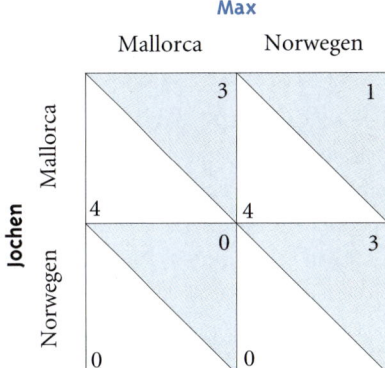

(a) Liegt hier eine Form einseitiger oder wechselseitiger Verhaltenskontrolle vor oder nicht?

(b) Wenn Jochen und Max nach dem Prinzip „Maximierung des gemeinsamen Nutzens" verfahren wollten, welche Option müssten sie dann wählen?

(c) Wenn die beiden allein nach dem Fairnessprinzip (niemand soll einen einseitigen Vorteil haben) verfahren wollten, welche Option müssten sie dann wählen?

(5) Nennen und erläutern Sie drei allgemeine Kritikpunkte, die zu den psychologischen Austauschtheorien geäußert wurden.

(6) Zur Ressourcentheorie von Foa und Foa (1974):

(a) Inwiefern stellt die Ressourcentheorie eine Erweiterung klassischer Austauschtheorien dar?

(b) Erklären Sie, was in der Theorie mit den beiden Dimensionen „Konkretheit" und „Partikularismus" gemeint ist.

Weiterführende Literatur

Der genannte Buchbeitrag fasst die verschiedenen Austauschtheorien übersichtlich zusammen und zeigt ihre Bedeutung für Gerechtigkeitstheorien auf. Einige Beispiele aus diesem Text haben wir hier übernommen. Beachten Sie bitte, dass sich Mikulas Beitrag in der hier relevanten Fassung nur in der 1. Auflage des Buches aus dem Jahr 1997 findet, nicht in den nachfolgenden Auflagen.

Mikula, G. (1997). Psychologische Theorien des sozialen Austauschs. In D. Frey & M. Irle (Hrsg.), Theorien der Sozialpsychologie. Band II: Gruppen- und Lerntheorien (S. 273–305). Bern: Huber.

5 Gerechtigkeitstheorien

Wir haben oft ein Gefühl dafür, was gerecht und was ungerecht ist. Ungerecht ist, wenn jemand weniger – aber auch, wenn jemand mehr – bekommt, als er eigentlich verdient. Aber wovon hängt „Verdientheit" eigentlich ab? Von Leistung, von Bedürftigkeit, von guten Taten?

Nicht nur Verteilungsergebnisse können mehr oder weniger gerecht sein, sondern auch Entscheidungsprozesse und Vergeltungsreaktionen. In all diesen Fällen kommen Gerechtigkeitsprinzipien zur Anwendung. Wer zum Beispiel etwas Böses getan hat, der gehört bestraft – von solchen Sanktionsmechanismen hängt die Stabilität einer Gesellschaft ab. Zuvor muss allerdings die Verantwortlichkeit bzw. die Schuld des Täters genau geklärt werden.

„Gerecht" zu sein bedeutet nicht unbedingt, ein „guter Mensch" zu sein: Man kann es beispielsweise als gerecht empfinden, jemandem seine Hilfe zu verweigern. Manche Menschen verdienen unsere Hilfe nicht. In einigen Fällen machen wir dem Opfer eines Schicksalsschlages sogar noch Vorwürfe („Er hätte halt besser aufpassen sollen!"). Solche Vorwürfe sind zwar oft unberechtigt, aber sie helfen uns, an eine gerechte Welt zu glauben. Führt uns die Gerechtigkeit demnach manchmal zur Grausamkeit?

Bezüge zu anderen Theorie-Kapiteln:

▶ Balanciert ist, wenn jeder bekommt, was er verdient **2**
▶ Was fair ist und was nicht, stellt sich erst im sozialen Vergleich heraus **3**
▶ Gerechte Beziehungen haben einen proportionalen Tauschwert **4**
▶ Niedriger Gruppenstatus führt zu Empörung und Protest **6**
▶ Eine gerechte Strafe bemisst sich an der Schuld des Täters **9**
▶ Vergeltung ist evolutionär funktional **10**

Klassische Theorien:

▶ Konsistenz- und Balancetheorien **2**
▶ Theorie sozialer Vergleichsprozesse **3**
▶ Austausch- und Ressourcentheorien **4**
▶ Gerechtigkeitstheorien **5**
▶ Soziale Identitätstheorie **6**
▶ Rollentheorien **7**
▶ Handlungstheorien **8**
▶ Attributionstheorien **9**
▶ Evolutionspsychologische Theorien **10**

Bezüge zu speziellen Themen-Kapiteln:

▶ Aggression kann aus dem Bedürfnis nach Gerechtigkeit entstehen **13**
▶ Man hilft nur dem, der es verdient hat **14**
▶ Man hilft, wenn man glaubt, zu einer gerechten Welt beitragen zu können **14**

Was kann im Alltag alles ungerecht sein?

▶ wie viel Lohn man für seine Arbeit bekommt,
▶ wie ein Dozent eine mündliche Prüfungsleistung bewertet,
▶ wie man von seinen Vorgesetzten behandelt wird,
▶ dass ein Mörder wegen eines Verfahrensfehlers freigelassen werden muss,
▶ dass ein Bekannter von der Tsunami-Flutwelle in Thailand erfasst wurde und ums Leben kam.

! Eine zentrale Frage der sozialpsychologischen Gerechtigkeitsforschung ist, ob und unter welchen Bedingungen diese Fälle subjektiv als gerecht oder ungerecht erlebt werden und wie betroffene Personen (Täter, Opfer, Beobachter der Ungerechtigkeit) darauf reagieren.

Gerechtigkeitsdomänen. In Abhängigkeit davon, worauf sich die jeweilige (Un)Gerechtigkeit bezieht, werden verschiedene Gerechtigkeitsdomänen unterschieden:

▶ **Distributive Gerechtigkeit (Verteilungsgerechtigkeit)** bezieht sich auf das Ergebnis einer Aufteilung (Lohn, Steuerbelastung).

▶ **Prozedurale Gerechtigkeit (Verfahrensgerechtigkeit)** bezieht sich auf den Prozess der Entscheidungsfindung (Notenfindung).

▶ **Interaktionale Gerechtigkeit** bezieht sich auf die Form des sozialen Umgangs (Behandlung durch den Vorgesetzten).

▶ **Retributive Gerechtigkeit (Vergeltungsgerechtigkeit)** bezieht sich auf die Folgen unmoralischen Verhaltens (Rache, Strafe).

Gerechtigkeitsprinzipien. Innerhalb jeder Domäne kann darüber diskutiert werden, was gerecht und was ungerecht ist. Die Argumente, ob eine Verteilung, ein Verfahren, eine Interaktion oder eine Vergeltung gerecht ist, orientieren sich an Prinzipien, die für jede Gerechtigkeitsdomäne unterschiedlich sind.

5.1 Equity-Theorie

Die sozialpsychologische Gerechtigkeitsforschung wurde stark von einer austauschtheoretischen Sichtweise beeinflusst – man kann sogar sagen, die Annahme, dass soziale Beziehungen Austauschbeziehungen sind, ist das Kernstück aller Gerechtigkeitstheorien. Besonders deutlich wird das an der Equity-Theorie.

5.1.1 (In)Equity-Formel

Leistungsproportionalität. Die Equity-Theorie fußt auf dem Prinzip der Leistungsproportionalität, das bereits von Aristoteles als das zentrale Prinzip der distributiven Gerechtigkeit verstanden wurde. Der erste, der den Proportionalitätsgedanken formalisierte und systematisch mit sozialpsychologischen Aspekten verknüpfte, war John Stacey Adams (1965). Die Formalisierung des Proportionalitätsprinzips baut auf dem Grundgedanken auf, dass zwei Personen A und B jeweils unabhängig voneinander einen Austausch vornehmen: Sie leisten beide einen Beitrag (Input) und erhalten etwas dafür (Outcome).

$$\text{Equity:} \left(\frac{\text{Out}_A}{\text{In}_A} \right) = \left(\frac{\text{Out}_B}{\text{In}_B} \right) \qquad \text{Inequity:} \left(\frac{\text{Out}_A}{\text{In}_A} \right) \neq \left(\frac{\text{Out}_B}{\text{In}_B} \right)$$

Gerechtigkeit bedeutet nicht, dass A und B den gleichen Outcome haben müssen. Von Equity spricht man, wenn das Verhältnis von Input zu Outcome bei beiden Personen gleich ist. Wenn sich die beiden Outcome-Input-Quotienten unterscheiden, spricht man von Inequity.

Beispiel

Gerechtes Verhältnis von Outcome zu Input bei einer Klausur

Die Kommilitonen Albert und Brigitte lernen für eine Klausur (Input) und erhalten für ihre in der Klausur erbrachte Leistung eine Note (Outcome). Wenn Brigit-te in der Klausur nun 80 %, Albert aber nur 40 % der Gesamtpunktzahl erreichen würde, so widerspricht dies zwar einer Gleichverteilung, ist im Sinne der

▶

Equity-Theorie jedoch dann gerecht, wenn Brigitte 60 % ihrer Freizeit gelernt hat, Albert dagegen nur 30 %. Das Verhältnis von Outcome zu Input ist nämlich in diesem Fall bei beiden identisch. Formal:

$$\left(\frac{Out_A}{In_A}\right) = \left(\frac{Out_B}{In_B}\right) \qquad \frac{40\,\%}{30\,\%} = \frac{80\,\%}{60\,\%} = 1{,}33$$

Die Formel macht deutlich, dass es zwei Formen von Inequity gibt:

▶ **nachteilige Inequity** (für A): Der Outcome-Input-Quotient fällt für A ungünstiger aus als für B.

▶ **vorteilige Inequity** (für A): Der Outcome-Input-Quotient fällt für A günstiger aus als für B.

Adams geht davon aus, dass beide Formen von Inequity bei den betroffenen Personen einen Spannungszustand auslösen, der als unangenehm empfunden wird und die Person motiviert, Equity wiederherzustellen – man beachte die Ähnlichkeit zur Dissonanztheorie (vgl. 2.3 Dissonanztheorie von Festinger).

5.1.2 Bewältigung von Inequity

Die Person hat viele Möglichkeiten, Equity wiederherzustellen. Wir unterscheiden zunächst zwei Hauptstrategien: realistische (behaviorale) und illusionäre (kognitive) Strategien.

Realistische (behaviorale) Strategien

Mit realistischen Strategien sorgt die Person aktiv, also durch eigenes Handeln, dafür, dass Equity wiederhergestellt wird. Die folgenden Beispiele zeigen allerdings, dass eine realistische Strategie durchaus subtil, indirekt und intransparent sein kann. Grundsätzlich können solche realistischen Strategien an allen vier Größen der Equity-Formel ansetzen:

Bei nachteiliger Inequity	Bei vorteiliger Inequity
Ansatzpunkt: der eigene Input (In_A)	
▶ weniger arbeiten, ▶ später kommen/früher gehen, ▶ krank feiern.	▶ mehr arbeiten, ▶ sich stärker unter Druck setzen (lassen).
Ansatzpunkt: der Input des anderen (In_B)	
▶ den anderen auffordern, mehr zu leisten, ▶ Arbeit an den anderen delegieren.	▶ den anderen dazu bringen, weniger zu arbeiten, ▶ den anderen von der Arbeit abhalten, behindern.
Ansatzpunkt: der eigene Outcome (Out_A)	
▶ eine Gehaltserhöhung fordern, ▶ Material aus der Firma mitgehen lassen, ▶ privat telefonieren.	▶ Beförderungsangebote ablehnen, ▶ sich selbst „schlecht" machen vor anderen.
Ansatzpunkt: der Outcome des anderen (Out_B)	
▶ fordern, dass der andere weniger Gehalt bekommt, ▶ den anderen bei Kollegen anschwärzen.	▶ fordern, dass der andere mehr Gehalt bekommt, ▶ den anderen bei Kollegen bzw. beim Chef loben.

Illusionäre (kognitive) Strategien

Wenn realistische Strategien fehlschlagen, kann man zu illusionären Strategien greifen. Man bewertet die Situation oder ihre Konsequenzen um oder verzerrt sie. Diese Umbewertungen haben große Ähnlichkeit mit den von Festinger (1957) genannten Strategien der Dissonanzreduktion (vgl. 2.3.3).

Im Falle nachteiliger Inequity unterscheidet man vier Strategien:

▶ **Wechsel des Vergleichsmaßstabs:** Ich habe zwar in dieser Klausur eine schlechtere Note, aber dafür bin ich in anderen Sachen viel besser als die anderen.

▶ **Wechsel der Vergleichsgruppe:** Ich bin zwar schlechter als meine Lerngruppe, aber Ramona und Agathe sind noch schlechter als ich (downward comparison).

▶ **Ausblenden bzw. Umstrukturieren:** Auf die Note guckt später sowieso keiner mehr; vielleicht hat der Prüfer einen schlechten Tag gehabt.

▶ **Rechtfertigung:** Ich habe die schlechtere Note verdient, weil ich in der Vorlesung nie aufgepasst habe.

Im Falle vorteiliger Inequity unterscheidet man ebenfalls vier Strategien:

▶ **Verantwortlichkeitsabwehr:** Ich kann doch nichts dafür, wenn mir der Prüfer eine gute Note gibt.

▶ **Wechsel der Vergleichsmaßstäbe:** Ich habe jetzt vielleicht eine gute Note, aber dafür war ich in den anderen Klausuren schlecht.

▶ **Ausblenden bzw. Umstrukturieren:** Vielleicht hat der Prüfer einen guten Tag gehabt.

▶ **Rechtfertigung:** Ich bin früher immer gehänselt worden – heute habe ich mir eine gute Note wirklich mal verdient!

Illusionäre Strategien sind dann leicht anzuwenden, wenn sich Input und Outcome nicht objektiv messen lassen, etwa wenn der Input in Kreativität und Ideen besteht, der Outcome in Privilegien oder Status. Welche Strategie gewählt wird, hängt – genau wie bei der Dissonanztheorie – vom (kognitiven) Aufwand sowie von der Machbarkeit ab.

> Wenn alle realistischen Strategien versagen und die Unausgewogenheit so groß ist, dass man sie durch Umbewertung nicht mehr ausgleichen kann, wird die Person die Beziehung mit den Vergleichspersonen wahrscheinlich beenden.

5.1.3 Anwendungsfelder der Equity-Theorie und Theorieprüfung

Angewandt und getestet wurde die Equity-Theorie vor allem im Bereich der Lohngerechtigkeit im weitesten Sinn und im Bereich von Paarbeziehungen.

Lohngerechtigkeit

In zahlreichen Labor- und Felduntersuchungen wurden Vpn systematisch unter- oder überbezahlt. Die Ergebnisse zur Unterbezahlung sind sehr konsistent: Die unterbezahlten Personen arbeiteten langsamer oder schlechter. Eine überbezahlte Person sollte hingegen entsprechend mehr bzw. bessere Arbeit leisten. Tatsächlich gibt es einige Studien, in denen eine solche Leistungssteigerung beobachtet werden konnte. Die Befunde sind jedoch nicht robust: Es gibt auch Studien, die keine Leistungssteigerung bei Überbezahlung zeigen konnten.

Paarbeziehungen

Relativ früh in der Geschichte der Equity-Theorie wurde – vor allem von Elaine Walster (früher Hatfield) – die These aufgestellt, Paarbeziehungen würden nicht anders funktionieren als ökonomische Austauschbeziehungen. Der Unterschied bestehe lediglich in der Art der Inputs und Outcomes. Während im Berufsleben der typische Input Leistung sei (aber auch Bildung, Erfahrung, Loyalität etc.) und der typische Outcome Geld und Status, seien in Liebesbeziehungen die Inputs und Outcomes u.a. Zuneigung, Verständnis, Respekt, Vertrauen, Fürsorge, materielle Unterstützung und Sicherheit sowie Status durch Attraktivität und Sexualität (z.B. Hatfield et al., 1979).

Erwartet wurde, dass Personen, die ihre Partnerschaft im Sinne des Equity-Prinzips als ausgewogen erleben, diese aufrechterhalten wollen, während Personen, die ihre Beziehung im Sinne des Equity-Prinzips als unausgewogen erleben, zu einer Beendigung der Beziehung tendieren.

Die empirischen Befunde sind widersprüchlich (z.B. Van Yperen & Buunk, 1994). Querschnittlich zeigen sich die erwarteten Zusammenhänge zwischen Equity und Partnerschaftszufriedenheit. Erhebt man allerdings zu einem bestimmten Zeitpunkt die Input- und Outcome-Variablen und überprüft dann, wie lange die Partnerschaft hält („Längsschnitt"), dann finden sich keine signifikanten Ergebnisse.

5.1.4 Kritik an der Equity-Theorie

Trotz ihrer Popularität in den 1970er Jahren ist die Equity-Theorie aus verschiedenen Gründen kritisiert worden:

Formel. Die Formel kann versagen, sobald man mit negativen Vorzeichen operiert. Wenn beispielsweise eine Person A viel in eine Liebesbeziehung investiert ($In_A > 0$), aber unter der Beziehung dennoch leidet ($Out_A < 0$), während der Partner B „weniger als nichts" investiert ($In_B < 0$), die Beziehung aber als sehr belohnend erlebt ($Out_B > 0$), so bestünde formal Equity; psychologisch wäre das sicher nicht der Fall.

Es hat in der Literatur immer wieder Vorschläge zur Lösung des Vorzeichenproblems gegeben. Sie wurden von Mathematikern aber ganz schnell „zerpflückt". Es gilt heute als unmöglich, die Equity-Idee in einer einzigen Formel darzustellen.

Was zählt als Input, was als Outcome? Jede Transaktion ist eine mehrdimensionale Angelegenheit. Outcomes im Berufsleben sind nicht nur die Bezahlung, sondern auch Betriebsklima, Wertschätzung durch Vorgesetzte und Kollegen, Privilegien (z.B. Dienstwagen), Kündigungsschutz oder Aufstiegsmöglichkeiten. Die Theorie macht keine Vorhersagen darüber, welche Outcomes zu berücksichtigen sind, wie die Outcomes gewichtet, gemessen oder verrechnet werden (additiv, konjunktiv). Die gleiche Problematik stellt sich bei den Inputs. In vielen Berufen ist Leistung schwer messbar. Was soll also berücksichtigt werden: schlaflose Nächte bei einem schwierigen Problem, Loyalität, Diskretion etc.?

Zeithorizont. Viele Transaktionsbeziehungen bestehen über einen längeren Zeitraum. Dies gilt für die meisten Arbeitsverhältnisse (Frage der Lohngerechtigkeit) ebenso wie für die meisten Beziehungen. Es stellt sich daher die Frage, über welchen Zeitraum Inputs und Outcomes aggregiert werden sollen.

Sozialer Vergleichshorizont. Es ist fraglich, mit wem man sich eigentlich vergleichen soll bzw. wodurch Vergleichbarkeit hergestellt wird: Vergleicht man sich nur mit Angehörigen der gleichen Berufsgruppe oder auch mit Angehörigen anderer Berufsgruppen (z.B. Krankenpfleger mit Ärzten)? Vergleicht man sich nur mit Angehörigen des gleichen Unternehmens bzw. der gleichen Institution oder auch mit Angehörigen anderer Unternehmen bzw. Institutionen? Vergleicht man sich nur mit Personen aus dem gleichen Land bzw. Staat oder auch mit Personen aus anderen Ländern (wo das Lohnniveau beispielsweise höher ist)?

Zusammenfassung der Kritik. All diese Probleme führen dazu, dass man in einem konkreten Fall ohne Kenntnis von Randbedingungen kaum vorhersagen kann, ob Equity subjektiv gegeben ist oder nicht. Damit wird die Theorie sehr schwer testbar. Wenn eine Partnerschaft, die für Außenstehende unausgewogen erscheint, trotzdem weiterbesteht, kann man die Equity-Theorie mit dem Argument verteidigen, man habe

▶ nicht alle relevanten Inputs und Outcomes berücksichtigt,
▶ die falschen Gewichtungen vorgenommen,
▶ die „Daten" falsch zusammengefasst oder
▶ den falschen Zeithorizont gewählt.

Trotz dieser Einwände ist unbestritten, dass in vielen Transaktionsbeziehungen Ausgewogenheitsüberlegungen angestellt werden, die Einfluss auf das Gerechtigkeitsempfinden und damit auch auf das Wohlbefinden der betroffenen Personen haben.

5.2 Mehrprinzipienansatz

Von einigen Kritikern (z.B. Deutsch, 1975) wurde angezweifelt, dass Equity oder Leistungsproportionalität das einzige Gerechtigkeitsprinzip ist, nach dem Verteilungsentscheidungen beurteilt werden. In vielen Kontexten spielt Leistung für die Verteilung von Ressourcen keine Rolle. Stattdessen existieren in vielen sozialen Situationen zwei weitere Verteilungsprinzipien:

▶ **das Gleichheitsprinzip:** alle bekommen gleich viel von einer Ressource.
▶ **das Bedürfnisprinzip:** jeder bekommt so viel, wie er braucht.

Kontextabhängigkeit der Verteilungsprinzipien. Deutsch (1975, 1985) argumentiert, dass die Präferenz für eines der drei Verteilungsprinzipien vom situativen Kontext des Verteilungskonflikts abhängt.

▶ Leistungsproportionale Aufteilungen werden in ökonomisch dominierten und wettbewerbsorientierten Kontexten vorgezogen, also im Berufsleben und im Sport.
▶ Gleichverteilungen werden in kooperativen und freundschaftlichen Kontexten bevorzugt, z.B. in Familien (gleich viel Eis für jedes Kind).
▶ Bedürfnisorientierte Verteilungen werden in gemeinschaftsbezogenen Kontexten bevorzugt. Prototypisch sind Geldaufteilungen unter Familienmitgliedern, aber auch staatliche Sozialleistungen.

Die Angemessenheit eines distributiven Gerechtigkeitsprinzips lässt sich nicht nur in Beziehung zum sozialen Kontext setzen, sondern auch zur jeweiligen Ressource, die ausgetauscht wird. Tyler et al. (1997) machen einen Vorschlag, wie man die Theorie von Deutsch mit der Ressourcentheorie von Foa und Foa (1976) zusammenbringen kann: So werden in ökonomisch dominierten Kontexten eher universalistische, konkrete Ressourcen ausgetauscht; eine typischerweise nach dem Gleichheitsprinzip verteilte Ressource ist Wissen, und eine typischerweise nach Bedürftigkeit verteilte Ressource ist Liebe.

Verteilungsprinzip	Sozialer Kontext	Distales Ziel	Typische Ressourcen (Foa & Foa, 1974)
Equity	ökonomisch	Produktivität	Geld, Güter
Gleichheit	kooperativ	soziale Harmonie	Wissen, Gefälligkeiten
Bedürfnis	gemeinschaftsbezogen	Förderung und Entwicklung	Liebe

Rückwirkungen der Verteilungsprinzipien. Deutsch nimmt an, dass nicht nur der Kontext die Präferenz des Verteilungsverfahrens bestimmt, sondern dass das Verfahren auch Rückwirkungen auf den Kontext hat: Leistungsorientierte Bezahlung begünstigt Wettbewerbsverhalten und behindert kooperatives Verhalten. Die Anwendung des Gleichheitsprinzips fördert kooperatives Verhalten und behindert Wettbewerbsverhalten, weil sich individuelle Leistungsvorteile hier nicht auszahlen. Beide Annahmen konnten experimentell bestätigt werden.

Beispiel

Leistungsabhängige Zulagen bei der Professorenbesoldung

Die Einführung leistungsabhängiger Zulagen bei der Professorenbesoldung impliziert, dass das Equity-Prinzip in der Wissenschaft stärker betont werden soll. Leistung wird in der Forschung immer stärker in ökonomischen Termini begriffen. Ob man der Qualität der Forschung mit der stärkeren Ökonomisierung einen Gefallen tut, darf bestritten werden: Galileo Galilei oder Isaac Newton hätten unter diesen Bedingungen keinen guten Stand gehabt, da sie zeit ihres Lebens als unproduktiv galten.

5.3 Verfahrensgerechtigkeit

Einige Autoren werfen der Equity-Theorie und dem Mehrprinzipienansatz vor, zu sehr auf das Ergebnis einer Verteilung fixiert zu sein: Menschen unterziehen aber nicht nur das *Ergebnis* einer Verteilungsentscheidung einer Gerechtigkeitsbewertung, sondern auch den *Prozess*, der zu dieser Entscheidung geführt hat.

5.3.1 Theorie von Thibaut und Walker (1975)

Erste Schritte zur Erforschung der Verfahrensgerechtigkeit unternahmen Thibaut und Walker (1975) mit einer Analyse strafrechtlicher Entscheidungen. Mögliche Formen strafrechtlicher Interventionen lassen sich danach klassifizieren, ob die betroffenen Parteien

▶ Einfluss auf das Ergebnis der Entscheidung (outcome control) bzw.
▶ Einfluss auf das Verfahren (process control) haben.

Die Kombination dieser beiden Dimensionen ergibt ein Vierfelderschema.

		Ergebniskontrolle (outcome control)	
		nicht gegeben	gegeben
Verfahrenskontrolle (process control)	**nicht** gegeben	Richterspruch	Mediation
	gegeben	Schlichtung	Verhandlung

In klassischen Verfahren mit Richterspruch haben die Prozessparteien weder über den Prozess noch über das Ergebnis vollständige Kontrolle. Bei außergerichtlichen Verhandlungen haben die Parteien sowohl Verfahrens- als auch Ergebniskontrolle. Bei der Mediation gibt der Mediator den Prozess vor, das Ergebnis ist dagegen das Resultat einer Einigung zwischen den beteiligten Parteien. Beim Schlichtungsverfahren ist es umgekehrt: Der Prozess der Schlichtung ist meistens unstrukturiert, aber die Entscheidung wird von einer dritten Person getroffen.

Argumentatives versus erforschendes Verfahren im Strafrecht. Thibaut und Walker haben sich insbesondere mit den Unterschieden zwischen dem adversary system (argumentatives Verfahren), wie es etwa im US-amerikanischen Strafrecht praktiziert wird, und dem inquisitorial system (erforschendes Verfahren), das vor allem aus der römischen Rechtslehre abgeleitet ist und typischerweise in Europa praktiziert wird, befasst. Der Hauptunterschied zwischen den beiden Systemen besteht darin, dass die beteiligten Prozessparteien beim argumentativen Verfahren in der Regel mehr Einfluss auf den Prozessverlauf haben. Der Richter hat eher die Rolle eines unparteiischen Beobachters inne, dem Beweise sowie Begründungen für deren Stichhaltigkeit vorgelegt werden. Er bildet sich auf der Basis der Argumente der Parteien ein Urteil, kann Beweise zulassen oder ablehnen, greift aber im Normalfall nicht aktiv in das Prozessgeschehen ein. Der „Erfolg" eines Verfahrens hängt vor allem vom Geschick der Anwälte ab. Beim erforschenden Verfahren hat der Richter eine viel aktivere Rolle. Der Prozessverlauf und der Gang der Argumente sind nur eingeschränkt im Vorhinein planbar, die jeweiligen Parteien haben weniger Einfluss auf das Verfahren.

Unter welchen Bedingungen sind Personen mit einem Urteilsspruch mehr oder weniger zufrieden? Dazu haben Thibaut und Walker (1978) eine Reihe von Experimenten durchgeführt, in denen manipuliert wurde, ob

▶ das Verfahren eher nach dem argumentativen oder dem erforschenden Prinzip durchgeführt wurde,

▶ der Schuldspruch am Ende „schuldig" oder „nicht schuldig" lautete und ob

▶ der Angeklagte (in dessen Rolle sich die Vp hineinversetzen sollte) tatsächlich schuldig war oder nicht.

Sie fanden heraus, dass das argumentative Verfahren, bei dem die Angeklagten stärker am Prozessverlauf beteiligt waren, generell als fairer beurteilt wurde als das erforschende. Darüber hinaus beurteilten die Vpn das Verfahren als fairer, wenn sie am Ende als unschuldig galten.

Zudem zeigte sich eine interessante Wechselwirkung (siehe Abb. 5.1): Die Angeklagten, die unschuldig waren, aber schuldig gesprochen wurden, waren mit dem argumentativen Verfahren fast genauso zufrieden ($M = 4{,}13$) wie diejenigen, die nach dem erforschenden Verfahren als unschuldig galten ($M = 4{,}78$). Die Unzufriedenheit mit dem Verfahren bei einem falschen Schuldspruch zeigte sich nur beim erforschenden Verfahren: Hier war die Zufriedenheit mit dem Verfahren am geringsten ($M = 1{,}13$).

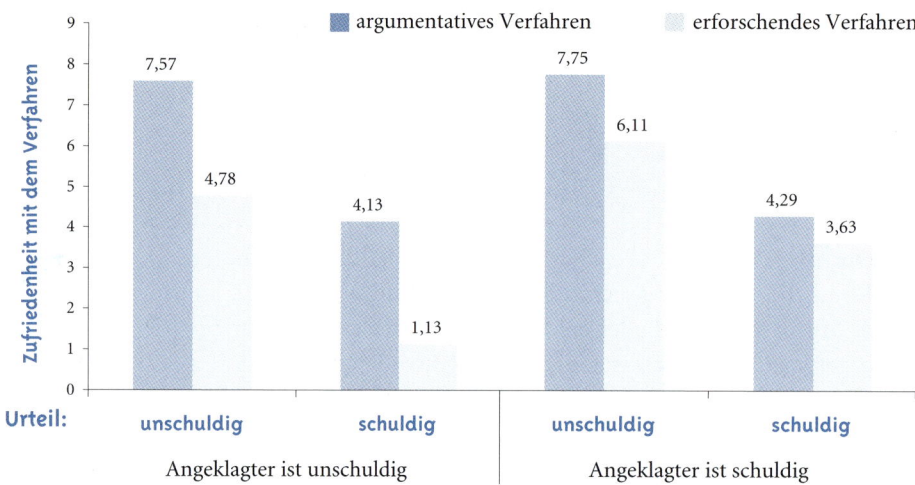

Abbildung 5.1. Ergebnisse der Untersuchung von Thibaut und Walker (1978). Die Zufriedenheit der Befragten war am höchsten, wenn sie nach dem argumentativen Verfahren für nicht schuldig befunden wurden. Wenn sie für schuldig befunden wurden, war die Zufriedenheit erwartungsgemäß geringer. Wenn sie fälschlicherweise für schuldig befunden wurden, war die Zufriedenheit allerdings beim argumentativen Verfahren immer noch deutlich höher als beim erforschenden Verfahren

Fair-Process-Effekt. Ob Menschen mit einer Entscheidung, von der sie betroffen sind, zufrieden sind oder nicht, hängt nicht nur von dem Ergebnis der Entscheidung, sondern auch von Aspekten des Entscheidungsverfahrens ab. In Studien zur prozeduralen Fairness in Organisationen zeigte sich, dass Betroffene mit schlechten Outcomes (z.B. keine Gehaltserhöhung, keine Beförderung, Rückstufung, Kündigung etc.) zufriedener waren, wenn diese Entscheidungen für sie nachvollziehbar und transparent zustande gekommen waren und wenn sie die Möglichkeit zur Mitsprache oder zur prinzipiellen Einflussnahme auf die Entscheidung hatten. Dieser Befund wird als Fair-Process-Effekt bezeichnet.

Verfahrens- und Verteilungsgerechtigkeit lassen sich also als zwei unabhängige Parameter auffassen. Sie beeinflussen, ob die Betroffenen mit einer Entscheidung zufrieden sind. Dabei deuten einige Befunde auf eine Wechselwirkung hin: Die Bedeutung prozeduraler Fairnessaspekte scheint dann größer zu sein, wenn die Entscheidungen ungünstig ausfallen, bei günstigen Entscheidungen ist das Verfahren eher irrelevant.

5.3.2 Theorie von Leventhal (1980)

An der Theorie von Thibaut und Walker wurde kritisiert, dass die Konzepte zu stark auf juristische Entscheidungsfindungen beschränkt und dass die Kriterien der Prozesskontrolle und der Ergebniskontrolle zu allgemein definiert seien. Entsprechend gab es mehrere Vorschläge für die Erweiterung des Anwendungsbereichs und für spezifischere Kriterien der Verfahrensgerechtigkeit.

Kriterien der Verfahrensgerechtigkeit. Besonders bekannt geworden ist in diesem Zusammenhang ein Beitrag von Leventhal (1980). Er nennt sechs Kriterien der Verfahrensgerechtigkeit. Wir werden sie kurz nennen und anhand eines konkreten Beispiels (Gerechtigkeit universitärer Prüfungen bzw. Benotungen) veranschaulichen:

▶ **Konsistenz:** Bei der Benotung (bzw. der Bewertung der Antworten) sollen für alle Prüflinge die gleichen Kriterien gelten.

▶ **Neutralität oder Unparteilichkeit:** Der Prüfer sollte bei der Bewertung keine persönlichen Interessen verfolgen.

▶ **Genauigkeit:** Der Prüfer sollte bei seiner Beurteilung sorgfältig sein.

- **Korrigierbarkeit:** Es sollte die Möglichkeit geben, die Entscheidung des Prüfers grundsätzlich in Frage stellen zu können.
- **Repräsentativität:** Bei der Entscheidungsfindung sollten die Interessen möglichst aller Beteiligten berücksichtigt werden.
- **Übereinstimmung mit moralischen Standards:** Das Verhalten des Prüfers sollte sich an moralischen Normen orientieren.

> **!**
>
> Distributive und prozedurale Gerechtigkeitsprinzipien unterscheiden sich in einem wesentlichen Punkt: Distributive Gerechtigkeitsprinzipien schließen einander aus – man kann eine Ressource nicht gleichzeitig nach Leistung, nach Bedürfnis oder zu gleichen Anteilen verteilen. Prozedurale Kriterien sind hinsichtlich ihrer subjektiven Fairness additiv: Ein Verfahren ist maximal gerecht, wenn alle Kriterien der Verfahrensgerechtigkeit (z.B. die von Leventhal) erfüllt sind.

5.4 Vergeltungsgerechtigkeit

Wer etwas Gutes getan hat, verdient eine Belohnung. Wer etwas Böses getan hat, verdient eine Strafe. Diese allgemeinen und relativ trivialen Grundsätze ergeben sich bereits aus der Balancetheorie (s. 2.2 Balancetheorie von Heider). Obwohl der Begriff Vergeltung im Hinblick auf Belohnungen und Bestrafungen neutral ist, hat sich die Forschung zur vergeltenden Gerechtigkeit bislang eher mit den Bestrafungen, d.h. sanktionierenden Reaktionen auf unmoralisches oder ungesetzliches Verhalten konzentriert. Die Forschung zur retributiven Gerechtigkeit beschäftigt sich unter anderem mit den Kriterien der Vergeltungsgerechtigkeit und mit der Funktion von Vergeltungsreaktionen.

Kriterien der retributiven Gerechtigkeit

Von welchen Kriterien hängt es ab, ob vergeltende Reaktionen als angemessen, gerecht oder verdient angesehen werden? Grundsätzlich lassen sich diese Kriterien in zwei große Kategorien einteilen:

(1) Retributivistische Kriterien (im engeren Sinne). Die Angemessenheit einer Vergeltungsreaktion bemisst sich an Aspekten der vorangegangenen Tat. Die Strafe soll eine bestimmte Symmetrie zu ihr aufweisen, damit sie von den Beteiligten als gerecht erlebt wird. Zu solchen retributiven Kriterien gehören:

- **Schadensproportionalität:** Die Vergeltung soll hinsichtlich ihrer Konsequenzen äquivalent zur vorangegangenen Tat sein (Auge um Auge, Zahn um Zahn).
- **Qualitative Symmetrie:** Die Vergeltung soll hinsichtlich ihrer Form äquivalent zur vorangegangenen Tat sein (Wie du mir, so ich dir).
- **Schuldproportionalität:** Die Vergeltung soll sich nicht an dem konkreten Schaden bemessen, sondern am Ausmaß der Verantwortlichkeit und der Schuld des Täters. Insofern wird ein geplanter Mord härter bestraft als Totschlag im Affekt.
- **Annulierung der Vorteile:** Die Vergeltung soll dem Täter die Vorteile wegnehmen, die er sich verschafft hat.

(2) Instrumentelle Kriterien. Die Angemessenheit einer Vergeltungsreaktion bemisst sich an den Funktionen, die sie erfüllt.

Diese Funktionen können sich auf die Person des Täters, auf Bedürfnisse des Opfers oder auf Konsequenzen und Effekte für die soziale Gemeinschaft beziehen (Miller & Vidmar, 1981):

▶ **Täterbezogene Ziele:** Reduzierung der Wahrscheinlichkeit, dass der Täter die Tat noch einmal begeht (Spezialprävention), moralische Besserung des Täters, Veränderung der Einstellung des Täters zur Tat, langfristige Rehabilitation des Täters.

▶ **Opferbezogene Ziele (in Anlehnung an Frijda, 1994):** Erlösung von Frust und Ärger (Affektregulation), Ausgleich der Machtverhältnisse zwischen Täter und Opfer, Wiederherstellung von öffentlichem und privatem Selbstwert, Ausgleich der Gewinn-Verlust-Bilanz zwischen Täter und Opfer, Schutz gegen weitere oder zukünftige Bedrohung.

▶ **Gemeinschaftsbezogene Ziele:** Bekräftigung der verletzten Normen, Verhinderung kollektiver Racheaktionen gegen den Täter, Abschreckung potentieller Nachahmer (Generalprävention).

Die retributivistische Perspektive ist rückwärts – d.h. auf die geschehene Tat – gerichtet; der instrumentelle Ansatz ist hingegen stärker vorwärts – d.h. auf die Zukunft – gerichtet.

Neuere Untersuchungen. Lassen sich subjektive Strafziele in der Bevölkerung eher dem retributivistischen oder dem instrumentellen Ansatz zuordnen? Neuere Untersuchungen (z.B. Carlsmith et al., 2002) zeigen, dass juristische Laien, wenn sie mit konkreten Straftaten konfrontiert werden – zumindest in den USA – eher retributivistische Kriterien befürworten. Von welchen Randbedingungen solche Befürwortungen abhängen und inwiefern die US-amerikanischen Befunde auch auf andere Länder bzw. Kulturkreise übertragbar sind, ist nicht geklärt.

5.5 Theorie des Gerechte-Welt-Glaubens

Eine von Prinzipien der Verteilungs- und Verfahrensgerechtigkeit losgelöste Perspektive auf gerechtigkeitspsychologische Prozesse und Phänomene verdanken wir Melvin Lerner. Er hat seit 1965 eine Reihe von Arbeiten zum Gerechtigkeitsmotiv und dem Glauben an eine gerechte Welt vorgelegt.

5.5.1 Gerechte-Welt-Glaube als allgemeines Motiv

Die zentralen Prämissen der Theorie Lerners lassen sich wie folgt zusammenfassen:

▶ Menschen haben ein Bedürfnis zu glauben, dass sie in einer gerechten Welt leben, in der jeder bekommt, was ihm zusteht und jedem zusteht, was er bekommt.

▶ Der Gerechte-Welt-Glaube lässt die Welt stabil und geordnet erscheinen. Menschen sind daher motiviert, diese Überzeugung zu schützen (Gerechtigkeitsmotiv).

▶ Die Beobachtung von Ungerechtigkeit führt zu einem Zustand kognitiver Dissonanz.

▶ Diese Dissonanz lässt sich durch geeignete Handlungen (z.B. einem unschuldigen Opfer helfen) oder durch kognitive Umdeutungen (z.B. Abwertung des Opfers) reduzieren.

Der Gerechte-Welt-Glaube ist nach Lerner ebenso fundamental wie das Bedürfnis nach Vorhersagbarkeit und Kontrollierbarkeit: Wer glauben muss, dass er in einer Welt lebt, in der es unsicher ist, ob man Verdientes auch tatsächlich bekommt, und ob man das, was einem passiert, auch tatsächlich verdient hat, der wäre nicht fähig, Vertrauen, Geborgenheit und Sicherheit zu empfinden. Entsprechend sind Menschen hoch motiviert, ihren Gerechte-Welt-Glauben gegen Erschütterungen (denen man im alltäglichen Leben ohne Unterlass begegnet) zu verteidigen.

Eine besonders starke Erschütterung des Gerechte-Welt-Glaubens ist mit der Beobachtung eines schicksalhaften Unglücks verknüpft, beispielsweise wenn unschuldige Menschen Opfer eines Gewaltverbrechens oder einer Naturkatastrophe werden, wenn ein Vater, der sein Kind aus einem brennenden Haus retten will, während der Rettungsaktion umkommt, oder wenn eine Frau, die aus Gutmütigkeit einer anderen Person im Zug ihren Platz überlassen und sich in einen anderen Waggon gesetzt hat, stirbt, weil der Zug verunglückt und ausgerechnet dieser Waggon aus den Schienen geschleudert wird.

Gerade wegen ihrer Zufälligkeit, ihrer Unvorhersehbarkeit oder ihrer fast makabren Schicksalhaftigkeit stellen solche Ereignisse eine besondere Bedrohung des Glaubens an eine gerechte Welt dar.

Nach Lerner (1980) gibt es prinzipiell zwei Möglichkeiten, den erschütterten Gerechte-Welt-Glauben zu restabilisieren:

(1) Aktive Wiederherstellung von Gerechtigkeit: prosoziales Engagement für die Opfer der Ungerechtigkeit, Hilfe bei der Ergreifung möglicher Täter, Protest für Gerechtigkeit etc.

(2) Passive (kognitive) Umdeutung des Ereignisses: Rekonstruktion der Situation in dem Sinne, dass das Opfer die erlittene Ungerechtigkeit doch verdient hat, und zwar durch:
  ▶ das Zuschreiben von Selbstverschuldung (blaming the victim)
  ▶ das Zuschreiben negativer Charaktereigenschaften (victim derogation).

Sekundäre Viktimisierung. Kognitive Umdeutungen sind, insbesondere wenn sie dem Opfer das Recht auf Entschädigung absprechen, paradoxerweise funktional für die Wiederherstellung des subjektiven Gerechte-Welt-Glaubens. Für das Opfer sind sie ein „Schlag ins Gesicht": Zusätzlich zu seinem Leiden wird es nun auch noch selbst verantwortlich gemacht oder abgewertet. Dies nennt man sekundäre Viktimisierung.

Das typische Experiment zur sekundären Viktimisierung sieht so aus, dass man Probanden mit einer unverschuldeten Notlage einer anderen Person konfrontiert.

Experiment

Lerner & Simmons (1966): Unter welchen Umständen wird das Opfer am stärksten abgewertet?

Ablauf:
Die Vpn (Studentinnen) sahen über einen Monitor, wie im Nachbarraum eine andere Person für Fehler in einem Lernexperiment mit Elektroschocks bestraft wurde – in Wirklichkeit handelte es sich um ein vorher aufgezeichnetes Video.

Unabhängige Variable:
Es wurden fünf experimentelle Bedingungen realisiert. Die Unterschiede zwischen den Bedingungen bezogen sich vor allem darauf, ob man davon ausgehen konnte, dass das ungerechte Leiden noch fortdauern würde und ob man die Möglichkeit hatte, es zu beeinflussen.

▶ **Bedingung 1 („Mitte"):** Die Vpn sollten das Leiden des Opfers einen Durchgang lang beobachten. Den Vpn wurde gesagt, dass danach noch ein zweiter Durchgang folgen würde (das Leiden der Zielperson würde also noch andauern).

▶ **Bedingung 2 („Ende"):** Die Vpn sollten das Leiden des Opfers einen Durchgang lang beobachten. Den Vpn wurde gesagt, dass der Versuch danach beendet sei (das Leiden der Zielperson würde also nicht andauern).

▶

▶ **Bedingung 3 („Hilfe sicher möglich")**: Die Vpn sollten das Leiden des Opfers einen Durchgang lang beobachten. Den Vpn wurde gesagt, dass sie entscheiden dürften, ob es noch einen zweiten Durchgang geben würde oder ob das Experiment anschließend beendet sein würde (die Vpn hatten also Kontrolle über das Leiden der Zielperson).

▶ **Bedingung 4 („Hilfe vielleicht möglich")**: Die Vpn sollten das Leiden des Opfers einen Durchgang lang beobachten. Den Vpn wurde gesagt, dass danach ausgelost werde, ob es noch einen zweiten Durchgang gebe oder nicht (die Vpn hatten also keine Kontrolle über das Leiden der Zielperson).

▶ **Bedingung 5 („Märtyrer")**: Den Vpn wurde gesagt, dass die Zielperson sich freiwillig bereit erklärt hatte, die Elektroschocks auf sich zu nehmen.

Abhängige Variable:
Anschließend wurden die Vpn gebeten, die Zielperson hinsichtlich charakterlicher Attribute einzuschätzen. Diese Einschätzungen wurden als Maß für die subjektive Opferabwertung zugrunde gelegt.

Hypothesen:
Die Abwertung des Opfers wird stärker ausfallen, …
▶ wenn das Leiden des Opfers in unabsehbarer Weise weiter andauert (Vergleich der Bedingungen 1 und 2).
▶ wenn man selbst nichts tun kann, was hilfreich wäre (Vergleich der Bedingungen 3 und 4).
▶ wenn das Opfer das Leiden aus altruistischen Motiven heraus auf sich nimmt (Vergleich der Bedingungen 2 und 5).

Ergebnisse:
Die Hypothesen wurden im Großen und Ganzen bestätigt: Wie Abb. 5.2 zeigt, fällt die Opferabwertung
▶ in Bedingung 5 („Märtyrer") am stärksten,
▶ in den Bedingungen 1 („Mitte") und 4 („Hilfe vielleicht möglich") am zweitstärksten und
▶ in den Bedingungen 2 („Ende") und 3 („Hilfe sicher möglich") am schwächsten aus.

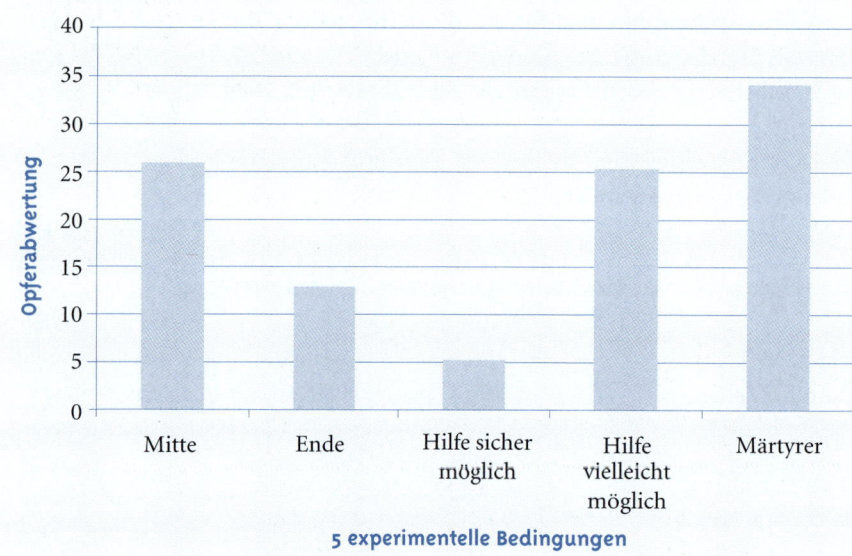

Abbildung 5.2. Ergebnisse des Experiments von Lerner und Simmons (1966). Das Opfer wurde am stärksten abgewertet, wenn es sich freiwillig zur Verfügung gestellt hatte **(Märtyrer)**, am zweitstärksten, wenn das Leiden des Opfers noch weiter andauern würde (**Mitte**-Bedingung), und am drittstärksten, wenn es als unsicher gelten musste, dass das Opfer von seinem Leid erlöst werden könnte (**Hilfe vielleicht möglich**-Bedingung)

 Je stärker der Gerechte-Welt-Glaube bedroht ist, desto stärker wird das leidende Opfer charakterlich abgewertet.

5.5.2 Gerechte-Welt-Glaube als interindividuell variierendes Motiv

Ein zweiter Typ von Untersuchungen gründet sich auf die Annahme, dass das Gerechtigkeitsmotiv – wie jedes Motiv – interindividuell variiert: Bei manchen Menschen ist das Bedürfnis, an eine gerechte Welt zu glauben, stärker, bei anderen schwächer ausgeprägt.

Sind Menschen hilfsbereiter, wenn sie an eine gerechte Welt glauben? (Miller, 1977)

Aufbau:

Die Vpn mussten einen Bericht über eine arme Frau durchlesen, die von ihrem Mann verlassen wurde und nun Schwierigkeiten hat, sich und die Kinder zu ernähren.

Unabhängige Variablen:

▶ **Bedingung 1:** Aus dem Bericht ging hervor, dass es sich bei der Frau um einen besonders tragischen Einzelfall handelt.

▶ **Bedingung 2:** Aus dem Bericht ging hervor, dass es in der Stadt noch viele weitere solcher Fälle gibt.

▶ **Bedingung 3:** Diese Gruppe erhielt keine Informationen über die Häufigkeit solcher und ähnlicher Fälle.

Der dispositionelle Gerechte-Welt-Glaube der Vpn wurde mit einem Fragebogen erfasst.

Abhängige Variable:

Es wurde gemessen, wie hoch die Bereitschaft der Vpn war, an weiteren Experimenten teilzunehmen und ihr Versuchspersonengeld für die Frau zu spenden.

Hypothesen:

▶ Die Teilnahme- und Spendenbereitschaft sollte höher sein, wenn die Vp damit effektiv zur Beseitigung von Ungerechtigkeit in der Welt beitragen kann – also in Bedingung 1.

▶ Besonders Personen mit hohem Gerechte-Welt-Glauben sollten bereit sein, Geld zu spenden, wenn sie davon ausgehen können, dass dadurch ein signifikanter Beitrag zur Beseitigung von Ungerechtigkeit in der Welt geleistet werden kann.

Ergebnisse:

▶ Die Spendenbereitschaft war im Vergleich zu den anderen Bedingungen durchschnittlich höher, wenn der Fall als Einzelfall dargestellt wurde (Bedingung 1).

▶ Die Vpn, die auch ein starkes Bedürfnis hatten, an eine gerechte Welt zu glauben, zeigten sich in der „Einzelfall-Bedingung" darüber hinaus hilfsbereiter als die Vpn, deren dispositioneller Gerechte-Welt-Glaube schwächer war.

5.6 Theorie der relativen Deprivation

5.6.1 Vergleich mit einer Referenzgruppe

Die Theorie der relativen Deprivation ist im Prinzip eine gerechtigkeitspsychologische Formulierung der Theorie sozialer Vergleichsprozesse von Festinger (1954; s. Kapitel 3). Festinger hatte behauptet, dass Personen sich zur Bewertung ihrer Meinungen und Fertigkeiten eher mit jenen Personen vergleichen, die ihnen in relevanten Attributen ähnlich sind. Diese Hypothese kann man auf gerechtigkeitsrelevante Sachverhalte übertragen: Um herauszufinden, ob man in einem Verteilungsprozess tatsächlich das bekommen hat, was einem zusteht (Verteilungsgerechtigkeit), an einem Entscheidungsverfahren in ausreichendem Maße beteiligt wurde (Verfahrensgerechtigkeit) oder nach Kriterien der interaktionalen Gerechtigkeit behandelt wurde, ist ein Vergleich mit anderen Personen, die einem selbst in relevanten Attributen (insbesondere sozialen Status) ähnlich sind, hilfreich.

Referenzgruppenvergleiche als Basis für Zufriedenheitsurteile. Die Untersuchung von Stouffer et al. (1949; s. Kapitel 3 Theorie sozialer Vergleichsprozesse) zeigte, dass Luftwaffesoldaten seltsamerweise unzufriedener waren als Militärpolizisten, obwohl sie de facto bessere Aufstiegsmöglichkeiten hatten. Die Erklärung lautete, dass sich Luftwaffesoldaten mit anderen Luftwaffesoldaten, nicht aber mit den Militärpolizisten vergleichen; umgekehrt gilt das Gleiche. Man vergleicht sich also lediglich mit anderen Personen innerhalb der eigenen Referenzgruppe, nicht jedoch darüber hinaus.

Diese Aussage lässt allerdings zwei Fragen offen: Welche Gruppe wird zum sozialen Vergleich herangezogen (und welche nicht)? Und wie ist es zu erklären, dass eine Person sich lediglich in Bezug auf bestimmte Güter relativ depriviert fühlt, in Bezug auf (viele) andere, die sie nicht besitzt, jedoch nicht?

Im Hinblick auf die erste Frage sind die Arbeiten von W. G. Runciman (1966) relevant, im Hinblick auf die zweite die Arbeiten von Faye Crosby (1976, 1982).

5.6.2 Theorie von Runciman (1966)

Arten von Referenzgruppen

Runciman unterscheidet zwischen unterschiedlichen Referenzgruppen:

▶ **Die Mitglieds-Referenzgruppe** ist jene, der man faktisch angehört. Man vergleicht sich mit anderen Personen innerhalb der gleichen Gruppe (z.B. Mitarbeiter in der gleichen Firma).

▶ **Komparative Referenzgruppen** sind solche, deren Mitglieder zwar formal zu einer anderen Gruppe gehören, der eigenen Person jedoch trotzdem ähnlich sind (z.B. Mitarbeiter der gleichen Abteilung in verschiedenen Firmen).

▶ **Normative Referenzgruppen** sind solche, die eigentlich nicht miteinander vergleichbar sind, aber dennoch einen Maßstab für eigene Ansprüche darstellen (z.B. Mitarbeiter zweier Firmen in unterschiedlichen Branchen).

Der primäre Vergleichsprozess findet in der Mitglieds-Referenzgruppe statt. Wenn es keine solche Gruppe gibt, vergleicht man sich mit einer komparativen Referenzgruppe. Erst wenn es auch eine solche nicht gibt, vergleicht man sich (hilfsweise) mit einer normativen Referenzgruppe.

Formen relativer Deprivation

Runciman (1966) geht davon aus, dass soziale Benachteiligung (Deprivation) – unabhängig voneinander – auf zwei Ebenen wahrgenommen werden kann:

▶ Auf der individuellen Ebene werden Vergleiche mit anderen Personen innerhalb der Referenzgruppe angestellt.

▶ Auf der kollektiven Ebene werden Vergleiche der eigenen Referenzgruppe mit anderen Gruppen angestellt.

Aus der Kombination dieser beiden Dimensionen ergeben sich vier Formen der Deprivation.

		Zufriedenheit mit dem Status der Referenzgruppe im Vergleich mit anderen Gruppen in der Gesellschaft	
		niedrig	hoch
Zufriedenheit mit dem Status der eigenen Position innerhalb der Referenzgruppe	niedrig	doppelt depriviert	egoistisch depriviert
	hoch	fraternal depriviert	doppelt zufrieden

Relative Deprivation innerhalb der eigenen Referenzgruppe bezeichnet Runciman als **egoistische Deprivation**; relative Deprivation im Vergleich zwischen der eigenen Referenzgruppe und anderen Gruppen bezeichnet er als **fraternale Deprivation**.

5.6.3 Theorie von Crosby (1976, 1982)

Erste Fassung (1976). Nicht jeder soziale Vergleich hinsichtlich jeder denkbaren Ressource löst relative Deprivation aus: Wir fühlen uns nicht automatisch ungerechterweise schlechter gestellt, wenn wir sehen, dass ein Arbeitskollege ein Auto besitzt, das wir auch gerne hätten. Faye Crosby ist der Frage nachgegangen, welche Bedingungen für das Wahrnehmen relativer Deprivation und die daraus resultierenden Emotionen relevant sind. In der ersten Fassung ihrer Theorie (1976) stellt sie fest, dass Individuen sich nur dann depriviert fühlen, wenn die folgenden fünf Bedingungen alle gegeben sind:

(1) Eine Person möchte über ein Gut X verfügen.
(2) Sie nimmt wahr, dass andere Personen über das Gut X verfügen.
(3) Sie glaubt, einen Anspruch auf den Besitz von X zu haben.
(4) Sie hält es prinzipiell für möglich, über X verfügen zu können.
(5) Sie betrachtet sich selbst nicht dafür verantwortlich, dass sie momentan (noch) nicht über X verfügt.

Kritik. Empirische Untersuchungen haben Zweifel daran aufkommen lassen, dass alle fünf von Crosby genannten Voraussetzungen erfüllt sein müssen. Diese Zweifel betreffen

▶ Bedingung (4): Personen können sich auch dann relativ depriviert fühlen, wenn sie *keine* Möglichkeit sehen, X besitzen zu können. Eine Person kann beispielsweise stark unter der Vorstellung leiden, dass sie etwas begehrt, wovon sie sicher weiß, dass sie es nicht haben kann (beispielsweise ein Haus, ein teures Kleid oder die Liebe einer bestimmten Person).

▶ Bedingungen (3) und (5): Wer schuldhaft den Erwerb von X versäumt, verwirkt seinen Anspruch darauf. (3) und (5) sind daher redundant.

▶ Bedingung (2): Erwartungen und Ansprüche können nicht nur aufgrund *sozialer*, sondern auch aufgrund *temporaler* Vergleiche abgeleitet werden. Wenn eine Person für eine bestimmte Arbeit bisher eine bestimmte Bezahlung bekommen hat, so wird sie es unfair finden, wenn die Bezahlung für die gleiche Arbeit auf einmal reduziert wird.

Zweite Fassung (1982). Aufgrund dieser Einwände hat Crosby später (1982) eine sparsamere Variante ihrer Theorie vorgeschlagen: Individuen fühlen sich dann relativ depriviert, wenn sie

(1) über ein Gut X verfügen möchten,
(2) und davon überzeugt sind, X verdient zu haben.

5.7 Theorie der relativen Privilegierung

Existentielle Schuld und survival guilt

Die Theorie der relativen Privilegierung kann man als das logische Pendant zur Theorie der relativen Deprivation auffassen. Ausgehend von der Equity-Theorie, nach der nicht nur nachteilige Inequity, sondern auch vorteilige Inequity mit der Wahrnehmung von Ungerechtigkeit einhergehen, kann man annehmen, dass nicht nur die relative Schlechterstellung (innerhalb einer Referenzgruppe oder zwischen Gruppen), sondern auch die relative Besserstellung Ungerechtigkeitsreaktionen nach sich zieht.

Existentielle Schuld. Relative Privilegierung meint also die Wahrnehmung, etwas zu besitzen, was man eigentlich nicht verdient hat. Das Gefühl, das diese Wahrnehmung begleitet, müsste konsequenterweise ein Schuldgefühl sein. Im Gegensatz zur reinen „Handlungsschuld" (d.h. Schuldgefühle für etwas, was man getan hat, aber nicht hätte tun sollen oder für etwas, was man nicht getan hat, was man aber hätte tun sollen) spricht man im Rahmen von relativer Privilegierung von existentieller Schuld.

Martin Hoffman (1976) führte als erster das Konzept der existentiellen Schuld ein, um zu erklären, weshalb sich in den 1960er Jahren privilegierte Studierende aus der weißen Mittelschicht in der amerikanischen Bürgerrechtsbewegung für die benachteiligten Schwarzen einsetzten. Hoffman ging davon aus, dass dieser Personenkreis seine eigenen Privilegien sowie die Benachteiligung der Schwarzen und anderer Minderheiten als unverdient (und damit ungerecht) erlebt. Existentielle Schuldgefühle können auch dann enstehen, wenn die eigenen Vorteile oder Begünstigungen glücklichen Umständen zu verdanken sind. Nicht immer gehen solche zufälligen Begünstigungen mit positiven Emotionen wie Dankbarkeit, Zufriedenheit und Erleichterung einher.

Survival guilt. Niederland (1981) hat berichtet, dass Überlebende von Konzentrationslagern gegenüber denjenigen, die in den Lagern gestorben sind, diffuse Schuldgefühle empfinden. Auch Überlebende von Naturkatastrophen und Unglücken (z.B. dem ICE Unglück von Eschede im Jahre 1998) berichten von solchen Schuldgefühlen.

Theorie von Montada et al. (1986)

Eine Formalisierung und Systematisierung der Theorie der relativen Privilegierung stammt von Montada et al. (1986). Die Autoren stellen folgende Hypothesen auf:

Gefühle existentieller Schuld entstehen dann, wenn

- ▶ eine Person A (oder deren Referenzgruppe) Vorteile hat, während eine andere Person B (oder eine andere Referenzgruppe) vergleichbare Nachteile erleidet
- ▶ *und* A seine Vorteile als unverdient erlebt
- ▶ *und* A die Nachteile von B als unverdient einschätzt.

Existentielle Schuldgefühle werden dadurch verstärkt, dass

- ▶ A zwischen seinen Vorteilen und den Nachteilen von B einen kausalen Zusammenhang wahrnimmt
- ▶ *und/oder* A Mittel und Wege sieht, die Diskrepanz zwischen den eigenen Vorteilen und den Nachteilen von B zu reduzieren
- ▶ *und* A von diesen Mitteln und Wegen zur Reduzierung der Diskrepanz keinen Gebrauch macht.

Entscheidend für die Entstehung existentieller Schuldgefühle ist also, dass man die eigenen Vorteile nicht rechtfertigen kann, wenn sie als nicht verdient und die Benachteiligungen der anderen als nicht selbstverschuldet erachtet werden. Diese existentiellen Schuldgefühle werden noch verstärkt, wenn man einen kausalen Zusammenhang zwischen den eigenen Vorteilen und den Nachteilen der anderen wahrnimmt. Die Voraussagen der Theorie konnten empirisch bestätigt werden.

Reichtum der Industrienationen auf Kosten der Dritte-Welt-Länder

Menschen aus den sogenannten Industrienationen erleben unter bestimmten Bedingungen existentielle Schuldgefühle, wenn ihnen bewusst wird, dass es Menschen in anderen Teilen der Welt schlechter geht, ohne dass man diese für ihre Schlechterstellung verantwortlich machen kann. Die Schuldgefühle verstärken sich, wenn man ihnen erklärt, dass – beispielsweise aufgrund von Zugangskontrollen zum Weltmarkt – die eigene Besserstellung mit der Schlechterstellung der Dritte-Welt-Länder kausal verknüpft ist.

5.8 Kommentar und Ausblick

Normative und subjektive Aspekte von Gerechtigkeit. Während sich normative Theorien (beispielsweise Rechtswissenschaft oder Philosophie) mit der Frage beschäftigen, wie gerecht verteilt, verfahren oder vergolten werden *sollte*, ist die Psychologie eher an der Frage interessiert, was Personen subjektiv unter Gerechtigkeit verstehen, was für sie subjektiv gerecht ist und wie sie auf Ungerechtigkeit reagieren. Eine Schwierigkeit ergibt sich daraus, dass die Psychologie etwas Subjektives untersucht, das sich aber für die Betroffenen uneingeschränkt objektiv „anfühlt": Wer mit Gerechtigkeit argumentiert, der fühlt sich meistens im Recht. In diesem Lichte ist es gar nicht mehr so unbegreiflich, dass Menschen im festen Glauben, im Sinne der Gerechtigkeit zu handeln, Kriege ausfechten und sogar bereit sind, ihr Leben zu opfern.

Gerechtigkeit um jeden Preis? Das Empfinden von Ungerechtigkeit hat ähnliche Effekte wie das Erleben von Dissonanz: Ungerechtigkeit – auch Ungerechtigkeit zu eigenen Gunsten (vorteilige Inequity, relative Privilegierung) – geht mit unangenehmen emotionalen Zuständen einher und strebt nach Auflösung, d.h. nach Wiederherstellung von Gerechtigkeit. Die inzwischen unüberblickbare Forschung zum Phänomen der sekundären Viktimisierung (blaming the victim und Opferabwertung) hat gezeigt, dass sie auch Formen annehmen kann, die ganz und gar nicht der eigentlich moralischen und prosozialen Natur der Gerechtigkeit Rechnung tragen. Eine besonders drastische Form der sekundären Viktimisierung zeigt sich, wenn man unbeteiligten Dritten einen Fall von Vergewaltigung vorlegt und sie dann nach ihrer Meinung fragt: Sogenannte Vergewaltigungsmythen wie „das hat sie sich ja selbst zuzuschreiben", „sie hätte ja nicht unbedingt in der Dunkelheit noch ausgehen müssen", „sie hatte bestimmt aufreizende Kleidung an", „sie hat es bestimmt auch ein bisschen gewollt" sind nicht etwa die versteckten Wahrnehmungsverzerrungen eines perversen Triebtäters, sondern bisweilen offen geäußerte Meinungen, die von einer breiten Bevölkerungsschicht geteilt werden (Burt, 1980; Jones & Aronson, 1973).

Welches Gerechtigkeitsprinzip soll gelten? Ein weiterer zentraler Befund der sozialpsychologischen Gerechtigkeitsforschung ist die Existenz multipler Gerechtigkeitsprinzipien. In Bezug auf Verteilungsgerechtigkeitskriterien werden beispielsweise das Leistungsproportionalitäts-, das Gleichheits- und das Bedürfnisprinzip genannt. Darüber hinaus sind andere Prinzipien denkbar, beispielsweise ein Gewohnheitsrecht, ein Senioritätsrecht, ein Recht des Stärkeren oder des Schwächeren etc. In der Tat scheinen viele soziale Konflikte im Kern Dispute darüber zu sein, welches Gerechtigkeitsprinzip im Einzelfall am ehesten angemessen ist und wie es konkret angewendet und umgesetzt wird.

Reaktionen auf beobachtete Ungerechtigkeit. Ein besonders interessantes Phänomen stellen Reaktionen auf beobachtete Ungerechtigkeit dar. Auf Straftaten (s. 5.4 Vergeltungsgerechtigkeit) und Schicksalsschläge (s. 5.5 Theorie des Gerechte-Welt-Glaubens) reagieren Personen, die von der Sache gar nicht betroffen waren und denen das Geschehene eigentlich völlig egal sein könnte, mitunter genauso stark und leidenschaftlich wie die Opfer. Möglicherweise werden hier im Kern Motive aktiviert, die im eigentlichen Sinne nicht mehr gerechtigkeitsrelevant sind (z.B. das Bedürfnis nach Erklärung und Kontrolle schicksalhafter Ereignisse, die Angst vor persönlicher Viktimisierung). Die Reaktionen der Beobachter sind jedoch durchaus gerechtigkeitsrelevant, beispielsweise dann, wenn – mit einer auf „Gerechtigkeit" basierenden Argumentation – die Todesstrafe für einen Straftäter gefordert wird.

Persönlichkeitsunterschiede. Eine Strömung der Gerechtigkeitsforschung, die in diesem Kapitel ausgespart wurde, beschäftigt sich mit Persönlichkeitsunterschieden. Es gibt neben dem dispositionellen Glauben an eine gerechte Welt eine ganze Reihe gerechtigkeitsrelevanter Persönlichkeitseigenschaften: Beispielsweise messen Menschen der Gerechtigkeit in ihrem Leben eine unterschiedliche Bedeutung zu (Gerechtigkeitszentralität). Zudem sind Personen unterschiedlich sensibel für die Wahrnehmung von Ungerechtigkeit (Schmitt et al., 1995).

Gerechtigkeitsmotiv. Haben Menschen ein genuines Bedürfnis nach Gerechtigkeit? Melvin Lerner behauptet, dass es sich dabei eher um das Bedürfnis handelt, eine subjektive Illusion zu verteidigen. Andere Forscher argumentieren, dass das Bedürfnis nach Gerechtigkeit im Kern ein Bedürfnis nach Reduzierung von Unsicherheit sei. Wieder andere gehen – im Sinne ökonomischer Verhaltenstheorien – davon aus, dass das Streben nach Gerechtigkeit lediglich ein maskiertes Streben nach Nutzenmaximierung sei: Als Begründung für dieses Eigennutzargument wird oft vorgebracht, dass sich Menschen ja nur dann für Gerechtigkeit interessieren, wenn sie für sie persönlich bedeutsam sei. Empirisch ist es beinahe unmöglich, die motivationale Basis einer Handlung zweifelsfrei zu identifizieren. Die gegenwärtige Befundlage spricht dafür, das Bedürfnis nach Gerechtigkeit im Kontext anderer altruistischer Bedürfnisse als ein Motiv unter vielen zu betrachten – anders wären viele Formen prosozialen, sozial verantwortlichen und ethischen Handelns nicht erklärbar.

5.9 Zusammenfassung

In der psychologischen Gerechtigkeitsforschung lassen sich vier Domänen unterscheiden:
- ▶ die Verteilungsgerechtigkeit (distributive Gerechtigkeit),
- ▶ die Verfahrensgerechtigkeit (prozedurale Gerechtigkeit),
- ▶ die interaktionale Gerechtigkeit und
- ▶ die die Vergeltungsgerechtigkeit (retributive Gerechtigkeit).

Innerhalb der Domäne der Verteilungsgerechtigkeit lassen sich unterschiedliche Verteilungsprinzipien identifizieren:
- ▶ das Leistungsproportionalitätsprinzip (Equity-Prinzip),
- ▶ das Gleichheitsprinzip und
- ▶ das Bedürfnisprinzip.

Das Leistungsproportionalitätsprinzip ist der Grundbaustein der Equity-Theorie. Inequity, also Unausgewogenheit von Inputs und Outcomes im sozialen (oder temporalen) Vergleich, ist unangenehm und motiviert die Betroffenen, entweder durch entsprechende Handlungen oder kognitive Umbewertungen Equity wiederherzustellen.

Verfahrensgerechtigkeitsprinzipien betreffen nicht das Ergebnis einer Verteilung – oder allgemeiner: einer Entscheidung –, sondern den Prozess der Entscheidungsfindung. Solche prozeduralen Aspekte sind für die Betroffenen insbesondere dann relevant, wenn die Entscheidung für sie ungünstig ausfällt. Kriterien der Verfahrensgerechtigkeit sind nach Leventhal

- Konsistenz,
- Neutralität,
- Genauigkeit,
- Korrigierbarkeit,
- Repräsentativität und
- Übereinstimmung mit moralischen Standards.

Bei retributiver Gerechtigkeit geht es um die Angemessenheit von Vergeltungsmaßnahmen für bestimmte (normdiskrepante) Handlungen. Die Angemessenheit solcher Maßnahmen kann zum einen durch retributive Kriterien (im engeren Sinne), zum anderen durch instrumentelle Kriterien begründet werden.

Die Theorie des Gerechte-Welt-Glaubens besagt, dass Menschen das Bedürfnis haben, an eine Welt zu glauben, in der jeder bekommt, was er verdient, und das verdient, was er bekommt. Auf der Basis dieser Theorie können auch Phänomene der Opferabwertung bzw. der sekundären Viktimisierung erklärt werden. Der Gerechte-Welt-Glaube ist ein interindividuell variierendes Motiv.

Die Theorie der relativen Deprivation besagt, dass Menschen es ungerecht finden, wenn sie im sozialen Vergleich schlechter abschneiden, ohne dass es für diese Schlechterstellung eine Rechtfertigung gibt. Umgekehrt besagt die Theorie der relativen Deprivation, dass es für Menschen ebenso unangenehm ist, wenn sie im sozialen Vergleich besser abschneiden, ohne dass es für diese Besserstellung eine Rechtfertigung gibt. Die emotionale Reaktion auf relative Privilegierung wird als existentielle Schuld bezeichnet.

5.10 Übungsaufgaben

(1) Nennen Sie zwei konkrete Formen der realistischen Wiederherstellung von Equity im Falle einer (für die Person) vorteiligen Inequity, die am Input der anderen Person ansetzen.

(2) Wie ließe sich nach Deutsch (1975, 1985) das soziale Klima in einem Betrieb beschreiben, in dem der Lohn an alle Arbeiter nach dem Gleichheitsprinzip verteilt wird?

(3) Was ist mit „Fair-Process-Effekt" gemeint?

(4) Was ist in der Theorie von Leventhal (1980) mit „Repräsentativität" gemeint?

(5) Inwiefern bestehen konzeptionelle Gemeinsamkeiten zwischen der Theorie des Gerechte-Welt-Glaubens (Lerner, 1980) und der Dissonanztheorie von Festinger (1957)?

(6) Wie könnte man einen erlebten Schicksalsschlag (z.B. schwere Krankheit) so umdeuten, dass er den Glauben an eine gerechte Welt nicht bedroht?

(7) Skizzieren Sie anhand der Untersuchung von Miller (1977), wovon es unter anderem abhängt, ob Personen mit einem starken Gerechte-Welt-Glauben die Ungerechtigkeit durch prosoziales Engagement aktiv beseitigen oder aber zur kognitiven Strategie der Opferabwertung greifen.

(8) Wie sind bei Runciman (1966) die Begriffe fraternale Deprivation und egoistische Deprivation definiert? Nennen Sie jeweils ein Beispiel für diese beiden Formen der Deprivation.

(9) Diskutieren Sie, ob sich eine Person – in Widerspruch zur älteren Theorie von Crosby (1976) – auch dann relativ depriviert fühlen kann, wenn sie glaubt, ein begehrtes Gut X nicht besitzen zu können.

(10) Was ist der Unterschied zwischen Handlungsschuld und existentieller Schuld? Geben Sie für beide Formen jeweils ein Beispiel.

(11) Wie ist es im Sinne der Theorie der relativen Privilegierung zu erklären, dass selbst gutsituierte Personen in Deutschland gegen volkswirtschaftliche Bedingungen protestieren, die ihnen ihre Ressourcen sichern (Globalisierungskritiker)?

Weiterführende Literatur

Einen Überblick über einige der hier behandelten Theorien gibt:
Müller, G.F. & Hassebrauck, M. (2001). Gerechtigkeitstheorien. In D. Frey & M. Irle (Hrsg.), Theorien der Sozialpsychologie. Band I: Kognitive Theorien (2. Aufl.) (S. 217–240). Bern: Huber.
Ansätze und Strategien der psychologischen Gerechtigkeitsforschung und die Effekte gerechtigkeitsbezogener Persönlichkeitsvariablen werden besprochen bei:
Schmitt, M. (1994). Gerechtigkeit. In M. Hockel, W. Molt & L. von Rosenstiel (Hrsg.), Handbuch der Angewandten Psychologie (Kapitel VII. 10). München: Ecomed.

Sehr umfassend wird die Gerechtigkeitspsychologie in diesem englischsprachigen Beitrag abgehandelt. Dort findet sich auch eine gute Auseinandersetzung mit der Domäne der retributiven Gerechtigkeit:
Tyler, T.R. & Smith, H.J. (1998). Social justice and social movements. In D.T. Gilbert, S. Fiske & G. Lindzey (Hrsg.), The handbook of social psychology. Vol. II (4. Aufl.). Oxford: Oxford University Press.

6 Soziale Identitätstheorie

Gruppen werden häufig gebildet, um gemeinsame Interessen besser verfolgen zu können. In Gruppen gibt es ein Streben nach Uniformität, und zwar umso mehr, je wichtiger die Zugehörigkeit zur Gruppe für ihre Mitglieder ist. Dazuzugehören bedeutet einem vor allem dann viel, wenn die eigenen Interessen von der Gruppe gut vertreten werden oder wenn einem die Zugehörigkeit zu einer bestimmten Gruppe einen höheren Selbstwert verleiht. Selbstwertsteigernd wirkt die Zugehörigkeit zu einer Gruppe vor allem dann, wenn sie im sozialen Vergleich mit anderen Gruppen besser abschneidet.

Zwischen Gruppen kommt es zum Wettbewerb um sozialen Status. Erschreckend ist es zu sehen, welch (scheinbar) nichtige Gründe zu Gruppenkonflikten führen können. Bereits das Wissen, verschiedenen Gruppen anzugehören, kann gegenseitige Abneigung bewirken. Wegweisende Experimente haben uns gezeigt: Gruppenkonflikte kann man schon erzeugen, indem man Menschen per Zufall der einen oder der anderen Gruppe zuordnet, und fast zwangsläufig beginnen diese neu geschaffenen Gruppenmitglieder typisch „intergruppales Verhalten" an den Tag zu legen: Sie bevorzugen die eigenen Mitglieder und werten Mitglieder der anderen Gruppe ab.

Wie weit gehen Menschen, um ihre Gruppe und ihre soziale Identität zu verteidigen? – Das ist das Thema des folgenden Kapitels.

Was Sie in diesem Kapitel erwartet

Bezüge zu anderen Theorie-Kapiteln:

▶ Niedriger Gruppenstatus kann kognitiv umgedeutet werden 2
▶ Zwischen Gruppen kommt es zu spontanem Wettbewerb 3
▶ Bei Gruppenkonflikten steigt die Uniformität der Gruppen 3
▶ Niedriger Gruppenstatus wird als ungerecht empfunden 5
▶ Das Bilden von Koalitionen ist evolutionär funktional 10

Klassische Theorien:

▶ Konsistenz- und Balance-theorien 2
▶ Theorie sozialer Vergleichsprozesse 3
▶ Austausch- und Ressourcen-theorien 4
▶ Gerechtigkeitstheorien 5
▶ Soziale Identitätstheorie 6
▶ Rollentheorien 7
▶ Handlungstheorien 8
▶ Attributionstheorien 9
▶ Evolutionspsychologische Theorien 10

Bezüge zu speziellen Themen-Kapiteln:

▶ Gemeinsame Normen schaffen soziale Identität 11
▶ Gemeinsame Einstellungen sorgen für soziale Identität 12
▶ Soziale Identität erzeugt Verantwortung für die Gruppe 14
▶ Wettbewerb zwischen Gruppen verhindert soziales Faulenzen in der Gruppe 15

Begründer der Sozialen Identitätstheorie ist der polnische Sozialpsychologe Henri Tajfel, der in Frankreich und England lehrte. Mit seinen frühen Arbeiten zum Phänomen der Größenüberschätzung konnte er zeigen, dass Münzen größer eingeschätzt wurden als gleich große Pappscheibchen und dass die Größenschätzung mit dem Wert der Münze korrelierte: Je wertvoller die Münze, desto mehr wurde ihre Größe überschätzt. Auf der Basis dieser Befunde entwickelte Tajfel seine kognitive Akzentuierungstheorie. Sein wichtiger sozialpsychologischer Beitrag bestand darin, das Akzentuierungsphänomen auf soziale Reize und die soziale Wahrnehmung zu übertragen. Das soziale Akzentuierungsphänomen lässt sich beispielsweise daran erkennen, dass die geschätzte Körpergröße mit dem Status einer Person korreliert (z.B. werden Professoren als größer eingeschätzt als Studierende).

6.1 Vier Kernelemente der Sozialen Identitätstheorie

Nach und nach reicherte Tajfel seine Akzentuierungstheorie mit sozialpsychologischen Inhalten an und entwickelte sie zur Sozialen Identitätstheorie (SIT) weiter. Sie besteht aus vier Kernelementen, die gleichzeitig auch einen psychologischen Prozess beschreiben, nämlich den der Entstehung stereotypen Verhaltens zwischen sozialen Gruppen:
(1) soziale Kategorisierung,
(2) soziale Identität,
(3) sozialer Vergleich und
(4) soziale Distinktheit.

6.1.1 Soziale Kategorisierung

Tajfel macht auf der Basis seiner (allgemeinpsychologischen) Befunde zur Größenüberschätzung drei wesentliche Aussagen zur sozialen Kategorisierung.

Spontane Kategorisierung von Objekten. Menschen versuchen systematisch, kategoriale Zusammengehörigkeiten zwischen Objekten wahrzunehmen. Dies gilt sowohl für nicht-soziale Objekte (Münzen, Möbel, Lebensmittel etc.) als auch für soziale Objekte (Personen, Rollenkategorien, Parteien etc.). Spontane Kategorisierung in der sozialen Wahrnehmung kann bewirken, dass bestimmten Personengruppen bestimmte Attribute zugeschrieben werden. So wird beispielsweise immer wieder angenommen, dass Studenten faul sind und Psychologen selbst Probleme haben.

Heterogenisierung und Homogenisierung. Unterschiede zwischen Kategorien werden überschätzt (zwei Kategorien werden als unterschiedlicher wahrgenommen als sie tatsächlich sind), Unterschiede innerhalb einer Kategorie werden dagegen unterschätzt (Objekte bzw. Personen innerhalb einer Kategorie werden als ähnlicher wahrgenommen als sie tatsächlich sind).

! Geteilte Kognitionen, die eine Homogenisierung der Unterschiede innerhalb der jeweiligen Kategorie darstellen, nennt man Stereotype.

Funktion sozialer Kategorisierung
Zu einer spontanen Kategorisierung kommt es, weil das Kategorisieren das Gedächtnis entlastet und die Informationsverarbeitung beschleunigt: Müssten wir jedes neue Objekt in seiner ganzen Komplexität identifizieren, wäre unser kognitives System wesentlich stärker belastet als mit der schematischen Identifikation anhand von Kategorien.

6.1.2 Soziale Identität

Soziale Identität ist ein Teil des Selbstbildes, das Menschen von sich haben. Sie basiert auf

▶ dem Wissen (kognitive Komponente), einer oder mehreren sozialen Kategorien anzugehören bzw. bestimmten Kategorien nicht anzugehören,

▶ der Bewertung dieser Zugehörigkeit (evaluative Komponente) und

▶ den Gefühlen (emotionale Komponente), die das Wissen um und die Bewertung von Zugehörigkeit begleiten.

Jemand weiß, dass er der Gruppe der Psychologen angehört (kognitiv), bewertet diese Zugehörigkeit positiv (evaluativ) und ist aufgrund dessen stolz (emotional).

Unterschiedliche Arten sozialer Identität. Die Mitgliedschaft in einer Kategorie kann manifest (objektiv) sein, z.B. die Zugehörigkeit zu einer Berufsgruppe, oder in Form eines Zugehörigkeitsgefühls vorliegen, das durch die Identifikation mit der Kategorie zustande kommt, z.B. die Identifikation mit einer Fußballmannschaft. Die Kategorie kann in einem substantiellen Sinn existieren, z.B. in Form eines Vereins, einer Schulklasse, einer Partei oder lediglich durch die Tatsache, dass ihre Mitglieder bestimmte Eigenschaften teilen, z.B. Hautfarbe, Geschlecht oder eine Ideologie.

Multiple soziale Identiäten

Eine Person gehört immer mehreren sozialen Kategorien gleichzeitig an. Sie hat also multiple soziale Identitäten, die horizontal oder vertikal angeordnet sein können. Horizontale Anordnung bedeutet, dass die Kategorien nebeneinander existieren: Eine Person ist gleichzeitig Mann, Psychologe, Deutscher, Nichtraucher. Vertikale Anordnung bedeutet, dass die sozialen Kategorien in einem hierarchischen Inklusionsverhältnis stehen: Rheinland-Pfälzer zu sein, bedeutet gleichzeitig, Deutscher zu sein. Deutscher zu sein, bedeutet gleichzeitig, Europäer zu sein etc. Man kategorisiert sich auf verschiedenen Ebenen gleichzeitig. Anders gesagt: Die soziale Kategorie Deutscher ist eine übergeordnete inklusive Kategorie der Kategorie Rheinland-Pfälzer.

> Die soziale Identität einer Person ist keine Konstante. Sie wechselt vielmehr von Situation zu Situation und im Laufe der Zeit. Die aktuelle soziale Identität ergibt sich daraus, welche Kategorie in einer gegebenen Situation salient (d.h. augenfällig) ist.

Nichtraucher zu sein, ist kein ständig augenfälliger Aspekt des Selbstbildes einer Person. Allerdings wird die soziale Identität als Nichtraucher in dem Moment salient, in dem man einen Anhalter mitnimmt und dieser sich im Wagen eine Zigarette anzünden möchte.

Tajfel (1978): Kontinuum sozialen Verhaltens

Menschen begegnen sich in sozialen Situationen nicht nur als Individuen, sondern auch als Mitglieder und Vertreter von Gruppen. Tajfel nimmt an, dass sich jede Form sozialer Interaktion im Hinblick darauf beschreiben lässt, ob

▶ sich die beteiligten Personen als Individuen begegnen, die Situation also durch **interpersonales Verhalten** gekennzeichnet ist, oder ob

▶ sich die beteiligten Personen eher als Vertreter bestimmter Gruppen begegnen, die Situation also durch **intergruppales Verhalten** gekennzeichnet ist.

Ein typisches Beispiel für interpersonales Sozialverhalten ist das Verhalten zwischen Freunden und Partnern. Ein typisches Beispiel für intergruppales Sozialverhalten ist das Verhalten zwischen feindlichen Soldaten, die sich nicht als Individuen begegnen, sondern als Mitglieder feindlicher Armeen. Interpersonales Verhalten und intergruppales Verhaltens sind als Pole eines Kontinuums zu verstehen, da meistens eine Mischung aus beiden Verhaltensweisen vorliegt.

Ob soziales Verhalten stärker interpersonal oder intergruppal geprägt ist, wird nach Tajfel durch drei Faktoren bestimmt:

(1) Eindeutigkeit sozial-kategorialer Unterschiede. Wenn soziale Kategorien distinkt, d.h. deutlich voneinander unterscheidbar und in einer sozialen Situation akut relevant sind, kommt es eher zu intergruppalem Verhalten. Sind kategoriale Unterschiede dagegen wenig eindeutig oder wenig relevant, dann ist das soziale Verhalten eher interpersonal geprägt.

(2) Uniformität der Gruppen. Gemäß der Theorie sozialer Vergleichsprozesse von Festinger (Kapitel 3) streben Gruppen grundsätzlich nach Uniformität, und das umso stärker, je attraktiver und wichtiger die Gruppenmitgliedschaft für die einzelnen Personen ist. Zwischen Mitgliedern von Gruppen, die stark uniform sind, die sich also durch eine gleiche Einstellung zu einer Sache definieren, herrscht eher intergruppales Verhalten, bei schwacher Uniformität dagegen eher interpersonales Verhalten vor.

(3) Individualistische versus stereotype Wahrnehmung. Sieht man Mitglieder einer anderen Gruppe eher individualistisch und differenziert, etwa weil man sie gut kennt, verhält man sich eher interpersonal. Beurteilt man die Mitglieder der Outgroup hingegen eher stereotyp, sieht sie als austauschbar an, so verhält man sich eher intergruppal.

Bedürfnis nach positiver sozialer Identität

Bislang haben wir nur über kognitive Phänomene gesprochen: Unterschätzungs- und Überschätzungsphänomene, soziale Kategorisierung etc. Nach Tajfel kommt nun ein wesentlicher Punkt hinzu: Menschen haben ein Bedürfnis nach positiver sozialer Identität, sie möchten jenen Kategorien angehören, die sich positiv auf ihre Selbstwertschätzung auswirken. Dies ist bei Kategorien der Fall, die im Vergleich zu anderen Kategorien einen hohen Status haben.

! Eine Gruppe hat einen höheren Status, wenn sie „besser" ist oder mehr Ressourcen hat als eine andere.

6.1.3 Sozialer Vergleich

Oft weiß man, ob man sich in einer Gruppe mit höherem oder niedrigerem Status befindet – Rollenverteilungen oder Gewinn-Verlust-Bilanzen (z.B. im Sport) geben den Status vor. Häufig ist der Status der eigenen Gruppe jedoch nicht klar und eindeutig: Nichtraucher versus Raucher, „Realos" versus „Fundis" bei den Grünen, Britney-Spears-Fans versus Christina-Aguilera-Fans etc.

Woher weiß man, ob man sich in einer Gruppe mit hohem oder niedrigem Status befindet? Schon die Theorie sozialer Vergleichsprozesse (Festinger, 1954) legt nahe, dass hier – wenn es keine objektiven Kriterien gibt – ein sozialer Vergleich nützlich ist. Dabei wird versucht, die eigene Gruppe (Ingroup) von der Vergleichsgruppe (Outgroup) möglichst abzuheben, und zwar hinsichtlich solcher Merkmale, die gemeinhin als positiv bewertet gelten. Britney-Spears-Fans halten sich für die Gruppe mit dem höheren Status, da Britney Spears seit November 2003 mit einem bronzenen Stern auf dem „Walk of Fame" in Hollywood verewigt ist; Christina-Aguilera-Fans halten sich dagegen für die Gruppe mit dem höheren Status, da ihr Idol in den Umfragen beliebter ist als ihre Rivalin.

6.1.4 Soziale Distinktheit

Positive soziale Identität entsteht also auf der Grundlage möglichst vieler Vergleichsergebnisse, die für die eigene Gruppe günstig ausfallen. Die eigene soziale Identität ist umso positiver, je positiver die eigene Gruppe sich von relevanten Vergleichsgruppen abhebt. Diesen Zielzustand nennt man positive soziale Distinktheit.

Das Motiv für den sozialen Vergleich sieht
▶ Festinger (Theorie sozialer Vergleichsprozesse) darin, die eigenen Meinungen und Fähigkeiten so korrekt als möchlich zu bewerten;

▶ Tajfel (Soziale Identitätstheorie) darin, dem Bedürfnis nach positiver sozialer Identität durch Mitgliedschaft in einer möglichst statushohen Gruppe nachzukommen.

6.2 Ursachen und Folgen von Intergruppenkonflikten

Wieso kommt es zwischen Gruppen zu gegenseitigen Abwertungen, Feindseligkeiten und bisweilen aggressiven Konflikten? Zur Erklärung wurde bis Ende der 1970er Jahre hauptsächlich die Theorie des realistischen Gruppenkonflikts herangezogen (Sherif, 1966). Diese Theorie und ihr Unterschied zur Sozialen Identitätstheorie sollen im folgenden Abschnitt behandelt werden.

6.2.1 Realer oder sozialer Wettbewerb?

Theorie des realistischen Gruppenkonflikts: Wettbewerb um knappe Ressourcen

Die Theorie des realistischen Gruppenkonflikts geht davon aus, dass Gruppenkonflikte aus dem Wettbewerb um knappe Ressourcen entstehen. Zwischen den Gruppen besteht eine negative Interdependenz: Was einer Gruppe nützt, schadet der anderen. Innerhalb der Gruppe besteht eine positive Interdependenz: Was dem einen Gruppenmitglied nützt, nützt allen anderen. Negative Interdependenz führt zu Konflikten, positive Interdependenz dagegen fördert die Kooperation. Sherif hat diese Phänomene in mehreren Feldexperimenten untersucht, die schnell zu Klassikern der sozialpsychologischen Forschung geworden sind.

Sherif et al. (1961): Wettkampf im Sommerlager

Ablauf:

An einem Sommerlager in Oklahoma nahmen 22 Jungen im Alter von elf Jahren teil. Zu Beginn des Experiments wurden sie in zwei Gruppen aufgeteilt (Eagles und Rattlers). Diese beiden Gruppen schufen schnell innere Strukturen (Regeln, Spitznamen, spezielle Verhaltensweisen), lebten aber ansonsten völlig friedlich nebeneinander.

Manipulation: Einführung einer Interdependenzsituation

Nach ein paar Tagen wurde eine Wettkampfsituation eingeführt:

▶ Die Eagles sollten gegen die Rattlers in verschiedenen Disziplinen (z.B. Tauziehen, Bohnensuchen etc.) antreten.

▶ Für jeden Jungen aus der Gewinnergruppe gab es ein Taschenmesser zu gewinnen.

Die Situation impliziert negative Interdependenz: Um das begehrte Gut zu bekommen, muss man als Ingroup besser sein als die Outgroup. Beim Tauziehen gilt: Auf jeden Zentimeter, den die eine Gruppe hinzubekommt, muss die andere notwendigerweise verzichten.

Hypothese:

Nach Einführen dieser Interdependenzsituation sollte es zu Konkurrenzverhalten und Feindseligkeit zwischen den Gruppen kommen.

Ergebnisse:

Das Verhalten der Jungen veränderte sich schlagartig: Die Jungen beider Gruppen begannen, die Mitglieder der jeweils anderen Gruppe verbal und sogar physisch zu attackieren. Das ging so weit, dass die Eagles die Flagge der Rattlers verbrannten, woraufhin die Rattlers zum Gegenschlag ausholten und das Lager der Eagles überfielen und plünderten.

▶ Die Feindseligkeit zwischen den Gruppen nahm zu, die innere Kohäsion (Geschlossenheit) der Gruppen ebenfalls.

▶ Die Jungen werteten die Mitglieder der Outgroup charakterlich ab und identifizierten sich stark mit ihrer Ingroup.

 Aus den Ergebnissen seiner Experimente schloss Sherif, dass es einen realen Konflikt um knappe, aber begehrte Ressourcen geben muss, um intergruppale Feindseligkeiten auszulösen.

Soziale Identitätstheorie: Wettbewerb um positive soziale Distinktheit

Die Soziale Identitätstheorie nimmt hingegen an, dass negative Interdependenz zur Entstehung von Intergruppenkonflikten gar nicht nötig ist. Ein ausreichend hohes Maß an intergruppalem Sozialverhalten reicht aus, um einen Wettbewerb um positive soziale Distinktheit und damit positive soziale Identität auszulösen. Möglichkeiten, den Status der Ingroup zu erhöhen, können in subjektiven, nicht-aktiven Bewertungen oder in aktiven Begünstigungen bestehen (Eigengruppenfavorisierung) sowie in der Abwertung oder Benachteiligung der Outgroup (Diskriminierung).

Bedingungen des sozialen Wettbewerbs. Tajfel macht darauf aufmerksam, dass ein sozialer Wettbewerb um positive soziale Distinktheit von bestimmten situativen Randbedingungen begünstigt wird:

► Individuen müssen ihre Mitgliedschaft in einer bestimmten sozialen Gruppe internalisiert haben.
► Die soziale Situation muss so geartet sein, dass es soziale Vergleiche überhaupt geben kann: Die Variablen, hinsichtlich derer die Vergleiche gezogen werden, müssen bewertbar sein.
► Die Ingroup vergleicht sich nur mit relevanten Outgroups. Die Relevanz hängt von drei Faktoren ab:

(1) **Ähnlichkeit:** Von Festinger (1954) wissen wir, dass für den sozialen Vergleich insbesondere solche Gruppen (und Individuen) relevant sind, die einen gewissen Grad an Ähnlichkeit aufweisen. So wird sich beispielsweise ein Fußball-Erstligist eher an anderen Erstligavereinen messen und weniger an Regionalligavereinen.

(2) **Räumliche Nähe:** Je größer die räumliche Nähe zweier Gruppen, desto mehr Begegnungen und Möglichkeiten des sozialen Vergleichs gibt es. Die Wahrscheinlichkeit, dass es zwischen Bayern und Österreichern zu einem konflikthaften Streben nach positiver sozialer Distinktheit kommt, ist größer als die Wahrscheinlichkeit, dass es zwischen Bayern und Ostfriesen zu diesem Konflikt kommt.

(3) **Salienz der Outgroup:** Nicht jede Mitgliedschaft in einer sozialen Kategorie ist in jeder Situation und zu jedem Zeitpunkt gleichermaßen salient (vgl. 6.1.2). Sobald die Salienz steigt, etwa weil man als Fan von Bayern München in einem Zug fährt, in dem sich hauptsächlich Fans von FC Schalke 04 befinden, steigt auch die Wahrscheinlichkeit eines konflikthaften Strebens nach positiver sozialer Distinktheit.

6.2.2 Minimales Gruppenparadigma

Was sind die minimal hinreichenden Bedingungen, damit zwischen Gruppen sozialer Wettbewerb ausgelöst wird? Aus Tajfels Hypothesen, dass Objekte spontan kategorisiert werden und das Streben nach positiver Distinktheit ein fundamentales Bedürfnis ist, lässt sich ableiten, dass es lediglich einer einzigen Voraussetzung bedarf, um sozialen Wettbewerb auszulösen: Man suggeriert einer Person, sie sei Mitglied einer Gruppe A (Ingroup) und sie interagiere mit einer Person aus Gruppe B (Outgroup).

Experimente zum minimalen Gruppenparadigma

Diese Hypothese hat Tajfel in mehreren Experimenten unter dem Stichwort minimales Gruppenparadigma überprüft. Das übliche Vorgehen in diesen Experimenten war Folgendes: Die Vpn wurden einzeln empfangen, ohne andere Personen zu Gesicht zu bekommen. Dann wurden sie nach einem trivialen oder sogar unsinnigen Kriterium in zwei Gruppen geteilt:

- Den Vpn wurden Wahrnehmungsaufgaben vorgelegt, mit denen man angeblich einen bestimmten Wahrnehmungsstil messen kann, den konkaven und den konvexen Wahrnehmungsstil (Stile, die es in Wirklichkeit nicht gibt).
- Den Vpn wurde gesagt, es gebe hinsichtlich des Kunstgeschmacks von Personen zwei Kategorien: einen „Klee-Typ" (nach Paul Klee) und einen „Kandinsky-Typ" (nach Wassily Kandinsky). Die Vpn sollten nun bei zwölf Kunstwerken angeben, wie gut sie ihnen gefielen; anschließend wurde ihnen rückgemeldet, sie seien entweder ein Klee-Typ oder ein Kandinsky-Typ. Tatsächlich war diese Zuordnung jedoch zufällig.
- In einigen Untersuchungen (z.B. Billig & Tajfel, 1973) wurde die Gruppenzugehörigkeit sogar explizit ausgelost. Eine Gruppe wurde die X-Gruppe, die andere die W-Gruppe genannt.

Anschließend erhielten die Vpn eine Aufgabe, z.B. einen Begriff zu definieren, ein Bild zu malen, eine kleine Geschichte zu schreiben o.ä. Dazu wurde eine plausible Erklärung erfunden, z.B. dass man testen wolle, ob Personen zu besseren Leistungen fähig sind, wenn sie alleine oder mit anderen zusammen in einem Raum sind. Auf dem Aufgabenblatt wurde ein sinnloser Code und die Gruppenzugehörigkeit vermerkt (z.B. konkave Wahrnehmung; Kandinsky-Gruppe; X-Gruppe).

Den Vpn wurde dann gesagt, dass man sie in die Leistungsbewertung der anderen Vpn einbeziehen wolle, um die Objektivität zu erhöhen. Sie bekamen die Aufgabenblätter von zwei angeblichen Vpn zur Bewertung vorgelegt, auf denen ebenfalls ein Code sowie die Gruppenzugehörigkeit vermerkt war. Die Vpn durften nun entscheiden, wie ein bestimmter zur Verfügung stehender Belohnungsbetrag je nach Leistung zwischen den beiden Personen aufgeteilt werden sollte. Dabei wurde variiert, ob beide Vpn der Ingroup oder der Outgroup angehörten bzw. eine Vp der Ingroup und eine der Outgroup. Bewertete die Vp die Leistung eines Ingroupmitglieds besser als die eines Outgroupmitglieds, so zeigte sie damit ein Verhalten, das als Eigengruppenfavorisierung (Ingroup favoritism) bezeichnet wird.

> **!** Die Favorisierung der Eigengruppe muss sich nicht materiell äußern, sie kann sich auch in einer evaluativen Präferenz zeigen – man hält die eigene Gruppe für besser, intelligenter, sportlicher etc. als eine andere. Im Falle von ethnischen Gruppen spricht man von Ethnozentrismus.

Ergebnisse. Die Ergebnisse vieler Untersuchungen zum minimalen Gruppenparadigma lassen sich wie folgt zusammenfassen:
- Wenn beide zu beurteilenden Personen der Ingroup angehören, wird die Aufteilung so gewählt, dass der Gesamtlohn für beide Personen maximal ist.
- Wenn beide zu beurteilenden Personen der Outgroup angehören, wird die Aufteilung so gewählt, dass der Gesamtlohn für beide Personen minimal ist.
- Wenn eine Person der Ingroup und die andere der Outgroup angehört, wird der Unterschied zwischen den Aufteilungen maximiert: dem Mitglied der Ingroup wird eine möglichst hohe, dem Mitglied der Outgroup eine möglichst geringe Belohnung zugesprochen.

Bloße Gruppenbildung, so trivial das Kriterium auch sein mag, erzeugt eine Wettbewerbsorientierung und führt zu einer Eigengruppenfavorisierung, auch ohne dass die Person einen direkten Vorteil aus der Begünstigung zieht. Der Vorteil besteht offenbar nur darin, dass man sich durch die Erzeugung einer positiven Distinktheit zu einer positiven sozialen Identität verhilft.

6.3 Bewältigung negativer sozialer Identität

Wie reagiert man, wenn die eigene Gruppe objektiv unterlegen ist, im realen oder sozialen Vergleich schlechter abschneidet oder einen nicht uminterpretierbaren niedrigeren Status hat? Tajfel hat sich auch mit diesem Problem befasst und unterscheidet eine Reihe von Strategien zur Bewältigung negativer sozialer Identität.

Realistische Strategien

Soziale Mobilität. Eine Möglichkeit ist der Wechsel von einer Gruppe mit niedrigerem in eine Gruppe mit höherem Status. Prototyp hierfür ist der Überläufer im Krieg. Diese Strategie ist an die Voraussetzung gebunden, dass die Gruppengrenzen durchlässig sind, was in vielen Fällen nicht gegeben ist. Außerdem ist der Wechsel der Gruppe meistens mit psychologischen Kosten verbunden, z.B. dem Vorwurf mangelnder Solidarität oder gar des Verrats.

Sozialer Wandel. Soziale Mobilität ist nicht immer möglich, da der Selbstkategorisierung objektive Grenzen gesetzt sind. Geschlecht, Hautfarbe, ethnische Herkunft, Sprache oder Dialekt kann man nicht nach Belieben wechseln. In diesem Fall wird sich die Person um sozialen Wandel bemühen, d.h. sie wird versuchen, die Situation zu verändern. Eine einfache Form des sozialen Wandels ist die Revanche: Die Ingroup versucht dann durch vermehrte Anstrengung, die Outgroup doch noch zu übertreffen. Dies ist besonders im Sport häufig der Fall.

Kreative Strategien

Wenn es die Möglichkeit zur Revanche nicht gibt oder die Ingroup im wiederholten Wettbewerb erneut unterliegt, werden – ganz im Sinne der Dissonanztheorie – kognitive bzw. kreative Strategien eingesetzt.

Tajfel und Turner (1986) beschreiben folgende kreative Strategien:

▶ **Wechsel der Vergleichsgruppe:** Die Vergleichbarkeit mit der überlegenen Gruppe wird als nicht mehr gegeben angesehen; stattdessen werden neue Fremdgruppen gesucht, mit denen die Ingroup in Wettbewerb tritt.

▶ **Wechsel der Vergleichsdimension:** Man ersetzt die ungünstige Vergleichsdimension durch eine Vergleichsdimension, in der die Outgroup schlechter abschneidet (Wir sind zwar die schlechteren Fußballer, aber dafür sind unsere Vereinsfeiern lustiger).

▶ **Veränderung der Wertigkeit der Vergleichsdimensionen:** Jene Dimensionen, hinsichtlich derer die Ingroup der Outgroup unterlegen ist, werden abgewertet, jene, hinsichtlich derer die Ingroup überlegen ist, werden aufgewertet (Ob man gute Klausurnoten hat, ist doch letztendlich völlig egal).

Schmitt & Maes (2002): Überprüfung der Hypothesen von Tajfel und Turner (1986) im Vergleich Ost-West-Deutsche

Die Hypothesen von Tajfel und Turner (1986) lassen sich gut anhand einer Selbsteinschätzung der Ostdeutschen im Vergleich zu den Westdeutschen überprüfen. Es gibt Dutzende von relativ objektiven Indikatoren, die belegen, dass Ostdeutsche im Vergleich zu Westdeutschen in wirtschaftlicher, sozialer und politischer Hinsicht noch immer einen geringeren Status haben. In der Tat zeigt sich empirisch, dass sich Ostdeutsche im Vergleich zu Westdeutschen relativ depriviert fühlen, dass sie der Meinung sind, über bestimmte Ressourcen ungerechtfertigterweise nicht zu verfügen.

Auf welche der kreativen Strategien zur Bewältigung negativer sozialer Identität könnten die Ostdeutschen zurückgreifen?

▶ Ein Wechsel der Vergleichsgruppe fällt schwer, da der Vergleich mit den Westdeutschen allzu augenfällig ist – er wird auch in den Medien oft gezogen.

▶ In Frage kommt daher eher ein Wechsel der Vergleichsdimension sowie

▶ die Veränderung der Wertigkeit von Vergleichsdimensionen.

Befragung der Ostdeutschen nach Selbstbild und Fremdbild der Westdeutschen

Aufbau und unabhängige Variablen:

In dieser Fragebogenuntersuchung von Schmitt und Maes (2002) wurden Ostdeutsche unter anderem gefragt, wie sie einen typischen Ostdeutschen und wie sie einen typischen Westdeutschen charakterlich einschätzen. Diese Einschätzungen bezogen sich auf drei Bereiche:

(1) **Sympathie:** hierzu gehörten Adjektive wie freundlich, höflich, nett

(2) **persönliche Integrität:** hierzu gehörten Adjektive wie rücksichtsvoll, selbstlos, liberal

(3) **Kompetenz:** hierzu gehörten Adjektive wie fleißig, geschickt, wendig

Abhängige Variable:

Die Differenz zwischen Selbstbild der Ostdeutschen (Autostereotyp) und Fremdbild der Ostdeutschen von den Westdeutschen (Heterostereotyp) stellte die abhängige Variable dar. Ein hoher Wert bedeutete, die Ostdeutschen bewerteten sich hinsichtlich des jeweiligen Attributbereiches höher, im Sinne von besser (eine Form von Eigengruppenfavorisierung).

Hypothese:

Es wird erwartet, dass Ostdeutsche im Sinne einer Sicherung positiver sozialer Identität jene Aspekte akzentuieren, auf denen sie besser abschneiden als die Westdeutschen.

Ergebnisse:

▶ In Bezug auf Sympathie und Kompetenz gab es keinen großen Unterschied zwischen dem Autostereotyp und dem Heterostereotyp.

▶ In Bezug auf Integrität gaben die Ostdeutschen an, wesentlich besser (d.h. sozial verantwortlicher, fürsorglicher etc.) zu sein als Westdeutsche. In diesem Bereich fand tatsächlich die von Tajfel beschriebene Form der Eigengruppenfavorisierung durch Wechsel der Vergleichsdimension statt. Ostdeutsche halten sich im Vergleich zu Westdeutschen für moralisch wesentlich integrer und für sympathischer.

6.4 Kommentar und Ausblick

Minimale Bedingungen für sozialen Wettbewerb. Eine der zentralen Erkenntnisse der Sozialen Identitätstheorie ist, dass typisch intergruppales Verhalten, d.h. Homogenisierung der Outgroup, Bildung von Stereotypen, Maximierung von Ingroup-Outgroup-Unterschieden, Ingroupfavorisierung, Ethnozentrismus etc. selbst unter minimalen Bedingungen entstehen kann. Menschen favorisieren ihre Ingroup selbst dann, wenn sie gar nicht wissen, auf welcher Basis die Gruppe formiert wurde, wer zu ihr gehört, ob die Gruppe eine Zukunft hat, ob sie jemals von Bedeutung für die persönliche Identität sein wird etc. Die Befunde aus Experimenten zum minimalen Gruppenparadigma lassen sich durchaus auch im Alltag replizieren.

Eigengruppenfavorisierung aufgrund unterschiedlicher Motive. Die Soziale Identitätstheorie hat bis heute eine große Anzahl von Forschungsarbeiten angestoßen, die sich mit den Möglichkeiten zur Bewältigung negativer sozialer Identität auseinander setzen. Unklarheiten im Zusammenhang mit der Theorie haben sich inbesondere hinsichtlich zweier Aspekte ergeben:

(1) Ist das den Intergruppenprozessen zugrunde liegende Motiv tatsächlich eine Erhöhung des positiven Selbstwerts (durch Zugehörigkeit zu einer positiv distinkten sozialen Kategorie)?

(2) Bedeutet Eigengruppenfavorisierung (Ingroup favoritism) gleichzeitig Fremdgruppenabwertung (outgroup derogation)?

Beide Fragen werden inzwischen mit nein beantwortet: Eigengruppenfavorisierung und Fremdgruppenabwertung sind nicht unbedingt auf ein Bedürfnis nach Selbstwerterhöhung oder -erhaltung, sondern auf viele unterschiedliche Motive zurückzuführen (z.B. ein Bedürfnis nach Unsicherheitsreduktion; Hogg & Abrams, 1993). Zum anderen folgt aus den Befunden zur Eigengruppenfavorisierung nicht automatisch, dass die Favorisierung strategisch zur Selbstwerterhöhung vorgenommen wird. Möglicherweise handelt es sich lediglich um einen unwillkürlichen kognitiven Projektionsprozess: Wenn ich „o.k." bin und einer Gruppe X angehöre, wird diese Gruppe wahrscheinlich auch „o.k." sein. – Dies wäre eine Erklärung dafür, dass Eigengruppenfavorisierung und Fremdgruppenabwertung nur sehr schwach miteinander korrelieren (Otten, 2002).

Weiterentwicklung der Theorie. Die Soziale Identitätstheorie hat seit den 1980er Jahren die Theorienbildung im Bereich der Intergruppenforschung stark beeinflusst. Aus ihr sind beispielsweise die Theorie der Selbstkategorisierung (Turner & Oakes, 1989), die Theorie der optimalen Distinktheit (Brewer, 1999) oder das Eigengruppenprojektionsmodell (Mummendey & Wenzel, 1999) hervorgegangen.

Reduktion von Intergruppenkonflikten. Indirekt lässt sich aus der Sozialen Identitätstheorie auch ableiten, wie Intergruppenkonflikte präventiv oder interventiv reduziert werden können (Klink et al., 1998):

▶ **Dekategorisierung:** Ein Individuum wird aus einer stereotypen Outgroupwahrnehmung herausgelöst – die Person wird dekategorisiert, indem man die Individualität eines Outgroupmitglieds in den Vordergrund stellt (und sich damit auf dem Tajfelschen Kontinuum weg von intergruppalem hin zu interpersonalem Verhalten bewegt). Allerdings ändert sich dadurch nicht unbedingt das Outgroupstereotyp: Man wird sagen, die Person sei eben kein typischer Vertreter der Outgroup (subtyping, z.B. „Alle Frauen sind böse, außer Mutti").

▶ **Rekategorisierung:** Indem man aufzeigt, dass es zwischen Ingroup und Outgroup Gemeinsamkeiten gibt, kann man erreichen, dass die Kategorisierung auf einer höheren Ebene stattfindet. Indem man beispielsweise betont, wie gut, richtig und wichtig es ist, dass Polen und Deutschland inzwischen gleichberechtigte Mitglieder der Europäischen Union sind, hemmt man die Kategorisierung auf der nationalen Ebene und stärkt die Kategorisierung auf der kontinentalen Ebene: Auf dieser gehören sowohl Polen als auch Deutsche zur Ingroup.

▶ **Umdeutung von intergruppalen Stereotypen:** Man konfrontiert Mitglieder der Ingroup mit einem Outgroupmitglied, das dem Heterostereotyp widerspricht, und betont dabei, dass es sich um ein typisches Outgroupmitglied handelt. Dadurch wird subtyping unterbunden und eine echte Veränderung des Outgroupstereotyps möglich.

6.5 Zusammenfassung

Die Soziale Identitätstheorie besteht aus vier Kernelementen:
(1) soziale Kategorisierung,
(2) soziale Identität,
(3) sozialer Vergleich und
(4) soziale Distinktheit.

Die Theorie geht von der eher kognitiv orientierten Annahme aus, dass wir stets versuchen, Objekte und Menschen spontan in Kategorien einzuordnen. Sie geht ferner davon aus, dass Menschen ein Bedürfnis nach positiver sozialer Distinktheit in Bezug auf ihre Ingroup haben. Aufgrund dessen kann es zu Intergruppenkonflikten kommen. Diese Sichtweise stellte eine theoretisch interessante Alternative zur bis dahin dominierenden Theorie des realistischen Gruppenkonflikts dar, die den Wettbewerb um knappe Ressourcen für Intergruppenkonflikte verantwortlich macht.

Die Tendenz zur Vergrößerung der Ingroup-Outgroup-Differenz zeigt sich bereits dann, wenn die Gruppeneinteilung aufgrund inhaltlich völlig irrelevanter Kriterien oder sogar zufällig erfolgte (minimales Gruppenparadigma).

Zur Bewältigung negativer sozialer Identität können folgende Strategien gewählt werden:
▶ realistische Strategien wie
  – soziale Mobilität,
  – sozialer Wandel
▶ und kreative Strategien wie
  – Wechsel der Vergleichsgruppe,
  – Wechsel der Vergleichsdimension,
  – Veränderung der Wertigkeit der Vergleichsdimensionen.

6.6 Übungsaufgaben

(1) Worin besteht die kognitive Funktion spontaner Kategorisierungen? Beschreiben Sie das Menschenbild, das einem solchen Modell zugrunde liegt.
(2) Welche Merkmale kennzeichnen nach Tajfel (1978) soziale Situationen, in denen eher interpersonales oder eher intergruppales Verhalten vorherrscht?

(3) Worin liegt der wichtigste Unterschied zwischen der Theorie des realistischen Gruppenkonflikts und der Sozialen Identitätstheorie?

(4) Die Mitglieder einer Ingroup streben nicht jeder verfügbaren Outgroup gegenüber nach positiver Distinktheit. Welche Bedingungen des sozialen Kontexts erhöhen die Wahrscheinlichkeit eines gegenseitigen Strebens nach positiver Distinktheit?

(5) Was ist am minimalen Gruppenparadigma minimal?

(6) Erklären Sie, wieso die Ergebnisse, die auf der Basis der Sozialen Identitätstheorie mit Hilfe des minimalen Gruppenparadigmas gefunden wurden, nicht allein darauf zurückgeführt werden können, dass die Vp bestrebt war, ihren persönlichen Nutzen zu maximieren.

(7) Jürgen wohnt mit seiner Familie in einer Neubausiedlung. Jürgens Eltern sind Arbeiter und haben das Haus mit Hilfe eines Lottogewinns bauen können; in der Siedlung wohnen aber ansonsten nur Akademiker. Auf welche Arten kann Jürgen diese offensichtlich negative soziale Distinktheit seiner Familie für seine soziale Identität bewältigen? Spielen Sie alle Möglichkeiten durch.

Weiterführende Literatur

Die Soziale Identitätstheorie, ihre Bezüge zu benachbarten Theorien sowie ihre Weiterentwicklungen werden kompakt in folgendem Buchbeitrag dargestellt:

Mummendey, A. & Otten, S. (2002). Theorien intergruppalen Verhaltens. In D. Frey & M. Irle (Hrsg.), Theorien der Sozialpsychologie. Band II: Gruppen-, Interaktions- und Lerntheorien (2. Aufl.) (S. 95–119). Bern: Huber.

7 Rollentheorien

Was Sie in diesem Kapitel erwartet

Das Auswählen und Ausfüllen einer Rolle gehört für uns von Kindheit an zum Leben dazu: Man ist der Klassenclown, der Streber, und später ist man Vater, Universitätspräsident oder Krankenhauspatient. All diese sozialen Kategorien implizieren, dass man sich darin so verhält, wie es von einem erwartet wird. Rollen schränken den Handlungsspielraum ein; auf der anderen Seite geben sie uns Orientierung und verringern die Komplexität der Welt. Mit Rollen sind aber auch Konflikte verbunden, etwa wenn man sich in einer Sandwich-Position befindet: Die einen verlangen dies, die anderen verlangen genau das Gegenteil. Bei dem Versuch, Rollenkonflikte zu lösen und Rollenstress zu bewältigen, kann man entweder versuchen, allen gerecht zu werden oder man geht um des eigenen Wohlbefindens willen auf Distanz zur Rolle.

Eine Rolle erfüllen heißt, normative Erwartungen zu befolgen. Manchmal müssen sich Rollen erst entwickeln, beispielsweise wenn Gruppen neu gebildet werden, z.B. Kommissionen, Arbeitsgruppen oder Ausschüsse: Wer erhält die Leitung? Wer ist der Mitläufer? etc. Andere Rollen sind traditionell festgelegt. Das heißt jedoch nicht, dass es immer gut ist, ihnen zu folgen. Was ist zum Beispiel, wenn eine Autorität uns befiehlt, einer anderen Person Schmerzen zuzufügen? Könnte es sein, dass wir selbst dann bedingungslosen Gehorsam leisten, wenn wir genau wissen, dass das, was wir tun, falsch ist?

Der Begriff Rolle kommt aus der Theatersprache und bezeichnete ursprünglich die Schriftrolle, auf der in der Antike Regieanweisungen und Dialoge verzeichnet waren. Er soll zum Ausdruck bringen, dass Menschen sich häufig nicht als einzigartige Individuen begegnen und verhalten, sondern vorgegebene bzw. vorgeschriebene Verhaltensmuster zeigen. Wir haben hier eine Ähnlichkeit mit der Annahme Tajfels, dass soziales Verhalten sehr stereotyp sein kann, wenn die Gruppenzugehörigkeit und nicht das Individuum im Vordergrund steht (vgl. 6 Soziale Identitätstheorie).

Vorgeschrieben ist durchaus in einem normativen Sinn zu verstehen. Eine verbreitete Definition von Rolle lautet: die Gesamtheit aller Verhalten*serwartungen*, die an den Inhaber einer Position herangetragen werden.

7.1 Verschiedene rollentheoretische Perspektiven

Es gibt nicht etwa die eine Rollentheorie, sondern eine Reihe verschiedener rollentheoretischer Perspektiven. Jede dieser Perspektiven fasst den Begriff Rolle theoretisch anders. Drei Perspektiven werden im Folgenden genauer vorgestellt:

▶ die strukturfunktionalistische Perspektive,
▶ die interaktionistische Perspektive und
▶ die Perspektive „Rolle als Skript".

7.1.1 Strukturfunktionalistische Perspektive

Die strukturfunktionalistische Perspektive wird hauptsächlich mit dem amerikanischen Soziologen Talcott Parsons (1951) in Verbindung gebracht. Wesentlich ist die Annahme, dass gesellschaftliche Strukturen und gesellschaftliche Prozesse unabhängig von konkreten Individuen existieren und ablaufen. Das System besteht fort, während die Individuen, die die Positionen ausfüllen, kommen und gehen.

Beispiel

Universität aus strukturfunktionalistischer Perspektive
Eine Universität wird aus der strukturfunktionalistischen Perspektive als ein soziales System betrachtet, das auch dann fortbestehen könnte, wenn ihre Mitglieder einmal komplett ausgewechselt würden. Dies ist deshalb der Fall, weil die Positionen innerhalb dieses Systems überindividuell bekannt und formal geregelt sind: Professoren und Professorinnen sollen Forschung betreiben und Vorlesungen halten, Studierende unterwerfen sich einer Studienordnung, die regelt, wie sie zu ihrem Abschluss kommen etc.

Role-taking. Das Verhalten aller Mitglieder eines Systems ist stark durch ein vorgegebenes Maß an Regeln – allgemeiner: Erwartungen – determiniert. Die einzelnen Individuen sind für das Funktionieren des Systems irrelevant. Jedes System besteht aus einem Satz vorgegebener Positionen, die in geregelten Beziehungen zueinander stehen. Im System erfüllt jede Rolle eine bestimmte Funktion, die für die Gesellschaft unentbehrlich ist. Man spricht im strukturfunktionalistischen Ansatz von role-taking. Häufig sind diese Rollen komplementär, etwa Vorgesetzter und Untergebener, Lehrer und Schüler, Arzt und Patient, Verkäufer und Käufer usw. Es gibt auch drei- und mehrstellige Rollenkonfigurationen, sog. Rollentriaden, etwa Ankläger, Verteidiger, Richter oder Vater, Mutter, Kind.

Kritik. Diese Perspektive ist reduktionistisch, weil sie die individuelle Ausgestaltung einer Rolle, die Kontrolle über das eigene Handeln und die zwischenmenschlichen Interaktionen abseits der bloßen Rolle vernachlässigt. Dennoch ist verblüffend, wie viele alltägliche Beobachtungen und Phänomene mit der Haupthypothese übereinstimmen: Viele gesellschaftliche Institutionen funktionieren nur dann, wenn Individuen den Erwartungen an ihre jeweilige Rolle so gut wie möglich entsprechen.

7.1.2 Interaktionistische Perspektive

Role-making. Aus der interaktionistischen Perspektive ist eine Rolle *nicht* an eine gesellschaftliche Position gebunden. Rolle im strukturfunktionalistischen Sinne wird als Hülse, d.h. als festgelegte Struktur mit einer eindeutigen gesellschaftlichen Verortung verstanden; das Rollenkonzept aus interaktionistischer Perspektive ist „weicher". Rollen entstehen überhaupt erst aus der Interaktion zweier oder mehrerer Individuen. Sie ergeben sich aus der Notwendigkeit, Verhalten gegenseitig abzustimmen und müssen ausgehandelt und gestaltet werden. Man spricht deshalb auch von role-making. Beispiel für role-making ist etwa die Arbeitsteilung in einem Team, die nicht von Anfang an feststeht, sondern sich im Laufe der Zeit ergibt.

Solche ausgehandelten Rollen haben zunächst keinen normativen Gehalt. Je länger aber eine Beziehung oder Gruppe besteht, desto mehr werden die Verhaltensgewohnheiten zu Verhaltenserwartungen, desto stärker wird also der normative Gehalt einer Rolle. Man denke z.B. an die Rollenverteilung in einer langjährigen Partnerschaft, in der ein Partner für Reparaturarbeiten, der andere für die Kontakt- und Beziehungspflege zuständig ist. Fällt einer der Partner einmal „aus der Rolle", reagiert der andere Partner zumindest verwundert, wenn nicht sogar verärgert.

7.1.3 Perspektive „Rolle als Skript"

Prototypisches Verhalten. Die Rolle als Skript aufzufassen, betont die heuristische Funktion von Rollen im individuellen Sozialverhalten. Rollenverhalten wird aus dieser Perspektive als prototypisches Verhalten in prototypischen sozialen Situationen verstanden, z.B. das Verhalten von Verkäufer und Käufer in einem Geschäft.

Rollen als Skripte erleichtern die Orientierung für eigenes Handeln in sozialen Interaktionen: Die Komplexität einer sozialen Situation wird reduziert, und soziale Interaktion kann effektiver gestaltet werden. Denn es gehört von vornherein zum geteilten Wissen aller Beteiligten, welche der unendlich vielen möglichen Verhaltensalternativen akzeptabel und zielführend oder inakzeptabel und irrelevant sind: Wer beispielsweise in den USA ein Restaurant besucht, weiß oder sollte wissen, dass man dort seinen Tisch zugewiesen bekommt und dass es nicht angemessen wäre, sich nach Betreten des Restaurants an einen beliebigen Tisch zu setzen.

Effizienzsteigerung. Soziale Interaktionen können durch das Wissen um Rollen schneller und unkomplizierter abgewickelt werden. Die Wahrscheinlichkeit von Missverständnissen ist verringert. Es wäre beispielsweise extrem zeitraubend, wenn in einer Arzt-Patient-Situation zunächst ausgehandelt werden müsste, wer in welchem Bereich die größeren Kompetenzen hat. Verhaltensmuster müssen nicht immer wieder neu und mühsam durch Versuch und Irrtum gelernt werden, sondern liegen als tradierte „Produkte" vor. Da es sich beim Rollenwissen um geteiltes Wissen handelt, das im Zuge der Sozialisation vermittelt wird, haben Menschen von vielen Rollen ein rudimentäres Verständnis und können relativ schnell in eine bestimmte Rolle hineinwachsen.

Bezug zur sozialen Identitätstheorie. Oft sind soziale Kategorien mit Rollenerwartungen und rollenspezifischen Stereotypen (Typisch Mann!, Typisch deutsch!) verknüpft. Diese rollenspezifischen Stereotypen sind genau wie Rollenerwartungen geteiltes Wissen über vermutete Verhaltensdispositionen von Rolleninhabern. Unterschiede zwischen Inhabern der gleichen Rolle werden dabei nivelliert (intragruppale Homogenisierung), Unterschiede zwischen Inhabern verschiedener Rollen werden akzentuiert (vgl. die Annahmen von Tajfel; 6.1.1 Soziale Kategorisierung).

7.2 Rollentheoretische Konzepte

7.2.1 Rollendruck und Rollenstress

Rollendruck ist eine objektive, Rollenstress eine subjektive Größe. Rollenstress entsteht, wenn es für den Akteur (den Rollenträger) bei der Realisierung der an ihn gestellten Rollenerwartungen zu Schwierigkeiten kommt. Diese Schwierigkeiten können sein:

► Der Rollenträger ist sich über die Rollenerwartungen unklar, insbesondere, wenn er einen neue Rolle einnimmt. Beispiel: Ein junger Mann weiß nicht, wie er sich gegenüber seiner ersten Freundin verhalten soll.

► Der Rollenträger ist durch die mit der Rolle verbundenen Aufgaben und Pflichten überlastet (role overload). Beispiel: Eine sehr junge Frau wird Mutter und hat keine eigenen Rollenmodelle (role models).

► Der Rollenträger ist mit widersprüchlichen Rollenerwartungen konfrontiert; diese Widersprüche haben konflikthaften Charakter (s. 7.2.3 Rollenkonflikte). Beispiel: Die Eltern erwarten, dass man sein Studium schnell zu Ende bringt, der zukünftige Arbeitgeber bevorzugt jedoch Bewerber, die während ihres Studiums viele Praktika absolviert haben.

► Durch eine Positionsveränderung kommt es unweigerlich zu einer Rollenveränderung. Beispiel: Durch den Auszug des ältesten Kindes muss nun das zweitälteste Kind mehr Verantwortung für seine jüngeren Geschwister übernehmen.

► Es gibt ein Ungleichgewicht zwischen Rollenrechten und Rollenpflichten. Beispiel: Ein neuer Chefarzt muss in einer Klinik (vorläufig) alle Nacht- und Bereitschaftsdienste übernehmen.

► Der Rollenträger antizipiert bei der Übernahme der Rolle Kompetenz- oder Effizienzmängel. Beispiel: Eine frisch diplomierte Psychologin wird von einer Institution für frühkindliche Förderung als Leiterin der diagnostischen Abteilung eingestellt.

7.2.2 Rollendistanz und Rolleninvolviertheit

Rollendistanz und Rolleninvolviertheit sind zwei Pole einer Dimension. Rollendistanz bedeutet, dass die Person die Rolle zwar ausfüllen, sich aber auch aus ihr lösen und eine distanzierte Haltung zu ihr einnehmen kann. Beispiel: Ein Polizist macht seine Arbeit gut und gewissenhaft, nach Feierabend schlüpft er aber aus der Rolle und weigert sich ab diesem Zeitpunkt, Regelverstöße zu melden oder zu verfolgen („Dienst ist Dienst und Schnaps ist Schnaps").
Rolleninvolviertheit bedeutet, dass die Person sich mit der Rolle sehr stark identifiziert und von ihr gefangen nehmen lässt. Beispiel: Ein Psychotherapeut betrachtet auch seine Freunde und Angehörigen ständig mit einem diagnostischen Blick und erteilt ungefragt psychologische Ratschläge.

7.2.3 Rollenkonflikte

Ein drittes wichtiges und für das Verständnis von Sozialverhalten ergiebiges Konzept, das wir der Rollentheorie verdanken, ist das Konzept des Rollenkonflikts. Es werden verschiedene Formen von Rollenkonflikten unterschieden, je nachdem, wo der Auslöser eines Rollenkonflikts zu suchen ist. Zunächst kann man zwischen interpersonalen und intrapersonalen Rollenkonflikten unterscheiden.

Interpersonale Rollenkonflikte

Interpersonale Rollenkonflikte ergeben sich daraus, dass zwei Rollenträger aufeinander treffen, deren jeweilige Rollenerwartungen miteinander in Konflikt stehen, z.B. Arbeitgeber und Arbeitnehmer im Tarifstreit.

Intrapersonale Rollenkonflikte

Interpersonale Rollenkonflikte ergeben sich erst in einer sozialen Situation, dagegen finden intrapersonale Rollenkonflikte im Individuum selbst statt. Folgende Formen intrapersonaler Rollenkonflikte werden im Allgemeinen unterschieden:

(1) Interrollenkonflikte,
(2) Intrarollenkonflikte und
(3) Rolle-Selbst-Konflikte.

Abbildung 7.1. Arten intrapersonaler Rollenkonflikte.
Bei intrapersonalen Rollenkonflikten kann es Konflikte zwischen verschiedenen Rollen, Konflikte innerhalb einer Rolle und Konflikte zwischen der Rolle und dem Selbstkonzept geben. Intrarollenkonflikte werden zusätzlich danach unterschieden, ob unterschiedliche Personen konfligierende Erwartungen formulieren oder ob eine einzige Person widersprüchliche Erwartungen an den Rolleninhaber stellt

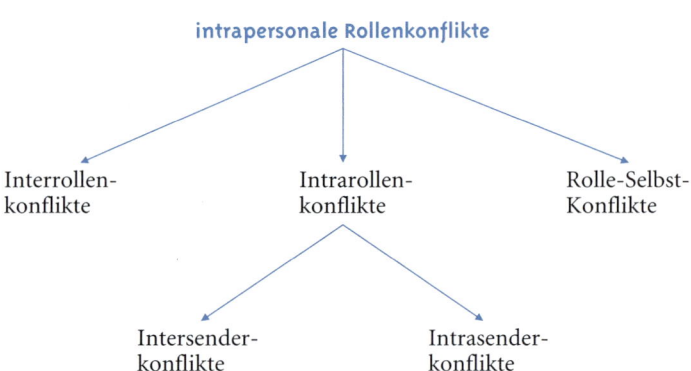

(1) **Interrollenkonflikte.** Sie treten auf, wenn eine Person gleichzeitig zwei oder mehr Rollen „spielt" und die Verhaltenserwartungen der einen Rolle nicht mit denen der anderen vereinbar sind oder sich sogar widersprechen, z.B. als Mutter den Kindern viel Zeit zu widmen und gleichzeitig Karriere machen zu wollen.

(2) **Intrarollenkonflikte.** Man unterscheidet zwei Formen intrapersonaler Intrarollenkonflikte, nämlich Intersender- und Intrasenderkonflikte. Sender sind jene Personen, die Verhaltenserwartungen an den Rollenträger richten.
▶ **Intersenderkonflikt:** Sender richten unvereinbare oder widersprüchliche Verhaltenserwartungen an den Rollenträger. Beispiel: Ein Lehrer, der mit verschiedenen widersprüchlichen Rollenerwartungen von mehreren Seiten konfrontiert ist. Etwa wenn die Eltern fordern, dass er bei der Aufsicht auf dem Pausenhof hart durchgreift, sobald es zu Schlägereien kommt, während die Schulordnung ein solch hartes Durchgreifen verbietet.

▶ **Intrasenderkonflikt:** Die unvereinbaren oder widersprüchlichen Rollenerwartungen gehen von ein und demselben Sender aus. Beispiel: Eine Frau erwartet von ihrem Freund, dass er „männlich" ist, aber „Machos" kann sie nicht ausstehen.

(3) Rolle-Selbst-Konflikte. Von Rolle-Selbst-Konflikten spricht man, wenn die Rollenanforderungen mit den eigenen Normen und Wertvorstellungen unvereinbar sind oder ihnen widersprechen. Beispiel: Ein Polizist muss dem Castor-Transport zur freien Fahrt verhelfen, obwohl er selbst Atomkraftgegner ist.

7.3 Spezifische Rollentheorien

7.3.1 Theorie von Gross et al. (1958)

Die Theorie befasst sich mit Möglichkeiten der Bewältigung intrapersonaler Rollenkonflikte. Ausgangspunkt ist eine Person, die mit zwei widersprüchlichen Rollenerwartungen konfrontiert ist. Beispiel: Der Student, dessen Eltern von ihm erwarten, dass er sein Studium bald zu Ende bringt (Erwartung A). Andererseits hört er von älteren Kommilitonen immer wieder, dass man das Studium unbedingt nutzen soll, um möglichst viele unterschiedliche Fachrichtungen kennen zu lernen und viele Praktika zu machen (Erwartung B). Grundsätzlich hat der Student vier denkbare Verhaltensoptionen:

(1) Er schließt sein Studium schnell ab, verzichtet dafür aber auf weitere mögliche Praktika und fachspezifische Spezialisierungen.

(2) Er absolviert weitere Praktika und nutzt sein Studium für seine fachliche Weiterbildung, nimmt dafür allerdings eine längere Studienzeit in Kauf.

(3) Er versucht einen Kompromiss zwischen A und B, d.h. er organisiert sein Studium so, dass er eine möglichst große Anzahl von Veranstaltungen in wenigen Semestern besuchen und alle Praktika in den Semesterferien absolvieren kann.

(4) Er achtet bei seiner Studienplanung und -durchführung weder auf Kürze und Effizienz noch auf eine optimale Ausnutzung seiner Bildungs- und Praktikumsmöglichkeiten.

Die Entscheidung des Studenten hängt nach Gross et al. (1958) davon ab,

▶ ob die beiden Erwartungen als legitim wahrgenommen werden und ob ihre Nicht-Erfüllung sanktioniert wird und

▶ ob es sich bei dem Studenten um eine wertorientierte oder eine zweckorientierte Person handelt.

Legitimität. Rollenerwartungen können entweder legitim, d.h. berechtigt und nachvollziehbar oder illegitim, d.h. unberechtigt, nicht nachvollziehbar, willkürlich sein. In unserem Beispiel sind beide Erwartungen wahrscheinlich legitim: Die Eltern können sich die Finanzierung des Studiums ihres Sohnes nur begrenzt leisten; der Arbeitsmarkt ist andererseits auf gut ausgebildete und praxiserfahrene Kräfte angewiesen.

Sanktionierung. Kommt eine Person einer an sie gestellten Rollenerwartung nicht oder nur unzureichend nach, drohen möglicherweise Konsequenzen: Die Eltern könnten bei Überschreiten des 13. Fachsemesters beispielsweise den Geldhahn abdrehen, auf der anderen Seite steigt bei Nichtbefolgung der Erwartung B die Wahrscheinlichkeit, dass der Student nicht auf Anhieb eine Stelle findet.

Wert-Zweck-Orientierung. Legitimität und Sanktionierung sind erwartungsspezifische Faktoren, die Wert-Zweck-Orientierung ist hingegen ein personspezifischer Faktor. Unter einer eher wertorientierten Person verstehen Gross et al. (1958) jemanden, dem es wichtig ist, sich nach bestimmten verinnerlichten Normen, Prinzipien und Wertvorstellungen zu verhalten. Eher zweckorientiert ist dagegen jemand, der sich mehr von externen Anreizen beeinflussen lässt. Zusätzlich nehmen Gross et al. (1958) einen Mischtyp an, bei dem Zweck- und Wertorientierung in gleicher Weise ausgeprägt sind.

Die Wert-Zweck-Orientierung einer Person hängt mit den Faktoren Legitimität und Sanktionierung einer Erwartung insofern zusammen, als eine eher wertorientierte Person stärker für den Aspekt der Legitimität, eine eher zweckorientierte Person eher für möglicherweise drohende Sanktionen sensibel ist. Zu beachten ist, dass jede Rollenerwartung jeweils legitim oder illegitim sein kann bzw. bei Nichtbefolgung entweder sanktioniert werden kann oder nicht.

Einige der Vorhersagen, die aus der Theorie von Gross et al. folgen, lauten:

▶ Sind beide Erwartungen legitim und wird die Nichtbefolgung beider Erwartungen sanktioniert, so strebt die Person einen Kompromiss aus A und B an (in unserem Studentenbeispiel die Option 3),

▶ Sind beide Erwartungen illegitim und wird die Nichtbefolgung beider Erwartungen sanktioniert, so wird eine wertorientierte Person keiner Erwartung Folge leisten (Option 4), eine zweckorientierte Person hingegen versuchen, einen Kompromiss zu schließen (Option 3).

▶ Sind beide Erwartungen legitim und droht nur bei der Nichtbefolgung einer von beiden eine Sanktion, so wird eine wertorientierte Person ein Kompromissverhalten zeigen (Option 3), eine zweckorientierte Person hingegen jene Erwartung erfüllen, die bei Nichtbefolgung sanktioniert wird (also Option 1 oder 2).

▶ Sind beide Erwartungen illegitim und droht nur bei der Nichtbefolgung einer von beiden eine Sanktion, so wird eine wertorientierte Person keine der Erwartungen erfüllen wollen (Option 4), eine zweckorientierte Person hingegen wiederum jene Erwartung, die bei Nichtbefolgung sanktioniert wird (also Option 1 oder 2).

Empirische Überprüfung der Theorie. Die Theorie wurde von Gross et al. (1958) an Schulräten überprüft, die verschiedenen Erwartungen (von Lehrern, Eltern, Kultusbürokratie) ausgesetzt sind, wobei nur die hypothetischen Entscheidungen erhoben wurden, nicht tatsächliches Verhalten. Es zeigte sich, dass 91 Prozent der hypothetischen Verhaltensentscheidungen modellkonform waren.

7.3.2 Theorie der Rollenbilanz

Eine zweite Theorie, die man ebenfalls auf die Lösung von Rollenkonflikten anwenden kann, ist die Theorie der Rollenbilanz (Fetchenhauer, 1994; Wiswede, 1991). Formuliert wurde diese Theorie allerdings eher für das Problem der Rollenwahl, also für die Frage, ob eine Person sich für oder gegen eine Rolle, d.h. für oder gegen die Elternrolle, für oder gegen ein öffentliches Amt, für einen bestimmten Beruf usw. entscheidet.

Die Theorie verbindet Elemente der Rollentheorie mit der sogenannten Rational-Choice-Theorie. An diese theoretische Perspektive sind zwei fundamentale Annahmen geknüpft:

(1) Menschen streben danach, positive Zustände herzustellen und negative Zustände zu vermeiden (hedonistisches Menschenbild, vgl. 4 Austausch- und Ressourcentheorien).

(2) Menschen gehen bei der Sichtung möglicher Verhaltensalternativen und bei der Entscheidung für eine dieser Alternativen rational vor, d.h. sie verrechnen bestimmte Faktoren, die mit den jeweiligen Optionen verbunden sind.

Faktoren für die Wahrscheinlichkeit einer Rollenübernahme

Kosten-Nutzen-Bilanz. In Anlehnung an ökonomische bzw. austauschtheoretische Perspektiven nehmen Wiswede (1991) und Fetchenhauer (1994) an, dass die Übernahme einer Rolle mit bestimmten Kosten- und Nutzenaspekten verbunden ist:

▶ **Materielle oder soziale Kosten und Erträge:** z.B. Verdienstmöglichkeiten in einem bestimmten Beruf, Einbußen bei der Freiheit der Lebensgestaltung bei werdenden Eltern oder Konflikte, die mit der Rolle eines Unterhändlers verknüpft sind.

▶ **Opportunitätskosten oder -erträge:** Durch die Übernahme einer Rolle A verzichtet man auf zwar auf die Vorteile einer Rolle B (Opportunitätskosten), meidet aber gleichzeitig auch deren Nachteile (Opportunitätserträge).

▶ **Extrinsischer oder intrinsischer Aspekt:** z.B. Lohn, Status (extrinsisch) oder Spaß am Beruf, Selbstverwirklichung (intrinsisch).

Wiswede (1991) und Fetchenhauer (1994) nennen folgende Kosten- und Nutzenaspekte, die spezifisch für die Übernahme einer Rolle zu sein scheinen:

▶ **Gestaltbarkeit der Rolle (positiv):** Je freier man in der Gestaltung einer Rolle ist, desto größer auch die Kontrolle, die man über die zu erwartenden Kosten- und Nutzenaspekte innerhalb dieser Rolle hat.

▶ **Ambiguität (negativ):** Je unklarer man sich über die Kosten- und Nutzenaspekte einer Rolle ist, desto weniger Kontrolle hat man über sie.

▶ **Konfliktbeladenheit (negativ):** Eine hohe Wahrscheinlichkeit zu erwartender interpersonaler Konflikte dürfte den zukünftigen Rollenträger prinzipiell eher abschrecken. Andererseits scheint es manchmal, als ob die Konfliktbeladenheit einer Rolle genau das ist, was bestimmte Menschen an ihr reizt – wie könnte man sich ansonsten erklären, dass jemand freiwillig Rechtsanwalt oder Bundeskanzler wird?

▶ **Kompatibilität zum bisherigen Rollenhaushalt (positiv):** Eine hohe Wahrscheinlichkeit, dass es nicht zu intrapersonalen Interrollenkonflikten kommt, spricht für die Übernahme der Rolle.

▶ **Identifizierbarkeit mit einer Rolle (positiv):** Eine hohe Wahrscheinlichkeit dafür, dass es nicht zu intrapersonalen Rolle-Selbst-Konflikten kommt, da die Rolle zum Selbstkonzept passt, spricht für die Übernahme der Rolle.

Normativer Druck. Neben der Kosten-Nutzen-Bilanz ist der soziale oder normative Druck, der mit bestimmten Rollenerwartungen verbunden ist, entscheidend. So können potentiell einflussreiche Personen dem Rollenträger mit Sanktionen drohen, wenn er Erwartungen nicht erfüllen will (vgl. 7.3.1 Theorie von Gross et al.). Beispiel: Die Eltern eines Abiturienten möchten unbedingt, dass ihr Sohn ein Jurastudium aufnimmt und sind nur dann bereit, ihm sein Studium zu bezahlen, wenn er sich für Jura einschreibt. Andernfalls muss er selbst sehen, wie er klarkommt. Sozialer Druck kann dazu führen, dass die betroffene Person in einen Entscheidungskonflikt gerät, nämlich dann, wenn die mit sozialem Druck verbundene Erwartung im Widerspruch zu persönlichen Normen oder anderen parallelen Verhaltenserwartungen steht. Die Person muss in diesem Fall entscheiden, ob sie dem sozialen Druck nachgibt oder nicht. Diese Entscheidung hängt von vier Faktoren ab, von denen wir einige bereits aus der Theorie von Gross et al. (1958) kennen:

(1) Legitimität der Erwartungen (aus der Perspektive des Betroffenen),
(2) gegebenenfalls drohende Sanktionen,
(3) Konformitätsneigung des Betroffenen (vgl. den Aspekt der Wert-Zweck-Orientierung bei Gross et al., 1958) sowie
(4) soziale Beziehung zwischen den Beteiligten: Je näher sie sich stehen, desto massiver könnte der Druck gegebenenfalls sein.

Rollenkompetenz. Je größer die wahrgenommene eigene Rollenkompetenz, d.h. die Fähigkeit, die zur Debatte stehende Rolle auszuüben, desto wahrscheinlicher ist die Rollenübernahme. Die erwartete Rollenkompetenz hängt am stärksten von bisherigen Erfahrungen mit dieser oder ähnlichen Rollen ab, wobei die Ähnlichkeit moderierend wirkt. Mit anderen Worten: Wenn man Kompetenzen aus einer alten Rolle auf eine neue übertragen kann, erhöht das die Kompetenzerwartung für die neue Rolle.

Verknüpfung der Faktoren

Die drei Faktoren Kosten-Nutzen-Bilanz, normativer Druck und Rollenkompetenz, die für eine Rollenübernahme relevant sein können, sind miteinander verbunden.

Erträge und Kosten sind mit dem normativen Druck additiv, mit der Rollenkompetenz hingegen multiplikativ verknüpft. Das bedeutet: Kosten-Nutzen-Bilanz und normativer Druck können kompensatorisch wirken.

Beispiel

Neutralisierung der Kosten-Nutzen-Bilanz durch sozialen Druck

Ein Therapeut findet es extrem attraktiv, sein Leben in einem 300-Seelen-Ort in der Eifel zu verbringen; wenn aber der soziale Druck zu hoch wird, z.B. weil seine Partnerin damit droht, ihn zu verlassen, wird er unter Umständen nicht mehr so begeistert sein: Der soziale Druck, der gegen eine Rollenentscheidung spricht, kann eine persönliche (positive) Kosten-Nutzen-Bilanz neutralisieren.

Abbildung 7.2. Die Theorie der Rollenbilanz nach Wiswede (1991) und Fetchenhauer (1994). Ob eine Person sich dazu entscheidet, eine Rolle zu übernehmen, hängt von dem erwarteten Nutzen sowie eventuellen Erwartungen und Sanktionsdrohungen der sozialen Umwelt ab. Diese Erwartungen werden gewichtet mit der subjektiven Kompetenz, die Rolle auch erwartungsgemäß ausführen zu können

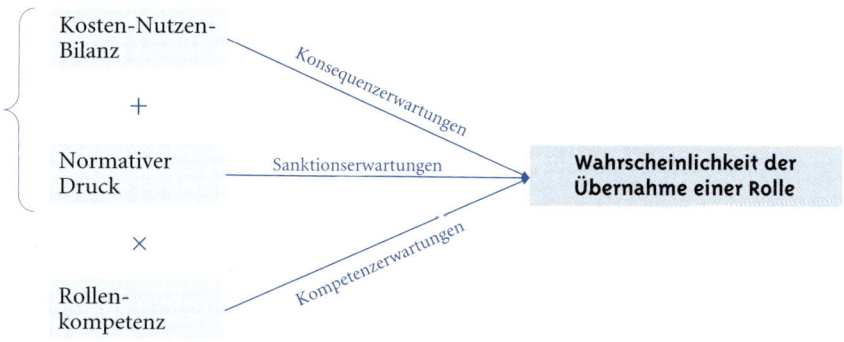

7.4 Wechselwirkung zwischen Rolle und Selbst

Einige Ansätze beschäftigen sich mit möglichen Zusammenhängen und Interferenzen zwischen Rolle und Selbst. Solche Zusammenhänge werden aus der Sicht der strukturfunktionalistischen

Perspektive (vgl. 7.1.1) völlig negiert. Aber insbesondere die Ausführungen zu Rollenkonflikten haben deutlich gemacht, dass Rolle und Selbst in einer wichtigen Beziehung zueinander stehen können und bisweilen miteinander verstrickt sind. Im Folgenden sollen einige dieser Beziehungen systematisch betrachtet werden.

Rollenkonfundierung. Die Gefahr von Rollenkonfundierungen ist mit dem Phänomen der wechselseitigen Beeinflussung von Rolle und Selbst (vgl. 7.2.2. Rollendistanz und Rolleninvolviertheit) verwandt: Bei bestimmten Berufsrollen kann eine solche Konfundierung problematisch und heikel werden. Gerade in Berufen, in denen man anderen Menschen gegenüber eine klar definierte Verantwortlichkeit hat, ist es wichtig, dass es nicht zu Rollenkonfundierungen kommt. Es ist unbedingt davon abzuraten, als Psychotherapeut einem Freund oder einem Familienmitglied professionelle Hilfe anzubieten: Es ist kaum zu vermeiden, dass sich die beiden Rollen zu stark miteinander vermischen.

Gegenseitige Beeinflussung von Rolle und Selbst. Eine zweite Form der Rolle-Selbst-Interaktion besteht in möglichen Wirkungen der Rolle auf das Selbst bzw. des Selbst auf die Rolle. Im einfachsten Fall ist die Übernahme einer Rolle vom Selbstkonzept abhängig: Bestimmte Rollen sucht man sich aktiv entsprechend seinen jeweiligen Neigungen aus. Auch die Art, wie eine Rolle ausgefüllt wird, ist zum großen Teil Funktion der Persönlichkeit des Rollenträgers. Es gibt aber auch Rollen, in die man ohne eigenes Zutun immer wieder hineingedrängt wird, obwohl man sie gar nicht innehaben möchte. Beispielsweise wird seit einiger Zeit lebhaft diskutiert, ob es so etwas wie eine „Opferpersönlichkeit" gibt: Für Personen, die in der Vergangenheit schon einmal Opfer waren (z.B. in der Schule), ist die Wahrscheinlichkeit höher, dass sie auch zukünftig und in anderen Kontexten (z.B. im Job) solche Erfahrungen machen (Randall, 1997). Eine Erklärung für diese Rollenstabilität gründet auf der Annahme, dass die Rolle auch das Selbstkonzept beeinflusst.

„Opferpersönlichkeit"

Ein Schüler, der durch das Verhalten seiner Mitschüler immer wieder gezeigt bekommt, dass er schwach ist, wird diese Persönlichkeitseigenschaft auf kurz oder lang auch in sein Selbstkonzept übernehmen. Hält sich ein Schüler selbst für schwach, wird er sich mit einiger Wahrscheinlichkeit auch diesem Selbstkonzept gemäß verhalten, auch wenn er in eine neue Situation, z.B. eine neue Klasse kommt. Sich-selbst-erfüllende Prophezeiungen (self-fulfilling prophecies) spielen hier eine entscheidende Rolle. Solche Prozesse der Selbst-Rolle-Interaktion können sich sehr leicht und erstaunlich schnell verfestigen und verhärten.

Selbstüberwachungstendenz. Menschen unterscheiden sich dahingehend, wie gut sie in der Lage sind und wie sehr sie dazu neigen, sich selbst zu beobachten und zu überwachen. Snyder (1974) bezeichnet diese Persönlichkeitseigenschaft als self-monitoring oder dispositionelle Selbstüberwachungstendenz. Diese Eigenschaft kann man als Kompetenz auffassen: Selbstüberwacher haben die Fähigkeit, sich aus der Perspektive eines fiktiven Dritten zu betrachten und die Angemessenheit ihres Verhaltens in einer bestimmten Situation meist gut einzuschätzen. Je stärker die Selbstüberwachungstendenz, desto eher ist das Verhalten situationsangepasst und rollenkonform. Die andere Seite der Medaille wird offensichtlich: Bei Selbstüberwachern ist es wesentlich schwieriger, von ihrem Verhalten auf ihre Persönlichkeit zu schließen. Man weiß oft nicht, ob ein bestimmtes Verhalten echt ist oder lediglich geschauspielert. Kein Wunder also, dass Personen mit starker Selbstüberwachungstendenz auch gute Theaterspieler sind.

7.5 Rollenspiel als Intervention

Auch in der Praxis psychologischer Intervention gibt es rollentheoretische Anleihen, vor allem bei der Methode des Rollenspiels, die zum Standardrepertoire von Transaktionsanalyse, Gestalttherapie, Konfliktmediation, Psychodrama, systemischer Familientherapie, Logotherapie, Trainings von Führungskräften etc. gehört.

Dadurch, dass vorübergehend die Rolle einer anderen Person (z.B. eines Konfliktgegners) eingenommen wird, soll Distanz zur eigenen Perspektive und Verständnis für die Perspektive des anderen erreicht werden. Das Ziel solcher Rollenspiele besteht darin, die Relativität der eigenen Perspektive sowie der eigenen Meinungen, Einstellungen und Verhaltensweisen aufzuzeigen und erfahrbar zu machen. Die Veränderung individueller Einstellungen ist oft ein distales Ziel solcher Interventionstechniken.

7.6 Kommentar und Ausblick

Obwohl die Rollentheorien bis heute dem soziologischen Denken tendenziell näher stehen als dem psychologischen, haben sie auf viele Bereiche der Psychologie entscheidenden Einfluss gehabt. Sie lassen sich mit einer Reihe von psychologischen Theorien gut in Verbindung bringen, beispielsweise

- ▶ mit der Sozialen Identitätstheorie: Rollenverhalten wird offenbar, wenn es schematisch und stereotyp abläuft, d.h. am intergruppalen Pol des Tajfelschen Kontinuums (vgl. 6.1.2 Soziale Identität) angesiedelt ist;
- ▶ mit kommunikationspsychologischen Theorien, beispielsweise in Verbindung mit der Frage, wie Rollenkonflikte durch Metakommunikation ausgedrückt und dadurch im Idealfall gelöst werden können;
- ▶ mit Handlungstheorien, beispielsweise durch das handlungstheoretische Konzept der subjektiven Norm, das wir im Zusammenhang mit der Theorie des überlegten Handelns (Fishbein & Ajzen, 1975) kennen lernen werden (s. 8.3.2).

Die Tatsache, dass rollentheoretische Konzepte so kompatibel mit anderen, größeren psychologischen Theorien sind, hat denn auch dazu geführt, dass Rollentheorien kein eigenständiges Forschungsgebiet der Sozialpsychologie mehr darstellen. So scheint es nicht notwendig zu sein, „Rollenstress" als eine distinkte, spezifische Form von Stress zu betrachten. Und auch die Rollentheorien von Gross et al. (1958) oder Wiswede und Fetchenhauer (1997) nehmen explizite Anleihen an anderen (nicht nur psychologischen) Theorien. Dennoch gehört ein Verständnis des Rollenkonzepts zum Standardwissen in der Sozialpsychologie.

7.7 Zusammenfassung

In diesem Kapitel wurden zunächst drei unterschiedliche rollentheoretische Perspektiven besprochen:

(1) die strukturfunktionalistische Perspektive (Stichwort role-taking),

(2) die interaktionistische Perspektive (Stichwort role-making) und

(3) die Perspektive „Rolle als Skript".

Rollentheoretisch bedeutsame Konzepte sind:

▶ Rollendruck und Rollenstress,

▶ Rollendistanz und Rolleninvolviertheit sowie

▶ Rollenkonflikte.

Rollenkonflikte lassen sich einteilen in interpersonale und intrapersonale Rollenkonflikte. Die intrapersonalen Rollenkonflikte lassen sich darüber hinaus einteilen in

▶ Interrollenkonflikte (Konflikte zwischen verschiedenen Rollen),

▶ Intrarollenkonflikte (Konflikte innerhalb einer Rolle, z.B. durch widersprüchliche Erwartungen unterschiedlicher Sender oder eines einzigen Senders) und

▶ Rolle-Selbst-Konflikte.

Zu den spezifischen Rollentheorien, die im vorliegenden Kapitel exemplarisch behandelt wurden, gehören:

▶ die Theorie von Gross et al. (1958), die die Parameter spezifiziert, von denen die Entscheidung einer Person in einem konkreten Rollenkonflikt abhängt, und

▶ die Theorie der Rollenbilanz (Wiswede & Fetchenhauer, 1997), die die Parameter spezifiziert, von denen die Wahrscheinlichkeit abhängt, dass eine Person eine bestimmte Rolle tatsächlich übernimmt.

Zwischen Rolle und Selbst bestehen vielfältige Wechselwirkungen: Rollen können – in Abhängigkeit von Selbstkonzeptinhalten – aktiv aufgesucht werden, umgekehrt können Rollen auch die Selbstwahrnehmung stark beeinflussen.

7.8 Übungsaufgaben

(1) Skizzieren Sie, wo sich rollentheoretische Konzepte und Hypothesen in die Soziale Identitätstheorie (vgl. Kapitel 6) überführen lassen.

(2) Wie würden Sie das Menschenbild beschreiben, das der strukturfunktionalistischen Perspektive zugrunde liegt?

(3) Zeigen Sie an einem anschaulichen Beispiel, dass Rollenkonflikte nicht automatisch Rollenstress bedeuten müssen.

(4) Worin besteht der Unterschied zwischen einem intrapersonalen Intrarollen-Intersender-Konflikt und einem intrapersonalen Rolle-Selbst-Konflikt? Geben Sie jeweils ein anschauliches Beispiel.

(5) Sie stehen am Ende Ihres Studiums und sind gezwungen, sich zwischen zwei Möglichkeiten zu entscheiden: Ein Professor hat Ihnen eine Promotionsstelle in Ihrem Fach angeboten; damit würden Sie eine wissenschaftliche Laufbahn einschlagen. Andererseits waren Sie schon immer am klinisch-therapeutischen Arbeiten interessiert und spielen mit dem Gedanken, eine Therapeutenausbildung zu beginnen. Welche Faktoren entscheiden nach Gross et al. (1958) über die Lösung dieses Entscheidungskonflikts? Nennen Sie für jeden dieser Faktoren ein konkretes Beispiel bezogen auf den oben genannten Konflikt.

Weiterführende Literatur

Interessanterweise widmen nur wenige sozialpsychologische Lehrbücher den Rollentheorien ein eigenes Kapitel – eines dieser Ausnahmen ist das Lehrbuch von Fischer und Wiswede:

Fischer, L. & Wiswede, G. (2002). Grundlagen der Sozialpsychologie (2. Aufl.). München: Oldenbourg. (Kapitel 15; S. 455–485)

8 Handlungstheorien

Handlung bedeutet, dass man durch aktives Einwirken auf ein Ziel hinarbeitet, dass man Mittel und Wege kennt, dieses Ziel zu erreichen, und dass man prinzipiell die Freiheit gehabt hätte, sich anders zu entscheiden. Wie oft erfüllt unser Verhalten im Alltag diese Kriterien? Handeln wir nicht oft auch „aus dem Bauch heraus"? Mag sein, dass wir oft spontan handeln, und dennoch zeigt sich, dass unsere Handlungsabsichten in vielen Fällen von zwei Parametern abhängen: der Wahrscheinlichkeit, mit der wir ein Ziel zu erreichen glauben, und dem Wert, den dieses Ziel für uns hat.

Natürlich gibt es andere Einflüsse auf unsere Handlungsentscheidungen: Normen, Rollenerwartungen, Persönlichkeitseigenschaften (etwa eine generalisierte Kompetenzerwartung). Solche Parameter lassen sich aber – wie wir sehen werden – in ein Handlungsmodell integrieren. Inwiefern stimmt es also doch, dass wir bei jeder Entscheidung versuchen, mit der größten Wahrscheinlichkeit den größtmöglichen Nutzen zu erzielen? Ist unser handlungssteuerndes System nichts anderes als ein komplexer Taschenrechner?

Klassische Theorien:

► Konsistenz- und Balancetheorien 2
► Theorie sozialer Vergleichsprozesse 3
► Austausch- und Ressourcentheorien 4
► Gerechtigkeitstheorien 5
► Soziale Identitätstheorie 6
► Rollentheorien 7
► Handlungstheorien 8
► Attributionstheorien 9
► Evolutionspsychologische Theorien 10

Bezüge zu anderen Theorie-Kapiteln:

► Handlungen, die der eigenen Einstellung oder sozialen Normen widersprechen, lösen Dissonanz aus 2
► Handlungen können mit dem Ziel der Nutzenmaximierung ausgeführt werden 4
► Rollenentscheidungen hängen von den Erwartungen anderer ab 7
► Handlungsabsichten hängen von Kompetenzerwartungen ab 7

Bezüge zu speziellen Themen-Kapiteln:

► Manchmal wird unser Handeln von anderen manipuliert 11
► Absichten hängen von Einstellungen gegenüber einer Handlung ab 12
► Einstellungen können rational konstruiert werden 12
► Aggressives Handeln folgt einem kognitiven Prozess 13
► Hilfreiches Verhalten ist mit Kosten verbunden 14

Eigentlich gehören Handlungstheorien nicht in den Kanon genuin sozialpsychologischer Theorien. Aber die Sozialpsychologie hat sich zur Erklärung und Vorhersage sozialer Interaktionen und sozialen Verhaltens mitunter stark an Handlungstheorien orientiert.

8.1 Handlungsbegriff und Menschenbild

Handlungstheorien sind keine eigenständigen Theorien wie die Soziale Identitätstheorie oder die Theorie der kognitiven Dissonanz.

> Die Familie der Handlungstheorien zeichnet sich dadurch aus, dass ihr ein ganz bestimmtes Menschenbild zugrunde liegt: Das Individuum wird verstanden als
> - selbst-bewusst (selbstreflexiv),
> - zeit-bewusst (fähig zur Reflexion von Vergangenheit, Gegenwart und – das ist zentral für die Handlungstheorien – Zukunft),
> - aktiv auf seine Umwelt einwirkend,
> - willensfrei und fähig zu freien Entscheidungen und
> - zielorientiert.

Damit setzen sich handlungstheoretische Ansätze fundamental von behavioristischen Theorien ab, in denen menschliches Verhalten mit einer Assoziation zwischen Stimulus (externer Reiz) und Response (gezeigtes Verhalten) gleichgesetzt wird.

Rationalitätsannahme. Die Annahme der Zielgerichtetheit und der Willensfreiheit einer Handlung impliziert, dass der Mensch – zumindest in Grundzügen – rational handelt: Er formuliert Ziele und Absichten, er überlegt sich Wege, um diese Ziele zu erreichen und er formuliert Hypothesen, welche Konsequenzen diese Wege für ihn haben.

Handlung versus Verhalten. Handeln ist mehr als Verhalten. Unwillkürliche Gesten (z.B. sich durch die Haare fahren), unkontrollierbare Verhaltensweisen (z.B. stottern) oder motorische Reflexe (z.B. der Kniescheibenreflex) sind Beispiele für Verhalten, nicht aber für Handlungen. Für eine Handlung gilt hingegen, dass
- sie bewusst und willentlich ausgeführt wird,
- man sich ihrer Konsequenzen bewusst ist,
- man zumindest die Freiheit hatte, sich zwischen zwei Möglichkeiten zu entscheiden (die Handlung auszuführen oder nicht),
- sie meistens einem Ziel dient,
- man im Idealfall diejenigen Mittel wählt, die für die Zielerreichung am ehesten vorteilhaft sind,
- es rational ist, die Handlung so lange zu verfolgen, bis das Ziel erreicht ist – es sei denn, das Ziel wird verändert.

Kybernetische Handlungsmodelle. Wichtige Impulse für die Kognitionsforschung und damit auch für die Handlungstheorien kamen in den 1970er Jahren aus der Kybernetik.
Der Begriff Kybernetik stammt von dem griechischen Wort *kybernetes*, dem Steuermann. Im Lateinischen wurde daraus dann gubernare, im Englischen governor. Die Kybernetik ist die Wissenschaft von dynamischen Systemen, d.h. Systemen, deren Bestandteile in funktionalem Zusammenhang miteinander stehen und auf Einwirkungen von außerhalb reagieren. Auch der Mensch ist ein dynamisches System, das aus vielen verschiedenen aufeinander bezogenen Teilen besteht: auf somatischer Ebene die Organe, im psychischen System z.B. Emotionen, Wahrnehmungen, Interpretationen, Antizipationen, Bewertungen etc.

TOTE-Einheiten. Ein kybernetisch konzipiertes Handlungsmodell stammt von Miller et al. (1960). Diese Autoren meinen, dass jede menschliche Handlung einer Regelkreisstruktur entspricht, die aus vier Elementen besteht:

(1) **T**est: Besteht eine Diskrepanz zwischen einem Ist- und einem Soll-Zustand?

(2) **O**perate: Ausführen einer Handlung, die zur Verringerung der Ist-Soll-Diskrepanz beitragen soll,

(3) **T**est: Besteht immer noch eine Ist-Soll-Diskrepanz?

(4) **E**xit: Ende der Handlungssequenz.

TOTE-Einheiten können ineinander verschachtelt und hierarchisch angeordnet sein. Abb. 8.1 zeigt das klassische Beispiel für ein hierarchisches System von TOTE-Einheiten: Ein Nagel soll mit einem Hammer in eine Wand geschlagen werden (Einheit Nr. 1). Die hierfür erforderliche Operation (das O-Element der TOTE-Einheit) kann ihrerseits in zwei untergeordnete TOTE-Einheiten unterteilt werden, nämlich den Hammer anheben (Einheit Nr. 2) und mit dem Hammer auf den Nagel einschlagen (Einheit Nr. 3).

Eine Grundannahme dieses Modells ist, dass – bei unverändertem Ziel – zieldienliche Handlungen so lange ausgeführt werden, bis der gewünschte Zielzustand erreicht ist. Das macht die Regelkreisstruktur der Handlung aus.

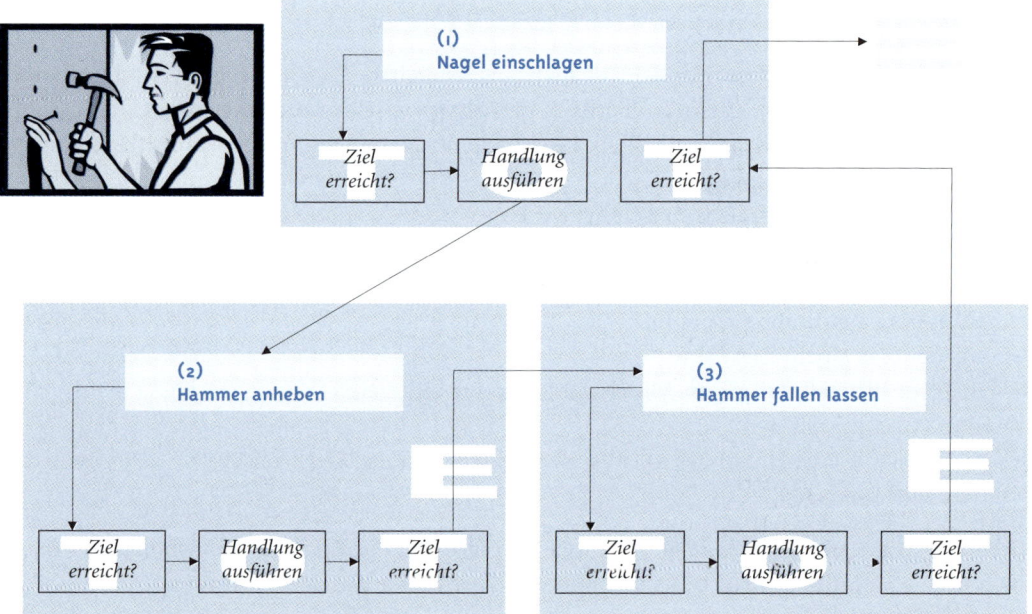

Abbildung 8.1. Klassisches Beispiel für ein hierarchisches System mit drei TOTE-Einheiten. Einheit (1) „Nagel einschlagen" besteht aus den beiden **untergeordneten Einheiten (2) und (3)** „Hammer anheben" und „Hammer fallen lassen". Jede dieser Einheiten wird nach dem Ablaufschema **T**est (Ist das Ziel schon erreicht?), **O**perate (Handlung ausführen), **T**est (Ist das Ziel jetzt erreicht?), **E**xit (Wenn ja, dann Handlung beenden) abgearbeitet

8.2 Handlungstheorie von Volpert (1974)

Zyklische Einheiten. Volpert (1974) hat sein Modell hauptsächlich zur Analyse von Arbeitsprozessen verwendet und wird darum in der Arbeits- und Organisationspsychologie auch gern rezipiert. Er definiert Handlung als einen durch ein bestimmtes Ziel gekennzeichneten Tätigkeitsbereich von beschränkter Dauer. Grundelemente sind zyklische Einheiten. Eine zyklische Einheit besteht aus einem Ziel Z und einer Menge von Transformationen T_1 bis T_n, die untereinander verbunden und auf das Ziel bezogen sind. Ziel ist der Zustand, den man durch die Transformationen zu erreichen sucht. Transformationen sind beobachtbare Bewegungen oder gedankliche Informationsverarbeitungsprozesse, die das Individuum schrittweise bei der Annäherung an das Ziel ausführt.

Abbildung 8.2. Zyklische Einheit nach Volpert (1974).
Die Person entwickelt eine Zielvorstellung Z, dann generiert sie eine Abfolge von Transformationen, d.h. zielförderlichen Handlungen. Sie beginnt mit der Transformation T_1 und arbeitet dann alle weiteren Transformationen (T_2 bis T_3) ab. Zum nächsten Transformationsschritt wird erst übergegangen, wenn der vorherige planmäßig abgeschlossen wurde. Nach erfolgreichem Abschluss der letzten Transformation wird die Zielerreichung überprüft

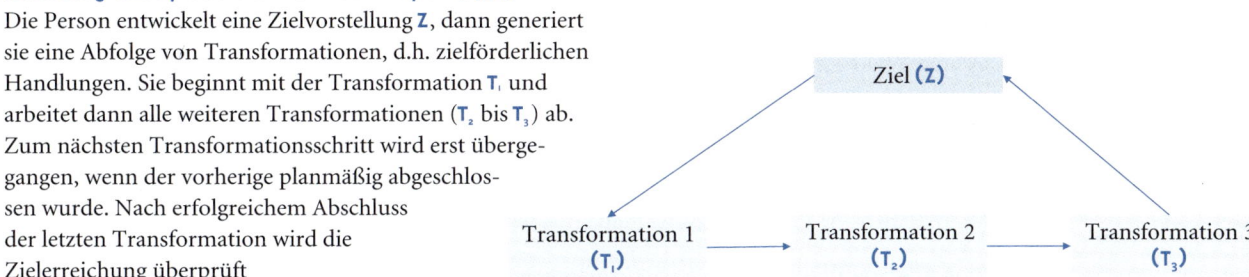

Hierarchisch-sequentielle Handlungsorganisation. Zyklische Einheiten sind ihrerseits Transformationsprozesse für Ziele höherer Ordnung. Volpert (1974) nennt daher sein Modell hierarchisch-sequentiell (s. Abb. 8.3). Hierarchisch bedeutet, dass Ziele auf vielen verschiedenen Ebenen angeordnet sein können. Dabei sind die für ein Ziel notwendigen Transformationsschritte ihrerseits Ziele. Diese werden über hierarchisch untergeordnete Transformationsschritte er-

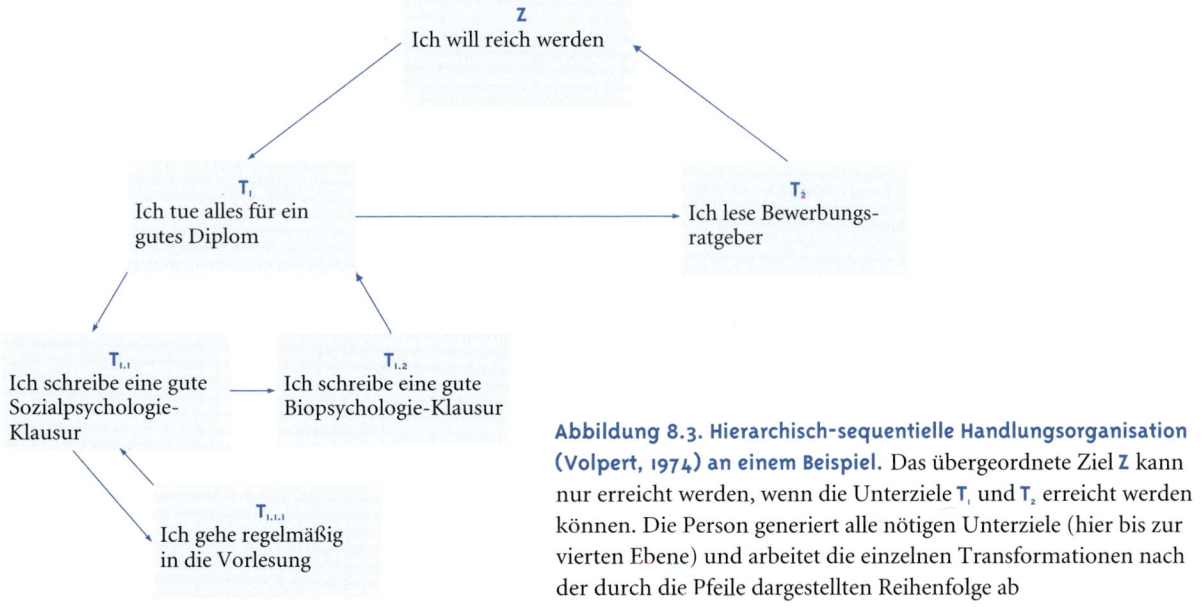

Abbildung 8.3. Hierarchisch-sequentielle Handlungsorganisation (Volpert, 1974) an einem Beispiel. Das übergeordnete Ziel Z kann nur erreicht werden, wenn die Unterziele T_1 und T_2 erreicht werden können. Die Person generiert alle nötigen Unterziele (hier bis zur vierten Ebene) und arbeitet die einzelnen Transformationen nach der durch die Pfeile dargestellten Reihenfolge ab

reicht. Auf der obersten Ebene finden wir beispielsweise Lebensziele oder langfristig-komplexe Handlungspläne (Ich will reich werden). Auf der untersten Ebene nimmt Volpert automatisierte Prozesse der Informationsverarbeitung an, also nichtbewusste Impulse oder motorische Ausführungsprozesse (z.B. einen Fuß vor den anderen setzen, um über die Straße zu gehen etc.). Sequentiell bedeutet, dass zyklische Einheiten in einer bestimmten Abfolge abgearbeitet werden.

8.3 Erwartungs-Wert-Theorien

Grundsätzlich wird in Erwartungs-Wert-Theorien angenommen, dass eine Person sich für jene Handlungsalternative entscheidet, die für sie insgesamt den höchsten Nutzen hat, d.h. die meisten Vorteile bringt. Diese Annahme ist nicht neu, wir haben sie bereits bei den Austauschtheorien kennen gelernt: Menschen ziehen eine Beziehung, die ihnen viel Nutzen bringt, einer Beziehung vor, die ihnen weniger Nutzen bringt. In Erwartungs-Wert-Theorien wird der Nutzen mit einer weiteren Variablen gewichtet, der Erwartung. Diese entspricht der subjektiv angenommenen Wahrscheinlichkeit, dass es den erhofften Nutzen auch geben wird.

Auswahl einer Handlungsalternative. Einer Person stehen j Handlungsalternativen zur Verfügung. Jede dieser Alternativen zieht mit einer bestimmten Wahrscheinlichkeit E (= Erwartung) i Konsequenzen nach sich; jede dieser i Konsequenzen hat für die Person einen Wert W. Damit kann für jede Alternative j eine Produktsumme P aus Erwartung und Wert gebildet werden. Formal:

$$P_j = \sum_{i=1}^{n} E_i \times W_i$$

Die Person „berechnet" die Produktsumme P für jede verfügbare Handlungsalternative und vergleicht anschließend die verschiedenen Produktsummen miteinander; sie wählt diejenige Alternative, die den größten Wert P erzielt hat.

Beispiel

Erwartungs-Wert-Matrix für: Auf die Party gehen oder Referat vorbereiten?
Eine Person steht vor der Wahl, ein Referat vorzubereiten (obere Tabelle) oder auf eine Party zu gehen (untere Tabelle). Für beide Optionen generiert sie eine Reihe von Konsequenzen, die mit einer mehr oder weniger großen Wahrscheinlichkeit erwartet werden (E) und die für die Person einen mehr oder weniger hohen Wert (W) besitzen. Für beide Optionen kann nun eine gewichtete Summe aus dem Produkt E × W gebildet werden. Die Option mit der höheren Produktsumme (hier: das Referat vorbereiten) wird mit größerer Wahrscheinlichkeit gewählt.

Produktsumme für die Option Referat vorbereiten

Handlungskonsequenz	E	W	E × W
langweiliger Abend	0.50	−20	−10
enttäuschte Kommilitonen	0.70	−30	−21
die Chance, nette Erstsemester kennen zu lernen, verpassen	0.90	−50	−45
am nächsten Tag ausgeschlafen sein	0.40	+40	16
Stolz über ein gutes Referat	0.60	+80	48
gute Rückmeldung durch den Dozenten	0.50	+60	30
Produktsumme:		Σ =	18

▶

Produktsumme für die Option Party

Handlungskonsequenz	E	W	E × W
Spaß beim Tanzen	0.80	+30	24
Kommolitonen treffen	0.60	+40	24
nette Erstsemester kennen lernen	0.15	+80	12
Kater und Müdigkeit am nächsten Tag	0.70	−30	−21
unkonzentriert beim Referat	0.50	−20	−10
schlechte Rückmeldung durch den Dozenten	0.50	−50	−25
Produktsumme:		Σ =	4

Rational-Choice-Theorien. Die Wahl der multiplikativen Verknüpfung erscheint intuitiv plausibel, da ein hoher Wert, der mit geringer Wahrscheinlichkeit eintritt, ebenso wenig ausschlaggebend sein sollte wie ein geringer Wert, der mit hoher Wahrscheinlichkeit eintritt. In der Philosophie wird ein solches Vorgehen beim Planen von Handlungen und beim Fällen von Entscheidungen als vernünftig, in der Psychologie und in ökonomischen Verhaltenstheorien als rational bezeichnet. Entsprechend werden Erwartungs-Wert-Theorien auch als Rational-Choice-Theorien bezeichnet.

Es gibt eine ganze Reihe von Erwartungs-Wert-Theorien, sie unterscheiden sich teilweise lediglich in ihrer Begrifflichkeit. Ihnen allen gemeinsam ist die Annahme, dass die Wahrscheinlichkeit, eine bestimmte Handlung auszuführen, einer Gewichtung von Konsequenzerwartungen mit subjektiven Valenzen entspricht. Wir werden drei dieser Theorien genauer besprechen.

8.3.1 Soziale Lerntheorie von Rotter (1954)

Verhaltenspotential. Die abhängige Variable in Rotters Theorie ist das Verhaltenspotential (VP). Jede Handlungsalternative in einer konkreten Situation besitzt ein Verhaltenspotential. Dieses ist eine Funktion (f) aus Erwartung (E) und Wert (in Rotters Termini: Verstärkerwert VW). Formal:

$$VP = f(E \& VW)$$

Auffällig an der Gleichung ist, dass die Form der mathematischen Verknüpfung zwischen Erwartung und Wert von Rotter nicht spezifiziert wird. Statt × schreibt er & und will damit zum Ausdruck bringen, dass die Verknüpfung empirisch zu bestimmen ist. Implizit geht Rotter allerdings von einer multiplikativen Verknüpfung aus.

Rotter gilt als einer der Pioniere der Erwartungs-Wert-Theorien in der Psychologie. Verdienstvoll sind zudem seine Überlegungen, wie sich Erwartungen und Verstärkerwert als zentrale Größen des Modells entwickeln, d.h. wie sie gelernt werden.

Spezifische und generalisierte Erwartungen. Erwartungen – genauer Kontingenzerwartungen – werden nach Rotter im sozialen Kontext erlernt. Es sind Erwartungen über den Zusammenhang (Kontingenz) zwischen eigener Handlung und ihren Bekräftigungsfolgen. Sie können sehr spezifisch für eine Situation sein, sie können aber auch über viele Situationen hinweg generalisiert vorliegen: Im konkreten Kontext bildet sich eine Erwartung aus situationsspezifischen und generalisierten Erwartungen.

Beispiel: Wenn ich für die Klausur jeden Tag acht Stunden lerne, steigen meine Chancen auf ein „sehr gut" (spezifische Erwartung). Ich glaube, dass ich meine Klausurnoten durch Lernen beeinflussen kann (generalisierte Erwartung).

Generalisierte Erwartungshaltungen sind auf unterschiedlichen Ebenen generalisiert: für eine bestimmte Klasse von Situationen (Immer wenn ich viel lerne, schreibe ich eine gute Klausur) oder über alle möglichen Situationen hinweg (Ich kann meine Verstärker – Klausurnoten, soziale Anerkennung, Strafen etc. – kontrollieren bzw. nicht kontrollieren). In dieser höchsten Form der Generalisierung, also über alle möglichen Verstärkersituationen hinweg, handelt es sich bei der generalisierten Erwartungshaltung um eine Persönlichkeitseigenschaft.

Kontrollüberzeugung. Rotter hat diese Persönlichkeitseigenschaft als Locus of control (LOC; deutsch: Kontrollüberzeugung) bezeichnet. Menschen unterscheiden sich danach, ob sie einen eher internalen LOC (Verstärker werden durch mich kontrolliert) oder einen eher externalen LOC (Verstärker werden durch äußere Mächte – andere Menschen, Gott oder den Zufall – kontrolliert) besitzen. Da Menschen mit internalem LOC glauben, die Wahrscheinlichkeiten von Handlungskonsequenzen genauer einschätzen zu können, sind sie entscheidungssicherer und machen sich bei Entscheidungen weniger von anderen abhängig als Menschen mit externalem LOC. Bei Menschen mit externalem LOC hängen Entscheidungen stärker von der spezifischen sozialen Situation ab als bei Menschen mit internalem LOC.

Heute gibt es eine Reihe von Instrumenten zur Messung dieser Kontrollüberzeugungen (z.B. Krampen, 1981; Piontkowski et al., 1981).

8.3.2 Theorie des überlegten Handelns von Fishbein und Ajzen (1975)

Martin Fishbein und Icek Ajzen legten 1975 eine Handlungstheorie vor, die noch heute zu den einflussreichsten Theorien der Psychologie gehört: die Theorie des überlegten Handelns (Theory of reasoned action). Icek Ajzen hat die Theorie zehn Jahre später um den Aspekt der wahrgenommenen subjektiven Verhaltenskontrolle erweitert (siehe 8.3.3 Theorie des geplanten Verhaltens).

Handlung und Handlungsabsicht. Fishbein und Ajzen (1975) haben eine der Handlung vorgelagerte (proximale) Variable eingeführt: die Handlungsabsicht (behavioral intention). Handlungsabsichten münden aber nicht immer in Handlungen. Die Verknüpfung zwischen Intention und Handlung ist vielmehr eine probabilistische: Je stärker die Intention, desto höher die Wahrscheinlichkeit, dass die entsprechende Handlung ausgeführt wird.

!

Die Theorie des überlegten Handelns geht davon aus, dass die Handlungsabsicht von zwei Variablen abhängt: einer gewichteten Einstellung der Handlung gegenüber und einer gewichteten subjektiven Norm bezüglich der Handlung. Die Gewichte geben an, wie stark das jeweilige Verhalten im Allgemeinen, das heißt in der untersuchten Population, von der Einstellung und der subjektiven Norm abhängt.

$$H \approx HA = (w_1 \times E_H) + (w_2 \times SN_H)$$

Handlung **H** entspricht Handlungsabsicht **HA** gleich gewichtete Einstellung gegenüber der Handlung **E$_H$** plus gewichtete subjektive Norm bezüglich der Handlung **SN$_H$**.

Einstellung gegenüber einer Handlung. Die ausführende Person kann ihre Handlung positiv oder negativ bewerten. Sie kann z.B. für jede zur Verfügung stehende politische Partei angeben, wie positiv oder negativ sie es fände, diese zu wählen.

Subjektive Norm bezüglich einer Handlung. Der subjektiv wahrgenommene Druck aus der sozialen Umgebung kann mit entscheiden, die Handlung auszuführen oder nicht. Wenn z.B. die Bundestagswahl gerade Thema in meinem Freundeskreis ist und ich weiß, dass alle meine Freunde passionierte Wähler der Partei ABC sind, dann steigt für mich der normative Druck, selbst auch ABC zu wählen.

Relative Wichtigkeit der jeweiligen Komponenten. Welches Gewicht die beiden Komponenten Einstellung und subjektive Norm haben, kann von Situation zu Situation variieren. Beispielsweise ist die subjektive Norm in einer anonymen Situation (z.B. in der Wahlkabine) tendenziell weniger bedeutsam als in einer öffentlichen Situation (z.B. bei einer politischen Diskussion mit Bekannten). Für die Vorhersage von Handlungsabsichten durch Einstellung und subjektive Norm bedeutet das: Die spezifische Gewichtung w_1 und w_2, die diese beiden Komponenten in einer Situation jeweils haben, ist variabel und empirisch zu bestimmen.

Bedingungen von E und SN. Die Einstellung E gegenüber einer bestimmten Handlung ergibt sich aus den antizipierten Konsequenzen dieser Handlung. Hier haben wir den klassischen Erwartungs-Wert-Ansatz: Eine Handlung hat unterschiedliche Konsequenzen ($i = 1 \ldots m$). Diese Konsequenzen treffen – nach Meinung der Person – mit einer bestimmten Wahrscheinlichkeit ein (Fishbein und Ajzen nennen dies den subjective belief der Person, also ihre Überzeugung Ü), und sie haben für die Person jeweils einen bestimmten Wert W. Die Einstellung gegenüber einer Handlung H (E_H) ergibt sich aus der Überzeugung einer Person, dass die Handlung bestimmte Konsequenzen hat. Jede Konsequenz i hat für die Person einen bestimmten Wert W. Überzeugung und Wert werden für jede Konsequenz multipliziert und über alle Konsequenzen aufsummiert.

Einstellung E: $\quad E_H = \sum_{i=1}^{m} Ü_i \times W_i$

Die subjektive Norm SN ist ebenfalls eine Funktion aus Überzeugung mal Wert. Bei der Überzeugung Ü handelt es sich um die Meinung der Person darüber, ob andere Personen ($j = 1 \ldots n$) das jeweilige Verhalten gut finden würden oder nicht. Multipliziert wird diese Erwartung mit der Motivation der Person, den antizipierten sozialen Erwartungen anderer auch tatsächlich Folge zu leisten (Konformitätsmotivation M).

Subjektive Norm SN: $\quad SN_H = \sum_{j=1}^{n} Ü_j \times M_j$

Beispiel: Ich weiß, dass alle meine Freunde ABC-Wähler sind und dass sie es deshalb gut fänden, wenn ich auch ABC wählen würde. Wenn mir dieses Wissen aber egal ist, so ist meine Konformitätsmotivation Null, die subjektive Norm ebenfalls. Bin ich dagegen motiviert, die Erwartungen meiner Freunde an mich zu erfüllen, resultiert aus diesen Erwartungen die subjektive Norm, ABC zu wählen.

Interessant und provokant an der Theorie ist die Behauptung, dass alle anderen denkbaren Einflüsse auf Verhaltensintentionen keine direkten Effekte haben. Persönlichkeitsvariablen, kulturelle Einflüsse, Einflüsse der Werbung z.B. bei Kaufentscheidungen, demographische Variablen wie

Alter, Geschlecht, Bildung, Milieu, Status usw. werden nur vermittelt über die Komponenten Einstellung und subjektive Norm wirksam.

Empirische Überprüfung des Modells. Die Theorie des überlegten Handelns ist in vielen Untersuchungen in unterschiedlichen Kontexten und in Bezug auf viele verschiedene Entscheidungen empirisch überprüft worden (politische Wahlen, Entscheidung für oder gegen eine Abtreibung, Gebrauch von Verhütungsmitteln, Drogenkonsum, Entscheidung für oder gegen Muttermilch-Fütterung von Säuglingen, berufliche Entscheidungen, Partnerwahl, Steuerhinterziehung, Gebrauch von Kindersitzen im Auto, Spendenverhalten, Entscheidung für oder gegen eine Brustkrebsvorsorgeuntersuchung, die Entscheidung für ein weiteres Kind etc.). Insgesamt zeigen sich hohe Korrelationen zwischen der Handlungsabsicht und der ausgeführten Handlung sowie zwischen der Handlungsabsicht und ihren beiden Prädiktoren (Einstellung und subjektive Norm). Die Einstellung spielt dabei oft eine größere Rolle als die subjektive Norm. Trotz dieser insgesamt positiven Befunde sind einige einschränkende Anmerkungen zur Theorie des überlegten Handelns angebracht.

Kritik. Wie hoch die Korrelation zwischen Handlungsabsicht und Handlung ist, hängt stark von der Art der Handlung ab: Die Korrelation ist umso geringer,
► je mehr die Handlung habitualisiert ist (Essgewohnheiten etc.),
► je größer das Zeitintervall ist, das zwischen Absicht und Handlung liegt,
► je unsicherer man sich der Absicht ist.
Die Korrelation ist umso höher,
► je stärker man seine Handlungsabsicht im Vorfeld öffentlich bekundet hatte.
Darüber hinaus stellt sich die Frage, wie sehr Menschen überhaupt in der Lage sind, sich ihre Einstellungen, Erwartungen, Werte, Konformitätsmotivationen etc. bewusst zu machen. Beispielsweise ist denkbar, dass Raucher die Anzahl der Menschen, von denen sie glauben, sie würden von ihnen erwarten zu rauchen, überschätzen („Was soll ich denn machen, wenn alle um mich herum rauchen und mir ständig Zigaretten anbieten?").

Außerdem ist es möglich, dass nicht nur die Einstellung das Verhalten beeinflusst, sondern auch umgekehrt das Verhalten die Einstellung: Man denke an den von Festinger und Carlsmith (1959) nachgewiesenen Effekt der nachträglichen Einstellungsänderung, um kognitive Dissonanz zu verringern (vgl. 2.3.5 Dissonanz nach einstellungsdiskrepantem Verhalten). Ist es nicht manchmal so, dass wir – wenn wir nach unseren Einstellungen gefragt werden – von unserem Verhalten (oder unseren Verhaltensabsichten) auf unsere Einstellungen rückschließen (vgl. die Selbstwahrnehmungstheorie von Bem, 1965)?

8.3.3 Theorie des geplanten Verhaltens von Ajzen (1985)

Die Theorie des geplanten Verhaltens (Ajzen, 1985) ist eine Erweiterung der Theorie des überlegten Handelns. Neben Einstellung und subjektiver Norm wird ein weiterer Einflussfaktor angenommen, der sowohl Verhalten als auch Verhaltensabsicht direkt beeinflusst: die wahrgenommene subjektive Verhaltenskontrolle.

Wahrgenommene subjektive Verhaltenskontrolle. Verhaltenskontrolle bezeichnet die Fähigkeiten und Möglichkeiten, ein bestimmtes Verhalten ausführen zu können. Ajzen (1985) ging der Frage nach, wieso Menschen manchmal beabsichtigen, eine Handlung auszuführen, dies dann aber doch nicht tun. Zwei Gründe sind denkbar: Die Intention hat sich kurzfristig geändert oder die Person hat die Handlung ausführen wollen, konnte es aber nicht.

Die subjektive Verhaltenskontrolle gründet sich auf die Wahrnehmung von

▶ vorhandenen (oder nicht vorhandenen) objektiven Fähigkeiten,

▶ Selbstdisziplin und Willensstärke,

▶ der Macht von Zwängen und Gewohnheiten sowie

▶ situationsspezifischen Beschränkungen (Verfügbarkeit von Ressourcen in einer gegebenen Situation, unerwartete Ereignisse etc.).

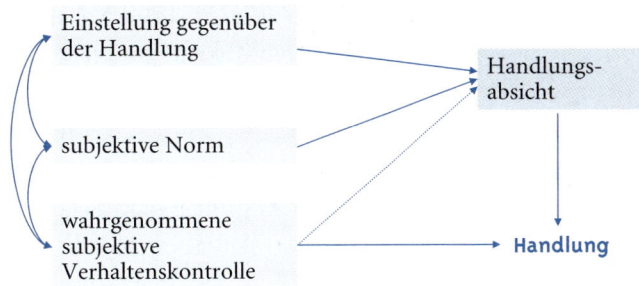

8.4 Kommentar und Ausblick

Konzeptuelle Unterschiede zwischen den Theorien. Die Familie der Handlungstheorien ist keine homogene Familie. Schon an der kleinen Auswahl der hier dargestellten Theorien lässt sich diese Unterschiedlichkeit in Konzepten, Denkweisen und Zielrichtungen erkennen:

▶ Bei Volpert geht es um den Nachweis der Sinnhaftigkeit von Handlungen und ihrer Eingebundenheit in persönliche Ziele, Pläne und gesellschaftliche Zusammenhänge.

▶ Bei Rotter geht es vor allem um die Frage, wie Menschen Zielzustände antizipieren und wie diese Antizipationen das Handeln beeinflussen.

▶ In den Theorien des überlegten Handelns und des geplanten Verhaltens geht es schließlich um eine Identifizierung der zentralen individuellen und sozialen Bedingungen, unter denen sich eine Handlung bzw. eine Entscheidung manifestiert.

Parallelen zur Theorie der Rollenbilanz. Besonders die Theorien von Fishbein und Ajzen (1975) und von Ajzen (1985) zeigen eine deutliche Ähnlichkeit zur Theorie von Wiswede bzw. Fetchenhauer (vgl. 7.3.2 Theorie der Rollenbilanz): Auch hier spielen Erwartungen (welche bei Fishbein und Ajzen bzw. bei Ajzen in die „Einstellung gegenüber dem Verhalten" münden), sozialer Druck (oder die „subjektive Norm") sowie Kontrollerwartungen (die „wahrgenommene subjektive Verhaltenskontrolle") eine Rolle.

Integration in neuere Handlungstheorien. Handlungstheoretische Ansätze finden sich heute in mehr oder weniger komplexen Modellen wie etwa dem Rubikon-Modell von Heckhausen und Gollwitzer (1987) oder der Goal-Commitment-Theorie von Kruglanski et al. (2002). Ebenso sind sie als Bausteine in Theorien mit spezifischen Anwendungsbereichen integriert worden, etwa Theorien zur Erklärung aggressiven Verhaltens (Tedeschi & Felson, 1994), altruistischen Verhaltens (Piliavin et al., 1981), der Stressbewältigung (Lazarus & Folkman, 1984) und der Bewältigung objektiver (z.B. altersbedingter) Einbußen (Brandtstädter & Renner, 1990). Hier spielt insbesondere die Idee, dass Handlung der Überbrückung einer Ist-Soll-Diskrepanz dient, eine zentrale Rolle – diese Idee steckte bereits im TOTE-Modell von Miller et al. (1960). Handlungstheoretisches Gedankengut findet sich auch in der psychologischen Anwendungspraxis, etwa bei der Konzeption von Arbeitsprozessen (Hacker, 1978; Oesterreich, 1981; Volpert, 1974, 1987) oder in der klinischen Psychologie (z.B. kognitive Therapie von Depressionen, Beck et al., 1999; Ellis, 1994; kognitive Verhaltensmodifikation, Meichenbaum, 1977). Integrative, systemische

Modelle der Persönlichkeit fußen ebenfalls oft auf handlungstheoretischen Annahmen (Becker, 1995; Kuhl, 2001; Krampen, 2000).

Kritik an der Rationalitätsannahme. Ein zentraler Kritikpunkt an den Handlungstheorien betrifft insbesondere in neuerer Zeit die Frage, ob die Prozesse, die von den verschiedenen Modellen unterstellt werden, in der Tat so rational ablaufen: Geht eine Person im Sinne eines Erwartungs-Wert-Modells tatsächlich so vor, dass sie (a) alle verfügbaren Handlungsoptionen expliziert, (b) deren jeweilige Konsequenzen antizipiert, (c) bewertet, (d) unter Berücksichtigung ihrer Eintreffenswahrscheinlichkeit verrechnet und (e) dann die Entscheidung mit dem größten subjektiven Nutzen trifft? Alltagsbeobachtungen sagen uns: Nein, ein Großteil unserer Handlungen scheint nicht so deliberativ und durchrationalisiert abzulaufen. Im Gegenteil: Viele unserer Handlungen unterliegen gerade nicht der rationalen Kontrolle, sondern werden durch bestimmte Hinweisreize und Bedingungen des sozialen Kontexts beeinflusst. In einer Reihe von beeindruckend kreativen Experimenten konnten beispielsweise Bargh et al. (1996) das Verhalten ihrer Vpn (z.B. aggressives Verhalten) bereits dadurch beeinflussen, dass sie ihnen aggressionsbezogene Wörter vorlegten!

Beeinflussung durch Einstellungen. Ob eine Handlung eher spontan ausgeführt oder eher deliberativ und explizit geplant wird, hängt von einer Reihe person- und situationspezifischer Bedingungen (z.B. Zeitdruck; vgl. Petty & Cacioppo, 1986) ab. Auf die Frage, unter welchen Bedingungen sich Einstellungen gegenüber einem Einstellungsobjekt (z.B. Ausländern) in entsprechendem Verhalten manifestieren (z.B. Ausländerfeindlichkeit), gehen wir in Kapitel 12 (Soziale Einstellungen) genauer ein.

8.5 Zusammenfassung

▶ Handlungstheorien basieren auf dem Bild eines Menschen, der selbst-reflexiv, aktiv auf seine Umwelt einwirkend, zielorientiert, willensfrei und entscheidungsfähig ist.

▶ Handlungen können in einzelne Sequenzen unterteilt werden, die hierarchisch ineinander verschachtelt und sequenziell ablaufen (s. Theorie von Volpert).

▶ Eine handlungstheoretische Subgruppe sind die Erwartungs-Wert-Theorien, die davon ausgehen, dass die Erwartung, ein Handlungsergebnis zu erreichen, und der Wert, den dieses Handlungsergebnis subjektiv hat, multiplikativ miteinander verknüpft sind.
In der Theorie von Rotter (1954) wurde vor allem das Erwartungskonzept elaboriert. Erwartungen können in hohem Maße generalisiert vorliegen, dann spricht man von Kontrollüberzeugungen.

Zentrale Bedingungen für die Handlungsabsicht sind in der Theorie des überlegten Handelns (Fishbein & Ajzen, 1975) die Einstellung bezüglich der Handlung und die subjektive Norm. In der erweiterten Fassung, der Theorie des geplanten Verhaltens (Ajzen, 1985), wird zusätzlich die wahrgenommene Verhaltenskontrolle als Bedingung für die Handlungsabsicht sowie für die tatsächlich ausgeführte Handlung angenommen.

8.6 Übungsaufgaben

(1) Welches Menschenbild liegt den Handlungstheorien im Gegensatz zu behavioristischen Theorien zugrunde?

(2) Was bedeuten im Zusammenhang mit der Theorie von Volpert die Begriffe hierarchisch und sequentiell?

(3) Entwerfen Sie in Anlehnung an die Theorie von Volpert – in Grundzügen – einen Handlungsplan, dessen oberstes Ziel lautet „Ich möchte einen erholsamen und entspannenden Urlaub verbringen". Gehen Sie dabei von vier möglichen Ebenen aus.

(4) Hans hat einen eher internalen Locus of Control, Luise einen eher externalen. Beide haben ihr Studium abgeschlossen und begeben sich nun auf die Suche nach einer Arbeitsstelle. Formulieren Sie in Anlehnung an die Theorie von Rotter sowohl für Hans als auch für Luise jeweils (a) eine sehr spezifische, (b) eine weniger spezifische und (c) eine generalisierte Erwartung in Bezug auf die Arbeitssuche.

(5) Wie ist in der Theorie des überlegten Handelns von Fishbein und Ajzen (1975) das Konzept der subjektiven Norm definiert? Erläutern Sie anhand eines Beispiels, wie man die subjektive Norm in einem konkreten Fall empirisch operationalisieren müsste.

(6) Argumentieren Sie, ob man mit der Theorie des überlegten Handelns (oder mit der Theorie des geplanten Verhaltens) den Befund von Festinger und Carlsmith (1959) erklären kann, dem zufolge Personen ihre Einstellung gegenüber einem Objekt ändern, nachdem sie einstellungskonträres Verhalten (wie Lügen) gezeigt haben.

(7) Wie ist im Sinne der Theorie von Ajzen (1985) zu erklären, dass jemand trotz der nachdrücklichen Spendenaufrufe nicht für die Opfer der Flutkatastrophe in Südostasien spendet? Gehen Sie alle Modellkomponenten einzeln durch.

Weiterführende Literatur

Die Theorie von Volpert wird kurz in folgendem Beitrag beschrieben:
Greif, S. (1997). Handlungstheoretische Ansätze. In D. Frey & S. Greif (Hrsg.), Sozialpsychologie. Ein Handbuch in Schlüsselbegriffen (4. Aufl.) (S. 88–98). Weinheim: Beltz.

Die Theorie des überlegten Handelns und die Theorie des geplanten Verhaltens werden ausführlich in folgendem Beitrag dargestellt:
Frey, D., Stahlberg, D. & Gollwitzer, P. M. (2001). Einstellung und Verhalten: Die Theorie des überlegten Handelns und die Theorie des geplanten Verhaltens. In D. Frey & M. Irle (Hrsg.), Theorien der Sozialpsychologie. Band I: Kognitive Theorien (2. Aufl.) (S. 361–398). Bern: Huber.

9 Attributionstheorien

Was Sie in diesem Kapitel erwartet

Menschen suchen spontan nach Begründungen und Ursachen für Dinge, die ihnen widerfahren. Das tun sie insbesondere dann, wenn diese Ereignisse unerwartet oder negativ waren. Oft sind solche sogenannten Kausalattributionen schematisch und verzerrt: Denn wir streben nach kognitiver Konsistenz und nach Aufrechterhaltung eines positiven Selbstwerts. Also versuchen wir im Allgemeinen, persönliche Erfolge eigenen Fähigkeiten, Misserfolge dem Zufall zuzuschreiben. Dies löst nicht nur Stolz aus, sondern stärkt unsere Zuversicht, auch in Zukunft ähnliche Situationen meistern zu können.

Solche Zuschreibungen (Attributionen) können aber auch negative Konsequenzen haben: Beispielsweise neigen wir dazu, die Opfer eines Schicksalsschlags für dieses Schicksal selbst verantwortlich zu machen, um uns die Illusion einer gerechten Welt zu bewahren. Oder wir schließen von dem Verhalten anderer darauf, wie eine Situation zu interpretieren ist: Eine Notfallsituation, in der niemand etwas tut, wird – so glauben wir – schon „nicht so schlimm" sein. Warum-Fragen stellen sich überall in unserem Leben. Aber nicht immer geht es uns darum, eine „wahre" Antwort auf sie zu finden.

Der Begriff **Attribution** bedeutet eigentlich nur Zuschreibung, er wird aber in der Psychologie am häufigsten im Zusammenhang mit Ursachenzuschreibungen (Kausalattributionen) verwendet.

Spontane Suche nach Ursachen. Attributionstheorien beruhen auf der Annahme, dass Menschen ein Bedürfnis haben, kausale Erklärungen für das zu finden, was um sie herum (und mit ihnen selbst) passiert. Attributionen sind Antworten auf Warum-Fragen und somit Bestandteile von Alltagstheorien, mit denen sich der Laie das Funktionieren der Welt erklärt. Dies wiederum wurzelt in einem fundamentalen Bedürfnis nach Kontrolle und Vorhersagbarkeit sowie nach Ordnung und Kontingenz. Denn wer ein kausales Verständnis von Vorgängen und Vorfällen besitzt, kann künftige Entwicklungen in der Regel besser antizipieren und kontrollieren. Es ist also nicht verwunderlich, dass Menschen im Alltag besonders bei unerwarteten und negativen Ereignissen spontan nach Erklärungen suchen.

Attributionsschemata. Attributionen sind oft schemageleitet; im sozialen Kontext können sie die Form von Stereotypen annehmen. Beispiel: Wenn in Griechenland der Linienbus eine viertel Stunde Verspätung hat, dann denken wir „typisch Griechenland", regen uns vielleicht auf, aber haben eine spontane, plausible Erklärung: Griechen machen sich nichts aus Pünktlichkeit.

Wenn das Gleiche in Deutschland passiert, haben wir entweder kein Schema, auf das wir effizient zurückgreifen können, oder ein falsches („Deutsche sind pünktlich").

Die Attributionsforschung hat sich hauptsächlich mit zwei Fragen befasst:

(1) Wie gelangen Menschen zu bestimmten Erklärungen? – **Attributionstheorien** (im engeren Sinne) befassen sich mit der Genese von Kausalattributionen.

(2) Welche Folgen haben Attributionen für das Erleben und Verhalten? – **Attributionale Theorien** beschäftigen sich mit den psychologischen Konsequenzen von Attributionen.

Wir befassen uns zunächst mit der Genese von Attributionen und lernen dabei

▶ die naive Handlungsanalyse nach Fritz Heider (9.1.1),
▶ das Ursachenschema nach Weiner (9.1.2),
▶ Heiders Differenzmethode (9.1.3) und
▶ das Kovariationsmodell von Kelley (9.1.4) kennen.

Bei den Attributionstheorien handelt es sich eigentlich um allgemeinpsychologische Theorien. Allerdings sind Attributionen – wie an Beispielen deutlich wird – zentral für die Beschreibung, Erklärung und Vorhersage von Verhalten und Erleben im sozialen Kontext. Dies ist ein Grund dafür, dass Attributionstheorien für die Sozialpsychologie eine zentrale Bedeutung erlangt haben. Zudem hat die Sozialpsychologie die Attributionstheorien entscheidend mitgestaltet: So wurde die systematische Erforschung von Attributionsfehlern und Attributionsverzerrungen (s. 9.2) maßgeblich von Sozialpsychologen (s. beispielsweise Lee D. Ross) vorangebracht.

9.1 Aktualgenese von Attributionen

9.1.1 Heider (1958): Naive Handlungsanalyse

Der Name Fritz Heider ist uns schon früher begegnet, als Begründer der Balancetheorie (vgl. 2.2). Pionierarbeit hat Heider auch für die Attributionsforschung geleistet. Vor allem zwei seiner Ideen sind einflussreich geworden: die naive Handlungsanalyse und die Differenzmethode.

Heider geht davon aus, dass Laien in ihren naiven Handlungstheorien zwei Kategoien von Ursachen unterscheiden, nämlich

▶ Ursachen, die in der Person liegen (effektive Kraft der Person) und
▶ Ursachen, die außerhalb der Person, also in der Umgebung, liegen (effektive Kraft der Umgebung).

Effektive Kraft der Person. In diese „Kraft" gehen zwei Faktoren ein:

▶ **Motivation (M),** d.h. der Wille der Person, ein bestimmtes Ziel zu erreichen,
▶ **Fähigkeit (F):** Die (körperlichen und geistigen) Fähigkeiten der Person.

Diese beiden Faktoren sind multiplikativ miteinander verknüpft, d.h. die effektive Kraft der Person ist gleich Null, wenn die Person nicht motiviert *oder* nicht fähig ist, ein Ziel zu erreichen.

Effektive Kraft der Umgebung. Auch in diese „Kraft" gehen zwei Faktoren ein:

▶ **Schwierigkeit (S),** d.h. das Ausmaß an Anstrengungen (allgemeiner: Ressourcen), das eine bestimmte Aufgabe erfordert,

▶ **Zufall (G),** d.h. Zufalls- bzw. Gelegenheitsstrukturen, die die Zielerreichung begünstigen oder behindern (beispielsweise schönes Wetter, wenn man angeln will).

Kommt ein Handlungsergebnis zustande, obwohl die effektive Kraft der Person gleich Null ist, (d.h. eine Person ist entweder nicht willens oder nicht in der Lage, das Ergebnis herbeizuführen), so ist das Ergebnis allein auf die Umstände zurückzuführen. Ist hingegen die „effektive Kraft der Umgebung" gleich Null (d.h. ist das Ergebnis weder durch Schwierigkeits- noch durch Gelegenheitsstrukturen beeinflusst), so ist das Handlungsergebnis allein auf die Person zu attribuieren.

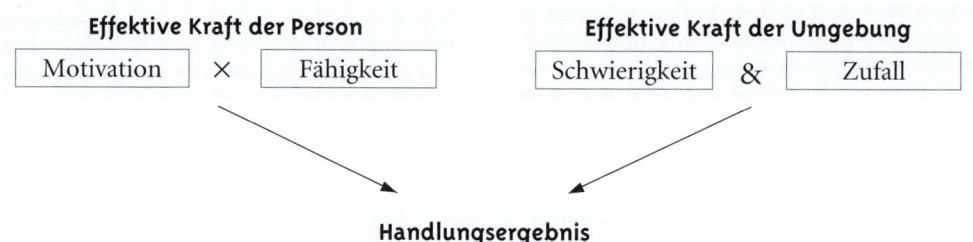

9.1.2 Weiner (1986): Ursachenschema

Vor allem Bernard Weiner hat Heiders Ideen aufgegriffen und weiterentwickelt. Er übernahm von Heider die Unterteilung in interne (effektive Kraft der Person) und externe (effektive Kraft der Umgebung) Ursachen, die er Lokationsdimension nannte, fügte aber noch zwei weitere Dimensionen hinzu: die zeitliche Stabilität der Ursache (stabil-variabel) und die Kontrollierbarkeit der Ursache (unkontrollierbar-kontrollierbar).

Angeregt wurde Weiner zu diesen Erweiterungen durch die inhaltliche Ausrichtung seiner Forschung: Er untersuchte, wie sich Schüler Erfolge und Misserfolge in der Schule erklären.

Wenn man die drei Dimensionen Lokation, Kontrolle und Stabilität vollständig kombiniert, erhält man acht prototypische Attributionsmöglichkeiten:

Erfolg und Misserfolg, z.B. die Leistung in einer Klausur, können auf Ursachen attribuiert werden, die entweder außerhalb oder innerhalb der Person liegen **(Lokation)**, kontrollierbar oder unkontrollierbar sind **(Kontrolle)** und die entweder variabel oder stabil sind **(Stabilität)**.

Beispiel: Ein Student hat seine Klausur nicht bestanden. Er kann sich diesen Misserfolg dadurch erklären, dass die Prüfung zu schwierig war. Dies wäre nach Weiner eine Attribution auf externale (nicht vom Studenten, sondern von den äußeren Umständen abhängige), variable (nicht notwendigerweise auch für andere Prüfungen geltende) und unkontrollierbare (nicht beeinflussbare) Ursachen.

Lokation	external		internal	
Kontrolle / Stabilität	unkontrollierbar	kontrollierbar	unkontrollierbar	kontrollierbar
variabel	zu hohe Schwierigkeit der Prüfung	kein Banknachbar, bei dem man hätte abschreiben können	schlechte Stimmung	(fehlende) Anstrengung für ein kurzfristiges Ziel
stabil	zu hohe Ansprüche des Prüfers	zu hohe Anforderungen der Universität	mangelnde Begabung	(fehlende) Anstrengung für langfristige Ziele

Eine Person, die über die Zeit und über Situationen hinweg dazu neigt, externale, stabile und unkontrollierbare Ursachenattributionen vorzunehmen, kann man als eine Person mit einem externalen **Locus of Control** im Sinne Rotters (vgl. 8.3.1 Soziale Lerntheorie von Rotter) bezeichnen.

Eine Person, die hingegen dazu neigt, internale, stabile und kontrollierbare Ursachenattributionen vorzunehmen, besitzt einen internalen Locus of Control. Generell könnte man auch sagen: Kontrollüberzeugungen sind stabile und konsistente Attributionspräferenzen.

!

9.1.3 Heider (1958): Differenzmethode

Wie gelangen Personen zu bestimmten Attributionen? Heider bearbeitet diese Frage an einem einfachen Beispiel: Sagen wir, eine Person empfindet einem bestimmten Objekt gegenüber Freude. Dann kann die Ursache für diese Empfindung entweder

► in der Person liegen (und kein Spezifikum des Objekts sein) oder
► in dem Objekt liegen (und kein Spezifikum der Person sein).

Ersteres wäre der Fall, wenn eine Person sich generell allen Objekten gegenüber erfreut; Letzteres, wenn sich die Person nur an diesem Objekt erfreut und wenn andere Personen ebenfalls mit Freude auf das Objekt reagieren würden. Beispiel: Eine Person reagiert mit Verzückung und Begeisterung auf einen Bugatti T35 Oldtimer im Schaufenster eines Autohauses. Mag sein, dass diese Person auf alle Oldtimer so reagiert (Begeisterung ist ein Spezifikum der Person) oder dass alle, die am Schaufenster des Autohauses vorbeigehen, mit Begeisterung auf den Oldtimer reagieren (Begeisterung ist ein Spezifikum des Objekts).

Das Beispiel zeigt, dass Attributionen auf systematischen Vergleichen beruhen, die entweder einen Unterschied (Differenz) oder keinen Unterschied (keine Differenz) ergeben. Ist die Freude ein Spezifikum der Person, differiert die Freude zwischen Personen, nicht aber zwischen Objekten. Ist die Freude ein Spezifikum des Objekts, differiert sie zwischen Objekten, nicht aber zwischen Personen. In Anlehnung an den englischen Philosophen John Stuart Mill (1806–1873) bezeichnet Heider das vergleichende Vorgehen deshalb als Differenzmethode: „Diejenige Gegebenheit wird für einen Effekt als verantwortlich angesehen, die vorhanden ist, wenn der Effekt vorhanden ist, und die nicht vorhanden ist, wenn der Effekt nicht vorhanden ist" (Heider, 1958, S. 152).

Um eine Attribution vornehmen zu können, muss also ein Effekt (z.B. Freude) bei verschiedenen Personen und in verschiedenen Situationen bzw. gegenüber verschiedenen Objekten beobachtet und mit diesen in Zusammenhang gebracht werden. Folglich geht der Mensch im Alltag bei der Beantwortung von Warum-Fragen ähnlich vor wie ein Wissenschaftler. Auch dieser sucht nach Kontingenzmustern in Daten und schließt von diesen auf zugrunde liegenden Ursachen.

9.1.4 Kovariationsprinzip von Kelley (1967, 1973)

Außer Bernard Weiner hat auch Harold Kelley die Ideen von Heider aufgegriffen und systematisch weiterentwickelt. Auch Kelley nimmt an, dass Menschen, um zu Attributionen zu gelangen, eine systematische Verrechnung bestimmter Variations- und Kovariationsmuster vornehmen. Er zeigt, dass diese Verrechnung der statistischen Korrelationsanalyse entspricht.

Drei Fragen. Kelley geht davon aus, dass sich Menschen bei der Suche nach Erklärungen für bestimmte Ereignisse drei Fragen stellen müssen:

(1) Wie haben sich andere Personen in der gleichen Situation verhalten, bzw. was ist anderen Personen in einer ähnlichen Situation widerfahren? (Vergleich über Personen hinweg)
(2) Hat eine Person sich schon zu anderen Zeitpunkten so verhalten, bzw. ist ihr das Ereignis schon früher öfter widerfahren? (Vergleich über die Zeit hinweg)
(3) Hat eine Person sich schon gegenüber anderen Dingen (oder Personen oder in anderen Situationen) so verhalten, bzw. ist ihr das Ereignis auch im Zusammenhang mit anderen Dingen (oder Personen oder Situationen) widerfahren? (Vergleich über Entitäten hinweg)

Der Begriff **Entität** meint ganz allgemein alle möglichen Umgebungsvariablen außer der Zeit. Bei der Frage, warum jemand eine schlechte Klausurnote hat, könnten andere Prüfungsfächer Entitäten darstellen. Bei der Frage, warum jemand gelogen hat, könnten andere Situationen, in denen sich die Person deviant verhalten hat, Entitäten darstellen. Bei der Frage, warum jemand viel Geld an das Rote Kreuz gespendet hat, könnten andere Hilfsorganisationen, denen die Person ggf. ebenfalls Geld gespendet hat, Entitäten darstellen usw.

! Die drei Variablen Zeit, Person und Entität konstituieren einen dreidimensionalen Datenwürfel (Abb. 9.1). Wichtig: Ein einzelner Datenpunkt (eine Zelle des Würfels) reicht **nicht** aus, um zu einer Erklärung zu gelangen!

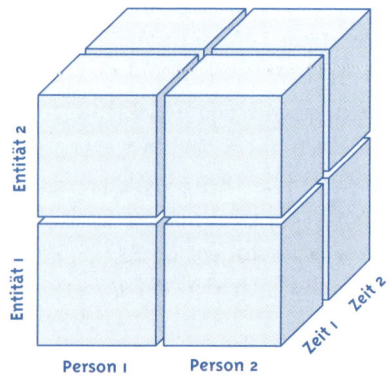

Entität 2
Entität 1
Person 1   Person 2
Zeit 1 Zeit 2

Der Datenwürfel in der Theorie von Kelley. Nach Kelley werden für Kausalattributionen Unterschiede zwischen Personen, Entitäten und Zeitpunkten herangezogen. Liegen aus allen drei Dimensionen Beobachtungen vor, so konstituieren diese Beobachtungen eindeutige Kausalattributionen auf die Person, auf die Entität oder auf spezielle situative Umstände. Beispiel: Wenn man erfährt, dass Judith eine Klausur nicht bestanden hat, kann man nicht wissen, woran es liegt. Es könnte sein, dass

- Judith einfach eine schlechte Studentin ist (Attribution auf die Person),
- es sich um ein extrem schweres Fach handelt (Attribution auf die Entität),
- Judith sich aufgrund einer plötzlichen Erkrankung nicht auf die Klausur hat vorbereiten können (Attribution auf spezielle situative Umstände).

Welches Datenmuster müsste vorliegen, wenn man zu dem Schluss kommen wollte, dass Judith eine schlechte Studentin ist? Ein Hinweis darauf wäre, dass alle außer Judith die Klausur bestanden haben (Vergleich über Personen hinweg). Dieser Hinweis allein reicht jedoch noch nicht aus. Ein zweiter Hinweis wäre, dass Judith auch in anderen Prüfungsfächern schlechte Leistungen erbracht hat – dies würde dann eine Attribution auf die Entität (z.B. dass diese Klausur zu schwer war) ziemlich sicher ausschließen. Ein dritter sehr deutlicher Hinweis auf Judiths mangelnde Fähigkeiten wäre schließlich, dass sie schon einmal durch diese Klausur gefallen ist (Vergleich über die Zeit hinweg).

Konsens, Distinktheit, Konsistenz. Zur Beschreibung solcher Datenmuster, d.h. Informationen über andere Personen, andere Entitäten und andere Zeitpunkte, führt Kelley die Begriffe Konsens, Distinktheit und Konsistenz ein:

(1) **Konsens** liegt vor, wenn es bei einem Vergleich über Personen hinweg keine Unterschiede zwischen diesen gibt: wenn alle in Judiths Semester die Klausur nicht bestanden haben. In diesem Fall wäre klar, dass die Klausur zu schwierig war.

(2) **Distinktheit** liegt vor, wenn es bei einem Vergleich über Entitäten hinweg Unterschiede zwischen diesen gibt: wenn Judith nur diese Klausur nicht bestanden hat, die anderen Klausuren in dieser Prüfungsperiode allerdings schon.

(3) **Konsistenz** liegt vor, wenn es bei einem Vergleich über Zeitpunkte keine Unterschiede zwischen diesen gibt: wenn Judith die Klausur also bereits in der vorangegangenen Prüfungsperiode nicht bestanden hatte.

Konsens und Konsistenz implizieren Invarianz (keine Unterschiede), Distinktheit impliziert Varianz (Unterschiede)!

Anhand dieser Begriffe kann man nun idealtypische Datenmuster definieren, bei denen die Ursache eines Ereignisses der Person, der Entität oder speziellen situativen Umständen zugeschrieben wird (siehe Tab. 9.1). Eine Attribution auf die Person liegt bei niedrigem Konsens, niedriger Distinktheit und hoher Konsistenz nahe (vgl. das Beispiel mit Judith). Eine Attribution auf die Entität liegt hingegen bei hohem Konsens, hoher Distinktheit und hoher Konsistenz nahe. Eine Attribution auf spezielle situative Umstände liegt bei niedrigem Konsens, hoher Distinktheit und niedriger Konsistenz nahe.

Attribution auf	Konsens	Distinktheit	Konsistenz
Person	niedrig	niedrig	hoch
Entität	hoch	hoch	hoch
spezielle situative Umstände	niedrig	hoch	niedrig

Tabelle 9.1. Idealtypische Datenmuster für eine eindeutige Kausalattribution (nach Kelley). Eine eindeutige Attribution auf Person, Entität oder spezielle situative Umstände erfordert ein eindeutiges Datenmuster. Dazu werden Unterschiede zwischen Personen (Konsens), Unterschiede zwischen Entitäten (Distinktheit) und Unterschiede zwischen Zeitpunkten (Konsistenz) ausgewertet

Kovariationsprinzip als varianzanalytisches Modell

Das Kovariationsprinzip von Kelley wird häufig als varianzanalytisches Kausalmodell bezeichnet, da die drei idealtypischen Datenmuster, die zur Attribution eines Ereignisses auf Person, Entität oder spezielle situative Umstände führen, drei Effekten einer dreifaktoriellen Varianzanalyse entsprechen:

In einer dreifaktoriellen Varianzanalyse mit den Faktoren Person P, Entität E und Zeitpunkt Z kann es theoretisch sieben Effekte geben:

(1) den Haupteffekt des Faktors P,
(2) den Haupteffekt des Faktors E,
(3) den Haupteffekt des Faktors Z,
(4) eine Wechselwirkung zwischen den Faktoren P und E,
(5) eine Wechselwirkung zwischen den Faktoren P und Z,
(6) eine Wechselwirkung zwischen den Faktoren E und Z,
(7) eine Wechselwirkung zweiter Ordnung zwischen allen drei Faktoren P, E und Z.

Man stelle sich folgenden dreifaktoriellen varianzanalytischen Plan vor: Es sind zwei Personen, zwei Entitäten (z.B. zwei Prüfungsfächer) sowie zwei Zeitpunkte gegeben. In Tab. 9.2 sind die Symbole + und − eingetragen. Konkret kann man sich darunter beispielsweise vorstellen, dass ein + bedeutet, eine gute Note in einer Klausur zu bekommen, während ein − bedeutet, eine schlechte Note zu bekommen.

Ein Haupteffekt des Faktors P bedeutet, dass es zwischen den beiden Personen einen signifikanten Unterschied gibt (Person 1 ist besser als Person 2), während dieser Unterschied sowohl über die beiden Zeitpunkte als auch über die beiden Entitäten konstant bleibt. In diesem Fall kann man den Unterschied zwischen den beiden Personen eindeutig auf die Person attribuieren.

Tabelle 9.2. Kovariationsprinzip als varianzanalytisches Modell (nach Försterling, 1989). Personen, Entitäten und Zeitpunkte können – in der Sprache der Varianzanalyse – als unabhängige Variablen („Faktoren") aufgefasst werden. Demnach legt ein Haupteffekt des Faktors Entität eine Attribution auf die Entität nahe. Eine Attribution auf spezielle situative Umstände entspricht allerdings nicht etwa einem Haupteffekt des Faktors Zeit, sondern einem Wechselwirkungseffekt zwischen allen drei Faktoren (siehe letzte Zeile).

| | Person 1 | | | | Person 2 | | | |
| | Entität 1 | | Entität 2 | | Entität 1 | | Entität 2 | |
	Zeit 1	Zeit 2	Zeit 1	Zeit 2	Zeit 1	Zeit 2	Zeit 1	Zeit 2
P	+	+	+	+	−	−	−	−
E	+	+	−	−	+	+	−	−
Z	+	−	+	−	+	−	+	−
P × E	+	+	−	−	−	−	−	−
P × Z	+	−	+	−	−	−	−	−
E × Z	+	−	−	−	+	−	−	−
P × E × Z	+	−	−	−	−	−	−	−

Beispiele

Attribution auf die Person. Hans ist immer genau eine Note schlechter als Eva, in beiden Prüfungsfächern zu beiden Prüfungsperioden. Dieser Unterschied hat höchstwahrscheinlich etwas mit einem echten Unterschied zwischen den beiden Personen (z.B. Intelligenz) zu tun.

Attribution auf die Entität. Hans und Eva sind im Fach Biopsychologie genau eine Note schlechter als in Sozialpsychologie, sowohl dieses Mal als auch beim letzten Mal. Dieser Unterschied hat höchstwahrscheinlich etwas mit einem echten Entitätenunterschied (z.B. Schwierigkeit der Klausuren) zu tun.

Attribution auf spezielle situative Umstände. Welches Datenmuster müsste vorliegen, damit man auf spezielle situative Umstände attribuieren kann? Als erster Gedanke liegt ein Haupteffekt der Zeitpunkte nahe (d.h. zu Zeitpunkt 1 sind alle „besser" als zu Zeitpunkt 2; vgl. die dritte Zeile der Tab. 9.2). Allerdings wäre solch ein Effekt ja systematisch: Er könnte darauf zurückzuführen sein, dass in allen Fächern die gleichen Klausurfragen noch einmal gestellt wurden. Ein „echter" Effekt der spezifischen Umstände (d.h. der Zufall oder eine plötzliche Erkrankung) würde aber einen unsystematischen Effekt implizieren: Zufällige Ereignisse sind schließlich nicht vorhersagbar. Beispiel: Hans bekommt während der Klausur im Fach B zum Zeitpunkt 2 einen Migräneanfall, oder während der Klausur A zum Zeitpunkt 1 schreiben Evas Stifte nicht mehr. Diese Effekte finden also nur unter hoch spezifischen Bedingungen statt; das entspricht formal einer Wechselwirkung $P \times E \times Z$.

Kritik am Kovariationsprinzip. Der erste Kritikpunkt betrifft die Tatsache, dass Kelley sein Modell zwar varianzanalytisches Modell genannt, aber die statistische Methode der Varianzanalyse nicht konsequent angewendet hat. Vielmehr hat er sich, wie wir gerade gesehen haben, auf die Haupteffekte des Personfaktors und des Entitätenfaktors beschränkt und Wechselwirkungen außer acht gelassen. Försterling (1989) hat in einer eigenen Untersuchung seinen Vpn alle sieben möglichen Datenmuster vorgelegt und deren Attributionen erfasst. Es zeigte sich, dass Wechselwirkungen erkannt und berücksichtigt werden.

Zwei Argumente lassen es jedoch zweifelhaft erscheinen, ob das varianzanalytische Modell die Genese von Kausalattributionen wirklich adäquat beschreibt:

(1) Dieses Vorgehen stellt hohe Ansprüche an die kognitive Leistungsfähigkeit der Person.

(2) Im Alltag fehlen uns häufig die notwendigen Informationen. Stattdessen stehen uns meist nur Ausschnitte aus dem Datenwürfel zur Verfügung.

Da wir Attributionen oft verkürzt (schematisch) vornehmen und da uns, um einen vollständigen Attributionsprozess durchzuführen, oft nicht alle nötigen Informationen vorliegen, besteht im Alltag die Gefahr, dass unsere Attributionen falsch oder verzerrt sind.

9.2 Attributionsfehler und Attributionsverzerrungen

9.2.1 Fundamentaler Attributionsfehler (Ross et al., 1977)

Wenn man, wie in den Untersuchungen von Försterling (1989), Konsens-, Distinktheits- und Konsistenzinformationen systematisch variiert und erfasst, zu welchen Attributionen Vpn kommen, zeigt sich, dass sie grundsätzlich mehr Attributionen auf die Person vornehmen. Genauer gesagt: Wenn man einen Haupteffekt der Person herstellt, der sich nicht zwischen Entitäten oder Zeitpunkten unterscheidet, nehmen 82 Prozent der Vpn richtigerweise eine Attribution auf die Person vor. Stellt man hingegen einen Haupteffekt der Entität her, attribuieren nur 63 Prozent der Personen richtigerweise auf die Entität (McArthur, 1972). Man könnte auch sagen:

> ! Menschen sind für Informationen, die für eine Person-Attribution sprechen, sensibler als für Informationen, die für eine Attribution auf die Entität bzw. auf spezielle situative Umstände sprechen.

Generell zeigt sich, dass mehr unberechtigte Person-Attributionen vorgenommen werden. Ross et al. (1977) haben diesen systematischen Verzerrungseffekt den fundamentalen Attributionsfehler genannt. Etwas bescheidener ist die Bezeichnung Korrespondenzverzerrung (correspondence bias; Gilbert, 1995), d.h. die Neigung von Beobachtern, aus dem Verhalten eines anderen Menschen auf dessen Persönlichkeitseigenschaften zu schließen. Diese Ergebnisse sprechen übrigens auch dagegen, dass Menschen – ähnlich wie ein Computer oder ein unbestechlicher Wissenschaftler – allen Informationen in ihrer Umwelt (Konsens, Distinktheit, Konsistenz) die gleiche Aufmerksamkeit schenken und gleichwertig „verrechnen".

9.2.2 Actor-Observer-Bias (Jones & Nisbett, 1972)

Der Actor-Observer-Bias oder Akteur-Beobachter-Fehler besagt:

> ! Diejenigen, die eine Handlung ausführen, die Akteure, attribuieren ihr Handeln eher auf die Situation, während diejenigen, die das Handeln anderer beobachten, eher auf die Person des Handelnden attribuieren.

Mit anderen Worten: Beobachter begehen den fundamentalen Attributionsfehler, wenn sie das Verhalten anderer erklären. Akteure überschätzen dagegen eher den Einfluss der Situation auf ihr eigenes Handeln. Dieser Attributionsunterschied zwischen Akteur und Beobachter ist in vielen Untersuchungen nachgewiesen worden. Ein Beispiel: Sie geben dem Kellner kein Trinkgeld. Sie werden das eher situational attribuieren (der Service war schlecht). Sie können aber davon ausgehen, dass andere Restaurantgäste, die Sie beobachtet haben, Ihr Verhalten auf Ihre Person attribuieren (Sie sind ein Geizhals!)

Für diese Perspektivendivergenz werden im Allgemeinen vier Erklärungsansätze vorgeschlagen:

▶ zwei kognitive Erklärungen: unterschiedliche Informationsgrundlagen und Unterschiede in der Wahrnehmungsperspektive,

▶ zwei motivationale Erklärungen: Selbstwertdienlichkeit der Attributionsverzerrungen und Kontrollbedürfnis.

(1) Unterschiedliche Informationsgrundlagen. Akteure kennen sich selbst aus vielen ähnlichen Situationen. Sie verfügen also nach Kelley über Konsistenz- und Distinktheitsinformationen. Im Beispiel: Sie wissen, ob Sie immer oder nur manchmal kein Trinkgeld geben (Konsistenz). Sie wissen auch, ob Sie in anderen Situationen als im Restaurant ebenfalls kleinlich sind (Distinktheit). Beobachter hingegen kennen die beobachtete Person in der Regel nur aus dieser einen Situation. Ihnen liegen also keine Konsistenz- und/oder Distinktheitsinformationen vor.

In dieser Situation rückt Konsensinformation in den Vordergrund: Der Beobachter versucht, Vergleiche mit dem Verhalten fiktiver anderer (Die meisten Leute geben im Restaurant Trinkgeld) oder mit einem „Mittelwert" des eigenen bisherigen Verhaltens (Ich gebe im Restaurant immer Trinkgeld) oder mit einem normativen Sollwert (Man sollte im Restaurant Trinkgeld geben) anzustellen. Ein so konstruierter hoher Konsens wird eine dispositionale Attribution nahe legen (Der ist aber geizig).

(2) Unterschiede in der Wahrnehmungsperspektive. Für Akteure sind in einer gegebenen Situation eher die Anforderungen und Spezifika dieser Situation salient. Die eigene Person tritt dahinter zurück. Für Beobachter ist in einer solchen Situation eher die Person des Handelnden salient. Der situative Kontext tritt zurück. Man könnte dieses unterschiedliche Hervortreten von Person oder situativem Kontext als eine Figur-Grund-Asymmetrie bezeichnen.

Der Begriff Figur-Grund-Asymmetrie stammt aus der Gestaltpsychologie. **Figur:** Von jedem Wahrnehmungsobjekt (Personen, Situationen, Gegenstände) stehen nur bestimmte Teile im Fokus der Aufmerksamkeit.	**Grund:** Alle anderen Teile treten hinter die Figur zurück. Sogenannte Kippbilder veranschaulichen, dass Objektteile niemals Figur und Grund gleichzeitig sein können.

Ein oft zitiertes Experiment, das für die Gültigkeit der Figur-Grund-Hypothese spricht, wurde von Storms (1973) durchgeführt. Dieses sehr komplexe Experiment wird im Folgenden stark verkürzt dargestellt. Im Prinzip hat Storms nichts anderes gemacht, als die Perspektive seiner Vpn, welche sich entweder in der Akteur- oder in der Beobachterperspektive befanden, systematisch zu verändern: Er zeigte den Akteuren eine Videoaufnahme ihrer eigenen Person, und er zeigte den Beobachtern eine Videoaufnahme der Gesamtsituation. Daraufhin nahmen die Akteure erwartungsgemäß weniger situationale, sondern eher personale Attributionen für ihr Handeln, und die Beobachter weniger personale, sondern eher situationale Attributionen für das Handeln der Akteure vor.
Neben diesen kognitiven Erklärungen für den Actor-Observer-Bias werden folgende motivationale Erklärungen angenommen.

(3) Selbstwertdienlichkeit der Attributionsverzerrungen. Das Attribuieren auf (negative) Personeigenschaften anderer kann selbstwertdienlich sein. Von Personen, die negative Eigenschaften besitzen, kann man sich wohltuend abheben. Allerdings würde das bedeuten, dass der Actor-Observer-Bias allein in Bezug auf negatives Verhalten anderer zum Tragen kommen dürfte. Diesbezüglich ist die empirische Befundlage jedoch widersprüchlich.

(4) Kontrollbedürfnis. Menschen haben das Bedürfnis, das Verhalten anderer Menschen vorhersagen und kontrollieren zu können (Miller et al., 1978). In vielen sozialen Situationen ist es von Vorteil, wenn man den anderen „kennt", sein Verhalten vorhersagen kann und ihm damit einen Schritt voraus ist. Das kennen wir insbesondere aus strategiebasierten Interaktionen, beispielsweise bei Karten-, Brett- und Rollenspielen, aber auch bei Verhandlungen, Konfliktsituationen oder politischen Debatten. Ein gutes Beispiel für solche Situationen und ihre Brisanz ist das sog. Gefangenendilemma, in dem der eigene Outcome wesentlich vom Verhalten der anderen Person abhängt (vgl. 4.2.2 Macht und Abhängigkeit).

9.2.3 False-Consensus-Effekt

In mehreren Studien konnte nachgewiesen werden, dass Menschen dazu neigen, ihr eigenes Verhalten als typisch einzuschätzen: Sie glauben, dass andere sich in der gleichen Situation in gleicher oder ähnlicher Weise verhalten würden wie sie selbst.

Das bekannteste Untersuchungsbeispiel stammt von Ross et al. (1977). Sie fragten Studierende, ob sie bereit wären, ein Plakat mit einer Werbung für eine Pizzabude über den Campus zu tragen. Jene, die bereit waren, schätzten, dass 63,5 Prozent aller Studierenden ebenfalls dazu bereit sein würden. Jene, die nicht bereit waren, schätzten, dass 76,7 Prozent aller Studierenden ebenfalls nicht bereit sein würden. In der Summe ergibt das 140,2 Prozent (!).

Es werden zwei Erklärungen für den False-Consensus-Effekt genannt:

(1) der Wunsch, der Mehrheit anzugehören und sich dadurch mit seiner Meinung bzw. seinem Verhalten auf der „richtigen" Seite zu glauben,

(2) selektiver Kontakt: Menschen suchen den Kontakt zu anderen, die ihnen ähnlich sind (vgl. 3 Theorie sozialer Vergleichsprozesse). Sie beobachten deshalb viel häufiger Verhalten bei anderen, das dem eigenen ähnlich ist, als Verhalten, das vom eigenen abweicht. Aus dieser selektiven (künstlich homogenen) „Stichprobe" schließen sie fälschlicherweise auf die „Population".

9.2.4 Attributionsasymmetrie bei Erfolg und Misserfolg

In vielen Untersuchungen wurde nachgewiesen, dass eigene Erfolge häufiger personal (internal) und eigene Misserfolge häufiger situativ (external) attribuiert werden (z.B. Zuckerman, 1979). Beispiel: Wer eine Klausur besteht, wird diesen Erfolg wahrscheinlich eher auf Intelligenz und Begabung (nach Weiner also auf internale, stabile Ursachen) zurückführen. Wer die Klausur dagegen nicht besteht, wird mit größerer Wahrscheinlichkeit argumentieren, die Klausur sei zu schwierig gewesen (also externale, variable Ursachen verantwortlich machen).

Die überzeugendste Begründung für diese Attributionsverzerrung scheint zu sein, dass sie selbstwertdienlich ist: Eigene Erfolge als Resultate persönlicher Fähigkeiten darstellen zu können, dürfte Stolz hervorrufen, und eigene Misserfolge als Ausrutscher zu bezeichnen, dürfte ein positives Bild von sich selbst nicht allzu stark gefährden.

Die Tendenz, Erfolg internal und Misserfolg external zu attribuieren, findet man nicht bei Menschen mit depressiver Symptomatik; sie neigen im Gegenteil eher dazu, Erfolg auf den Zufall (also external) und Misserfolge auf eigene Schwächen (also internal) zu attribuieren.

Daher besteht ein wichtiger Ansatz kognitiver Depressionstherapien darin, den Attributionsstil zu verändern (siehe auch 9.5.1 Attributionsmuster und depressive Symptomatik).

9.3 Verantwortlichkeits- und Schuldattributionen

Wenn es um Verhalten und Verhaltenskonsequenzen geht, die einer moralischen Bewertung unterliegen, sind Verantwortlichkeits- und Schuldattributionen von Bedeutung. Wie in der Rechtsprechung wird auch im Alltag die moralische Bewertung eines Verhaltens davon abhängig gemacht, wie man Verhalten erklärt bzw. unter welchen Umständen es erfolgte. Wir werden zwei Modelle der Verantwortlichkeits- und Schuldattributionen kennen lernen: das Modell von Shaver (1985) und das Stufenmodell von Montada (1989).

9.3.1 Modell von Shaver (1985)

Nach Shaver (1985) vollzieht sich die Attribution von Verantwortlichkeit und Schuld in einem komplexen mehrstufigen Prozess (vgl. Abb. 9.4), den wir im Folgenden anhand eines Beispiels nachzeichnen wollen.

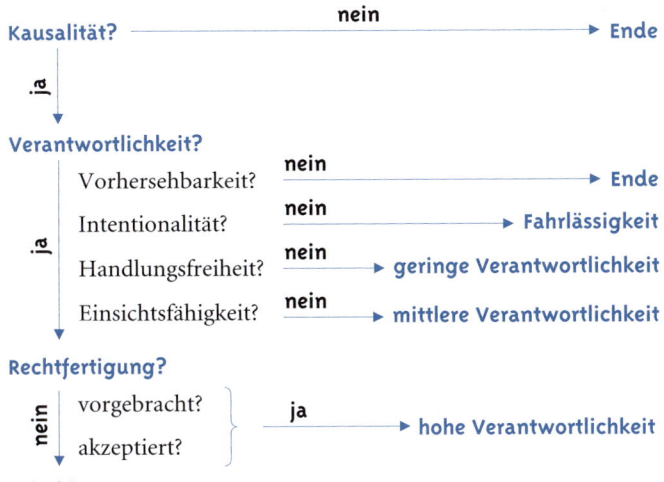

Abbildung 9.1. Die Theorie von Shaver (1985). Attribution von Verantwortlichkeit und Schuld vollzieht sich in mehreren Prüfschritten: Stand das Handeln der Person in einer kausalen Beziehung zum Schaden? Konnte die Person den Schaden vorhersehen? Hat sie ihn beabsichtigt? Hat sie freiwillig gehandelt? Ist sie fähig zur moralischen Einsicht? Kann sie ihr Handeln rechtfertigen?

Das Modell beginnt mit der Wahrnehmung eines negativen Ereignisses. Beispiel: Ein Autofahrer hat eine rote Ampel missachtet und einen Fußgänger, der gerade die Straße überqueren wollte, überfahren. Kann dem Autofahrer Verantwortlichkeit und Schuld zugesprochen werden?

Erster Schritt: Kausalitätsprüfung. Wenn – in unserem Beispiel – das Fehlverhalten des Autofahrers nicht die einzige bzw. entscheidende kausale Ursache für den Tod des Fußgängers war, z.B. weil dieser beim Überqueren der Straße einen Herzanfall hatte, wird ihm weder Verantwortlichkeit noch Schuld zugeschrieben. Wenn das Verhalten des Autofahrers jedoch als kausale Ursache für den Tod des Fußgängers in Betracht kommt, folgt der zweite Schritt.

Zweiter Schritt: Verantwortlichkeit. Es werden bestimmte Fragen geklärt, die über das Ausmaß der Verantwortlichkeit entscheiden:

▶ **Vorhersehbarkeit:** Hätte der Autofahrer die Konsequenzen seines Handelns vorhersehen können, oder hat er sie vielleicht sogar vorhergesehen? Hat der Autofahrer beispielsweise gesehen, dass da eine Ampel ist, dass es sich um eine Fußgängerampel handelte, dass da Menschen standen, die über die Straße gehen wollten etc.?

▶ **Intentionalität:** Mit welcher Absicht hat der Autofahrer gehandelt? Wollte der Autofahrer den Fußgänger überfahren? Falls nein, endet der Attributionsprozess mit der Zuschreibung der niedrigsten Stufe von Verantwortlichkeit, nämlich Fahrlässigkeit.

▶ **Handlungsfreiheit:** Gab es irgendwelche Einschränkungen der Handlungsfreiheit des Autofahrers? Hätte er anders handeln können oder wäre das mit negativen Konsequenzen für ihn verbunden gewesen? Ein sehr extremer Fall der Einschränkung der Handlungsfreiheit (coercion) ist z.B. die Drohung: Entweder du bringst deinen Freund um, oder ich bringe dich um. Je stärker die Handlungsfreiheit eingeschränkt wird, desto geringer fällt die Verantwortlichkeitsattribution zu Lasten des Akteurs aus. Prinzipiell gehören hierzu auch nicht-objektivierbare Einschränkungen, die lediglich vom Akteur subjektiv wahrgenommen worden sind (z.B. eine „göttliche Eingebung" oder halluzinierte Befehle).

▶ **Moralische Einsichtsfähigkeit:** War der Autofahrer in der Lage, die moralische Falschheit seines Handelns zu erkennen? Teilt er die Auffassung, dass das zielgerichtete Überfahren eines Fußgängers moralisch falsch ist? Oder ist er (aufgrund einer psychologischen Besonderheit oder seiner kulturspezifischen Sozialisation) nicht gewillt bzw. nicht fähig, die Falschheit seines Handelns zu erkennen?

Je mehr dieser Aspekte gegeben sind (vorhersehbare Konsequenzen, absichtliches Handeln, kein äußerer Zwang, moralische Einsichtsfähigkeit), desto größer ist die Verantwortlichkeit, die dem Akteur (hier: dem Autofahrer) zugeschrieben wird.

Dritter Schritt: Schuld. Der dritte und finale Schritt besteht darin, dass die Schuldfähigkeit des Akteurs ermittelt werden muss. Das bedeutet, Verantwortlichkeit ist nicht gleichbedeutend mit Schuld: Eine Person kann nach Shaver für eine Tat voll verantwortlich sein in dem Sinne, dass sie alle oben genannten Kriterien erfüllt; dennoch kann ihr volle Schuldfähigkeit abgesprochen werden. Das ist nämlich dann der Fall, wenn

▶ der Akteur in der Lage ist, für sein Handeln eine glaubhafte, nachvollziehbare Rechtfertigung (oder Ent-Schuldigung) vorzubringen und

▶ diese Rechtfertigung von der Person, die sie entgegen nimmt, auch akzeptiert wird.

Schuld wird dem Akteur also erst dann zugesprochen, wenn er keine Rechtfertigung vorweisen kann bzw. wenn diese nicht akzeptiert wird.

> **!** Wesentlich in Shavers Modell ist die Unterscheidung von Verantwortlichkeit und Schuld.

9.3.2 Modell von Montada (1989)

Montada differenziert Verantwortlichkeit in sechs Stufen, wobei die Intentionen der Person und ihre Kompetenzen über den Grad der Verantwortlichkeit entscheiden. Die Stufen – in abnehmender Verantwortlichkeit – lauten:

(1) Die Schädigung erfolgte absichtlich und böswillig.
(2) Die schädlichen Folgen der Handlung werden billigend in Kauf genommen.
(3) Die Schädigung erfolgte unbedacht und fahrlässig.
(4) Die Schädigung wurde unbeherrscht und impulsiv herbeigeführt, war erzwungen oder war nicht vorhersehbar.
(5) Die Handlung war gut gemeint, wurde aber ungeschickt oder falsch ausgeführt.
(6) Es liegt keine Handlung im eigentlichen Sinne vor, sondern lediglich ein unfreiwilliger, unbeabsichtigter Zufall.

Überprüfung des Modells. Das Stufenmodell wurde von Schmitt et al. (1991) in einer Vignettenuntersuchung empirisch unterprüft. Den Vpn wurden Szenarien (Vignetten) vorgegeben, in denen es sich um ein ärgerliches Ereignis handelte (Beispiel: Ein Mitbewohner beschmutzt den Hausflur, den man soeben geputzt hat). Die Vignetten waren mit unterschiedlichen Informationen bezüglich Böswilligkeit, billigender Inkaufnahme von Schaden, Fahrlässigkeit, Unvorhersehbarkeit, Ungeschicklichkeit und Zufälligkeit versehen. Abhängige Variable war der Ärger, den die Befragten in der geschilderten Situation empfinden würden. Es zeigte sich erwartungsgemäß, dass der Ärger kontinuierlich mit jeder Stufe der Verantwortlichkeit zunimmt (Abb. 9.2).

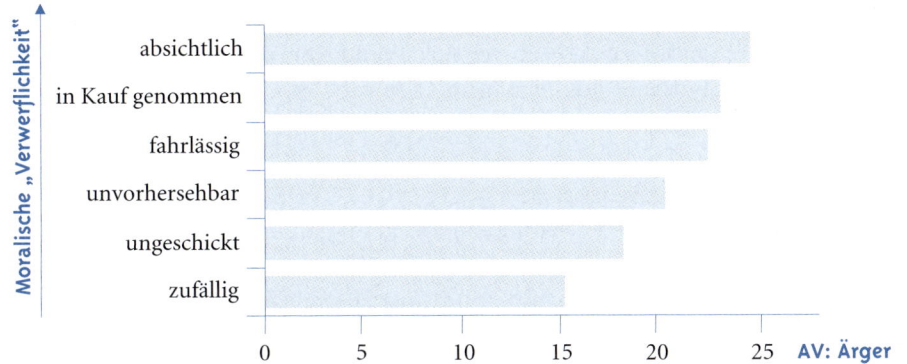

Abbildung 9.2. Ergebnisse der Studie von Schmitt et al. (1991). Der Ärger über eine Person ist dann am höchsten, wenn diese den Schaden absichtlich herbeigeführt hat; er ist dann am geringsten, wenn sie den Schaden gar nicht selbst ausgelöst hat. Die Ergebnisse bestätigen die Annahme Montadas, dass moralischer Ärger mit jeder Stufe der Verantwortlichkeit zunimmt

9.4 Konsequenzen von Attributionen

Gegenstand attributionaler Theorien sind die Konsequenzen von Attributionen für Erleben und Verhalten. Zwei attributionale Phänomene werden im Folgenden beispielhaft erläutert: Leistungsattribution und Leistungsmotivation und (Fehl-)Attribution physiologischer Erregung.

9.4.1 Leistungsattribution und Leistungsmotivation

Theorien der Leistungsmotivation messen Kausalattributionen eine wichtige Rolle bei, denn es gibt Attributionsmuster, die die Leistungsmotivation fördern, und solche, die sie untergraben.

▶ Günstig ist die Attribution auf internale, kontrollierbare, variable Faktoren (z.B. eine gute Prüfungsleistung auf die eigene Anstrengung zu attribuieren). Dies stärkt Selbstwirksamkeitserwartungen, Kontrollüberzeugungen und Selbstwertschätzung und hierüber die Leistungsmotivation.

▶ Ungünstig ist die Attribution auf unkontrollierbare und stabile Faktoren (z.B. eine chronische Versagensangst), da diese typischerweise nicht veränderbar sind; entsprechend sind internale Kontrollüberzeugungen und Selbstwirksamkeitserwartungen verringert.

9.4.2 (Fehl-)Attribution physiologischer Erregung

Ältere Theorien der Aktualgenese von Emotionen nehmen an, dass sich jede Emotion aus einem erhöhten unspezifischen Erregungszustand (arousal) und einer kognitiven Komponente, welche dem Erregungszustand eine Qualität verleiht, zusammensetzt. Der Zwei-Faktoren-Theorie der Emotion von Schachter (1964) zufolge nimmt der Organismus zunächst die unspezifische physiologische Erregung wahr (z.B. erhöhte Herz- und Atmungsfrequenz) und versucht daraufhin, die Ursache für diese Erregung zu ermitteln – es handelt sich hier also um einen Attributionsprozess. Das Ergebnis dieser Attribution ergibt dann die Qualität der Emotion.

Fehlattributionen. Da davon ausgegangen wird, dass die physiologische Erregung unspezifisch ist, kommen für sie ganz unterschiedliche Ursachen als gleichwertige Erklärungen in Betracht:

▶ körperliche Anstrengung,
▶ anregende Genussmittel wie Kaffee oder
▶ eine bestimmte Begebenheit in der sozialen Umgebung.

Aus der Theorie folgt, dass es immer dann, wenn wir den Grund einer physiologischen Aktivierung nicht kennen, zu Fehlattributionen kommen kann.

Experiment

Schachter & Singer (1962): Fehlattribution physiologischer Erregung

Ablauf:
Die Vpn bekamen unter einem Vorwand Epinephrin (= Adrenalin) gespritzt, das zu physiologischen Erregungssymptomen führt, d.h. der systolische Blutdruck steigt, Herz-und Atmungsfrequenzen nehmen zu etc. Den Vpn wurde gesagt, dass es sich bei dem Präparat um ein Vitamin (Suproxin) handele, und dass hier nun untersucht werden solle, ob sich das Vitamin auf die Sehfähigkeit auswirke.

Unabhängige Variable A: Bereitstellen einer Attribution für die Erregung

▶ **Bedingung 1 (richtig informiert):** Den Vpn wurde gesagt, dass das Vitaminpräparat bei einigen Personen Nebenwirkungen auslöst, die aber harmlos sind. Als Nebenwirkungen wurden die echten Wirkungen des Epinephrin beschrieben.

▶ **Bedingung 2 (nicht informiert):** Den Vpn wurde gesagt, das Vitamin habe absolut keine Nebenwirkungen.

▶ **Bedingung 3 (falsch informiert):** Den Vpn wurden angebliche Nebenwirkungen des Vitaminpräparats beschrieben, die nicht mit den tatsächlichen Wirkungen des Epinephrin übereinstimmten.

Anschließend wurden die Vpn in einen Warteraum geführt, in dem schon eine zweite Person wartete, angeblich eine andere Vp, in Wahrheit ein Konföderierter. In diesem Raum sollten die Vpn so lange warten, bis das Vitamin wirken und sie zum Test gerufen würden. Außerdem sollten sie einen Fragebogen ausfüllen.

Unabhängige Variable B:
Lenkung der physiologischen Erregung
Nach einer Weile fing die zweite Person an, Verhalten zu zeigen, das entweder

▶ **Bedingung Euphorie:** typisch für einen freudigen, euphorischen Gefühlszustand ist (Papierflieger bauen, mit Papierbällchen Zielübungen machen, sich kindisch und albern verhalten), oder aber

▶ **Bedingung Ärger:** typisch für Ärger ist (beim Beantworten des Fragebogens schimpfen und den Fragebogen schließlich zerreißen).

Abhängige Variable:
Nun sollten die Vpn einen Stimmungsfragebogen ausfüllen, sie sollten unter anderem angeben, wie stark ihre Euphorie bzw. ihr Ärger gerade sei. Unter der Bedingung Ärger wurde zusätzlich beobachtet, ob und in welchem Ausmaß die echten Vpn den verärgerten Äußerungen der falschen Vp zustimmten. Hieraus wurde ein Verhaltensindex gebildet.

Hypothesen:
▶ Diejenigen Vpn, die korrekt über die Wirkung des Epinephrin informiert wurden (Bedingung 1), haben für ihre physiologische Erregung eine Erklärung. Sie sollten ihre Erregung *richtig* attribuieren.

▶ Nicht und falsch informierte Vpn (Bedingung 2 und 3) haben keine Erklärung für ihre physiologische Erregung. Sie sollten die Situation im Sinne des Verhaltens der anderen Person interpretieren und sich ihre eigene Erregung mit der entsprechenden Emotion erklären.

Ergebnis:
Wurden die Vpn über die physiologisch stimulierende Wirkung des Präparats richtig informiert (Bedingung 1), ließen sie sich von einer euphorischen zweiten Vp weniger anstecken und zeigten bei einer ärgerlichen Vp selbst weniger Ärgerverhalten. Wurden die Vpn nicht oder falsch informiert (Bedingung 2 und 3), kam es zu Fehlattributionen der physiologischen Erregung.

9.5 Anwendungspraktische Bedeutung der Attributionsforschung

Attributionen beeinflussen Erleben und Verhalten. In vielen anwendungspraktischen Zusammenhängen ist deshalb die Analyse und Berücksichtigung von Attributionsprozessen von Bedeutung. Hier seien nur zwei Beispiele genannt.

9.5.1 Attributionsmuster und depressive Symptomatik

Theorie der erlernten Hilflosigkeit. Eine Theorie, die die psychologische Grundlage depressiver Störungen erklärt, stammt von Martin Seligman (1975) und ist unter dem Namen Theorie der erlernten Hilflosigkeit bekannt geworden. Seligmans Grundannahme lautet: Wenn Menschen in einer Situation die Erfahrung machen, dass sie ein bestimmtes Ereignis nicht kontrollieren können, entwickeln sie die Erwartung, auch in zukünftigen Situationen unkontrollierbaren Ereignissen ausgeliefert zu sein. Diese Hypothese ist beispielsweise in Tierversuchen (z.B. Overmier & Seligman, 1967) überprüft worden. Seligman glaubte ursprünglich, dass dieser einfache Lernmechanismus auch auf den Menschen übertragbar sei. Dies scheint so einfach jedoch nicht zu sein. Entsprechend unklar war das empirische Befundmuster in den Humanuntersuchungen von Seligman.

Aspekt der Ursachenzuschreibung. Die Theorie der erlernten Hilflosigkeit wurde daher von Abramson et al. (1978) erweitert. Demnach nehmen Menschen bei der Erfahrung von Kontrollverlust eine Ursachenzuschreibung vor. Nur wenn sie dabei zu der Wahrnehmung gelangen, dass der Kontrollverlust zeitlich stabil, universell oder global, über mehrere relevante Lebensbereiche konsistent und auf internale Ursachen zurückzuführen ist (d.h. immer nur an der Person selbst, nicht an den Umständen liegt), bildet sich ein Hilflosigkeitssymptom aus: Bei einem solchen Attributionsstil (stabil, universell, internal) wird auch für die Zukunft Nichtkontrollierbarkeit, d.h. eine Inkontingenz zwischen Handlungsmöglichkeiten und Ereignissen, erwartet. Entsprechend könnte eine Form der Intervention gegen eine depressive Symptomatik darin bestehen, den Attributionsstil der betroffenen Person zu verändern.

9.5.2 Attributionsmuster und Partnerschaftskonflikte

Die Analyse und Veränderung von Attributionen und festgefahrenen Attributionsmustern spielt auch in der Paarberatung eine große Rolle: Wenn negatives Partnerverhalten als absichtlich oder böswillig attribuiert wird (Er verbringt die Abende im Büro, weil er kein Interesse an mir hat; sie macht eine Besorgung nicht, weil sie mich ärgern will), verschlechtert sich die Beziehungsqualität. Wird positives Partnerverhalten auf egoistische Motive attribuiert (Er bringt mir nur Blumen mit, weil er mit mir ins Bett gehen will), verschlechtert sich die Beziehungsqualität ebenfalls.

Dass sich solche Attributionsmuster negativ auf die Beziehungsqualität auswirken, konnte in einer Reihe von Langzeitstudien anhand von Korrelationen gezeigt werden (z.B. Fincham et al., 1997). Ein Ansatzpunkt für die Paarberatung wäre, das Attributionsmuster deutlich zu machen und die eigene Rolle für die Partnerschaftsqualität zu klären, also den Klienten ein Störungsmodell zu vermitteln und anschließend die Attributionen zu verändern.

9.6 Kommentar und Ausblick

Kritik an der Rationalitätsimplikation. Wir haben festgestellt, dass Attributionen oft schematisch und automatisiert ablaufen, mitunter zu Fehlern und Verzerrungen führen und dass sie unter Umständen mit bestimmten Bedürfnissen, z.B. einem Selbstwertschutzmotiv zusammenhängen. Schaut man sich die Modelle, insbesondere das Kovariationsprinzip von Kelley und das Schuldattributionsmodell von Shaver, jedoch genauer an, tut sich ein Widerspruch auf, denn hier werden Attributionen als rationale Prozesse verstanden. In Shavers Modell müssen diverse Schritte durchlaufen werden, bis eine Person eine Schuldattribution vornehmen kann.

Dazu ist allerdings Folgendes anzumerken: Die Modelle zeigen lediglich, wie der Attributionsprozess ablaufen müsste, wenn er denn vollständig rational wäre – dass er das nicht ist, stellt die Modelle nicht grundsätzlich in Frage. Allerdings kann die Behauptung Heiders, dass der Mensch bei seiner naiven Ursachenanalyse genau so vorgeht wie ein Wissenschaftler, so nicht aufrecht erhalten werden.

Kritik an der Eindimensionalität (internal/external). Gegen die Heidersche Attributionstheorie spricht zudem die einfache Trennung in internal/external: Weiner konnte zeigen, dass (mindestens) zwei weitere Dimensionen (Stabilität und Kontrollierbarkeit) eine Rolle spielen.

Modellierung von Attributionsprozessen. Ein oft vorgebrachtes Argument gegen das Kovariationsprinzip von Kelley betrifft die Tatsache, dass wir im Alltag oft nur eine einzige Beobachtung machen, also Konsistenz, Distinktheit und Konsens eines Ereignisses bzw. eines Verhaltens gar nicht einschätzen können. Trotzdem sind wir in der Lage, Kausalattributionen zu treffen. Kelley (1972) hat sich selbst mit dieser Frage ausführlich beschäftigt und eingeräumt, dass der Attributionsprozess schematisch ablaufe. Erst in den 1980er Jahren versuchte man, diesen Ablauf genauer zu beschreiben (z.B. Gilbert et al., 1988).

9.7 Zusammenfassung

Wir haben uns mit der Genese und den Konsequenzen von Attributionsprozessen und Attributionsergebnissen beschäftigt.

Fritz Heider hielt im Rahmen seiner naiven Handlungsanalyse noch eine einzige Ursachendimension (internal oder effektive Kraft der Person versus external oder effektive Kraft der Umgebung) für ausreichend.

Im Ursachenschema nach Weiner werden zusätzlich noch unterschieden:
- ▶ die zeitliche Stabilität einer Ursache und
- ▶ ihre Kontrollierbarkeit.

Nach dem Kovariationsprinzip von Kelley nehmen Menschen Attributionen entweder
- ▶ auf die Person,
- ▶ auf die Entität oder
- ▶ auf spezifische situative Umstände vor.

Dazu analysieren sie drei Arten von Variationsquellen:

▶ Konsens (Vergleich über Personen),

▶ Distinktheit (Vergleich über Entitäten) und

▶ Konsistenz (Vergleich über Situationen).

Wichtig ist die Einsicht, dass eine Attribution auf spezifische situative Umstände – varianzanalytisch gesprochen – einer Dreifach-Interaktion aus den Faktoren Person × Entität × Situation entspricht.

Im Zusammenhang mit Attributionsfehlern und Attributionsverzerrungen haben wir

▶ den fundamentalen Attributionsfehler (auch Korrespondenzverzerrung),

▶ den Actor-Observer-Bias,

▶ den False-Consensus-Effekt und

▶ Attributionsasymmetrien bei Erfolg und Misserfolg besprochen.

Die Ursachen für solche Fehler und Verzerrungen können entweder motivationaler (z.B. Bedürfnis nach positivem Selbstwert, Kontrollmotiv) oder kognitiver Natur (z.B. Perspektivenunterschiede zwischen Akteur und Beobachter) sein.

Im Zusammenhang mit Verantwortlichkeits- und Schuldattributionen haben wir zum einen das Modell von Shaver behandelt. Shaver unterscheidet zwischen der Attribution von Fahrlässigkeit, Verantwortlichkeit und Schuld. Im Stufenmodell von Montada wird hingegen angenommen, dass es sechs Stufen der Verantwortlichkeitsattribution für eine Schädigung gibt, nämlich

▶ böswillige Absicht,

▶ billigende Inkaufnahme von Schaden,

▶ Fahrlässigkeit,

▶ Impulsivität, eingeschränkte Willensfreiheit oder Unvorhersehbarkeit,

▶ Ungeschicklichkeit oder

▶ unbeabsichtigter Zufall.

Beispiele für die anwendungspraktische Bedeutung der Attributionsforschung zeigen sich am Beispiel der Theorie der erlernten Hilflosigkeit (für Depression) sowie am Beispiel Partnerschaftskonflikte.

9.8 Übungsaufgaben

(1) Wie ist es zu erklären, dass Menschen geneigt sind, eher für negative Ereignisse spontane Attributionen zu suchen anstatt für positive?

(2) Inwiefern kann das Ursachenschema von Weiner als eine Erweiterung der theoretischen Annahmen von Heider (1958) verstanden werden?

(3) Peter hat seinen Zug verpasst. Welche Informationen wären nach Kelley nötig, um zu einer Attribution auf spezielle situative Umstände zu kommen?

(4) Inwiefern sind der fundamentale Attributionsfehler und der Actor-Observer-Bias als Widerspruch zum Kovariationsprinzip von Kelley zu verstehen?

(5) Können Sie sich vorstellen, dass man den Actor-Observer-Bias mit Hilfe eines Trainings dauerhaft überwinden kann? Wo müsste ein solches Training ansetzen, wenn lediglich die kognitiven Erklärungsmodelle zutreffen würden (und nicht die motivationalen)?

(6) Was ist nach Shaver (1985) der entscheidende Unterschied zwischen der Attribution von Verantwortung und der Attribution von Schuld?

(7) Herr Gärtner kommt gerade aus dem Fitnessstudio und verursacht beim Verlassen des Parkhauses einen Unfall. Wie könnte man attributionstheoretisch erklären, dass Herr Gärtner in dieser Situation aufgebrachter ist, als er es üblicherweise wäre (also ohne vorher im Fitnessstudio gewesen zu sein)?

Weiterführende Literatur

Ein Text, der sehr umfassend auf Heiders Beitrag zur Attributionstheorie, auf das Kovariationsprinzip von Kelley sowie auf dessen Erweiterungen (z.B. von Försterling) einige der hier angesprochenen Attributionsfehler und -verzerrungen eingeht ist:
Meyer, W.-U. & Försterling, F. (2001). Die Attributionstheorie. In D. Frey & M. Irle (Hrsg.), Theorien der Sozialpsychologie. Band I: Kognitive Theorien (2. Aufl.) (S. 175–214). Bern: Huber.

Der zweite Text setzt andere Schwerpunkte, geht detaillierter auf Attributionsfehler und -verzerrungen sowie auf Anwendungsperspektiven der Attributionsforschung ein:
Fincham, F. & Hewstone, M. (2002). Attributionstheorie und -forschung: Von den Grundlagen zur Anwendung. In W. Stroebe, K. Jonas & M. Hewstone (Hrsg.), Sozialpsychologie: Eine Einführung (4. Aufl.) (S. 215–263). Berlin: Springer.

10 Evolutionspsychologische und soziobiologische Theorien

Warum misshandeln Stiefeltern ihre Kinder wesentlich häufiger als leibliche Eltern? Wieso vermacht ein Erblasser dem eigenen Sohn mehr als der eigenen Ehefrau? Wieso würde man den eigenen Vater opfern, um dafür die eineiige Zwillingsschwester retten zu können? Evolutionspsychologische und soziobiologische The-

Was Sie in diesem Kapitel erwartet

orien versuchen, menschliches Verhalten im Hinblick auf seine evolutionäre Funktionalität hin zu erklären. Zentral ist die Annahme, dass sich kein Merkmal so entwickelt hätte, wenn diese Entwicklung nicht irgendwann einmal einen Vorteil für die Reproduktionswahrscheinlichkeit bedeutet hätte.

Klassische Theorien:

- ► Konsistenz- und Balancetheorien 2
- ► Theorie sozialer Vergleichsprozesse 3
- ► Austausch- und Ressourcentheorien 4
- ► Gerechtigkeitstheorien 5
- ► Soziale Identitätstheorie 6
- ► Rollentheorien 7
- ► Handlungstheorien 8
- ► Attributionstheorien 9
- ► Evolutionspsychologische Theorien 10

Bezüge zu anderen Theorie-Kapiteln:

- ► Partnermerkmale, die einen Reproduktionsvorteil sichern, haben einen höheren Tauschwert 4
- ► Austauschbeziehungen sind so gestaltet, dass sie für die beteiligten Organismen einen evolutionären Vorteil bedeuten 4
- ► Das Konzept der Geschlechtsrollen ist soziobiologisch gesehen überflüssig 7

Bezüge zu speziellen Themen-Kapiteln:

- ► Konflikte unter Männern sind Kämpfe um sexuelle Ressourcen 13
- ► Dem Bruder wird eher geholfen als dem Onkel 14
- ► Altruismus hat für Geber und Empfänger der Hilfe einen evolutionären Vorteil 14

10.1 Grundlagen

Evolutionspsychologie. Evolutionspsychologische Theorien stellen eine Synthese aus evolutionsbiologischen Ansätzen und psychologischen Theorien dar. Evolutionsbiologische Ansätze fußen zum großen Teil auf Charles Darwins Theorie der natürlichen Auslese (Darwin, 1859). Diese Theorie hat im Wesentlichen drei Bestandteile:

(1) **Variation.** Nicht nur zwischen verschiedenen Arten (Vögeln, Fischen, Menschen etc.) gibt es beträchtliche Unterschiede in der genetischen Konstitution, sondern auch innerhalb einer Art. Diese Variation zwischen Organismen ist entscheidend für evolutionäre Entwicklungen.

(2) **Vererbung.** Für die evolutionäre Entwicklung spielen nur jene Merkmale eine Rolle, die vererbt werden.

(3) **Selektion.** Bestimmte Merkmale sind für das Überleben einer Art von Vorteil. Beispielsweise lassen sich mit einer bestimmten Schnabelform Nüsse besser knacken als mit anderen denkbaren Formen. Solche Merkmale, die zum Reproduktionserfolg beitragen, werden bevorzugt weitervererbt. Im Gegensatz dazu werden jene Merkmale, die den Reproduktionserfolg mindern, nicht weiter vererbt – sie sterben aus.

Natürliche und sexuelle Selektion. Neben der natürlichen Selektion, die im Kampf ums Überleben geschieht, gibt es noch jene Selektion, die aus der Fortpflanzung von Organismen resultiert: Sexuelle Reproduktion vollzieht sich nicht zufällig, in jeder Art gibt es mehr oder weniger bevorzugte Fortpflanzungspartner. Wenn ein Geschlecht bestimmte Eigenschaften beim anderen Geschlecht bevorzugt, spricht man von intersexueller Selektion. Wer diese Merkmale besitzt, hat demnach einen höheren Reproduktionserfolg als seine Artgenossen. Die Reproduktionswahrscheinlichkeit eines Organismus nennt Darwin fitness. Die Idee der natürlichen und der sexuellen Selektion wurde auch unter dem Schlagwort „survival of the fittest" bekannt.

Soziobiologie. Der Begriff wurde von Edward O. Wilson geprägt, der 1975 mit seinem Buch „Sociobiology – The new synthesis" Aufsehen erregte. Die grundlegende Annahme der soziobiologischen Perspektive ist, dass eine Vielzahl sozialer Verhaltensweisen durch biologische und evolutionäre Prinzipien erklärbar ist. Besonderes Aufsehen erregte Wilson mit der Behauptung, dass diese Prinzipien auf alle Lebewesen anwendbar seien. Untersuchungen am Menschen, die diese Behauptung empirisch zu stützen in der Lage gewesen wären, blieb Wilson jedoch schuldig.

Evolutionäre Sozialpsychologie. Evolutionspsychologische und soziobiologische Theorien gehen weit über die Sozialpsychologie hinaus: In der Hauptsache geht es der Evolutionspsychologie um eine Erklärung geistiger Vorgänge. Insofern steht die Evolutionspsychologie der allgemeinen Psychologie näher als der Sozialpsychologie. Einige soziobiologische bzw. evolutionspsychologische Hypothesen betreffen jedoch genuin soziale Prozesse und Phänomene. Mit zweien dieser Phänomene, Partnerwahl und Elternschaft, werden wir uns im Folgenden beschäftigen.

10.2 Partnerwahl und Sexualverhalten

Darwin hatte festgestellt, dass bestimmte Merkmale nicht etwa deshalb eher vererbt werden, weil sie eine höhere Anpassung im Kampf ums Überleben und eine bessere Anpassung an Umweltbedingungen garantieren, sondern weil sie einer sexuellen Selektion unterworfen sind. Es werden zwei Formen unterschieden:

(1) **Intersexuelle Selektion:** Bestimmte Merkmale werden vom anderen Geschlecht bevorzugt.

(2) **Intrasexuelle Selektion:** Zwischen Organismen des gleichen Geschlechts gibt es Konkurrenz um das jeweils andere Geschlecht.

Beim Menschen zeigt sich die intersexuelle Selektion durch die Bevorzugung jener Merkmale, die dem anderen Geschlecht einen höheren Reproduktionserfolg zu garantieren scheinen. Das würde im einfachsten Fall bedeuten: Man bevorzugt aus einer gegebenen Menge von Partnern denjenigen, der die meisten Ressourcen besitzt und die meisten positiven Eigenschaften hat, denn dieser Partner besitzt den höchsten Reproduktionserfolgswert.

Schwierigkeiten bei der Partnerwahl. Allerdings ist dies in der Realität erfahrungsgemäß nicht so einfach.

▶ Potentielle Partner besitzen nicht nur positive, sondern auch negative Eigenschaften.

▶ Es ist unklar, wie zwei positive Eigenschaften (z.B. gutes Aussehen und Intelligenz) miteinander zu vergleichen sind.

▶ Die potentiellen Partner unterscheiden sich in ihrer Verfügbarkeit, denn sie versuchen natürlich auch, den Partner mit dem größten Reproduktionserfolg zu finden.

▶ Es ist unklar, in welcher Beziehung die jeweiligen Merkmale überhaupt zur faktischen fitness eines Organismus stehen: Woher weiß man, ob die Intelligenz des Partners überhaupt einen Selektionsvorteil bringt?

▶ Die Merkmale sind mitunter nur schwer zu diagnostizieren: Wie intelligent ist der potentielle Partner überhaupt?

▶ Die Gefahr einer Täuschung: Manche potentiellen Partner tun lediglich so, als ob sie über bestimmte Ressourcen und Eigenschaften verfügen würden – bisweilen stellt sich erst hinterher heraus, dass dies gar nicht der Fall ist.

Diese Probleme bedeuten eine Herausforderung für den Versuch, evolutionspsychologische Hypothesen empirisch zu stützen. In einem Bereich sind Evolutionspsychologie und Soziobiologie jedoch sehr gut in der Lage, stringente Hypothesen zu formulieren und diese auch empirisch zu testen: wenn es um Geschlechtsunterschiede im Partnerwahl- und Fortpflanzungsverhalten geht.

10.2.1 Geschlechtsunterschiede bei der Partnerwahl

Dass Männer andere Strategien der Partnerwahl verfolgen als Frauen und dass es im Sexualverhalten große Geschlechtsunterschiede gibt, liegt daran, dass Männer andere Strategien zur Steigerung ihres Reproduktionserfolgs verfolgen müssen als Frauen. Dies wiederum hängt mit biologischen Unterschieden zwischen den Geschlechtern zusammen:

(1) Bei Frauen ist der reproduktionsfähige Altersbereich kleiner als bei Männern: Männer können noch bis ins hohe Alter Kinder zeugen; Frauen sind nach der Menopause nicht mehr in der Lage, Kinder zu gebären.

(2) Frauen können nur eine begrenzte Zahl von Nachkommen haben. Die Zahl möglicher Nachkommen bei Männern ist um ein Vielfaches größer.

(3) Der Aufwand, die elterliche Investition, die von Frauen für die Entwicklung der Nachkommenschaft geleistet werden muss, ist größer als die von Männern.

(4) Frauen können sich ihrer Mutterschaft sicher sein, Männer dagegen nicht unbedingt (Mommy's baby, Daddy's – maybe . . .?).

Unterschiedliche Selektionskriterien. Nach einer gängigen Klischeevorstellung legen Männer bei der Wahl einer Partnerin mehr Wert auf Attraktivität, während Frauen Männer bevorzugt nach Status und Wohlstand aussuchen. Empirische Befunde (z.B. von Borkenau, 1993) bestätigen dieses Klischee. Die Attraktivitätsorientierung der Männer wird soziobiologisch damit erklärt, dass Attraktivität zum einen mit der gesundheitlichen Konstitution der Partnerin, zum andern auch mit dem Alter korreliert. Beide Faktoren, d.h. gute Gesundheit und junges Alter, implizieren eine höhere Wahrscheinlichkeit für eine zahlreiche, gesunde Nachkommenschaft.

Die Statusorientierung der Frauen wird soziobiologisch damit erklärt, dass Männer mit Status und Einfluss bei der Verteilung von Ressourcen im Vorteil sind und deshalb die gemeinsamen Nachkommen besser versorgen konnten als Männer mit geringem Status.

Für Geschlechtsunterschiede bei der Gewichtung von Selektionskriterien gibt es einige empirische Befunde (z.B. Chagnon, 1983).

Da Frauen nur begrenzt Nachkommen haben können und in jedes einzelne Kind sehr viel investieren, achten sie besonders darauf, einen Partner zu finden, der ihr genetisches Reproduktionsinteresse maximiert. Dies betrifft sowohl die genetische Ausstattung, d.h. die Wahrscheinlichkeit, mit diesem Mann gesunde und kräftige Kinder zur Welt zu bringen als auch die Bereitschaft und die Fähigkeit des Mannes, die Frau bei der Aufzucht der Nachkommenschaft zu unterstützen.

Männer hingegen können Fehler bei der Wahl einer Partnerin leicht durch einen neuen Zeugungsgang wettmachen. Die erforderliche Investition in Nachkommenschaft ist also viel geringer, auch deshalb, weil Männer sich auf das Interesse der Frau verlassen können, die Nachkommen durchzubringen. Allerdings können Männer von ihrem biologischen Reproduktionsvorteil nur dann profitieren, wenn sie mehrere Sexualpartnerinnen haben. Sind sie monogam, ist die mögliche Anzahl von Nachkommen durch das Reproduktionsvermögen der Frau begrenzt.

Eifersucht. Aus den unterschiedlichen Reproduktionsstrategien von Männern und Frauen sollte auch folgen, dass Eifersucht unterschiedliche Auslöser hat. Männer sollten, da sie sich ihrer Vaterschaft nie sicher sein können, stärker darauf bedacht sein, den sexuellen Zugang anderer Männer zur eigenen Partnerin zu unterbinden. Sie sollten deshalb auch auf sexuelle Untreue besonders empfindlich reagieren. Hingegen sollten Frauen, da sie sich ihrer Mutterschaft immer sicher sein können, weniger durch sexuelle Untreue eifersüchtig werden als vielmehr durch die Zuteilung von Ressourcen (Zeit, Geld, emotionale Unterstützung) des Partners an eine Konkurrentin. Empirische Untersuchungen (z.B. von Buss, 1995) bestätigen diese Erwartungen.

10.2.2 Geschlechtsunterschiede beim sexuellen Kontaktverhalten

Die Tatsache, dass es Männer im Vergleich zu Frauen sehr viel weniger Ressourcen kostet, Nachkommen zu schaffen, wirkt sich nicht nur auf die Partnerwahl, sondern auch auf sexuelles Kontaktverhalten aus. Für Männer bedeutet eine Steigerung des Reproduktionsvorteils ganz einfach, so viele Kinder wie möglich zu zeugen. Eine Frau kann hingegen nur einmal innerhalb von neun Monaten schwanger werden.

Eine Reihe von Untersuchungen, in denen Männer und Frauen nach ihren sexuellen Kontaktpräferenzen befragt wurden, sprechen für eine solche evolutionspsychologische Interpretation. Zwei Beispiele: Fragt man Männer und Frauen danach, ob sie sich vorstellen könnten, Sex mit irgendeiner Person des anderen Geschlechts zu haben (vorausgesetzt, dass diese Person ebenso attraktiv ist wie der gegenwärtige Partner des Befragten), sagen Männer viermal eher ja als Frauen (Symons & Ellis, 1989). Studierende wurden auf dem Campus von einer mittelmäßig attraktiven Person des anderen Geschlechts angesprochen. Diese Person stellte unter anderem die Frage: Würdest du heute abend mit mir ins Bett gehen? (Man beachte, dass es sich um eine völlig fremde Person handelte!) Keine einzige Frau willigte auf dieses Angebot ein; wohl aber drei Viertel der Männer!

10.2.3 Konkurrenz unter Männern

Intrasexuelle Selektion bewirkt Konkurrenzverhalten um die jeweils zur Verfügung stehenden Partnerinnen bzw. Partner. In diesem Sinne ist der Befund zu interpretieren, dass Männer und Frauen dazu neigen, sich abschätzig gegenüber potentiellen Konkurrentinnen oder Konkurrenten des gleichen Geschlechts zu äußern (Buss & Dedden, 1990). Allerdings neigen Männer viel eher als Frauen zu aggressivem Verhalten gegenüber potentiellen Konkurrenten.

Kampf um Ressourcen und Demonstration von Wehrhaftigkeit. Soziobiologisch wird das aggressive Verhalten von Männern damit erklärt, dass Männer Kämpfe um materielle und soziale Ressourcen austragen, die sie für Frauen attraktiv machen, und dass sie potentiellen Sexualpartnerinnen ihre Wehrhaftigkeit und Fähigkeit zur Verteidigung demonstrieren. Beispielsweise ist die Anzahl kriegerischer Auseinandersetzungen in einem Land mit der Anzahl junger (geschlechtsreifer) Männer korreliert ($r = 0.76$; Mesquida & Wiener, 1999). Dieser Befund wird als Beleg dafür angesehen, dass junge Männer im reproduktionsfähigen Alter eher Kämpfe um ihren Reproduktionserfolg austragen.

Solche Studien sind allerdings methodisch mit starken Problemen behaftet: Was bedeutet „relative Anzahl junger Männer" in einem Gebiet? Es bedeutet, dass dort die Geburtenrate hoch ist – die Rate früh Sterbender allerdings auch. Dieses Muster ist typisch für arme Länder. Es kann also einfach sein, dass die Korrelation durch eine Drittvariable zustande kommt, nämlich Armut!

10.3 Elternschaft und Verwandtschaft

10.3.1 Elterliche Fürsorge

Das Erzeugen und Aufziehen von Nachkommen wirkt sich direkt auf den Reproduktionserfolg eines Organismus aus: Je mehr Nachkommen eine Person hat (welche ihrerseits wiederum Nachkommen haben), desto eher ist das Überleben des eigenen genetischen Materials gesichert. So gesehen ist es sinnvoll, in die Aufzucht von Nachkommen viel zu investieren. Die Investition kann allerdings mehr oder weniger lohnenswert sein: Es lohnt sich für ein Elternteil eher, in jene Nachkommen zu investieren, die einen höheren Reproduktionserfolg haben oder zu garantieren scheinen. Aus dieser – sehr provokanten – Annahme lassen sich folgende empirisch prüfbare Hypothesen ableiten:

(1) Stiefeltern oder Adoptiveltern sorgen weniger für ihre Kinder als leibliche Eltern.
(2) Männer, die sich unsicher sind, ob die Kinder ihre eigenen sind, investieren weniger in diese als Männer, die sich ihrer Vaterschaft sicher sind.
(3) Die elterliche Fürsorge sollte für Kinder mit einem von vornherein verringerten Reproduktionserfolg geringer ausfallen.

Leibliche Eltern und Stiefeltern. Die erste Hypothese wurde im Hinblick auf elterliche Fürsorge untersucht (z.B. Anderson et al., 1999). Sie wurde auch auf die Wahrscheinlichkeit für das Gegenteil hin, nämlich Kindesmisshandlungen und Kindstötungen untersucht (z.B. Daly & Wilson, 1988). Nach Anderson et al. (1999) investieren Väter im Durchschnitt über 15.000 Dollar mehr in die Ausbildung ihrer Kinder, wenn es sich um leibliche Kinder handelt, als wenn es sich um Stiefkinder handelt. Daly und Wilson (1988) untersuchten die Wahrscheinlichkeit, mit der ein Kind von seinen Erziehungsberechtigten misshandelt wird, in Abhängigkeit davon, ob das Kind bei seinen beiden leiblichen Eltern oder bei einem leiblichen und einem Stiefelternteil lebt. Für letztere ist diese Wahrscheinlichkeit vierzigmal höher als für erstere.

Unsichere Vaterschaft. Kinder, deren Väter sich der Vaterschaft sicher waren, erhielten in der Studie von Anderson et al. (1999) 28.400 Dollar mehr für ihre College-Ausbildung als Kinder, deren Väter sich ihrer leiblichen Vaterschaft nicht sicher waren oder wussten, dass sie nicht die leiblichen Väter der Kinder sind. Möglicherweise kommt dieser Zusammenhang jedoch teilweise durch den gemeinsamen Faktor Armut zustande.

Gesundheit des Kindes. Eine systematische Analyse des mütterlichen Kommunikationsverhaltens gegenüber ihren Kindern ergab, dass Mütter von Zwillingen, von denen eines gesünder war als das andere, mehr positives Verhalten (Küssen, Halten, Beruhigen, Spielen etc.) dem gesunden Zwilling gegenüber zeigten als dem weniger gesunden (Mann, 1992). Ferner weisen Kinder mit angeborenen Anomalien (z.B. Wirbelsäulenspalte, Gaumenspalte, Down-Syndrom) ein erheblich höheres Risiko auf, von ihren Eltern misshandelt zu werden als gesunde Kinder (Daly & Wilson, 1981).

10.3.2 Verwandtenselektion beim Hilfeverhalten

Eine wichtige Einsicht aus den bisher dargestellten Annahmen und Befunden evolutionspsychologischer und soziobiologischer Theorien ist, dass ein Organismus die Reproduktionswahrscheinlichkeit seiner genetischen Ausstattung auch indirekt erhöhen kann: Es werden all jene Organismen gefördert und versorgt, die zumindest teilweise genetisch identisch ausgestattet sind (also Verwandte) und ihrerseits eine ausreichende Reproduktionswahrscheinlichkeit haben.

Gesamtfitness. Das Konzept der Gesamtfitness wurde von William Hamilton (1964) eingeführt. Es besagt, dass sich die Fitness eines Organismus nicht nur an seiner eigenen Überlebens- und Reproduktionswahrscheinlichkeit bemisst, sondern − indirekt − auch an der Überlebens- und Reproduktionswahrscheinlichkeit aller verwandten Organismen, multipliziert mit dem Verwandtschaftsgrad (r für relatedness). Dieser kann wie folgt ermittelt werden:

▶ Eineiige Zwillinge haben einen Verwandtschaftsgrad von $r = 1$, denn sie teilen 100 Prozent ihres genetischen Materials.

▶ Zweieiige Zwillinge, leibliche Geschwister sowie Eltern gegenüber ihren Kindern haben einen Verwandtschaftsgrad von $r = 0,5$, denn sie teilen 50 Prozent ihres genetischen Materials.

▶ Mit leiblichen Großeltern, Enkelkindern, Onkeln und Tanten bzw. Neffen und Nichten teilt man 25 Prozent des genetischen Materials; hier beträgt der Verwandtschaftsgrad also $r = 0,25$.

In diesem Sinne wäre es beispielsweise evolutionär „sinnvoll", einem Verwandten in einer lebensbedrohlichen Situation zu helfen − schließlich rettet man damit einen Teil des eigenen genetischen Materials. Wie „evolutionär sinnvoll" eine Rettungsaktion in einer Notsituation jeweils ist, bemisst sich in Anlehnung an Hamilton (1964)

▶ am Verwandtschaftsgrad,

▶ an der Reproduktionswahrscheinlichkeit des Hilfe empfangenden Organismus und

▶ an einer möglichen Minderung der Reproduktionswahrscheinlichkeit (z.B. Lebensgefahr) des helfenden Organismus.

Wenn die Kosten für den Helfenden (*c* für costs) kleiner sind als das Produkt aus Verwandtschaftsgrad (*r*) und Nutzen für den Empfänger (*b* für benefits), dann ist Hilfeverhalten wahrscheinlich. Sind die Kosten größer als das Produkt aus *r* und *b*, ist die Hilfe nicht evolutionär sinnvoll; ein solches Verhalten dürfte demnach nicht evolutionär begünstigt werden.

> **Hamilton-Regel.** Hilfeverhalten gegenüber einem Verwandten ist dann wahrscheinlich, wenn folgendes gilt:
> $$c < r \cdot b$$

Empirische Hinweise. Eine bekannte empirische Untersuchung stammt von Burnstein et al. (1994). Hier wurden Vpn gebeten, sich vorzustellen, dass ein Haus abbrenne und sich darin drei Personen befänden. Die Vpn hätten nun die Möglichkeit, nur eine der drei Personen zu retten, die anderen würden in jedem Fall sterben. Experimentell variiert wurde das Verwandtschaftsverhältnis: eine der drei Personen war entweder ein Geschwister ($r = 0{,}5$), ein Neffe oder eine Nichte ($r = 0{,}25$) usw. Die anderen Größen der Hamilton-Formel wurden konstant gehalten. Die Ergebnisse zeigen, dass die Hilfsbereitschaft zugunsten der Verwandten mit steigendem Verwandtschaftsgrad systematisch ansteigt: In einer Situation, in der es um Leben und Tod geht und in der die Vpn nur die Möglichkeit haben, eine von zwei Personen zu retten, entscheiden sie sich um so eher dafür, ein Familienmitglied zu retten, je näher es mit ihnen verwandt ist.

10.3.3 Verwandtenselektion bei Erbschaftsaufteilungen

Eine besonders interessante abhängige Variable, mit der sich die evolutionspsychologischen Vorhersagen gut empirisch überprüfen lassen, sind testamentarische Entscheidungen hinsichtlich einer Aufteilung des Erbes an die Hinterbliebenen. Wenn die Förderung von Nachkommen eine indirekte Möglichkeit zur Steigerung des eigenen Reproduktionserfolges darstellt, dann dürfte sich dies auch darin äußern, dass die Höhe der Hinterlassenschaft positiv mit dem Verwandtschaftsgrad korreliert. Erbschaftsaufteilungen lassen sich auch besser erfassen als das Verhalten von Vpn in Notfallsituationen: Man könnte im einfachsten Fall real existierende Testamente auswerten und die Höhe der Hinterlassenschaft in Abhängigkeit vom Verwandtschaftsgrad mit dem jeweiligen Begünstigten registrieren. Eine solche Variable ist weitaus weniger künstlich als (selbstberichtetes) Verhalten in standardisierten Szenarios, wie sie in der Untersuchung von Burnstein et al. (1994) verwendet wurden.

Die Studie von Cartwright (2000). Hier zeigte sich, dass der Verwandtschaftsgrad in der Tat mit der Höhe der Hinterlassenschaft korreliert. Es stellte sich aber auch heraus, dass dem Ehepartner die meisten Ressourcen hinterlassen werden, gefolgt von den eigenen Kindern. Geschwistern und weiteren Verwandten wird im Vergleich dazu weniger hinterlassen.

Die Studie von Judge und Blaffer Hrdy (1992). Die Autoren analysierten rund 1500 Testamente in Kalifornien und fanden ein spezifisches Muster: Männer gaben im Mittel 80 Prozent des Erbes an die überlebende Gattin und nur 17 Prozent an die Kinder. Frauen dagegen wiesen ihren Gatten nur einen Anteil von 40 Prozent zu, ihren Kindern dagegen 48 Prozent. Die Erklärung für dieses Muster lautet wie folgt: Da die reproduktive Phase von Frauen kürzer ist als die von Männern, ist es wahrscheinlicher, dass die überlebenden Männer erneut heiraten und Kinder kriegen und dass die eigenen Kinder in diesem Fall schlechter wegkommen.

10.4 Kommentar und Ausblick

Evolutionspsychologische und soziobiologische Theorien haben aufgrund ihrer provokanten Grundannahmen und Ableitungen die Gemeinschaft der Sozialwissenschaftler von jeher polarisiert. Auf die einen wirken sie faszinierend, da sie eine radikal alternative, in sich konsistente und mit weitreichenden Implikationen behaftete Perspektive auf menschliches Verhalten und Erleben eröffnen. Auf die anderen wirken sie abschreckend, da sie viele der in den Sozialwissenschaften traditionell erforschten Konzepte überflüssig machen oder zumindest in ihrer Bedeutsamkeit einschränken. Edward Wilson, der Autor von „Sociobiology: The new synthesis", wurde bei öffentlichen Vorträgen ausgebuht und niedergeschrien.

Determinismusannahme. Gegner der evolutionspsychologischen Sichtweise führen immer wieder an, die Theorie Wilsons sei radikal deterministisch und impliziere eine Rechtfertigung für tabuisiertes deviantes Verhalten wie Kindesmisshandlung oder Vergewaltigung. Das Determinismusargument ergibt sich, weil die Entscheidung, welche Merkmale Eigenschaften und Verhaltensweisen sich als evolutionär funktional erweisen und insofern bei der Vererbung begünstigt werden, nicht der willentlichen Kontrolle des Menschen unterliegt. Zweifelsohne sind viele Ursache-Folge-Beziehungen genetisch determiniert, beispielsweise bewirkt das HI-Virus eine – kaum von außen beeinflussbare – Schwächung des Autoimmunsystems. Solche genetisch determinierten Effekte sind jedoch nicht gleichzusetzen mit willentlichem Handeln, z.B. der Entscheidung, sein Kind zu misshandeln oder eine Frau zu vergewaltigen.

Die moderne Evolutionspsychologie steht hinsichtlich ihrer Annahme, dass es sowohl dispositionelle, zeitlich stabile und transsituational konsistente als auch situations- und kontextspezifische Anteile des Verhaltens gibt, anderen modernen psychologischen Theorien in nichts nach. Provokant hingegen ist die Annahme, dass diese Verhaltensanteile – unabhängig davon, welche (moralische) Wertigkeit sie in einer Gesellschaft haben – evolutionär funktional sind bzw. zumindest evolutionspsychologisch plausibel erklärt werden können.

Vererbung ist nicht normativ. Die Tatsache, dass es für ein Verhalten eine evolutionspsychologisch plausible Grundlage gibt, bedeutet nicht, dass es moralisch entschuldbar ist: Das Argument, dass alle vererbten Merkmale a priori gut und richtig seien, nur weil sie sich in einem gegebenen Kontext als evolutionär funktional erwiesen haben, trifft bei weitem nicht zu. Auch trifft nicht zu, dass vererbte Merkmale nicht zu verändern seien. Eine solche Behauptung macht die Evolutionspsychologie nicht.

Populismus. Dass evolutionspsychologische Positionen polarisieren, hat zur Folge, dass sie sich einer großen medialen Beliebtheit erfreuen und dass man mitunter auf Aussagen selbsternannter Experten trifft, die zwar einen evolutionspsychologischen Anstrich haben, jedoch bei genauerem Hinsehen unhaltbar sind. Besonders in der populärwissenschaftlichen Literatur erliegen einige Autoren der Versuchung, alltägliche Banalitäten (wie etwa das Verhalten von Menschen im Biergarten) vollständig evolutionär zu beschreiben und zu erklären. Dabei werden Analogien aus dem Tierreich oder aus den (vermutlichen) Lebenssituationen unserer Vorfahren in der afrikanischen Savanne herangezogen. Solche Vergleiche sind für den unerfahrenen Leser oft plausibel und haben eine gewisse Faszination. Einen ähnlichen Effekt findet man im Zusammenhang mit psychoanalytischen Theorien. Mit einer wissenschaftlichen Analyse der sozialen Wirklichkeit hat das allerdings oft nichts zu tun.

Empirische Befunde. Eine letzte Bemerkung gilt den Versuchen der empirischen Bestätigung evolutionspsychologischer und soziobiologischer Theorien. Grundsätzlich stehen solche Versuche vor den gleichen Herausforderungen wie alle anderen empirischen Ansätze auch. Bisweilen neigen Evolutionspsychologen allerdings zu einer vorschnellen Interpretation ihrer Befunde zugunsten ihrer Sichtweise, ohne zu prüfen, ob nicht eine andere Sichtweise eine alternative Interpretation nahe legen könnte. Ein solches Beispiel haben wir mit der Korrelationsstudie von Mesquida und Wiener (1999) kennen gelernt: Der auf den ersten Blick beeindruckende Befund ist möglicherweise auf eine sogenannte Konfundierung mit einer Drittvariablen (Armut) zurückzuführen. Ein zweites Beispiel sei hier anekdotisch genannt: Karl Grammer stellte in einer aufwendigen Beobachtungsstudie fest, dass Frauen in einer Bar öfter angesprochen wurden, wenn sie sich gerade in der fruchtbarsten Phase ihres Zyklus befanden (Grammer, 1996; zitiert nach Buss, 2004). Heißt das, dass Männer einen − irgendwie genetisch codierten − Sensor für die Fruchtbarkeit einer potentiellen Sexualpartnerin haben? Nicht unbedingt; eine alternative Erklärung könnte lauten, dass Frauen in dieser Zyklusphase ihrerseits häufiger sexuelle Kontakte initiieren oder dass sie sich in dieser Phase reizvoller kleiden (Buss, 2004).

Evolutionspsychologische und soziobiologische Theorien stellen für viele Bereiche eine interessante theoretische Alternative dar. Dass es viele Befunde gibt, die eine soziobiologische Interpretation nahe legen, sollte von den Vertretern alternativer Sichtweisen nicht als Bedrohung aufgefasst werden. Mitunter stellen evolutionspsychologische Interpretationen sogar eine Bereicherung dar, und zwar nicht nur für die Theorienbildung, sondern auch für den empirischen Versuch, Alternativhypothesen gegeneinander zu testen.

10.5 Zusammenfassung

Evolutionspsychologische und soziobiologische Theorien basieren zum großen Teil auf der Theorie der natürlichen und der sexuellen Selektion von Charles Darwin. Zentral ist hier die Annahme, dass die Evolution jene Merkmale begünstigt, die sich bei der Anpassung eines Organismus an die jeweils gegebenen Umweltbedingungen als förderlich erwiesen haben: Sie werden weitervererbt. Andere, nicht förderliche Variationen werden hingegen nicht weitervererbt, sie sterben aus. Übertragen auf menschliches Sozialverhalten ergibt dies: Jene Merkmale werden von der Evolution begünstigt, die einen Reproduktionserfolg garantieren. Hierzu gehören beispielsweise

▶ geschlechtsspezifische Strategien bei der Partnerwahl und beim sexuellen Kontaktverhalten,
▶ Formen der elterlichen Fürsorge sowie
▶ die Bevorzugung von Verwandten und selektives Hilfeverhalten.

Strategien der Partnerwahl hängen damit zusammen, dass Männer im Gegensatz zu Frauen mehr Kinder zeugen können, hierfür weniger Ressourcen benötigen und einen größeren reproduktionsfähigen Lebenszeitbereich haben. Männer können sich ihrer Vaterschaft hingegen nicht sicher sein.

Aus diesen geschlechtsspezifischen Unterschieden lassen sich Unterschiede bei der Partnerwahl in Bezug auf

▶ die Gewichtung bestimmter Kriterien,
▶ die Auswahlstrategie,
▶ Reaktionen auf Untreue und
▶ sexuelle Kontaktpräferenzen ableiten.

Der Reproduktionserfolg eines Organismus entspricht nicht nur seiner eigenen Überlebens- und Reproduktionswahrscheinlichkeit, sondern auch der Überlebens- und Reproduktionswahrscheinlichkeit all jener Organismen, mit denen man die genetische Ausstattung teilt, also Blutsverwandten. Die Bevorzugung von Verwandten bei

▶ Hilfebereitschaften in lebensbedrohlichen Situationen und
▶ Erbschaftsaufteilungen

ist im Sinne einer Steigerung der Gesamtfitness (Hamilton) interpretierbar.

Elterliche Fürsorge kann als eine strategische Form des (indirekten) Investierens in den eigenen Reproduktionserfolg interpretiert werden.

10.6 Übungsaufgaben

Im Folgenden finden Sie acht Aussagen. Jede dieser Aussagen ist entweder richtig oder falsch. Kreuzen Sie diejenigen Aussagen an, die Sie für richtig halten. Achten Sie auf Aussagen, die Sie aufs Glatteis führen wollen! (Lösungen am Kapitelende)

(1) Evolutionspsychologische Theorien gehen davon aus, dass menschliches Sozialverhalten instinkthafte Anteile mit genetischer Basis besitzt.

(2) Das Konzept der Gesamtfitness besagt, dass die Überlebens- und Vermehrungswahrscheinlichkeit eines Gens vom Reproduktionserfolg all seiner Träger abhängt.

(3) Das Prinzip der Damenwahl wird von evolutionspsychologischen Theorien darauf zurückgeführt, dass Frauen wegen der geringeren Zahl von Nachkommen ihre Fitness dadurch maximieren müssen, dass sie einen gesunden und fürsorglichen Vater zur Zeugung gemeinsamer Nachkommen wählen.

(4) Dass Männer aggressiver sind als Frauen wird von evolutionspsychologischen Theorien damit erklärt, dass Männer ihre Fitness steigern können, wenn sie andere Männer vom sexuellen Zugang zu Frauen abhalten.

(5) Gegenüber Verwandten ist man nach Auffassung evolutionspsychologischer Theorien hilfsbereiter, weil bei Verwandten die Reziprozitätsnorm besonders stark ausgeprägt ist.

(6) Hilfsbereitschaft ist laut den evolutionspsychologischen Theorien eine Funktion des Produkts aus Verwandtschaftsgrad und Reproduktionswahrscheinlichkeit der hilfsbedürftigen Person.

(7) Evolutionspsychologische Theorien nehmen an, dass Männer mehr Seitensprünge begehen als Frauen. Diese Annahme kann mit dem logischen Argument erschüttert werden, dass jeder heterosexuelle Seitensprung eines Mannes eine sexuell verfügbare Frau erfordert und die Zahl von Männern und Frauen, die Seitensprünge begehen, deshalb exakt gleich groß sein muss.

(8) Evolutionspsychologische Theorien kann man mit dem Argument entkräften, dass eine Person, wenn sie nicht weiß, dass eine hilfsbedürftige andere Person mit ihr verwandt ist, dieser auch nicht mehr hilft als einer x-beliebigen anderen fremden Person.

Weiterführende Literatur

Das folgende Büchlein gibt einen unterhaltsamen und lehrreichen Einblick in die Grundlagen und zentralen Annahmen der Evolutionspsychologie bzw. der Soziobiologie. Es ist mehr ein Comic denn ein wissenschaftliches Buch oder Lehrbuch, und dennoch ist die Darstellung umfassend und sachlich:
Evans, D. & Zarate, O. (1999). Introducing evolutionary psychology. Duxford (UK): Icon Books.

Der folgende Lehrbuchtext bezieht sich auf evolutionspsychologische Theorien, insoweit sie für die Sozialpsychologie relevant sind:
Archer, J. (2002). Evolutionäre Sozialpsychologie. In W. Stroebe, K. Jonas & M. Hewstone (Hrsg.), Sozialpsychologie: Eine Einführung (4. Aufl.) (Kapitel 2; S. 25–51). Berlin: Springer.

Richtig sind die Aussagen Nr. 1, 2, 3, 4 und 6.

Teil II

Spezielle Themen
der Sozialpsychologie

11 Sozialer Einfluss

Tagtäglich werden wir beeinflusst: Die Werbung sagt uns, was wir kaufen sollen, unsere Vorgesetzten sagen uns, was wir leisten sollen, unsere Partner sagen uns, wie wir uns ihnen gegenüber verhalten sollen, wir folgen bestimmten Regeln, Gesetzen usw. Die bloße Anwesenheit einer anderen Person – und bereits die *Vorstellung*, es sei noch eine andere Person anwesend – hat einen massiven Einfluss auf unser Verhalten und unsere Leistungsfähigkeit. Auch unsere Meinungen unterliegen sozialen Einflüssen, vor allem innerhalb von Gruppen, wenn die Gruppenmitgliedschaft für uns attraktiv

Was Sie in diesem Kapitel erwartet

ist (Stichwort „positive soziale Identität") und wir mit unserer eigenen Meinung eher unentschieden sind. Generell gilt: Je mehr Beeinflussende, desto größer der Einfluss. Trotzdem können auch Minderheiten, wenn sie beharrlich sind, eine Mehrheitsmeinung zum Kippen bringen. Eine andere Form der sozialen Beeinflussung ist Gehorsam gegenüber Autoritäten, und sie kann – wie wir noch sehen werden – uns dazu bringen, Dinge zu tun, die wir nicht für möglich halten würden.
Wie wehrlos sind wir gegen Einflüsse von außen?

Bezüge zu klassischen Theorie-Kapiteln:

► Mit seiner Meinung von der Gruppenmeinung abzuweichen, erzeugt kognitive Dissonanz **2**
► Uniformitätsdruck in einer Gruppe sorgt dafür, dass sich Meinungen und Urteile einander annähern **3**
► Gemeinsame Normen schaffen eine gemeinsame soziale Identität **6**
► Rollenverhalten heißt, sich Gruppennormen zu beugen **7**

Spezielle Theorien:

► Sozialer Einfluss **11**
► Soziale Einstellungen **12**
► Aggression **13**
► Altruismus **14**
► Gruppenprozesse **15**

Bezüge zu anderen Themen-Kapiteln:

► Mitglieder einer Gruppe beeinflussen sich hinsichtlich ihrer Einstellungen oft gegenseitig **12**
► Gegen gezielte Einflussnahme von außen kann man sich auch wehren **12**
► Auch Normen des Helfens sind eine Form des sozialen Einflusses **14**
► Die bloße Anwesenheit anderer beeinflusst unser Verhalten **15**
► Homogene Gruppen sind unter Umständen zu besseren Leistungen fähig **15**

Die Sozialpsychologie beschäftigt sich mit der Frage, welchen Einfluss die tatsächliche oder die vorgestellte Anwesenheit anderer auf das menschliche Erleben und Verhalten ausübt (vgl. 1 Einführung). Verkürzt könnte man auch sagen: Aufgabe der Sozialpsychologie ist es, sozialen Einfluss zu erforschen. An vielen Stellen in den vorangegangenen Kapiteln war von sozialem Einfluss die Rede, z.B. bei der Theorie sozialer Vergleichsprozesse (Kapitel 3, Stichwort: Einfluss der Meinungen bzw. Fähigkeiten anderer) oder den Austauschtheorien (vgl. 4.2.2 Macht und Abhängigkeit).

Impliziter verus expliziter Einfluss. Sozialer Einfluss kann explizit sein oder implizit sein.

▶ Von impliziten Einfluss spricht man, wenn die Personen, von denen der Einfluss ausgeht, ihr Verhalten nicht strategisch oder kontrolliert ausüben;

▶ Von expliziten Einfluss spricht man, wenn die beeinflussenden Personen kontrolliert und strategisch auf die zu beeinflussende Person (das Einflussobjekt) einzuwirken versuchen.

Expliziter Einfluss kann in unterschiedlicher Form, mit unterschiedlichen Zielsetzungen und in unterschiedlichen sozialen oder gesellschaftlichen Kontexten ausgeübt werden. Entsprechend vielfältig sind die Begriffe, mit denen man den gewollten sozialen Einfluss alltagssprachlich bezeichnet. Man spricht von Suggestion, Manipulation, Propaganda, Werbung, Verführung, Überredung, Überzeugung, Zwang usw.

Aus dem inzwischen großen Spektrum von Fragestellungen und Forschungslinien greifen wir vier ebenso typische wie klassische heraus:

▶ spontane Entstehung von Gruppennormen (11.1),

▶ Konformität (11.2),

▶ Minoritäteneinfluss (11.3),

▶ Gehorsam (11.4) und

▶ Manipulationstechniken (11.5).

11.1 Spontane Entstehung von Gruppennormen

Unser soziales Verhalten wird zum großen Teil von Normen gelenkt. Normen sind allgemein gesprochen Erwartungen der sozialen Gemeinschaft, wie man sich in bestimmten Situationen verhalten sollte.

Orientierungsfunktion. Normen haben für das gesellschaftliche Zusammenleben eine Orientierungsfunktion. Da sie von allen Mitgliedern einer Gemeinschaft geteilt werden, weiß ein Individuum, wie es sich in bestimmten Situationen zu verhalten hat und wird von ressourcenaufwendigen Entscheidungsprozessen entlastet (Orientierungsfunktion von Normen, vgl. 7.1.3 Rollentheoretische Perspektive „Rolle als Skript").

Soziale Identität durch Gruppennormen. Normatives Verhalten hält aber auch die soziale Gemeinschaft zusammen; Normen tragen zur sozialen Identität einer Gruppe bei, insbesondere dann, wenn es sich um gruppenspezifische Normen handelt. Daher haben Gemeinschaften ein Interesse daran, ihre Normen zu verteidigen. Entsprechend wird normabweichendes Verhalten einzelner Mitglieder üblicherweise sozial sanktioniert (vgl. 5.4 Vergeltungsgerechtigkeit).

Homogenisierung individueller Urteile in Gruppen. Da Normen für die soziale Identität einer Gruppe bedeutsam sind, ist es gut denkbar, dass Gruppen diese spontan entwickeln. In einer frühen und inzwischen klassischen sozialpsychologischen Untersuchung hat Sherif (1935, 1936) sich systematisch mit diesem Phänomen befasst. Die Befunde seiner Experimente zeigen sehr eindrucksvoll, dass Menschen dazu neigen, in unsicheren Situationen spontan eine Gruppennorm zu etablieren und sich an diese zu halten.

Speziell ging es bei Sherif um ein höchst subjektives Wahrnehmungsphänomen, die sogenannte autokinetische Empfindung. Damit ist folgendes gemeint: Wenn man in einem völlig dunklen Raum einen fixen Lichtpunkt sieht, glaubt man, er bewege sich. Diese Wahrnehmungstäuschung kommt dadurch zustande, dass man beim Versuch, den Lichtpunkt zu fixieren, unwillkürliche Augen- oder Kopfbewegungen macht. Des autokinetischen Eindrucks kann man sich auch nicht erwehren, wenn man ihn kennt.

Sherif (1936): Urteilshomogenisierung beim autokinetischen Effekt

Ablauf:
Die Vpn wurden in Gruppen mit je drei Personen eingeteilt. Sie befanden sich in einem völlig abgedunkelten Raum. In einer Entfernung von fünf Metern stand ein Kasten mit einer kleinen, den Vpn zugewandten Öffnung. Im Kasten befand sich eine Lichtquelle. Die Vpn konnten also einen Lichtpunkt durch die Öffnung sehen.

Abhängige Variable:
Die Aufgabe der Vpn bestand darin, den Lichtpunkt eine halbe Minute lang zu fixieren und dann anzugeben, um wie viel Zoll er sich ihrer Meinung nach bewegt hatte.

Unabhängige Variable:
Für jede Gruppe gab es vier Durchgänge.
► Im ersten Durchgang sollten die Gruppenmitglieder ihre Urteile (d.h. ihre Einschätzung der Bewegung des Lichtpunktes) einzeln abgeben, ohne dass es die anderen Gruppenmitglieder mitbekamen.

► Im zweiten bis vierten Durchgang sollten die Mitglieder ihre Urteile gemeinsam abgeben, d.h. im Beisein der anderen Gruppenmitglieder offen nennen.

Hypothesen:
► Im ersten Durchgang sollten die Urteile über die Bewegung des Lichtpunkts zwischen den Befragten stark divergieren, da es sich schließlich um ein rein subjektives Wahrnehmungsphänomen handelt.
► Die öffentliche Äußerung in der Gruppe sollte allerdings – vom zweiten bis hin zum vierten Durchgang – allmählich zu einer Homogenisierung der individuellen Urteile führen.

Ergebnisse:
Die subjektiven Urteile der Gruppenmitglieder bezüglich der autokinetischen Empfindung unterschieden sich zu Anfang sehr stark.
Ab dem zweiten Durchgang konvergierten die Urteile jedoch: Innerhalb einer Gruppe wurden die Urteile ähnlicher, zwischen den Gruppen unterschieden sie sich weiterhin stark voneinander.

11.2 Konformität

Bei Sherif wurde eine milde Form des sozialen Einflusses beschrieben, denn es gab ja für die Urteile keinen objektiven Maßstab; die Vpn wussten nicht, dass es sich um eine Täuschung handelte und es in Wirklichkeit gar keine Bewegung gab.
Was geschieht nun, wenn es um die Beurteilung eines Sachverhaltes geht, für den ein objektiver Maßstab verfügbar ist?

11.2.1 Befunde der Versuchsreihe von Asch

Denken wir an Festingers Theorie sozialer Vergleichsprozesse (vgl. Kapitel 3). Demnach sollten Menschen ihre Urteile stets nach einem objektiven Maßstab ausrichten. Erst wenn es keinen solchen Maßstab gibt, treten soziale Vergleichsprozesse in den Vordergrund. Was passiert nun, wenn sich objektiver und sozialer Maßstab widersprechen, wenn also die Einschätzung der Gruppe nachvollziehbar falsch ist? Mit dieser Frage hat sich Solomon Asch befasst. Er stellte in seinen Versuchen eine fingierte Gruppensituation her, in der eine Mehrheit der (scheinbaren!) Vpn angewiesen wurde, falsche Urteile abzugeben.

Asch (1951): Sozialer Einfluss im „Majoritätenparadigma"

Aufbau:

Die Vpn wurden eingeladen, an einem Experiment zur Längenschätzung teilzunehmen. Beim Eintreffen der Vp waren sechs andere scheinbare Vpn schon da – in Wahrheit handelte es sich um Konföderierte. Im Raum waren sieben Stühle im Halbkreis vor einem Tisch angeordnet. Der vorletzte Stuhl war noch frei. Die Vp musste sich also auf diesen Stuhl setzen. Nun präsentierte der Vl den Vpn zwei Papptafeln. Auf der einen war eine Linie (Standardlinie X), auf der anderen waren drei unterschiedlich lange Vergleichslinien A, B und C abgebildet. Eine dieser Linien war genauso lang wie die Standardlinie, die anderen beiden waren entweder länger oder kürzer (siehe Abb. 11.2). Die Vpn sollten nun angeben, welche der Vergleichslinien genauso lang war wie die Standardlinie. Die Urteile der Gruppenmitglieder wurden der Reihe nach abgegeben. Insgesamt gab es 18 Versuchsdurchgänge (mit jeweils anderen Linien).

Unabhängige Variable:

▶ **Bedingung 1:** Die sechs Konföderierten, die vor der echten Vp an der Reihe waren, wurden instruiert, bei 12 der 18 Durchgänge konsistent ein falsches Urteil abzugeben: Sie behaupteten in diesen Durchgängen konsistent, dass entweder die kürzere oder die längere Linie genauso lang sei wie die Standardlinie. Bei 6 der 18 Durchgänge gaben die Konföderierten die richtige Antwort.

▶ **Bedingung 2 (Kontrollgruppe):** In einer Kontrollbedingung war die Aufgabe für die Vpn zwar exakt identisch, allerdings mussten die Vpn ihr Urteil hier anonym abgaben; in dieser Bedingung gab es also keine beeinflussende Majorität.

Abhängige Variable:

Es wurde ausgezählt, wie oft sich die „echten" Vpn im Laufe der Versuchsdurchgänge der Meinung der Majorität anschlossen.

Hypothese:

▶ In Bedingung 1 sollten sich die echten Vpn von den konsistent falschen Urteilen der Mehrheit beeinflussen lassen, d.h. sie sollten ihre eigene Einschätzung an der Einschätzung der Mehrheit orientieren. Ein solcher Konformitätseffekt sollte sich in Bedingung 2 nicht zeigen.

Ergebnisse:

▶ Von 123 Vpn in Bedingung 1 ließen sich 29 (= 23,6 %) nicht beeinflussen.

▶ Die restlichen 94 Vpn gaben mindestens einmal ein falsches (d.h. konformes) Urteil ab.

▶ Insgesamt wurden über alle Vpn hinweg 543 Fehler gemacht. Relativiert an der maximal möglichen Fehleranzahl ergibt das 36,8 %.

▶ In der Kontrollgruppe wurden hingegen kaum Fehler gemacht (0,7 %).

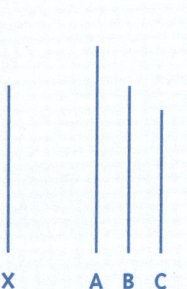

Abbildung 11.1. Aufbau der Studie von Asch (1951). Gezeigt wurden eine Standardlinie X sowie drei Vergleichslinien A, B und C. Die Vpn sollten angeben, welche der Vergleichslinien genau so lang war wie die Standardlinie. In der Diskussionsrunde saß die echte Vp an sechster Position. Alle anderen Gruppenmitglieder waren keine echten Vpn, sondern Konföderierte

Das Hauptergebnis der Untersuchung ist, dass selbst einfache Einschätzungen, die objektiv richtig oder falsch sein können (und unter anonymen Bedingungen richtig ausfallen), sozial beeinflusst werden. Asch bezeichnet dieses Phänomen als Konformität.

11.2.2 Moderatorvariablen der Konformität

Asch gab sich mit der bloßen Demonstration von Konformität nicht zufrieden. Er wollte herausfinden, von welchen Randbedingungen der Konformitätseffekt abhängt. Solche Randbedingungen bezeichnet man als Moderatorvariablen, denn sie moderieren die Stärke des Effekts. Ganz generell kann es sich bei Moderatorvariablen um Eigenschaften einer Person (Persönlichkeitsvariablen) oder um Eigenschaften der Versuchssituation bzw. des Materials (Situationsvariablen) handeln. Im Folgenden werden die wichtigsten personalen und situationalen Moderatorvariablen der Konformität kurz dargestellt.

Personale Moderatorvariablen

Asch führte nach dem Experiment ausgiebige Interviews mit den Vpn durch, um herauszufinden, ob sie sich des Fehlurteils der anderen bewusst waren und wie sie ihr Verhalten begründeten. Auf der Basis dieser Selbstauskünfte teilte Asch die Vpn in vier Kategorien ein:

(1) **Selbstsicher-Unabhängige.** Diese Personen waren sich der Richtigkeit ihres Urteils ganz sicher und ebenso der Tatsache, dass alle anderen falsch geurteilt hatten. Sie litten nicht unter der Urteilsdiskrepanz, sondern urteilten geringschätzig über die anderen, die offenbar nicht in der Lage waren, eine so simple Aufgabe richtig zu lösen.

(2) **Unsicher-Unabhängige.** Diese Personen litten unter der Diskrepanz. Sie zweifelten nicht am Urteil der anderen, sondern am eigenen Augenmaß. Sie blieben ihrem Urteil treu, weil sie nicht unaufrichtig sein wollten, sondern zu eigenen Fehlern stehen wollten.

(3) **Wahrnehmungskonforme.** Diese Personen stellten überhaupt keine Diskrepanz zwischen ihrer Wahrnehmung und dem Urteil der anderen fest. Sie waren vielmehr davon überzeugt, dasselbe gesehen zu haben wie die anderen. Diese Vpn reagierten ungläubig auf die Aufklärung des Vl.

(4) **Urteilskonforme.** Diese Personen waren sich der Diskrepanz zwischen ihrer Wahrnehmung und dem Urteil der Mehrheit bewusst. Sie gaben aus den verschiedensten Gründen nach. Die drei am häufigsten genannten Begründungen waren:

▶ Sie misstrauten ihrer eigenen Wahrnehmung und schlossen sich im Zweifelsfall lieber der Mehrheit an.

▶ Sie waren sich zwar sicher, richtig gesehen zu haben, wollten die anderen aber nicht brüskieren.

▶ Sie waren sich zwar sicher, richtig gesehen zu haben, hatten aber Angst, dass die anderen sie auslachen würden.

Situationale Moderatorvariablen

Asch hat insbesondere die Größe und Zusammensetzung der Gruppe untersucht, um herauszufinden, unter welchen Bedingungen der Konformitätseffekt mehr oder weniger stark ausgeprägt ist. Die drei wichtigsten Moderatorvariablen in diesem Zusammenhang sind:

(1) Anwesenheit anderer Personen. Asch überprüfte, welchen Einfluss die Anwesenheit weiterer Personen auf die Konformität hat und fand z.B. folgende Effekte:

▶ In Anwesenheit einer weiteren echten Vpn sank die Konformität (d.h. die Fehlerrate) von 36,8 Prozent der Urteile auf 10,4 Prozent der Urteile.

▶ In Anwesenheit eines Konföderierten, der immer richtig antwortete, sank die Konformität von 36,8 auf 5,5 Prozent.

(2) Größe der Majorität. In einer weiteren Versuchsserie überprüfte Asch, welchen Einfluss die Größe der falsch urteilenden Majorität auf die Konformität hat. Es zeigte sich, dass eine einzige anders urteilende Person keinen Effekt hatte. Die Bereitschaft der Vpn, sich der (falschen) Gruppenmeinung anzuschließen, nimmt mit der Größe der Majorität zu. Die Zunahme ist allerdings nicht stetig: Sie erreicht bereits bei einer Majorität von vier Personen ihr Maximum.

(3) Öffentliche versus anonyme Urteilsabgabe. Wenn die Majorität öffentlich urteilt, die Vp ihr Urteil unter einem Vorwand aber schriftlich abgeben kann, ohne dass die Majorität es zu sehen bekommt, sinkt die Konformität auf 12 Prozent.

!

Die Arbeiten von Asch waren für die Sozialpsychologie bahnbrechend, weil zuvor niemand mit einer so starken Beeinflussbarkeit von Menschen gerechnet hatte. Sie zeigen, wie leicht Menschen dazu gebracht werden können, sich einer offensichtlich falschen Mehrheitsmeinung anzuschließen. Bereits eine Majorität von zwei Personen ist ausreichend, um diesen Effekt zu erzeugen.

Besonders wichtig zur Erzeugung dieses Effekts ist es, dass die Majorität konsistent falsch urteilt und die beeinflusste Person ihr Urteil öffentlich abgeben muss. Außerdem variiert der Effekt mit dem Grad an Objektivierbarkeit des Urteils: Die Konformität steigt in dem Maße, in dem die Beurteilung objektiv erschwert ist. Schließlich gibt es Effekte der Persönlichkeit: Einige Personen sind völlig immun gegen sozialen Einfluss, wenn es einen objektiven Urteilsmaßstab gibt.

11.3 Minoritäteneinfluss

Ein wichtiger Befund von Asch war, dass es Personen gibt, die sich dem offensichtlich falschen Urteil einer Majorität nicht anschließen. Ähnliches lehrt uns die Alltagserfahrung: Es gibt in jeder Gesellschaft Gruppen, die Standpunkte vertreten, die von der Mehrheitsmeinung abweichen. Man denke an:

▶ religiöse Minderheiten,

▶ kleine Parteien (z.B. die Grünen in den 1980er Jahren) oder

▶ Personen, die einen ausgefallenen Lebensstil praktizieren.

Manchmal können diese Minderheiten einen entscheidenden gesellschaftlichen Einfluss auf die Majorität ausüben. Es gibt viele Beispiele dafür, dass das Verhalten einiger Avantgardisten und anderer gesellschaftlicher Minderheiten dazu führen kann, dass bestimmte Phänomene, gesellschaftliche Zustände und Praktiken alltäglich werden (z.B. Ohrringe bei Männern).

Nun gibt es eine Vielzahl von Individualisten und Abweichlern, die *nicht* nachgeahmt werden, also keine Avantgardisten sind. Was entscheidet darüber, ob eine Minorität Einfluss nimmt und die Mehrheitsmeinung ändert oder nicht? Der französische Sozialpsychologe Serge Moscovici ist mit seiner Arbeitsgruppe genau dieser Frage nachgegangen.

Moscovici et al. (1969): Sozialer Einfluss im „Minoritätenparadigma"

Aufbau:

Die Vpn wurden zu einem Experiment zur Farbwahrnehmung eingeladen. Man zeigte ihnen eine Serie von 36 Dias, die alle ein leuchtendes Blau zeigten. Die Farbdias variierten lediglich in ihrer Helligkeit. Die Urteilsaufgabe bestand darin, die Farbe laut zu benennen. Die Versuchsgruppen bestanden aus sechs Personen, die in einer Reihe vor einer Leinwand saßen. Vier Personen waren naive Vpn (Majorität). Die beiden anderen Personen waren Konföderierte (Minorität). Die Konföderierten bezeichneten die Farbe als grün.

Unabhängige Variable:

Zentrale unabhängige Variable war die Konsistenz, mit der die Minorität ihre Meinung gegenüber der Majorität vertrat:

▶ **Bedingung 1:** Die Minderheit urteilte konsistent falsch (grün).

▶ **Bedingung 2:** Die Minderheit urteilte 24-mal falsch (grün) und 12-mal richtig (blau), wobei einmal der eine, einmal der andere Konföderierte richtig bzw. falsch urteilte. Es gab also keine systematische Konsistenz in der Minorität.

▶ **Bedingung 3:** Kontrollgruppe (alle Konförderierten antworteten korrekt).

Abhängige Variable:

Es wurde ausgezählt, wie viele Vpn bei wie vielen Dias ebenfalls grün sagten.

Hypothese:

▶ In Bedingung 1 sollte die konsistent falsch urteilende Minorität Einfluss auf die Urteile der Majorität ausüben.

▶ Diesen Effekt sollte es unter den beiden anderen Bedingungen (nicht konsistent urteilende Minorität; Kontrollgruppe) nicht geben.

Ergebnisse:

▶ Bei einer inkonsistenten Minderheit (Bedingung 2) und in der Kontrollgruppe (Bedingung 3) wurden nur sehr wenig falsche Urteile abgegeben, d.h. die Vpn blieben bei der Farbe blau.

▶ Bei einer konsistenten Minderheit (Bedingung 1) gab die Majorität in etwa 8 % der Fälle falsche Urteile ab, d.h. sie bezeichneten die gezeigte Farbe als grün.

▶ Allerdings gab es einen solchen Beeinflussungseffekt nur etwa in der Hälfte aller untersuchten Gruppen.

▶ Innerhalb dieser Gruppen, in denen Beeinflussung stattfand, ließen sich von einer falsch antwortenden Person gleich mehr als die Hälfte der übrigen Gruppenmitglieder mitreißen.

Es gab also zwei Typen von Versuchsgruppen: Jene, die als ganze standhaft blieben (ca. 56 % aller Gruppen), und jene, bei denen etwa die Hälfte ihrer Mitglieder „umfiel" oder zumindest in ihren Urteilen schwankte.

Das Befundmuster, vor allem der gravierende Unterschied zwischen der konsistenten und der inkonsistenten Minderheit veranlasste Moscovici zu der These, dass die Konsistenz der Minorität die entscheidende Variable für eine Beeinflussung der Majorität durch die Minorität ist.

Kritik an Aschs Experimenten. Moscovici hat sich ausführlich mit den Unterschieden zwischen seinen Minoritätsexperimenten und den Majoritätsexperimenten von Asch beschäftigt. Insbesondere hat er an Aschs Experimenten kritisiert, dass dort im Großen und Ganzen kein echter sozialer Einfluss stattgefunden habe, denn die Konformität der Urteile sank auf 12 Prozent, wenn die Vpn ihr Urteil in einem späteren Durchgang anonym abgeben konnten.

Moscovici hält die Beeinflussung in seinen eigenen Experimenten dagegen für echt: Schließlich seien seine Effekte nicht darauf zurückzuführen, dass die Vpn Angst vor einer Sanktion der Majorität hätten haben müssen – sie waren ja selbst die Majorität!

Veränderung der Unterschiedsschwelle. Um diese Annahme, dass es sich hier um einen echten Einfluss handelte, zu überprüfen, erhob Moscovici in einigen Experimenten einen Schwellentest zur Unterschiedswahrnehmung zwischen blau und grün: Er zeigte seinen Vpn eine Reihe von Farbdias, die kontinuierlich von einem Blau- in einen Grünton übergingen. Die Vpn mussten die Farbe, die sie sahen, benennen. Es zeigte sich, dass sich bei Personen in Bedingung 1 (konsistente Minorität) tatsächlich die Unterschiedsschwelle verschob: Sie bezeichneten eine Farbe am Übergang zwischen blau und grün eher als grün als Vpn in den anderen Bedingungen.

11.4 Gehorsam

In allen bisher dargestellten Untersuchungen war der soziale Einfluss implizit: Niemand hatte den Vpn gesagt, dass sie sich auf eine bestimmte Weise verhalten sollten. Was passiert nun, wenn sozialer Einfluss explizit ausgeübt wird, wenn ein Verhalten gefordert wird, das der Überzeugung der Person widerspricht? Mit dieser Frage hat sich Stanley Milgram (1963, 1965, 1974) im Rahmen eines Forschungsprogramms befasst, welches inzwischen vermutlich zu den bekanntesten der Sozialpsychologie gehört.

11.4.1 Standardexperiment von Milgram

Milgrams Interesse hatte mehrere Gründe: Er war mit den Untersuchungen von Asch unzufrieden, weil er die Beurteilung der Länge von Linien für belanglos hielt. Ihn interessierte, wie es zu Konformität bei gesellschaftlich relevanten Verhaltensweisen kommt. Außerdem war Milgram sowohl durch den Holocaust als auch die Gräueltaten während des Vietnamkriegs stark beeinflusst. Milgram wollte wissen, wie weit Menschen gehen, wenn sie auf Befehl einer Autorität Grausamkeiten begehen sollen. Korreliert eine solche Form des destruktiven Gehorsams mit Persönlichkeitseigenschaften? Denn es war These vieler Historiker, die Erklärungen für den Holocaust suchten, dass die Täter einen unmoralischen oder zumindest schwachen Charakter hatten.

Experiment

Milgram (1963): Sozialer Einfluss durch Befehl und Gehorsam

Aufbau:

Im Standardexperiment spielten drei Personen eine Rolle:

(1) Der Versuchsleiter (die Autorität), im Originalexperiment von einem 31-jährigen Biologielehrer gespielt, der einen grauen Kittel trug und sehr seriös wirkte.

(2) Der Schüler (in Wahrheit ein Konföderierter des Vl), im Originalexperiment wurde er von einem sympathischen 47-jährigen Buchhalter gespielt.

(3) Die Versuchsperson, die in die Rolle eines Lehrers versetzt wurde. Ihre Aufgabe bestand darin, in einem Lernexperiment den Schüler für falsche Antworten durch Elektroschocks zu bestrafen.

▶

Der Vp wurde gesagt, dass es in dem Experiment um die Frage gehe, ob Lerneffekte durch Strafen für falsche Antworten erhöht werden könnten. Der (angebliche) Schüler sollte eine Wortlernaufgabe bearbeiten. Die Aufgabe der Vp bestand in ihrer Funktion als Lehrer darin, dem Schüler für jede falsche Antwort mit Hilfe eines Generators einen Elektroschock zu applizieren. Mit jedem Fehler sollte die Spannung durch das Umlegen eines Schalters erhöht werden. Es gab insgesamt 30 Schalter. Jeder Schalter erhöhte die Spannung um 15 Volt. Die niedrigste Stufe lag bei 15 Volt, die höchste bei 450 Volt. Die 30 Schalter wurden in acht Schockbereiche eingeteilt und verbal gekennzeichnet. Sie reichten von leichter Schock (bis 60 Volt) über starker Schock (bis 180 Volt) und sehr starker Schock (bis 240 Volt) bis zu Gefahr: höchster Schock (bis 420 Volt). Die beiden letzten Stufen (435 und 450 Volt) waren mit „XXX" gekennzeichnet. Um die Glaubhaftigkeit der Situation zu erhöhen, wurde den Vpn ein Probeschock von 45 Volt verabreicht. Außerdem wurden die Handgelenke des Schülers im Beisein der Vp an die Elektroden angeschlossen. Dabei wies der Schüler auf eine Herzschwäche hin, an der er leide. Der Vl beruhigte ihn und behauptete, die Schocks könnten zwar sehr schmerzhaft werden, aber nicht zu dauerhaften Schäden führen.

Im Standardexperiment befanden sich Vl und Vp in einem Raum, der Schüler im Nachbarraum. Die bei-

den Räume waren durch eine (angebliche) Gegensprechanlage miteinander verbunden. Die Vp hörte also die Äußerungen des Schülers. In Wirklichkeit handelte es sich allerdings um die Einspielung einer vorbereiteten Tonbandaufzeichnung. Der Schüler reagierte wie folgt auf die (immer stärker werdenden) Elektroschocks:

▶ Bei 120 Volt rief er, dass die Schocks jetzt schmerzhaft würden.

▶ Bei 135 Volt stöhnte er vor Schmerzen.

▶ Bei 150 Volt rief er: „Versuchsleiter, lassen Sie mich hier raus. Ich will in diesem Experiment nicht länger mitmachen. Ich weigere mich weiterzumachen."

▶ Bei 180 Volt schrie er, er halte die Schmerzen nicht mehr aus.

▶ Bei 270 Volt schrie er vor Schmerzen.

▶ Ab 300 Volt weigerte er sich, eine Antwort zu geben.

▶ Bei 420 Volt hämmerte er an die Wand und flehte darum, befreit zu werden.

Der Vl fordert die Vp in allen Fällen auf, diese Reaktionen zu ignorieren und bis zum Schluss weiterzumachen. Beim ersten Anzeichen von Schmerzen des Schülers reagierten die meisten Vpn verunsichert. Je stärker die Schocks wurden, desto stärker wuchs die Anspannung der Vpn. Mit zunehmender Schockstärke nahmen Proteste zu und bei sehr hohen Spannungen fingen viele Vpn an zu zittern, zu schwitzen und zu stottern. Der Vl

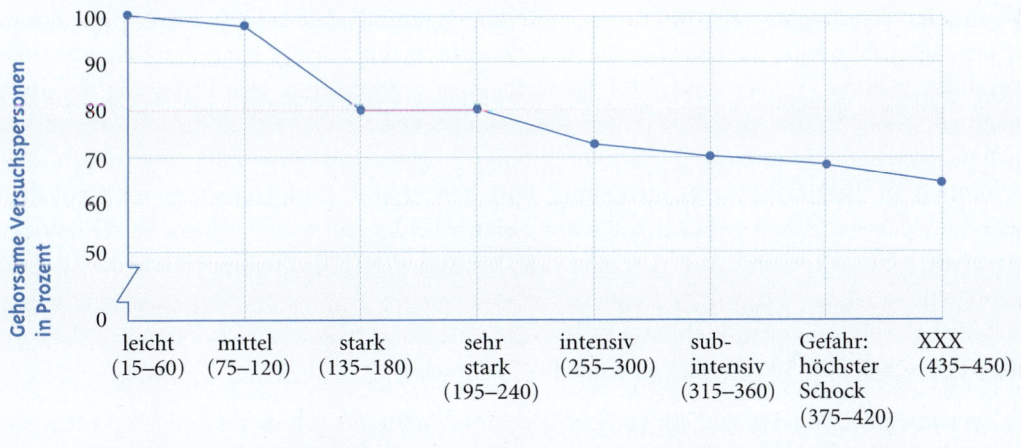

insistierte freundlich, aber bestimmt mit der Begründung, das Experiment müsse aus wissenschaftlichen Gründen bis zu Ende geführt und dürfe keinesfalls abgebrochen werden.

Hypothese (bzw. Laieneinschätzungen):
Befragt man US-amerikanische Studierende, an welcher Stelle sie das Experiment als Lehrer abbrechen, d.h. den Gehorsam gegenüber dem Vl verweigern würden, sagen 99 %, dass sie spätestens aufhören würden, wenn der Schüler an die Wand hämmert

(420 Volt). Eine Gruppe von 40 Psychiatern, denen Milgram das Experiment schilderte, meinten, dass die meisten Vpn spätestens bei 150 Volt aufhören würden.

Ergebnisse:
Tatsächlich gingen 62 % der Vpn bis zur höchsten Spannung von 450 Volt.
Die durchschnittlich verabreichte Voltzahl betrug 405 Volt; der entsprechende Schalter war mit „Gefahr: höchster Schock" beschriftet.

11.4.2 Moderatorvariablen

Insgesamt führte Milgram das Experiment in verschiedenen Varianten durch, um die Frage situativer Bedingungen (d.h. Moderatorvariablen) des Gehorsams zu klären. Dabei manipulierte er insbesondere drei Randbedingungen des experimentellen Settings:

(1) Physische und psychologische Nähe der Vpn zum Opfer. In der Standardbedingung war das Opfer (d.h. der Schüler) in einem anderen Raum und konnte nur durch eine Gegensprechanlage gehört werden. Hier gab es keinen Unterschied zu einer zweiten Bedingung, in der das Opfer nicht zu hören war. Unter einer dritten Bedingung war das Opfer im selben Raum und saß unmittelbar neben der Vp. In einer vierten Bedingung mussten die Vpn die Hand des Opfers auf eine Kontaktplatte drücken, um den Elektroschock zu verabreichen. Mit zunehmender Nähe sank der Gehorsam, d.h. der Anteil derjenigen Vpn, die den Anweisungen des Vl bis zur letzten Schockstufe gehorchten, wurde geringer.

(2) Untersuchungssetting, Status und Verhalten des Vl. Die Originaluntersuchung wurde an der renommierten Yale Universität durchgeführt. In einer zweiten Bedingung wurde das Experiment in einem heruntergekommenen Bürokomplex durchgeführt. Der Gehorsam (maximale Schockstärke) sank von 62 auf 48 Prozent. In einer dritten Bedingung wurde der Vl kurz vor Beginn des Experiments weggerufen, bevor er erklären konnte, dass bei jedem Fehler die Stromspannung erhöht wird. Er übertrug die Verantwortung für den Fortgang des Versuchs einer angeblich zweiten Vp (Ersatz-Vl), die dann scheinbar eigenmächtig eine Erhöhung der Spannung vorschlug. In diesem Fall sank der Gehorsam (höchste Stufe) auf 20 Prozent. Wenn Vpn sich weigerten, die Spannung zu erhöhen, griff der Ersatz-Vl ein und erhöhte eigenmächtig die Spannung. In diesem Fall versuchten einige Vpn, den Ersatz-Vl mit Gewalt davon abzuhalten, weiterzumachen. Andere zogen den Stecker heraus. Leider gab es solch heldenhaften Widerstand nie, wenn der Vl eine Autorität darstellte. In einer vierten Bedingung konnte der Vl ebenfalls nicht im Raum bleiben und gab seine Anweisungen telefonisch. Der uneingeschränkte Gehorsam (höchste Voltstufe) betrug 21 Prozent. Allerdings mogelten viele Vpn: Sie gaben vor, die Anweisungen des Vl zu befolgen, taten dies aber nicht.

(3) Anwesenheit anderer Vpn. In einer weiteren Versuchsreihe gab es außer der Vp noch zwei weitere angebliche Lehrer – in Wahrheit handelte es sich um Konföderierte. Die Rollenverteilung und das Verhalten der vermeintlichen Helfer war folgende:

- **Bedingung 1:** Der eine Helfer stellte die Aufgabe, der andere registrierte die Reaktionen des Schülers. Die Vp sollte die Schocks verabreichen. Bei 150 Volt stieg ein Helfer aus. Er setzte sich weg und weigerte sich, weiterzumachen. Bei 210 Volt stieg der zweite Helfer aus. Der uneingeschränkte Gehorsam sank auf 10 Prozent.
- **Bedingung 2:** Die Rollen der Vp und einer der Helfer wurden vertauscht. Die Vp stellte die Aufgaben, der erste Helfer registrierte die Antwort des Schülers, der zweite Helfer verabreichte die Schocks. Beide Helfer waren bedingungslos gehorsam. Der uneingeschränkte Gehorsam stieg auf 92 Prozent.

11.4.3 Fazit

Die Untersuchungen von Milgram sind für die Sozialpsychologie von großer Bedeutung, weil sie zeigen, dass Handlungs- und Entscheidungsprozesse häufig nicht dem gesunden Menschenverstand entsprechen und selbst ausgebildete Psychologen nicht in der Lage sind, die Ergebnisse psychologischer Untersuchungen vorherzusagen.

Außerdem sind die Befunde von Milgram politisch bedeutsam, weil sie zeigen, wie leicht Menschen zu inhumanem Verhalten gebracht werden können.

Ferner haben die Milgram-Experimente eine Diskussion über die ethischen Grenzen psychologischer Untersuchungen in Gang gebracht: Als Milgram die Vpn über die wahre Bedeutung der Experimente aufklärte, waren viele über sich selbst erschrocken. Einige verachteten sich selbst, vereinzelt kam es zu depressiven Reaktionen.

11.5 Manipulationsstrategien

Eine besondere Form des sozialen Einflusses ist der Versuch, das Verhalten anderer manipulativ zu steuern, sie zu Entscheidungen und Handlungen zu bewegen, die sie nicht beabsichtigt haben und die möglicherweise nicht in ihrem Sinne sind (z.B. Diskussionen über religiöse Weltanschauungen an der Haustür zu führen).

Die Angesprochenen ertappen sich bisweilen dabei, dass sie sich zu Verpflichtungen (Käufen, Spenden, Vereinsbeitritten) entschließen, von denen sie zuvor noch glaubten, dass so etwas mit ihnen nie zu machen sei.

Die Beispiele zeigen, wie groß die Macht der Situation sein kann: Hinterher haben die Betroffenen nicht selten das Gefühl, sie hätten nicht anders handeln können, auch wenn sie dies danach bereuen.

Sozialpsychologische Mechanismen manipulativer Beeinflussung

Die kommunikativen Strategien, die etwa bei Verkaufsshows oder an der Haustür eingesetzt werden, sind subtil und vielfältig. Die sozialpsychologischen Mechanismen, die dahinter stehen, ähneln sich jedoch. Im Wesentlichen geht es um:

- **Schaffen von Verbindlichkeit:** Es muss dem Angesprochenen so schwer wie möglich gemacht werden, sich ohne Dissonanz der Situation zu entziehen, indem man beispielsweise eine angenehme Gesprächsatmosphäre schafft, die eigene Kompetenz oder Gemeinsamkeiten („Ich habe das gleiche Auto wie Sie!") betont.

- **Problembewusstsein und persönliche Betroffenheit** herstellen, indem man beispielsweise Fotos von pharmazeutischen Labors zeigt, die Tierexperimente durchführen.
- **Reziprozitätsnormen** aktivieren, beispielsweise durch kleine Geschenke.

- **Gemeinsame soziale Identität** schaffen, indem man Gemeinsamkeiten betont oder eine Schicksalsgemeinschaft konstruiert (Früher war mir auch nicht klar, wie grausam Tierversuche eigentlich sind!).
- **Appell an die soziale Verantwortung** und damit Aufbau von Schuldgefühlen („Der Wald stirbt, und wir schauen zu").

Drei besonders erfolgreiche Taktiken sind die Foot-in-the-door-Technik, die Door-in-the-face-Technik und die Low-ball-Technik.

Foot-in-the-Door-Technik. Wörtlich heißt das, den Fuß – schon – in der Tür zu haben. Man bittet eine Person zunächst um einen kleinen Gefallen, den die Person mit einer gewissen Wahrscheinlichkeit gewährt, und äußert anschließend die größere Bitte. Freedman und Fraser (1966) riefen wahllos Personen an und fragten zunächst, ob sie bereit wären, die Seifenmarke zu nennen, die sie zu Hause benutzten. Anschließend fragten sie die Personen, ob sie einverstanden wären, wenn sechs Personen in ihr Haus kämen und eine komplette Bestandsaufnahme des Mobiliars machten. 53 Prozent der Angerufenen erklärten sich mit der zweiten Bitte einverstanden. Wenn allerdings nicht zuerst nach der Seife gefragt wurde, stimmten nur 22 Prozent der „Inventur" zu.

Door-in-the-Face-Technik. Die zweite Strategie zielt interessanterweise genau auf das Gegenteil ab (Cialdini et al., 1975). Hier wird die Person zunächst um einen großen (fast unverschämten) Gefallen gebeten. Die meisten Personen werden diese Bitte ablehnen. Konfrontiert man sie jedoch danach mit einer kleinen Bitte, so stimmen sie eher zu. Cialdini et al. (1975) fragten Studierende auf dem Campus, ob sie bereit wären, in den nächsten zwei Jahren jeweils zwei Stunden pro Woche unbezahlten Dienst in einer Jugendvollzugsanstalt zu leisten. Niemand bejahte diese Frage. Anschließend fragten sie die Studierenden, ob sie denn dann eine kleine Gruppe jugendlicher Straftäter auf einem Zwei-Stunden-Ausflug in den Zoo begleiten würden. 50 Prozent sagten unter diesen Bedingungen zu. Wenn die erste Frage nicht gestellt wurde, sagten hingegen nur 17 Prozent zu.

Low-Ball-Technik. Hier wird einer Person zunächst ein unschlagbares Angebot unterbreitet, das sich aber dann als nicht verfügbar erweist. Anschließend wird ein schlechteres Angebot unterbreitet. Dieses akzeptieren die Personen dann eher. Cialdini et al. (1978) baten Studierende, an einem Experiment teilzunehmen, das um 7 Uhr morgens beginnen würde. 31 Prozent willigten ein. Eine zweite Gruppe von Studierenden fragten sie zunächst generell, ob sie an einem Experiment teilnehmen würden. Willigten die Studierenden ein, so wurde ihnen dann mitgeteilt, dass nur noch der Sieben-Uhr-Termin frei sei. Unter dieser Bedingung willigten 56 Prozent ein.

11.6 Kommentar und Ausblick

Normbildung oder Ankereffekt? Bei den Sherif-Experimenten ist bemerkenswert, wie schnell die Gruppenmitglieder bei der Einschätzung der (scheinbaren) Bewegung des Lichtpunktes eine Gruppennorm etablierten. Ob es sich allerdings um eine Normbildung im eigentlichen Sinne handelt oder lediglich um eine Art Ankereffekt, bei dem die Meinung irgendeines Gruppenmitglieds als Anker für die Urteile der anderen dient, ist unklar.

Expliziter versus impliziter sozialer Einfluss. Die Arten des sozialen Einflusses, die wir in diesem Kapitel kennen gelernt haben, lassen sich auch danach unterscheiden, ob Einfluss explizit oder implizit erfolgt. In den Versuchen von Sherif (spontane Normbildung in Gruppen), Asch (Wahrnehmungskonformität) und Moscovici (Minoritäteneinfluss) fand eine Orientierung am Verhalten anderer statt. Die Beeinflussung geschah beiläufig oder implizit. Dies ist auch bei den Foot-in-the-Door-, Door-in-the-Face- und Low-Ball-Techniken so. In den Untersuchungen zum Gehorsam gegenüber Autoritäten (Milgram) hingegen wurden die Versuchspersonen explizit zu einem bestimmten Verhalten aufgefordert. Den Probanden war bewusst, dass sie zu einem Verhalten gedrängt wurden, welches sie normalerweise nicht zeigen würden.

Majoritäten- und Minoritäteneinfluss. Die Befunde Aschs deuten darauf hin, dass die Vpn ihre Meinung nicht wirklich geändert hatten, sondern lediglich der Majoritätenmeinung nachgegeben haben – möglicherweise, um Konflikte zu vermeiden. Minoritäteneinfluss wie in den Moscovici-Experimenten scheint dagegen eher mit einer echten Einstellungsänderung verbunden zu sein. Und auch einschlägige gesellschaftliche Beispiele für Veränderungen durch Minoritäteneinflüsse (etwa Hochschulzugang für Frauen) deuten darauf hin, dass diese Entwicklungen nachhaltig sind: Vor hundert Jahren noch undenkbar, und heute der Normalfall!

Die Macht der Situation. Die hitzigsten Diskussionen im Zusammenhang mit sozialer Beeinflussung haben die Milgram-Experimente ausgelöst. Sie zeigen, wie leicht man Menschen dazu bringen kann, Dinge zu tun, die sie unter „normalen" Umständen nie tun würden. Milgram konnte zeigen, welche Macht einer gegebenen Situation innewohnt: Obwohl alle Vpn um die lebensbedrohlichen Folgen der Elektroschocks wussten, ging die Mehrheit bis zum Äußersten. Damit gingen diese Vpn bewusst das Risiko ein, das Opfer schwer zu verletzen, wenn nicht sogar zu töten. Die Reue für diese Handlungsbereitschaft war im Nachhinein immens.

Verantwortlichkeitsabwehr. Letztlich bleiben die Milgram-Experimente eine Antwort auf die Frage schuldig, welche sozialpsychologischen Prozesse hinter dem Gehorsamseffekt stehen (Gleiches gilt übrigens auch für die drei Manipulationsstrategien, vgl. 11.5). Einer der zentralen Prozesse scheint zu sein, dass sich die Vpn in den Milgram-Experimenten von der Verantwortung, ihr Handeln moralisch bewerten zu müssen, zum Teil frei sprechen konnten: Schließlich gab es einen Versuchsleiter – einen Psychologen. Und dieser wird die Folgen für den Schüler sicherlich richtig einschätzen können. Auf dieses kognitiv entlastende Phänomen der Verantwortlichkeitsabwehr gehen wir im Zusammenhang mit Hilfeverhalten (s. 14 Altruismus und Hilfsbereitschaft) noch ein. Pädagogisch-psychologisch fundierte Trainings zur Förderung von Zivilcourage verfolgen im Kern den Ansatz, den Prozess der Verantwortlichkeitsabwehr zu verhindern bzw. zu dämpfen.

11.7 Zusammenfassung

Folgende Formen von sozialem Einfluss wurden in diesem Kapitel besprochen:
- ▶ Spontane Normbildung in Gruppen (die Befunde zur Homogenisierung von Gruppenurteilen in den Untersuchungen von Sherif),
- ▶ Konformität (die Befunde im Majoritätenparadigma von Asch),
- ▶ Minoritäteneinfluss (die Befunde im Minoritätenparadigma von Moscovici),
- ▶ Gehorsam auf Befehl einer Autorität (Milgram-Experimente) und
- ▶ gezielte Manipulationsstrategien (v.a. die Foot-in-the-Door-, die Door-in-the-Face- und die Low-Ball-Technik).

Die psychologischen Prozesse der sozialen Einflussnahme bei diesen Formen sozialer Einflussnahme sind sehr unterschiedlich. In den Sherif-Experimenten zeigt sich deutlich, dass Gruppen eine Orientierungsfunktion für das Individuum haben: Sie scheinen die Urteilsunsicherheit eines Individuums zu reduzieren. In den Asch-Experimenten ließen sich unterschiedliche Typen von Vpn unterscheiden, je nachdem, ob sie sich der Differenz zwischen ihrer eigenen Meinung und der der Gruppenmehrheit gewahr waren (und dieser folgen wollten) oder nicht.

Neben solchen Persönlichkeitseigenschaften zeigten sich drei situative Moderatorvariablen:

▶ die Anwesenheit anderer Personen,
▶ die Größe der Gruppe (d.h. der Majorität) und
▶ die Form der Urteilsabgabe (öffentlich vs. anonym).

Variablen, die in den Milgram-Experimenten das Ausmaß an Gehorsam moderierten, waren

▶ die physische und psychologische Nähe zum Opfer,
▶ der Kontext (Setting), in dem der Versuch stattfand,
▶ der Status des Vl und
▶ die Anwesenheit anderer Vpn.

11.8 Übungsaufgaben

(1) Nennen Sie einen empirischen Befund, der die folgende Behauptung stützt: Wenn Menschen sich in ihren Meinungen und Urteilen von anderen beeinflussen lassen, dann handelt es sich im Regelfall nicht wirklich um eine echte Veränderung der eigenen Meinung; vielmehr tun Menschen oft nur so, als ob sie im Sinne der Konformität ihre Meinung geändert bzw. angepasst hätten.

(2) Was war der entscheidende Unterschied hinsichtlich der Effekte zwischen dem Majoritäteneinfluss in den Asch-Experimenten und dem Minoritäteneinfluss in den Moscovici-Experimenten?

(3) Unter welchen Randbedingungen ist die Wahrscheinlichkeit, einer Autorität Gehorsam zu leisten, am größten?

(4) Wie könnten Sie die Door-in-the-Face-Strategie konkret einsetzen, um Ihre Kommilitonin davon zu überzeugen, Ihnen ihre Mitschriften aus der letzten Vorlesung (bei der Sie selbst aufgrund eines nicht aufzuschiebenden Freibadbesuchs gefehlt haben) zur Verfügung zu stellen?

Weiterführende Literatur

Der folgende Beitrag informiert kurz über die Versuchsreihen von Sherif und Asch, dann etwas ausführlicher über Majoritäten- und Minoritäteneinfluss und schließlich relativ detailliert über das Milgram-Experiment und seine Bedeutung für die sozialpsychologische Forschung:
van Avermat, E. (2002). Sozialer Einfluss in Kleingruppen. In W. Stroebe, K. Jonas & M. Hewstone (Hrsg.). Sozialpsychologie: Eine Einführung (4. Aufl.) (Kapitel 13; S. 451–495). Berlin: Springer.
Im Zusammenhang mit manipulativen Strategien des sozialen Einflusses lohnt sich ein Blick in den – übrigens sehr unterhaltsam geschriebenen – Klassiker:
Cialdini, R.B. (2003). Die Psychologie des Überzeugens. Bern: Huber.

12 Soziale Einstellungen

Wie kann es sein, dass wir bestimmte Orte mögen, obwohl wir noch nie dort waren? Wieso glauben wir zu wissen, wie Franzosen sind, obwohl wir nur wenige kennen? Einstellungen gegenüber Menschen, Dingen, Handlungen etc. sind schematisch abgespeichert, weil dies die Orientierung in einer komplexen Welt erleichtert. Einstellungen basieren oft auf Lernprozessen: Wird ein bestimmtes Einstellungsobjekt mit einem positiven Reiz gepaart, generieren wir ihm gegenüber eine positive Einstellung. Unter Umständen reicht es sogar, ein Produkt lediglich wiederholt zu sehen, um eine positive Einstellung zu entwickeln!

Unsere Einstellungen sind in vielen Fällen sozial beeinflusst: Wir übernehmen die Einstellungen unserer

Was Sie in diesem Kapitel erwartet

Eltern, später die unserer Freunde. Auch die Werbung versucht, unsere Einstellung gegenüber einem Produkt zu beeinflussen. Manchmal setzen wir uns solchen Überzeugungsversuchen von außen zur Wehr: Wenn wir uns unserer Entscheidungsfreiheit beraubt fühlen, reagieren wir mit Widerstand.

Aber nicht immer handeln wir gemäß unseren Einstellungen: Wir sind für den Umweltschutz, aber duschen eine halbe Stunde lang; wir wären gerne schlank, aber essen viel. Einstellung und Verhalten einer Sache gegenüber korrelieren nur in mittlerer Höhe. Bringt es dann überhaupt etwas, Menschen nach ihren Einstellungen zu befragen, um daraus ihr Verhalten vorhersagen zu können?

Bezüge zu klassischen Theorie-Kapiteln:

▶ Wir schließen von unserem Verhalten auf unsere Einstellungen 2
▶ Einstellungsdiskrepantes Verhalten erzeugt Dissonanz 2
▶ Wir orientieren uns an den Einstellungen jener, die uns ähnlich sind 3
▶ Negative Einstellungen gegenüber Outgroups sind eine Folge des sozialen Wettbewerbs 6
▶ Die Einstellung gegenüber einer Handlung bestimmt die Handlungsabsicht 8

Spezielle Theorien:

▶ Sozialer Einfluss 11
▶ Soziale Einstellungen 12
▶ Aggression 13
▶ Altruismus 14
▶ Gruppenprozesse 15

Bezüge zu anderen Themen-Kapiteln:

▶ Der Versuch, uns mit Argumenten zu überzeugen, funktioniert nur, wenn wir genügend kognitive Kapazitäten haben 11
▶ Bei gezielten Überredungsversuchen reagieren wir mit Widerstand 11

Vor etwa 70 Jahren stellte der amerikanische Sozialpsychologe Gordon Allport fest: „Das Einstellungskonzept ist wahrscheinlich das einzigartigste und unerlässlichste Konzept der zeitgenössischen amerikanischen Sozialpsychologie. Kein anderer Begriff taucht häufiger in der experimentellen und theoretischen Literatur auf" (Allport, 1935; S. 798; Übersetzung der Autoren). Daran hat sich bis heute nichts geändert; die Erforschung von Einstellungen gehört ohne Zweifel zu den wichtigsten Themenbereichen der Sozialpsychologie. Jedes sozialpsychologische Lehrbuch widmet dem Thema Einstellungen ein eigenes Kapitel – so auch dieses.

12.1 Definierende Komponenten

Eine oft zitierte Definition von Einstellung stammt von Rosenberg und Hovland (1960, S. 3; Übersetzung der Autoren) und lautet:

Definition

Einstellungen sind Prädispositionen, auf eine bestimmte Klasse von Objekten mit bestimmen Formen des Verhaltens zu reagieren.

In dieser Definition finden sich drei Aspekte:

(1) **Reaktionsdispositionen:** Einstellungen disponieren – so die Annahme – zu Verhalten: Wer einem Objekt gegenüber eine negative Einstellung hat, der wird dieses Objekt mit großer Wahrscheinlichkeit meiden. Da die Vorhersage von Verhalten eines der zentralen Anliegen der Psychologie ist, bieten sich Einstellungen als Ursachen oder zumindest Prädiktoren von Verhalten an.

(2) **Bestimmte Klasse von Objekten:** Dies lässt offen, welchen Objekten gegenüber man eine Einstellung haben kann. Grundsätzlich ist die Menge der möglichen Objekte unbegrenzt: Einstellungen kann man gegenüber abstrakten (z.B. Globalisierung) oder konkreten Objekten (z.B. Fleisch), belebten (z.B. Hunde) oder leblosen Dingen (z.B. Handys) und anderen Personen, Gruppen von Personen oder sich selbst haben.

(3) **Bestimmte Formen des Verhaltens:** Eine Einstellung gegenüber einem Objekt zu haben, beschreibt einen bestimmten psychologischen Zustand: Man reagiert auf einen Stimulus, indem man seine Wertschätzung (positiv oder negativ) ihm gegenüber zum Ausdruck bringt. Welche Formen des Verhaltens sind nun hier genau gemeint? Dazu gibt oder gab es unterschiedliche Auffassungen:

Ein-Komponenten-Modell der Einstellung. Das einfachste Modell besagt, dass Reaktionen einem Einstellungsobjekt gegenüber eindimensional sind: Sie reichen von maximal negativ bis maximal positiv. Befürworter des Ein-Komponenten-Modells war Louis Thurstone.

Zwei-Komponenten-Modell der Einstellung. Andere Autoren waren der Meinung, dass eine einzige Dimension der Komplexität des menschlichen Erlebens und Verhaltens nicht gerecht werde. Vielmehr gingen mit einer bestimmten gefühlsmäßigen Reaktion (mögen – nicht mögen) auch bestimmte konsistente, d.h. dazu passende Kognitionen einher. Beispiel: Wenn jemand die Mensa seiner Universität mag (gefühlsmäßige Komponente), dann ist er wahrscheinlich auch der Meinung, dass die Köche gut ausgebildet sind, das Personal nett und die Küche sauber ist – und zwar selbst dann, wenn er überhaupt nichts über die Köche, das Personal und die Sauberkeit der Küche weiß!

Drei-Komponenten-Modell der Einstellung. Einen dritten Aspekt kennen wir bereits aus der Definition von Rosenberg und Hovland: den Verhaltensaspekt. Von Dingen, die man mag, fühlt man sich angezogen. Von Dingen, die man nicht mag, versucht man sich zu distanzieren. Rosenberg und Hovland (1960) sprechen daher von einem Drei-Komponenten-Modell der Einstellung (Abb. 12.1):

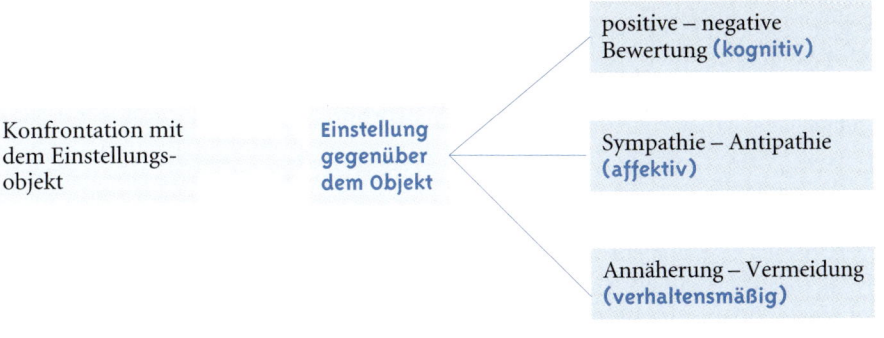

Konfrontation mit dem Einstellungs-objekt → **Einstellung gegenüber dem Objekt** →

positive – negative Bewertung **(kognitiv)**

Sympathie – Antipathie **(affektiv)**

Annäherung – Vermeidung **(verhaltensmäßig)**

Abbildung 12.1. Drei-Komponenten-Modell der Einstellung (nach Rosenberg & Hovland). Eine Einstellung gegenüber einem Objekt hat immer eine **kognitive** Komponente (Bewertung, positiv – negativ), eine **affektive** (oder emotionale) Komponente (Sympathie – Antipathie, mögen – nicht mögen) und eine **verhaltensmäßige** Komponente (Annäherung – Vermeidung)

Implizit macht dieses Modell für Einstellungen noch zwei weitere Annahmen:

(1) **Zeitliche Stabilität und transsituationale Konsistenz.** Beispiel: Die positive Einstellung gegenüber der Mensa einer bestimmten Universität erstreckt sich über eine gewisse Zeit und mehrere Situationen hinweg (z.B. beim Essen in der Mensa, beim Reden über die Mensa, beim Besuch einer anderen Universität).

(2) **Generalisierung von Einstellungen.** Beispiel: Wenn jemand eine positive Einstellung gegenüber der Mensa hat, dann bedeutet das nicht, dass er nur ein ganz bestimmtes Gericht besonders mag; vielmehr neigt er dazu, alles, was mit der Mensa assoziiert ist (Essensqualität, Auswahl, Größe, Personal etc.), positiv zu bewerten.

12.2 Funktionen von Einstellungen

Warum hat man überhaupt Einstellungen und wozu sind sie gut? In der Literatur findet man eine ganze Reihe von Antworten auf die Frage nach den Funktionen von Einstellungen. Vier dieser Funktionen wollen wir im Folgenden näher betrachten: die Wissensfunktion (12.2.1), die instrumentelle Funktion (12.2.2), die selbstwertdienliche Funktion (12.2.3) und die identitätsstiftende Funktion (12.2.4).

12.2.1 Wissensfunktion

Schnelle Objektklassifikation. Aus einer evolutionspsychologischen Perspektive ist es für das Überleben einer Art wichtig, in jeder Lebenssituation sensibel für Gefahren und Bedrohungen zu sein. Deshalb, so die Argumentation, ist unsere Fähigkeit, blitzschnell zwischen gut und schlecht zu unterscheiden und sofort mit Annäherung an das Objekt oder mit Vermeidung zu reagieren, eine evolutionär funktionale Strategie (vgl. 10 Evolutionsbiologische und soziologische Theorien).

Vereinfachung psychischer Prozesse. Einstellungen kommen unserem Bedürfnis nach Komplexitätsreduktion zugute. Es wäre nicht sehr ökonomisch, wenn wir uns jedes Urteil immer anhand einer detaillierten Informationssuche und -bewertung bilden oder in jeder Entscheidungssituation sorgfältig alle Argumente abwägen würden. Sehr viel effizienter ist es, sich einmal zu einem bestimmten Objekt oder Verhalten ein Urteil zu bilden und dieses dann auf vergleichbare Fälle anzuwenden. Einstellungen erfüllen diese Funktion: Sie fungieren als Urteils-, Bewertungs-

und Handlungsschemata, die den Informationsverarbeitungsprozess abkürzen. Beispiel für eine schematische Informationsverarbeitung: Wer eine sehr positive Einstellung zur Mensa hat, wird sich bei der Lektüre des Speiseplans wahrscheinlich wenig Mühe geben, da er annimmt, dass das Essen sowieso gut ist.

12.2.2 Instrumentelle Funktion

Einstellungen erleichtern das Aufsuchen positiver und das Vermeiden negativer Konsequenzen. In der Sprache der Lernpsychologie: Wenn Objekte mit Bestrafung assoziiert sind, haben wir ihnen gegenüber eine negative Einstellung, wenn Objekte mit Belohnung assoziiert sind, haben wir ihnen gegenüber eine positive Einstellung.

Besonders deutlich wird diese Funktion bei der Emotion Angst (z.B. vor Schlangen): Gegenüber Objekten, von denen wir uns eine „bestrafende Interaktion" erwarten (z.B. ein Schlangenbiss), erleben wir unter Umständen massive negative emotionale Empfindungen – sogar auf der physiologischen Ebene (Herzschlag, Schwitzen etc.) –, die mit einem unwillkürlichen Vermeidungsverhalten einhergehen.

12.2.3 Selbstwertdienliche Funktion

Ich-Verteidigung (Ego defense). Man kann sich selbst aufwerten, indem man andere abwertet. Dieses Phänomen basiert tiefenpsychologisch auf der Abwehrstrategie der Projektion: Aversive Emotionen wie Scham oder Schuld werden auf bestimmte Objekte projiziert. Das erlaubt dem Individuum, sich von diesen zu distanzieren und somit einen Konflikt zwischen dem Es und dem Über-Ich zu vermeiden. Durch diesen psychodynamischen Sündenbock-Mechanismus lassen sich negative Einstellungen und Aggressionen gegenüber ethnischen oder religiösen Minderheiten (Chinesen, Schwarze, Juden etc.) erklären.

Basking in reflected glory. Eine zweite selbstwertdienliche Funktion von Einstellungen besteht darin, sich mit Gruppen zu identifizieren und diesen gegenüber eine positive Einstellung zu entwickeln, die eine stellvertretende Belohnung versprechen. Dies ist beispielsweise der Fall, wenn die Bewohner einer deutschen Stadt aufgrund der Erfolge ihres lokalen Fußballvereins immensen Stolz empfinden, obwohl sie ja selbst gar nichts zu diesen Erfolgen beigetragen haben. Robert Cialdini (Cialdini et al., 1976) spricht hier von basking in reflected glory.

12.2.4 Identitätsstiftende Funktionen

Einstellungen bieten auch die Möglichkeit zur Selbstdefinition: Da Einstellungen interindividuell variieren, kann man sich (und seine Persönlichkeit) über seine individuellen Einstellungen definieren. Diese Selbstdefinitions- oder Identitätsfunktion hat einen individuellen Aspekt (Selbstkonsistenz) und einen sozialen Aspekt (Selbstäußerung und impression management).

Selbstkonsistenz. Menschen definieren sich zum Teil über ihre Einstellungen. Von daher verwundert es nicht, dass Menschen bestrebt sind, sich prinzipiell konsistent zu ihren Einstellungen zu verhalten sowie diese Einstellungen ggf. zu bekräftigen und zu verteidigen. Dies nennt man Selbstkonsistenz (vgl. auch die Annahme eines Konsistenzmotivs in Kapitel 2).

Das Bedürfnis zur Selbstkonsistenz zeigt sich sehr deutlich bei der kognitiven Verarbeitung von Informationen: So werden in Diskussionen Argumente, die mit der eigenen Einstellung konform sind, tendenziell als „wahrer", „richtiger" und „glaubwürdiger" eingeschätzt als Argumente, die die eigene Einstellung nicht stützen. Einstellungskonforme Informationen können darüber hinaus besser behalten und besser abgerufen werden als einstellungsdiskrepante Informationen. Und schließlich zeigt sich die Selbstkonsistenz auch in Form von selektiven Wahrnehmungsphänomenen.

Experiment

Frey & Rosch (1984): Entscheidungskonsistente Informationsverarbeitung

Aufbau:
Vpn sollten sich in die Position eines Firmenchefs versetzen, der darüber zu befinden hatte, ob der Vertrag eines Juniormanagers der Firma verlängert werden sollte oder nicht. Sie bekamen eine schriftliche Beschreibung der Kompetenzen des Managers und sollten dann über die Vertragsverlängerung entscheiden.

Unabhängige Variable:
▶ **Bedingung 1:** Den Vpn wurde gesagt, sie könnten ihre Entscheidung später noch einmal überdenken und ggf. revidieren (reversible Entscheidung).
▶ **Bedingung 2:** Den Vpn wurde gesagt, eine spätere Revision sei nicht mehr möglich (irreversible Entscheidung).

Abhängige Variable:
Nachdem die Probanden ihre Entscheidung gefällt hatten, konnten sie um weitere ausführliche Beschreibungen des Managers bitten. Hierzu erhielten die Vpn ein Papier, auf dem alle Beschreibungen, jeweils durch einen kurzen Satz zusammengefasst, aufgelistet waren. Diese kurzen Sätze waren so formuliert, dass unmittelbar zu erkennen war, ob es sich um eine positive oder negative Information handelte. Es wurde ausgewertet, ob die Vpn eher ausführliche Beschreibungen zu lesen wünschten, die mit ihrer vorab geäußerten Meinung konsistent waren (also positive Information bei positiver Entscheidung bzw. negative Information bei negativer Entscheidung) oder nicht.

Hypothese:
▶ Wenn eine Revision der getroffenen Entscheidung nicht mehr möglich ist, sucht man eher nach Informationen, die die Richtigkeit der getroffenen Entscheidung stützen (Bedingung 2).
▶ Dieses Phänomen der selektiven (präferenzkonsistenten) Informationssuche sollte sich nicht zeigen, wenn man die getroffene Entscheidung noch einmal revidieren kann (Bedingung 1).

Ergebnis:
Die Hypothese wurde bestätigt: Wenn ihre Entscheidung nicht mehr rückgängig zu machen war, ließen sich die Vpn eher jene Informationen zeigen, die mit ihrer ursprünglichen Entscheidung konform waren. Informationen, die der getroffenen Entscheidung widersprachen, wurden dagegen gemieden. Die Vpn unter Bedingung 2 (irreversible Entscheidung) wählten überwiegend Informationen, die mit ihrer Einstellung zum Manager und ihrer Entscheidung konsistent waren. Unter Bedingung 1 (reversible Entscheidung) gab es diesen Effekt nicht.

Selbstäußerung. Menschen haben das Bedürfnis, die eigenen Einstellungen im sozialen Kontext zu explizieren und ggf. zu verteidigen. Dies nennt man Selbstäußerung (value expression). Selbstäußerungen ermöglichen die gegenseitige Einschätzung und sind dadurch wertvolle Hinweise für die Beziehungsgestaltung. Wenn man die Einstellungen einer Person kennt, kann man ihr Verhalten antizipieren; je nachdem, welcher Natur die Beziehung ist und welche Ziele man mit ihr verfolgt, kann man sich auf die andere Person einstellen bzw. bestimmte Reaktionen provozieren oder vermeiden.

Impression management. Wenn man weiß, wie andere auf das eigene Verhalten reagieren, kann man die Reaktionen anderer auch gezielt beeinflussen. Beispielsweise kann man sein Verhalten so steuern, dass andere ein bestimmtes Bild von einem gewinnen. Forschungsarbeiten zur strategischen Eindrucksbildung (impression management) haben gezeigt, dass Menschen bei der Vermittlung eines bestimmten Bildes von sich selbst überaus kreativ und auch erfolgreich sein können (z.B. Schlenker, 1980; Tedeschi, 1981).

12.3 Genese von Einstellungen

Einstellungen werden von den meisten Autoren für erworbene, also gelernte Dispositionen gehalten. Das schließt nicht aus, dass bestimmte Einstellungen (z.B. gegenüber gefährlichen Tieren, giftigen Früchten etc.) auch genetisch prädisponiert sein könnten; für soziale Einstellungen ist der genetische Anteil wahrscheinlich allerdings eher klein.

Wenn die Behauptung zutrifft, dass Einstellungen erlernt sind, dann stellt sich die Frage, *wie* dieses Lernen vonstatten geht. Dabei liegt es nahe, die bekannten lernpsychologischen Gesetzmäßigkeiten auf Einstellungen anzuwenden, also: die operante Konditionierung, das Modelllernen und die klassische Konditionierung.

12.3.1 Operante Konditionierung

In mehreren Untersuchungen konnte gezeigt werden, dass man den Erwerb von Einstellungen durch positive oder negative Verstärkung beeinflussen kann.

Experiment

Insko (1965): Einstellungserwerb durch positive Verstärkung

Aufbau:
Psychologiestudierende der Universität von Hawaii wurden telefonisch befragt, ob sie es gut fänden, ein Aloha-Festival für Touristen zu veranstalten.

Unabhängige Variable:
▶ Bedingung 1: Der Interviewer reagierte immer dann, wenn der Befragte sich gegenüber dieser Idee positiv äußerte, verbal bekräftigend (ah, good!).
▶ Bedingung 2: Der Interviewer reagierte immer dann, wenn der Befragte sich gegenüber dieser Idee negativ äußerte, verbal bekräftigend.

Abhängige Variable:
Eine Woche später bekamen die Befragten in einer Veranstaltung einen Fragebogen, in dem die Einstellung gegenüber dem Festival gemessen wurde.

Hypothese:
Die Einstellung der Befragten zu dem Aloha-Festival ist konsistent mit der Meinung, die zuvor im Telefoninterview positiv verstärkt worden war.

Ergebnis:
Die Studierenden, bei denen die Befürwortung des Aloha-Festivals bekräftigt worden war, hatten tatsächlich eine positivere Einstellung zum Festival.

12.3.2 Modelllernen

Neben der operanten Konditionierung ist Lernen durch Nachahmung ein wichtiges Prinzip. Das theoretische Fundament des Modelllernens ist die sozial-kognitive Lerntheorie von Albert Bandura (1979). Bandura fand heraus (z.B. Bandura et al., 1963), dass Kinder das Verhalten einer Person, die sie zuvor beobachtet hatten, dann imitierten, wenn die beobachtete Person für ihr Verhalten belohnt worden war (vgl. auch 13.2 Aggressives Verhalten – Beiträge anderer Teildisziplinen).

Auch Einstellungen können durch Beobachtung und Nachahmung anderer entstehen. Insofern ist es nicht verwunderlich, dass Kinder ihren Eltern – ohne irgendeine Form der Bekräftigung – (jedenfalls bis zu einem gewissen Alter) in ihren Einstellungen zu bestimmten weltanschaulichen Fragen (Parteipräferenz, Religion etc.) stark ähneln (z.B. Boehnke, 2001).

12.3.3 Klassische Konditionierung

Einstellungen können auch durch klassische Konditionierung erworben werden. Wenn nicht ein Verhalten, sondern eine Einstellung klassisch konditioniert wird, spricht man von evaluativer Konditionierung.

Die klassische Form der CS-US-Paarung. Eine wiederholte Paarung eines neutralen Stimulus mit einem unkonditionierten Stimulus (US, Stimuli, die bereits eine klare Valenz haben) führt dazu, dass diese Valenz mit der Zeit auch auf den ursprünglich neutralen (jetzt: konditionierten) Stimulus (CS) übertragen wird. Staats und Staats (1958) haben diese Form der klassischen Konditionierung erstmals bei Einstellungen nachgewiesen: Den Vpn wurden, während sie die Namen verschiedener Nationalitäten laut aussprechen mussten, negativ oder positiv valente Wörter gezeigt (z.B. Geschenk, heilig, bitter, hässlich etc.). Nach einigen Durchgängen hatten die Vpn erwartungsgemäß eine negative Einstellung gegenüber den mit negativen US gepaarten Nationalitäten und umgekehrt.

Mere-Exposure-Effekt. Die CS-US-Paarung gilt als eine sehr einfache Form des Lernens. Eine noch einfachere Form des evaluativen Konditionierens wird von Robert Zajonc (1968) beschrieben. Zajonc war der Meinung, dass das explizite Paaren mit einem US gar nicht nötig sei – die bloße wiederholte Darbietung (mere exposure) eines CS reiche aus, um eine positive Einstellung diesem gegenüber zu etablieren.

Experiment

Zajonc (1968): Einstellungserwerb durch bloße Darbietung eines CS

Aufbau:
Das Experiment war als ein Sprach-Lern-Experiment getarnt. Den Vpn wurden chinesische Schriftzeichen auf Kärtchen gezeigt.

Unabhängige Variable:
Die Häufigkeit, mit der identische Schriftzeichen gezeigt wurden, wurde systematisch variiert: Einige Zeichen wurden nur einmal gezeigt, andere 2-, 5-, 10- oder 25-mal.

Abhängige Variable:
Anschließend sollten die Vpn auf einer Skala von 0 bis 6 angeben, wie sehr sie der Meinung seien, dass die Schriftzeichen etwas Positives bedeuten könnten.

Hypothese:
Je öfter die Schriftzeichen zuvor dargeboten wurden, desto eher sollten die Vpn eine positive Bedeutung vermuten.

Ergebnis:
Je öfter ein chinesisches Schriftzeichen dargeboten wurde, desto eher waren die Vpn der Meinung, es bedeute etwas Positives.
Während die Schriftzeichen, die nur ein- oder zweimal (oder gar nicht) dargeboten wurden, im Durchschnitt Werte unter dem Skalenwert 3 erhielten, wurden Schriftzeichen, die 5-, 10- oder 25-mal dargeboten wurden, stetig positiver eingeschätzt.
Das Ergebnis bestätigt die Annahme, dass die bloße wiederholte Darbietung eines Reizes zu positiven Einstellungen diesem Reiz gegenüber führen kann.

Konditionierung mit einem physischen CS. Eine dritte, ebenso überraschend einfache Form des konditionierten Einstellungserwerbs wird von Cacioppo et al. (1993) beschrieben. Die Autoren argumentieren, dass Muskelbewegungen unwillkürliche evaluative Reaktionen sind: Dingen, die wir mögen, begegnen wir mit Annäherungsverhalten, Dingen, die wir nicht mögen, mit Vermeidungsverhalten. Die motorische Analogie des Annäherungsverhaltens ist eine „Heranziehbewegung", eine Beugung des Arms. Die motorische Analogie des Vermeidungsverhalten hingegen ist eine „Weghaltebewegung", also eine Streckung des Arms. Eine Untersuchung von Förster und Werth (2001) stützt diese Annahme empirisch. Sie wurde während des Wahlkampfs zur bayerischen Landtagswahl im Jahr 1998 an der Universität Würzburg durchgeführt. Während der Betrachtung einer fünfminütigen Sequenz aus einer politischen Fernsehdokumentation über die FDP sollte eine Gruppe der Vpn den Arm beugen, eine andere sollte ihn von sich weg strecken. Im Anschluss an die Filmsequenz sollten die Vpn angeben, für wie sympathisch und kompetent sie die FDP hielten. Es zeigt sich, dass die FDP unter induziertem Annäherungsverhalten (Armbeugung) für sympathischer und kompetenter gehalten wurde als unter Vermeidungsverhalten (Armstreckung).

12.3.4 Rationale Konstruktion

Eine vierte Möglichkeit der Einstellungsbildung besteht darin, dass man sich eine Einstellung rational erschließt. So liegt es nahe, dass man gegenüber Objekten, von denen man sich eine subjektiv wertvolle Bekräftigung erhofft, eine positive Einstellung entwickelt. Wenn z.B. jemand bei einem Bewerbungsgespräch erfährt, dass er in der Firma mit hoher Wahrscheinlichkeit gute Aufstiegschancen haben wird, wird er der Firma und Tätigkeit gegenüber eine positive Einstellung entwickeln.

Diese Form des Einstellungserwerbs entspricht den Modellen, die wir in Kapitel 7 (Rollentheorien) und 8 (Handlungstheorien) als Rational-Choice-Theorien bezeichnet haben, beispielsweise der Theorie der Rollenbilanz von Wiswede (1991) und Fetchenhauer (1994; vgl. 7.3.2) oder der Theorie des überlegten Handelns von Fishbein und Ajzen (1975; vgl. 8.3.2).

12.4 Einstellungsänderung

Wenn Einstellungen erlernt sind, können sie auch umgelernt werden. Solche Umlernprozesse können die gleichen sein wie die des Einstellungserwerbs: klassische Umkonditionierung (neue CS-US-Paarungen), operante Umkonditionierung (neue Verstärkerkonfigurationen) oder Umlernen am Modell (andere Modelle, z.B. in der Adoleszenz, wenn die Peer-Gruppe verhaltensbestimmender wird als die Eltern). Diese Lernprinzipien sollten nach der Lektüre des vorangegangenen Abschnitts klar sein. Deshalb wollen wir noch zwei andere Formen der Einstellungsänderung darstellen: Einstellungsänderung nach Änderung des eigenen Verhaltens (12.4.1) und Einstellungsänderung durch Überzeugung (12.4.2).

12.4.1 Einstellungsänderung nach Verhaltensänderung

Die Einstellungsänderung nach Verhaltensänderung wurde hauptsächlich im Rahmen der Dissonanztheorie und dort mit dem sogenannten Forced-Compliance-Paradigma (erzwungene Einwilligung) untersucht (vgl. 2.3.4 Dissonanz nach Entscheidungen).

Festingers Annahme: Das einstellungskonträre Verhalten löst einen unangenehmen Spannungszustand aus. Einstellungsänderung ist eine Möglichkeit, diesen Spannungszustand zu reduzieren.

Festinger und Carlsmith (1959) konnten zeigen, dass eine sehr monotone Tätigkeit von den Vpn im Nachhinein gar nicht mehr als so langweilig beurteilt wurde, nachdem sie einer zweiten Vp glaubhaft machen mussten, dass das Experiment in Wirklichkeit sehr spannend sei.

Auch aus der Selbstwahrnehmungstheorie (Bem, 1965; vgl. 2.4) ist ableitbar, dass es zum Einstellungswandel kommt, wenn man seine Verhaltensgewohnheiten gegenüber dem Einstellungsobjekt ändert.

12.4.2 Einstellungsänderung durch Überzeugung

Natürlich kann man Menschen auch davon überzeugen, eine Einstellung zu entwickeln oder eine bereits bestehende Einstellung zu ändern. Allerdings sind solche Überzeugungsversuche nicht immer erfolgreich. Die plausibelste Antwort auf die Frage, wovon es denn wohl abhängt, ob ein Überzeugungsversuch erfolgreich ist oder nicht, wäre wahrscheinlich: von der Qualität der Argumente. Je besser, glaubwürdiger, gewichtiger etc. die Argumente, desto wahrscheinlicher die Einstellungsänderung. Allerdings macht schon allein die Alltagserfahrung klar, dass es neben der Qualität der Argumente noch eine ganze Reihe anderer Gründe dafür gibt, dass wir Meinungen generieren und ändern. Bisweilen trägt die Qualität vorgebrachter Argumente sogar überhaupt nichts zum Einstellungswandel bei.

Zentrale und periphere Route der Überzeugung. Petty und Cacioppo (1986) haben herauszufinden versucht, unter welchen Bedingungen jemand mit guten Argumenten von einer bestimmten Einstellung überzeugt werden kann. Den Autoren zufolge gibt es prinzipiell zwei Wege der Überzeugung:

(1) einen zentralen Weg, basierend auf einer rationalen Abwägung der Argumente und
(2) einen peripheren Weg, basierend auf einer Verarbeitung solcher Hinweisreize, die mit der Qualität der Argumente im eigentlichen Sinne nichts zu tun haben, also beispielsweise die subjektive Glaubwürdigkeit der Quelle (indiziert durch die Wortwahl, durch Gesten, durch die Kleidung der argumentierenden Person, durch die Sprache oder die musikalische Umrahmung einer Botschaft).

Wann wird nun der eine, wann der andere Weg beschritten? Im Rahmen ihres Elaboration-Likelihood-Modells (ELM) nehmen Petty und Cacioppo (1986) an:

▶ Wenn die Person motiviert und fähig ist, Informationen und Argumente zu sammeln und abzuwägen, wird sie die zentrale Route wählen.

▶ Wenn die Person nicht motiviert und/oder nicht fähig ist, Informationen und Argumente zu sammeln und abzuwägen, wird sie sich auf periphere Hinweisreize stützen.

Beispiel: Wird zwischen zwei Spielfilmteilen im Fernsehen ein Werbeblock gezeigt, so ist die kognitive Verarbeitungskapazität dafür eher gering und eine Verarbeitung auf der zentralen Route weitgehend unwahrscheinlich. Für die Gestaltung von Werbebotschaften heißt das: Die objektive Qualität der Argumente ist hier zweitrangig; wichtiger ist, dass solche Hinweisreize präsentiert werden, die eine positive Verknüpfung mit dem Einstellungsobjekt (dem Produkt, der Botschaft, der Firma etc.) auf der peripheren Route zu erstellen versuchen, zum Beispiel, indem man angenehme Bilder, freundliche, attraktive Gesichter, angenehme Musik etc. darbietet.

Petty et al. (1976): Die Einstellung gegenüber Studiengebühren hängt von Lichtblitzen ab

Ablauf:

Die Vpn wurden gebeten, sich eine Botschaft anzuhören, in der eine Erhöhung der Studiengebühren an ihrer Universität befürwortet wurde.

Unabhängige Variable A: Stärke der Argumentation

▶ **Bedingung 1:** Die Argumente für die Studiengebühreneinführung waren stark (d.h. es gab gute Argumente dafür) oder

▶ **Bedingung 2:** Die Argumente für die Einführung von Studiengebühren waren schwach (hier wurde z.B. gesagt, mit den Gebühren sollte die Raumbeleuchtung in Seminaren finanziert werden, damit die Studierenden weniger Kopfschmerzen bekämen!).

Unabhängige Variable B: Manipulation der Elaborationswahrscheinlichkeit

Während sie die Argumente hörten, sollten die Vpn eine Parallelaufgabe bearbeiten, die ihre Aufmerksamkeit beanspruchte: Sie sollten die Position eines Lichtblitzes auf einem Computerbildschirm registrieren und notieren.

Es wurde systematisch variiert, wie oft die Lichtblitze auftauchten:

▶ 4-mal pro Minute,

▶ 12-mal pro Minute oder

▶ 20-mal pro Minute.

▶ Zusätzlich gab es eine Kontrollgruppe, die die Lichtblitz-Aufgabe nicht bearbeiten musste.

Abhängige Variable: Überzeugung

Anschließend sollten die Vpn angeben, wie stark sie den gehörten Argumenten zustimmen könnten.

Hypothese:

▶ Wenn die Elaborationswahrscheinlichkeit hoch ist (wenig Lichtblitze), sollte die Qualität der Argumente einen entscheidenden Einfluss auf die Überzeugung haben (zentrale Route).

▶ Wenn sie niedrig ist (viele Lichtblitze), sollte die Qualität der Argumente weniger Einfluss haben (periphere Route).

Ergebnisse:

▶ Die Ergebnisse zeigen, dass der Persuasionserfolg der starken Botschaft nur dann gegeben ist, wenn die Ablenkung nicht allzu stark ist.

▶ Hingegen nimmt der Persuasionserfolg der schwachen Botschaft zu, wenn die Ablenkung stark ist.

Die Vpn ließen sich von starken Argumenten nur dann überzeugen, wenn sie ausreichende kognitive Kapazitäten zur Verfügung hatten (d.h. wenn die Anzahl der Lichtblitze, auf die sie reagieren mussten, gering war). Waren sie jedoch kognitiv stark beansprucht, reichten auch schwache Argumente aus, um die Einstellung der Vpn zu beeinflussen.

12.4.3 Widerstand gegen Überzeugungsversuche

Nicht alle Versuche der Überzeugung und der Einstellungsänderung sind erfolgreich: Unter bestimmten Bedingungen sind Menschen resistent gegen solche Beeinflussungsversuche. Mindestens drei dieser Bedingungen lassen sich unterscheiden:

(1) **Reaktanz:** Menschen reagieren sensibel auf Einschränkungen ihrer Willens- und Handlungsfreiheit (Brehm, 1966). Versuche der externen Einflussnahme auf ihre Einstellungen und ihr Verhalten können als solche Einschränkung wahrgenommen werden. Menschen lassen sich dann entweder gar nicht beeinflussen oder sprechen sich sogar für die gegenteilige Einstellung aus.

(2) **Vorwarnung:** Wenn Personen über das Ziel einer Nachricht und den Versuch der gezielten Einflussnahme vorgewarnt werden, sind sie im Allgemeinen resistenter gegen den Einfluss, da sie schon vor Beginn der Beeinflussung Gegenargumente generieren können.

(3) Impfungs-Effekt: Das Generieren von Gegenargumenten gelingt besser, wenn das ursprüngliche Argument schwach ist. In einem Experiment konnte McGuire (1964) zeigen: Wenn es Personen leicht fällt, ein Gegenargument für ein (schwaches) Argument zu finden, bleibt auch ein Versuch der Beeinflussung mit starken Argumenten eher erfolglos. Beispiel: Erwin versucht Petra davon zu überzeugen, ein Auto zu kaufen. Petras Resistenz gegen Erwins Versuch der Einstellungsänderung ist dann größer, wenn Erwin zunächst ein schwaches Argument liefert (Wer ein Auto fährt, der kann mehr auf sich halten) und sie dies leicht entkräften kann, als wenn Erwin zunächst starke Argumente liefert (Mit einem Auto kann man größere Einkäufe erledigen).

12.5 Einstellung und Verhalten

Konsistenzkontroverse. Seine Attraktivität verdankt das Einstellungskonzept in der Sozialpsychologie hauptsächlich der Annahme, dass man aus den Einstellungen einer Person ihr Verhalten prognostizieren kann. Über die Frage, ob dies tatsächlich der Fall ist oder nicht, gibt es in der Sozialpsychologie eine lange Auseinandersetzung, die parallel geführt wurde mit der Diskussion darüber, ob man Verhalten aus Persönlichkeitseigenschaften vorhersagen könne. Diese Diskussion ist als sogenannte Konsistenzkontroverse in die Literatur eingegangen.

Diskrepanzen zwischen Einstellung und Verhalten. Ausgelöst wurde die Kontroverse im Einstellungsbereich durch eine Untersuchung des amerikanischen Sozialpsychologen Richard LaPiere (1934). Dieser reiste zwischen 1930 und 1932 zusammen mit einem chinesischen Ehepaar durch die USA. Er wollte herausfinden, ob sich die Vorurteile und Ressentiments gegenüber Asiaten, die damals in den USA besonders ausgeprägt waren, auch im Verhalten von Personen bemerkbar machen würden. Sie stiegen in 67 Hotels, Herbergen oder Campingplätzen ab und besuchten 184 Restaurants. Zu LaPieres Verwunderung wurden sie in 250 von 251 Fällen freundlich und höflich bedient. In einem einzigen Fall wurden sie auf einem Campingplatz mit der Begründung zurückgewiesen, man akzeptiere keine Japaner. LaPiere war über diese Bilanz überrascht, zumal er nach einer der ersten Übernachtungen ein zweites Mal in die gleiche Stadt gekommen war, sich telefonisch erkundigt hatte, ob er für einen chinesischen Geschäftsmann ein Zimmer reservieren könne und als Antwort ein kompromissloses Nein erhalten hatte.

Dies veranlasste LaPiere dazu, seine Untersuchung noch einmal zu wiederholen – diesmal mit einer Messung der Einstellung per Fragebogen. Sechs Monate nach seiner Reise schickte LaPiere allen Hotels und Restaurants, die er während seiner Reise aufgesucht hatte, einen Brief. Darin fragte er, wen man in dem jeweiligen Hotel bzw. dem jeweiligen Restaurant bedienen würde, wen eher nicht: Chinesen, Deutsche, Franzosen, Japaner, Russen, Armenier, Juden, Neger, Italiener, Indianer. Ausgewertet wurden nur die Antworten bezüglich der Chinesen. Von den 251 verschickten Fragebögen kamen 128 zurück. Das Ergebnis war eindeutig: 92 Prozent der Einrichtungen gaben an, Chinesen würden bei ihnen *nicht* bedient. 7 Prozent machten ihre Entscheidung von den Umständen abhängig. Nur 1 Prozent der Einrichtungen gaben an, Chinesen würden bei ihnen bedient.

!

Es gibt eine extreme Diskrepanz zwischen Einstellung und dem tatsächlichen Verhalten.

Durchschnittliche Einstellungs-Verhaltens-Konsistenz. Wicker (1969) kam auf der Basis einer Metaanalyse der damals verfügbaren Untersuchungen zu dem Schluss, dass die Korrelation zwischen Einstellungsmaßen und Verhaltensmaßen maximal bei $r = 0.30$ und durchschnittlich bei $r = 0.15$ liegt. Einen ähnlichen Schluss hatte Walter Mischel (1968) für den Zusammenhang zwischen Persönlichkeitsmaßen und Verhalten gezogen. Diese Korrelation ist nicht besonders hoch, weshalb man sich die Frage stellte, ob es sich dann überhaupt noch lohne, Einstellungen (und Persönlichkeitseigenschaften) als Verhaltensprädiktoren zu untersuchen.

Eine Position bestand in der Auffassung, die relativ schwache Korrelation zwischen Einstellung und Verhalten habe methodische Gründe (s.u. 12.5.1). Eine zweite Auffassung besagt, dass die Korrelation zwischen Einstellung und Verhalten eben nicht bivariat ist, sondern es von weiteren Variablen abhängt, ob man das Verhalten aus einer Einstellung mehr oder weniger gut vorhersagen kann, sogenannten Moderatorvariablen (s. 12.5.2 Inhaltliche Aspekte).

12.5.1 Methodische Aspekte

Mit der Frage, wie Einstellungen gemessen werden können, werden wir uns ausführlich in Abschnitt 16.3.3 befassen. Wir werden dort sehen, dass man Einstellungen direkt oder indirekt messen kann. Eine Form der direkten Einstellungsmessung besteht darin, die Vpn explizit nach ihren Einstellungen gegenüber bestimmten Objekten, Personen etc. zu befragen. Da solche Selbstberichte die am meisten verbreitete Form der Einstellungsmessung darstellen, werden wir uns bei der folgenden Diskussion auf sie beschränken.

Eingeschränkte Validität

Ein Problem von Selbstberichtsmaßen ist ihre extreme Anfälligkeit für Verzerrungen, Fehler und Antworttendenzen. Beispielsweise geben Menschen nicht gern zu, dass sie sozial unerwünschte Eigenschaften oder Einstellungen haben.

> **Beispiel**
>
> **Soziale Erwünschtheit bei Einstellung gegenüber Ausländern**
>
> Würde man auf die Straße gehen und 100 Passanten fragen, ob sie ausländerfeindlich sind oder nicht, würde dies wahrscheinlich nur ein kleiner Teil bejahen. Ein Teil derjenigen, die die Frage verneinen, ist wahrscheinlich tatsächlich nicht ausländerfeindlich eingestellt. Von einem anderen Teil kann man allerdings annehmen, dass er zwar ausländerfeindlich eingestellt ist, die Frage allerdings dennoch verneint. Das kann unterschiedliche Gründe haben. In jedem Fall sorgt diese dritte Gruppe dafür, dass das Merkmal Ausländerfeindlichkeit nicht valide gemessen wird.

Die eingeschränkte Validität bewirkt, dass der Zusammenhang zwischen Einstellungsmaß und Verhalten kleiner wird.

Eingeschränkte Reliabilität

Neben der Validität kann auch die Reliabilität, d.h. die Genauigkeit der Messung, verringert sein. Die Reliabilität leidet beispielsweise, wenn unsystematische Fehlereinflüsse vorliegen, z.B. Müdigkeit beim Fragebogenausfüllen, eine falsch verstandene Frage etc.

Eingeschränkte Varianz

Ein dritter methodischer Aspekt ist der der eingeschränkten Varianz. Das bedeutet: In bestimmten Situationen bestehen zwischen Personen keine oder kaum Unterschiede im Verhalten. Wenn die Varianz einer Variablen eingeschränkt ist, ist auch die Kovarianz eingeschränkt; die Korrelation mit anderen Variablen ist weniger robust.

Normative Beschränkungen. Normen können die Verhaltensvarianz einschränken. Wenn man z.B. die Sprechlautstärke von Männern und Frauen untersuchen wollte und als Untersuchungsort die Universitätsbibliothek wählte, würde man kaum Unterschiede finden, da in einer Bibliothek fast alle (Männer und Frauen) leise sprechen.

Itemschwierigkeit. Ein zweiter Grund für eingeschränkte Varianz kann die sogenannte Itemschwierigkeit sein. Denken wir noch einmal an die Hotelinhaber, die das chinesische Ehepaar freundlich bedienten, im Fragebogen hingegen angaben, Chinesen würden bei ihnen nicht bedient. Vielleicht hätten die Hotelinhaber gerne das chinesische Ehepaar abgewiesen, aber es ist ihnen dann doch zu schwer gefallen. Psychometrisch gesprochen: Das Ehepaar abzuweisen war zu schwierig. Die hohe Itemschwierigkeit hat zu eingeschränkter Varianz geführt: Alle haben sich gleich verhalten und das Ehepaar nicht abgewiesen.

Asymmetrischer Spezifitätsgrad

Typischerweise werden Einstellungen relativ generell und unspezifisch erfragt (z.B. Wie sind Sie zum Umweltschutz eingestellt?) und mit sehr spezifischen Verhaltensweisen korreliert (z.B. ob die befragte Person ihren Bioabfall kompostiert). Verhalten ist aber immer multideterminiert, d.h. vielen Einflüssen und Beschränkungen unterworfen (z.B. ob die befragte Person überhaupt einen Garten hat, um ihre Abfälle zu kompostieren). Entsprechend ist es nicht verwunderlich, dass eine unspezifisch gemessene Einstellung mit einer spezifisch erfassten Verhaltensweise nur schwach korreliert. Dagegen findet man höhere Einstellungs-Verhaltens-Korrelationen, wenn man

► die Einstellung ebenso spezifisch erfasst wie das Verhalten (Bevorzugen Sie aus Gründen des Umweltschutzes eher wiederverwertbare Verpackungen oder eher Einmalverpackungen?) oder

► das Verhaltensmaß in mehreren unterschiedlichen Situationen beobachtet und die Werte dann über die Situationen hinweg aggregiert (also z.B. einen Mittelwert bildet).

!

Die Forderung, bei der Messung von Einstellung und Verhalten den gleichen Spezifitätsgrad zu wählen, wird auch Symmetrieprinzip oder Korrespondenzprinzip genannt.

12.5.2 Inhaltliche Aspekte

Abgesehen von diesen methodischen Aspekten wurde auch nach inhaltlichen, psychologisch bedeutsamen Gründen für die enttäuschend geringen Einstellungs-Verhaltens-Korrelationen gesucht. Man suchte nach Variablen, von denen es abhängt, ob die Korrelation eher stark oder schwach ausgeprägt ist: Moderatorvariablen. Sie bedingen die Stärke des Zusammenhangs zwischen Einstellung und Verhalten.

Situationale Moderatorvariablen

Situationale (objektive) Selbstaufmerksamkeit. Der Zusammenhang zwischen Einstellung und Verhalten ist umso höher, je eher man seine Aufmerksamkeit sowohl auf sein Handeln als auch auf seine Einstellungen fokussiert. In bestimmten Situationen ist diese Selbstaufmerksamkeit stärker gegeben als in anderen, beispielsweise in einer Bewerbungssituation. Eine interessante experimentelle Anordnung zur Manipulation von Selbstaufmerksamkeit stammt von Duval und Wicklund (1972). Die Autoren installierten im Versuchsraum einen Spiegel; die Vpn sahen sich also permanent selbst. Duval und Wicklund stellten fest, dass die Korrelation zwischen Einstellung und Verhalten unter dieser Form der objektiven Selbstaufmerksamkeit größer war.

Ad-hoc-Bildung einer Einstellung. Menschen haben nicht zu jedem Thema eine Einstellung, sondern nur zu Themen, über die sie nachgedacht haben oder die in ihrem Leben eine Rolle spielen. In manchen Einstellungsuntersuchungen wird dieser Umstand übersehen und davon ausgegangen, dass jeder zu allem eine Meinung (Einstellung) hat. Empirisch scheint das auch so zu sein: Legt man einer großen Zahl von Personen eine Liste mit Items vor, die ihre Einstellung zu vielen unterschiedlichen Themen (Einstellungsobjekten) abfragen, werden meist alle Items beantwortet, auch in Untersuchungen, in denen man Personen unsinnige Fragen gestellt hat, z.B. zu nicht existenten Politikern oder Produkten. In solchen Fällen werden Einstellungen ad hoc konstruiert, sie sind weder durch Reflexion noch durch Erfahrung fundiert. Entsprechend wenig taugen sie, um Verhalten vorherzusagen.

Akute Stärke und Verfügbarkeit einer Einstellung. Die Präsenz der Einstellung zum Zeitpunkt des Verhaltens bezeichnet man auch als Verfügbarkeit oder Zugänglichkeit. Es dürfte nun leicht einsichtig sein, dass die Einstellungs-Verhaltens-Konsistenz mit der Zugänglichkeit der Einstellung im Gedächtnis zum Zeitpunkt des Verhaltens steigt (Fazio, 1990). Die Verfügbarkeit ist beispielsweise erhöht, wenn man kurz zuvor über die Einstellung nachgedacht oder die Einstellung kurz zuvor zum Ausdruck gebracht hat.

Personale Moderatorvariablen

Idealismus und Prinzipientreue. Personen unterscheiden sich darin, welche Bedeutung sie ihrer persönlichen Einstellungs-Verhaltens-Konsistenz beimessen. Für einige Personen ist es wichtiger als für andere, ihren Prinzipien treu zu bleiben. Der polnische Sozialpsychologe Bogdan Wojciszke (1987) bezeichnet prinzipientreue Personen als Idealisten. Da bei Idealisten Wertvorstellungen und Einstellungen generell zentraler sind als bei Nicht-Idealisten, sollten Einstellungen und Wertvorstellungen auch im Gedächtnis permanent verfügbarer sein. Entsprechend sollte die Einstellungs-Verhaltens-Konsistenz höher sein. Empirische Untersuchungen bestätigen diese Vermutung.

Dispositionelle Selbstaufmerksamkeit (self-awareness). Nicht nur Situationen können sich darin unterscheiden, in welchem Maße sie die Selbstaufmerksamkeit steigern; es gibt auch interindividuelle Unterschiede der Selbstaufmerksamkeit. Fenigstein et al. (1975) haben einen Fragebogen entwickelt, der diese dispositionelle Selbstaufmerksamkeit misst. Je stärker die Selbstaufmerksamkeitstendenz, desto größer der Zusammenhang zwischen Einstellung und Verhalten.

Selbstüberwachung (self-monitoring). Das Konstrukt der Selbstüberwachung wurde von Snyder (1974) vorgeschlagen. Selbstüberwacher sind Personen, die in sozialen Kontexten sehr darauf achten, sich situationsadäquat zu verhalten. Sie sind sensibler für Verhaltenserwartungen (soziale Normen) und bemühen sich darum, diesen zu entsprechen. Daraus folgt, dass bei Personen mit hoher Self-monitoring-Tendenz das Verhalten stärker durch die Situation bestimmt ist, während bei Personen mit niedriger Self-monitoring-Tendenz der Einfluss von Persönlichkeitseigenschaften (und damit auch Einstellungen) größer ist. In zahlreichen Untersuchungen konnte diese Hypothese bestätigt werden.

12.6 Zusammenfassung

Der heute gängigen Auffassung zufolge konstituieren sich Einstellungen aus
- einer kognitiven Komponente (Bewertung),
- einer emotionalen Komponente (Sympathie – Antipathie) und
- einer verhaltensmäßigen Komponente (Annäherung – Vermeidung).

Die verhaltensbezogene Komponente kann von ganz basalen motorischen Verhaltensformen bis hin zu komplexen sozialen Verhaltensformen (Bewunderung, Diskriminierung etc.) reichen.

Einstellungen haben eine Reihe individueller und sozialer Funktionen, die in unserem täglichen Leben oft eine entscheidende Rolle spielen. Sie reichen von rein kognitiven Funktionen (Komplexitätsreduktion) bis hin zu der Tatsache, dass wir uns über unsere Einstellungen definieren bzw. uns Gruppen zugehörig fühlen, mit denen wir einen Teil unserer Einstellungen teilen. Hier ergeben sich Überschneidungen mit der Sozialen Identitätstheorie (vgl. Kapitel 6).

Prozesse des Erwerbs individueller Einstellungen vollziehen sich entweder rational (durch Überzeugung) oder als Folge von mehr oder weniger bewussten Lernprozessen. Dabei reicht die bloße wiederholte Darbietung eines Einstellungsobjekts unter Umständen aus, um eine positive Einstellung wahrscheinlich zu machen (Mere-Exposure-Effekt; Zajonc, 1968).

Bei Versuchen der Einstellungsänderung sind zu beachten
- situationale (und/oder personale) Spezifika hinsichtlich der Verarbeitungswahrscheinlichkeit (vgl. das Elaboration-Likelihood-Modell; Petty & Cacioppo, 1986),
- Resistenzen gegenüber Beeinflussungsversuchen. Manche Beeinflussungsversuche können sogar das Gegenteil bewirken (Reaktanz).

Eine der zentralen Schwierigkeiten der Einstellungsforschung besteht darin, dass der Zusammenhang zwischen Einstellungs- und Verhaltensmaßen oft geringer ist, als man sich ursprünglich erhofft hatte. Das heißt nicht unbedingt, dass Einstellungsforschung obsolet sein muss. Oft hat die geringe Einstellungs-Verhaltens-Konsistenz methodologische Gründe:
- eingeschränkte Validität,
- eingeschränkte Reliabilität,
- eingeschränkte Varianz,
- assymetrischer Spezifitätsgrad etc.

Die geringe Einstellungs-Verhaltens-Konsistenz kann aber auch inhaltlich begründet sein. Zu den Moderatorvariablen dieser Konsistenz gehören u.a.:

▶ situative Selbstaufmerksamkeit,
▶ die akute Stärke und Verfügbarkeit einer Einstellung,
▶ Idealismus und Prinzipientreue,
▶ dispositionelle Selbstaufmerksamkeit (self-awareness),
▶ Selbstüberwachung (self-monitoring).

12.7 Übungsaufgaben

(1) Worin besteht der Unterschied zwischen Ein-Komponenten-, Zwei-Komponenten- und Drei-Komponenten-Modellen der Einstellung?

(2) Nennen Sie zwei konkrete Beispiele aus dem Bereich Einstellungen gegenüber religiösen Minderheiten, die zeigen, dass Einstellungen eine selbstwertdienliche Funktion haben können.

(3) Wie können Sie begründen, dass Menschen ein bestimmtes Musikstück, das oft im Radio gespielt wird, im Laufe der Zeit eher mögen?

(4) Wie würden Sie in Anlehnung an das Elaboration-Likelihood-Modell von Petty und Cacioppo eine Werbekampagne für ein Auto gestalten, wenn es sich
(a) um einen Werbespot im Radio
(b) um eine Broschüre zur Auslage in einem Autohaus
handeln würde?

(5) Wie würden Sie in Anlehnung an den Impfungs-Effekt (McGuire, 1964) ein Training konzipieren, in dem Schülerinnen und Schülern die Fähigkeit vermittelt werden soll, resistent gegenüber Überredungsversuchen, Drogen zu nehmen, zu bleiben?

(6) Was müssen Sie aus methodologischer Perspektive beachten, wenn Sie die Einstellungs-Verhaltens-Konsistenz in Bezug auf gesundheitsbewusstes Verhalten messen wollen und hierzu noch ein geeignetes Verhaltensmaß benötigen?

(7) Worin besteht der Unterschied zwischen dispositioneller Selbstaufmerksamkeit und dispositioneller Selbstüberwachungstendenz?

Weiterführende Literatur

Der folgende Text vertritt eine eher kognitive Perspektive der sozialpsychologischen Einstellungsforschung. Das Problem der Einstellungs-Verhaltens-Konsistenz wird eher überblicksartig dargestellt:
Bohner, G. (2002). Einstellungen. In W. Stroebe, K. Jonas & M. Hewstone (Hrsg.). Sozialpsychologie: Eine Einführung (4. Aufl.) (Kapitel 8; S. 265–315). Berlin: Springer.

Das folgende Lehrbuch geht in zwei Kapiteln auf das Thema Einstellungen ein: Kapitel 5 informiert zunächst über Grundlagen der Einstellungsbildung und -messung sowie die Problematik der Einstellungs-Verhaltens-Konsistenz. Ein eigenes Kapitel (6) widmen die Autoren dem Gebiet der Einstellungsänderung und der Überzeugungsforschung, wobei auch Aspekte des sozialen Einflusses berücksichtigt werden:
Hogg, M. A. & Vaughan, G. M. (2002). Social psychology (3. Aufl) (Kapitel 5; S. 144–192 und Kapitel 6; S. 193–235). Harlow (UK): Pearson Education.

13 Aggressives Verhalten

Die Frage, was Aggression überhaupt ist, ist nicht leicht zu beantworten. Ist der Chirurg, der meine Haut aufschneidet, aggressiv? Ist der Vater, der sein Kind bestraft, aggressiv? Ist der Staat, der einen Verbrecher einsperrt, aggressiv? Aggressives Verhalten gilt im Allgemeinen als sozial unerwünscht, aber bestimmte Formen der Aggression scheinen wichtige soziale und individuelle Funktionen zu erfüllen, beispielsweise die Verhinderung schlimmeren Schadens, eine soziale Demonstration von Wehrhaftigkeit oder die Wiederherstellung von Gerechtigkeit.

Was Sie in diesem Kapitel erwartet

Was löst Aggression aus? Eine Provokation? Ein blockiertes Ziel? Auslöser für aggressive Reaktionen können vielerlei Dinge sein: Physiologische Erregung, ein aggressives Modell, verzerrte Attributionen des Verhaltens anderer oder einfach nur der Anblick einer Waffe können die Wahrscheinlichkeit für aggressives Verhalten erhöhen. Wie kann man diese Erkenntnisse für eine wirksame Strategie zur Reduktion unerwünschten aggressiven Verhaltens nutzen?

Bezüge zu klassischen Theorie-Kapiteln:

▶ Aggressiven Reaktionen liegen Entscheidungsprozesse zugrunde 8
▶ Aggression kann sich aus der Fehlattribution physiologischer Erregung ergeben 9
▶ Feindselige Attributionen machen aggressives Verhalten wahrscheinlich 9
▶ Aggression unter Männern ist ein Kampf um sexuelle Ressourcen 10

Spezielle Theorien:

▶ Sozialer Einfluss 11
▶ Soziale Einstellungen 12
▶ Aggression 13
▶ Altruismus 14
▶ Gruppenprozesse 15

Bezüge zu anderen Themen-Kapiteln:

▶ Aggressives Verhalten Erwachsener wird von Kindern nachgeahmt 11
▶ Gewalt in den Medien verändert die Einstellung gegenüber Aggression 12

Die Frage nach den Ursachen, der Phänomenologie und den Konsequenzen aggressiven Verhaltens gehört seit jeher zu den wichtigsten Fragen der Psychologie. Es ist darum nicht verwunderlich, dass sich nahezu alle psychologischen Teildisziplinen mit Aggression befasst haben.

Aggressionsforschung ist kein genuin sozialpsychologisches Thema. Vielmehr ist sie ein Beispiel dafür, dass man ein vertieftes und umfassendes Verständnis für komplexe Phänomene nur dann erwerben kann, wenn man sich diesen Phänomenen aus unterschiedlichen Blickwinkeln heraus nähert.

13.1 Definition von Aggression

Die Schwierigkeiten, Aggression, Gewalt und Aggressivität scharf zu definieren, sind augenfällig und bereiten all denjenigen, die sich mit Aggressionsforschung beschäftigen, bis heute

Kopfzerbrechen. Um die Definition von Aggression ranken sich im Wesentlichen folgende Fragen:

▶ Ist eine bloße Schädigung bereits aggressiv (aber dann wäre der Zahnarzt, der mir einen Zahn zieht, ja ebenfalls ein Aggressor)?

▶ Ist die bloße Absicht, jemanden zu schädigen, bereits aggressiv?

▶ Muss hinter der Schädigungsabsicht ein feindseliges Motiv stecken (falls ja, wäre es demnach nicht aggressiv, sein Kind für eine Unartigkeit zu bestrafen)?

▶ Welche Form der Schädigung ist mehr oder weniger aggressiv? Physische Aggression (z.B. schlagen, treten), verbale Aggression (z.B. beleidigen, beschimpfen), relationale Aggression (z.B. jemanden von gemeinsamen Aktivitäten ausschließen)?

▶ Ist Aggression nur dann Aggression, wenn sie vom anderen auch so verstanden wird?

▶ Ist provozierte reaktive Aggression (z.B. Vergeltung) das gleiche wie unprovozierte proaktive Aggression?

Bereits diese kurze Auflistung zeigt die Heterogenität des Konstrukts Aggression. Relationale Aggression ist ein relativ neues Konstrukt (Crick & Grotpeter, 1995). Hierunter werden etwa Formen des Mobbing gefasst (z.B. gezielt Gerüchte streuen, soziale Exklusion etc.). Ursprünglich hatte man angenommen, relationale Aggression sei eine eher weibliche Form aggressiven Verhaltens, während physische Aggression eher unter Männern zu finden sei; neuere Studien lassen daran jedoch Zweifel aufkommen (Salmivalli & Kaukiainen, 2004; Tomada & Schneider, 1997).

13.2 Beiträge anderer psychologischer Teildisziplinen

Biologische Korrelate

Eines der zentralen biopsychologischen Anliegen im Zusammenhang mit Aggressionsforschung ist die Frage nach biologischen Korrelaten der Aggressivität. Solche Korrelate scheint es in der Tat zu geben.

Serotonin. Beispielsweise hat sich gezeigt, dass bei Personen mit pathologischer Aggressivität die Konzentration des Neurotransmitters Serotonin im Blut verringert ist (Marazzitti et al., 1993). Allerdings darf man daraus nicht folgern, dass Serotoninmangel die Ursache für Aggressivität ist. Beispielsweise weiß man auch, dass Serotoninmangel ein Korrelat depressiver Symptome sowie von Angstzuständen und Schlafstörungen ist. Wie sich diese Symptomcluster möglicherweise gegenseitig beeinflussen, ist bislang noch unbekannt.

Testosteron. Verschiedene Studien zeigen, dass das Hormon Testosteron ein Korrelat von Aggressivität ist. Testosteron ist das wichtigste männliche Sexualhormon, es ist vor allem für die Ausbildung der primären und sekundären männlichen Geschlechtsmerkmale zuständig. Auch Frauen produzieren Testosteron, allerdings in weitaus geringeren Mengen. Die Korrelation zwischen der Testosteronkonzentration und Aggressivität diente als Erklärung für den Geschlechtsunterschied im physisch-aggressiven Verhalten zwischen Männern und Frauen. Allerdings ist der Zusammenhang zwischen Testosteron und Aggression nicht konsistent gefunden worden, zudem gibt es bislang noch kein überzeugendes Wirkmodell.

Stabilität von Aggressivität

Während mit dem Begriff Aggression das aggressive Verhalten gemeint ist, wird Aggressivität eher als eine Persönlichkeitseigenschaft verstanden, d.h. eine interindividuell variierende Neigung, aggressives Verhalten zu zeigen.

Eine der bedeutendsten Studien zur Stabilität von Aggressivität stammt von Huesmann et al. (1984). In einer Längsschnittstudie über 22 Jahre hinweg wurden aggressive Verhaltensbereitschaften zu drei Zeitpunkten erfasst. Im Jahre 1960 waren die Befragten noch achtjährige Kinder. Die zweite Messung wurde 1970 vorgenommen, als sie 18 bis 19 Jahre alt waren. Die dritte Messung wurde 1981 vorgenommen, also im Alter von ca. 30 Jahren. Die Höhe der Werte ist beachtlich; die korrelative Stabilität beträgt über 20 Jahre hinweg .50 bei den Männern und .35 bei den Frauen.

Mechanismen des Erlernens von Aggression

Aggressives Verhalten kann erlernt werden, wenn es mit Belohnung bzw. Verstärkung assoziiert wird (operante Konditionierung). Außerdem können aggressive Verhaltensweisen über Modelllernen erworben werden. Das heißt: Der Akteur wird nicht selbst für aggressives Verhalten belohnt, sondern ein „Modell" wird für aggressives Verhalten belohnt (stellvertretende Bekräftigung). Unter bestimmten Umständen beginnen Akteure dann, das Modell zu imitieren. Die theoretische Grundlage für diese Hypothese ist die sozial-kognitive Lerntheorie von Bandura (1979).

Experiment

Bandura et al. (1961): Imitation eines aggressiven Modells

Aufbau:

Das Experiment wurde im Kindergarten der Stanford University durchgeführt. Die Stichprobe bestand aus 72 Kindern im Alter von 3 bis 5 Jahren. Die Kinder wurden in einen Raum mit einer Reihe von Spielsachen geschickt. Unter diesen Spielsachen war unter anderem eine 1,5 Meter große aufgeblasene Puppe („Bobo"-Puppe). Auf dem Weg in diesen Raum begegneten der Vl und das Kind „zufällig" einer anderen erwachsenen Person. Der Vl lud diese Person (den Konföderierten) ein, mit ihnen in den Spielraum zu gehen und mitzuspielen. Der Vl machte das Kind mit den Spielsachen vertraut und verließ dann den Raum. Das Kind war nun mit dem Konföderierten allein.

Unabhängige Variable: Verhalten des Modells

▶ **Bedingung 1:** Der Konföderierte begann nach einer Weile, die Bobo-Puppe zu schlagen, zu treten, mit einem Baseballschläger zu malträtieren und im Raum herum zu werfen. Zusätzlich rief er „Schlag ihn!", „Schlag ihm auf die Nase!", „Schmeiß ihn rum!" etc.

▶ **Bedingung 2:** Der Konföderierte zeigte kein aggressives Verhalten gegenüber der Puppe.

▶ **Bedingung 3:** Es gab gar keinen Konföderierten (Kontrollgruppe).

Anschließend führte der Vl das Kind in einen zweiten Raum, in dem sich wiederum Spielzeug befand, allerdings keine Puppe. Nachdem sich das Kind zwei Minuten lang mit den Spielzeugen beschäftigt hatte, kam der Vl herein und nahm dem Kind das Spielzeug, mit dem es gerade gespielt hatte, weg, da es angeblich zu wertvoll sei. Hierdurch sollten die Kinder frustriert werden; Frustration wird als ein Auslöser aggressiven Verhaltens verstanden.

Abhängige Variable: Aggressives Verhalten

Daraufhin brachte der Vl das Kind in einen dritten Raum. Hier befanden sich wieder ähnliche Spielzeuge wie im ersten Raum: eine ca. ein Meter große „Bobo"-Puppe, ein (kleinerer) Baseballschläger etc. In diesem Raum war das Kind 20 Minuten lang alleine. Durch eine Einwegscheibe wurde beobachtet, ob das Kind diejenigen Verhaltensweisen imitierte, die zuvor

▶

der Konföderierte gezeigt hatte, d.h. es wurde ausgezählt, wie oft die Kinder (a) physisch aggressives und (b) verbal aggressives Verhalten gegenüber der „Bobo"-Puppe zeigten.

Hypothese:
Wenn das Modell (d.h. der Konföderierte) zuvor aggressives Verhalten gezeigt hat, neigen die Kinder in der anschließenden Situation eher dazu, dieses Verhalten spontan zu imitieren.

Ergebnisse:
Die Ergebnisse zeigen, dass es zwischen den Bedingungen 1 (aggressiver Konföderierter) und 2 (nicht aggressiver Konföderierter) in Bezug auf physische und verbale Aggression gegenüber der Puppe signifikante Unterschiede gibt:

▶ Wenn es ein aggressives Modell gab, waren die Kinder sowohl physisch als auch verbal aggressiv.
▶ Wenn das Modell nicht aggressiv war, waren die Kinder kaum aggressiv.
▶ Gab es keinen Konföderierten, so waren die Aggressionswerte etwas höher als unter der Bedingung „nicht-aggressiver Konföderierter".

In einem zweiten Experiment (Bandura et al., 1963) wurde zusätzlich variiert, ob der aggressive Konföderierte für sein Verhalten vom Vl belohnt wurde oder nicht. Es zeigte sich, dass diese stellvertretende Belohnung das Imitationsverhalten der Kinder noch verstärkte.

Die lerntheoretische Perspektive ist für die Forschung nach den Ursachen von und nach den Interventionsmöglichkeiten gegen Aggression insofern bedeutsam, als die Erwartung, dass aggressives Verhalten positive Konsequenzen nach sich ziehen wird, einen Grund für die Stabilität von Aggression darstellen könnte. Anders ausgedrückt: Wenn Aggression bisher immer dazu geführt hat, dass man bekommt, was man will (z.B. bestimmte Güter oder Ressourcen, aber auch Zuwendung, Anerkennung, einen sozialen „Ruf" etc.) – wieso sollte man sich dann anders verhalten?

13.3 Klassische sozialpsychologische Aggressionstheorien

13.3.1 Frustrations-Aggressions-Hypothese

Eine Annahme, die wesentlich zur Theorieentwicklung in der Aggressionsforschung beigetragen hat, war die Frustrations-Aggressions-Hypothese der sogenannten Yale-Gruppe um Dollard et al. (1939). Deren Kernhypothese lautet:

! Aggression entsteht durch das Erleben von Frustration. Frustration wiederum ist Reaktion auf die Erfahrung, beim Erreichen eines angestrebten Ziels behindert zu werden.

Mit dieser einfachen Erklärung konnte die Yale-Gruppe eine Reihe von Befunden mit einem einfachen und sparsamen Modell erklären, und in der Tat gibt es korrelative Befunde, die mit ihr vereinbar sind, z.B. die erhöhte Aggressionsbereitschaft von Verkehrsteilnehmern in Staus (Novaco, 1991) oder die erhöhte Gewaltbereitschaft von Arbeitnehmern, denen kurz zuvor gekündigt worden war (Catalano et al., 1993).

Allerdings gibt es auch Befunde, die die Kernaussage der Theorie widerlegen, dass *jede* Frustration zu Aggression führe und *jede* Aggression das Resultat von Frustration sei. Einer der Autoren der Yale-Gruppe, Norman Miller, hat daher folgende Spezifizierung der Hypothese vorgenommen (Miller, 1941, S. 338): Frustrationen lösen unterschiedliche Typen von Reaktionen aus, von denen eine darin besteht, in bestimmter Form Aggression zu zeigen.

13.3.2 Kognitiv-neoassoziationistisches Modell

Drei Vorschläge für eine Erweiterung der Frustrations-Aggressions-Hypothese stammen von Leonard Berkowitz (1962, 1965, 1990, 1993). Sie beziehen sich auf

(1) die Rolle von Frustration als Auslöser für Aggression,
(2) eine Spezifizierung der psychologischen Prozesse, die zwischen dem Auslöser und der Reaktion liegen und
(3) die Modellannahme eines assoziativen Netzwerkes.

Aversive Reize als Auslöser von Aggression. Frustration ist nicht der ultimative Auslöser von Aggression; vielmehr ist Frustration lediglich eine spezifische Form eines unangenehmen Geschehnisses, eines aversiven Reizes. Ein solcher aversiver Reiz kann auch in unangenehmen Umweltbedingungen bestehen, zum Beispiel extrem hohen oder extrem niedrigen Temperaturen, einer extremen Lärmbelastung, großen Menschenmengen etc. Solche Effekte wurden in einer ganzen Reihe von Untersuchungen bestätigt. Beispielsweise waren Vpn in einer Provokationssituation dann aggressiver, wenn sie kurz die Hand in eiskaltes Wasser tauchen mussten (z.B. Berkowitz & Embree, 1987).

Der Prozess zwischen Auslöser (aversiver Reiz) und Reaktion (z.B. Aggression) ist durch drei psychische Faktoren gekennzeichnet:

(1) eine unwillkürliche (motorische) Reaktionstendenz,
(2) einen negativen affektiven Zustand sowie
(3) bestimmte kognitive Bewertungen.

Reaktionstendenz: fight oder flight. Motorische Reaktionstendenzen können nach Berkowitz entweder progressiv oder vermeidend sein. Die progressive, konfrontationssuchende nennt er Fight-Tendenz, die rückzugsorientierte, konfrontationsvermeidende nennt er Flight-Tendenz. Welche Tendenz in welcher Situation dominiert, hängt unter anderem von individuellen Lernerfahrungen ab. Wenn sich fights in der Vergangenheit ausgezahlt haben, wird fight auch in zukünftigen Situationen die wahrscheinlichere Reaktionstendenz sein; hat man aber wiederholt die Erfahrung gemacht, im fight unterlegen gewesen zu sein, wird in Zukunft wahrscheinlich eher die Flight-Tendenz dominieren.

Affekt: Ärger oder Angst. Die Reaktionstendenz hängt mit der Erlebnisqualität des negativen affektiven Zustands zusammen: Im Falle einer Fight-Tendenz hat der negative affektive Zustand eher die Erlebnisqualität von Ärger, im Falle einer Flight-Tendenz eher die Erlebnisqualität von Angst.

Kognitive Bewertungen. Zusätzlich kommen höhere kognitive Bewertungen ins Spiel, beispielsweise bezüglich der Angemessenheit einer Reaktion in einer bestimmten Situation (normative oder moralische Überlegungen), Kausalattributionen, Konsequenzerwartungen, soziale Erwartungen etc.

Annahme eines „assoziativen Netzwerks". Die drei Faktoren (Reaktionstendenz, Affekt, Kognitionen) können sich gegenseitig aktivieren. Das bedeutet: Ein aversiver Stimulus führt nicht unbedingt zuerst zu negativem Affekt, dann zu aggressiven Reaktionstendenzen, dann zu kognitiven Bewertungen und dann zu aggressivem Verhalten. Vielmehr sind Affekt, motorische Reaktion und kognitive Bewertung in einem assoziativen Netzwerk miteinander verbunden. Wird ein Faktor aktiviert, so aktiviert er die beiden anderen mit.

Die Annahme eines assoziativen Netzwerkes impliziert darüber hinaus, dass aggressives Verhalten durch sogenannte situative Hinweisreize beeinflusst ist:

> **!** Wenn man eine Person in einen negativen affektiven Zustand versetzt und ihr anschließend einen aggressionsbezogenen situativen Hinweisreiz gibt, wird sie sich mit größerer Wahrscheinlichkeit aggressiv verhalten.

Diese Hypothese mündete in einem berühmten Experiment von Berkowitz und LePage (1967); der zentrale Befund dieses Experiments ist mit dem Namen Waffeneffekt in die Literatur eingegangen.

Experiment

Berkowitz & LePage (1967): Waffeneffekt

Ablauf:

Die Stichprobe bestand aus $N = 100$ Studenten. Die Vpn wurden gebeten, möglichst viele Ideen aufzuschreiben, die einem Werbeagenten helfen könnten, bessere Erträge zu bekommen. Den Vpn wurde gesagt, dass ein zweiter Versuchsteilnehmer (in Wahrheit ein Konföderierter) ebenfalls an dieser Aufgabe arbeite und dass anschließend die Essays ausgetauscht und gegenseitig bewertet werden müssten. Diese Bewertung bestand darin, dass sich die beiden Teilnehmer gegenseitig Elektroschocks verabreichen sollten: Je schlechter der Aufsatz, desto mehr Elektroschocks sollten verabreicht werden. Zunächst war die scheinbare andere Vp mit Bewerten an der Reihe.

Unabhängige Variable 1: Provokation

▶ **Bedingung 1.1:** Die Vp erhielt sieben Schocks (Provokation).

▶ **Bedingung 1.2:** Die Vp erhielt nur einen Schock.

Unabhängige Variable 2: Situative Hinweisreize

Anschließend war die echte Vp mit Bewerten (und dem Verabreichen von Schocks) an der Reihe und wurde ins Zimmer mit dem Schockgerät geführt. In diesem Zimmer lagen entweder

▶ **Bedingung 2.1:** Waffen der angeblichen anderen Vpn auf dem Tisch (d.h. ein Revolver und ein Gewehr; der Vl kommentierte, diese Waffen gehörten der anderen Vp, sie habe sie nur kurz hier abgelegt),

▶ **Bedingung 2.2:** Waffen irgendeiner anderen Person auf dem Tisch,

▶ **Bedingung 2.3:** ein Badmintonschläger oder

▶ **Bedingung 2.4:** gar nichts auf dem Tisch (Kontrollbedingung).

Die Waffen stellten aggressive Hinweisreize, der Badmintonschläger einen nicht-aggressiven Hinweisreiz dar.

Abhängige Variable:

Es wurde ausgewertet, wie viele Schocks die Vpn ihrem vermeintlichen Gegenspieler und Provokateur erteilten.

Hypothese:

▶ Wenn die Vp provoziert worden ist, werden in den Waffen-Bedingungen (Bedingungen 2.1 und 2.2) die meisten Schocks erteilt, insbesondere wenn es sich um die Waffe der anderen Vp handelt (Bedingung 2.1). In den Bedingungen Badmintonschläger (Bedingung 2.3) und in der Kontrollgruppe (2.4) hingegen werden die wenigsten Schocks erteilt.

▶ Wenn die Vp nicht provoziert worden ist, werden generell weniger Schocks erteilt.

Ergebnis:

Die Hypothese wurde bestätigt. Vpn, die von einer scheinbar zweiten Vp provoziert worden waren, zeigten gegenüber dieser Person mehr aggressives Verhalten, wenn im Versuchsraum Waffen lagen. Wenn den Vpn gesagt wurde, die Waffen gehörten der anderen Vp, war die Aggressionsbereitschaft sogar noch etwas höher.

13.3.3 Erregungs-Transfer-Theorie

Bleiben wir kurz noch beim Faktor „negativer Affekt". Die Idee, dass negativer Affekt aggressives Verhalten begünstigt, findet sich nicht nur bei Leonard Berkowitz, sondern auch in den Arbeiten des amerikanischen Sozialpsychologen Dolf Zillmann. In Zillmanns Erregungs-Transfer-Theorie (1971) wird angenommen, dass physiologische Erregung – sowie die Attribution dieser Erregung – eine wichtige Rolle für das Verhalten spielt (vgl. Zwei-Faktoren-Theorie der Emotion von Schachter, 1964; 9.4.2 (Fehl-)Attribution physiologischer Erregung).

> Die Theorie macht folgende Vorhersage: Wenn in Situation A physiologische Erregung ausgelöst wird und ein Rest dieser Erregung auch noch in einer anschließenden Situation B, in der es eine Provokation gibt, vorhanden ist, dann kann diese Erregung fehlattribuiert werden: Die Person attribuiert die Erhöhung ihres Erregungsniveaus nicht auf die Umstände in Situation A, sondern fälschlicherweise auf die Provokation in Situation B. Dadurch kommt es zu einer erhöhten Wahrscheinlichkeit aggressiven Verhaltens in Situation B.

Beispiel: Eine Person hat sich im Fitnesscenter verausgabt (hohes Erregungsniveau, erhöhter Bludruck, Herzschlagfrequenz etc.). Als sie danach zu ihrem Auto geht, stellt sie fest, dass sie zugeparkt wurde und nicht wegfahren kann. Sie reagiert aggressiver, weil sie ihr (immer noch) erhöhtes Erregungsniveau fälschlicherweise auf diese Parkplatz-Provokation attribuiert.

13.3.4 Soziale Informationsverarbeitungs-Theorie der Aggression

Die soziale Informationsverarbeitungs-Theorie der Aggression von Crick und Dodge (1994, 1996) befasst sich mit der Frage, wie aus spezifischen Stilen der Wahrnehmung und Interpretation sozialer Situationen aggressive Verhaltensneigungen resultieren können. Die Autoren gehen von einem Prozessmodell der sozialen Informationsverarbeitung in einer konkreten Situation aus: Dieses Modell besteht aus sechs Schritten (Abb. 13.1). Bei jedem dieser Schritte gibt es Bedingungen, unter denen aggressive Verhaltensoptionen mehr oder weniger wahrscheinlich sind.

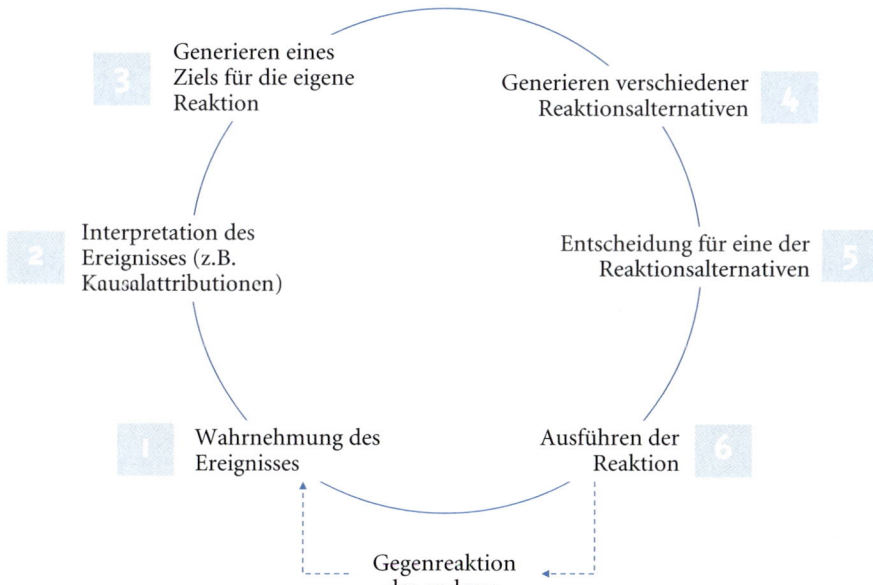

Abbildung 13.1. Graphische Darstellung der Theorie von Crick & Dodge (1994). Je nachdem, wie eine Person eine Situation wahrnimmt (1) und interpretiert (2), welche Reaktionsziele sie verfolgt (3), welche Reaktionsmöglichkeiten sie generiert (4) und wie sie diese bewertet (5), ist die Wahrscheinlichkeit für aggressive Reaktionen (6) mehr oder weniger hoch. Dieser sozial-kognitive Prozess ist kreisförmig dargestellt, da die Reaktion der Person ihrerseits wieder eine Gegenreaktion bei der anderen Person auslöst

Die sechs Schritte der sozialen Informationsverarbeitung in einem einfachen Alltagsbeispiel

(1) Wahrnehmung des Ereignisses

Eine Frau trifft im Lokal einen alten Bekannten, aber dieser ignoriert sie. Das irritiert sie.

(2) Interpretation des Ereignisses

Die Frau unterstellt dem Bekannten, er habe sie absichtlich schneiden und damit provozieren wollen – sie attribuiert Verantwortlichkeit und Absicht: Das führt bei ihr nicht nur zur Entstehung von Ärger und Empörung, sondern auch zu einer Einbuße an Selbstwertschätzung.

(3) Generieren eines Ziels für die eigene Reaktion

Die Frau ist motiviert, ihren Ärger zu reduzieren und ihre Selbstwertschätzung wieder herzustellen.

(4) Generieren verschiedener Reaktionsalternativen

Die Frau generiert verfügbare Reaktionsalternativen (z.B. eine aggressive Rache-Option, eine kognitive Umdeutung der Situation – „Das war schon immer ein arroganter Typ!" – oder eine Rückzugsoption).

(5) Entscheidung für eine der Reaktionsalternativen

Die Frau entscheidet sich für die Rache-Option.

(6) Ausführen der Reaktion

Die Frau verhält sich aggressiv; dies wiederum löst bei ihrem Bekannten eine *Gegenreaktion* aus: Er entschuldigt sich. Dies verändert entsprechend die Wahrnehmung der Situation (1).

Feindselige Attributionsverzerrungen. Insbesondere die Schritte 1 und 2 sind von Dodge intensiv untersucht worden, wobei die meisten Studien mit Kindern durchgeführt wurden. Kinder, die von ihren Bekannten und Klassenkameraden (peers) und von ihren Lehrern als aggressiv bezeichnet worden waren, nahmen soziale Situationen anders wahr als nicht-aggressive Kinder:

▶ Aggressive Kinder vermuten hinter dem Verhalten anderer Kinder eher bösartige Absichten.

▶ Aggressive Kinder neigen dazu, für einen erlittenen Schaden, dessen Ursache allerdings nicht eindeutig ist, andere Kinder verantwortlich zu machen und den Schaden auf die Person des anderen Kindes zu attribuieren anstatt auf die Situation.

Dieses Phänomen wird feindselige Attributionsverzerrung (Hostile Attribution Bias) genannt. Für die Erklärung dieser Verzerrung gibt es drei alternative Hypothesen:

(1) Aggressive Kinder vernachlässigen verfügbare soziale Hinweisreize: Sie nutzen weniger zur Verfügung stehende Informationen aus der Umgebung, welche möglicherweise eine alternative Kausalattribution nahe legen würden (Dodge & Newman, 1981).

(2) Aggressive Kinder reagieren selektiv stärker auf aggressive Hinweisreize (Gouze, 1987).

(3) Aggressive Kinder nehmen egozentrischere Attributionen vor: Die Vernachlässigung verfügbarer Informationen aus der Umwelt ist kein rein kognitiver Bias, sondern eine selbstwertschützende Verzerrung (Dodge & Tomlin, 1987).

13.4 Kommentar und Ausblick

Die Beschreibung und Erklärung aggressiven Verhaltens ist eine wichtige, wenngleich schwierige Aufgabe. Die Schwierigkeit zeigt sich schon bei der Definition von Aggression: Insbesondere die Frage, in welchem Maße Absicht und Schädigung notwendige oder hinreichende Bedingungen für Aggression darstellen, ist gemeinhin strittig.

Unterschiedliche psychologische Perspektiven. Es gibt unterschiedliche theoretische Zugänge zur Erklärung von Aggression. Auch wenn es mit Sicherheit biologische Korrelate aggressiver Verhaltensbereitschaften gibt, so handelt es sich hierbei noch nicht um Ursachenfaktoren. Sie zeigen nichtsdestotrotz, dass biologische Parameter bei der Erklärung der Entstehung, der Aufrechterhaltung, der Chronifizierung und ggf. auch der Reduktion aggressiven Verhaltens mit berücksichtigt werden müssen.

Gleiches gilt auch für den differentiellpsychologischen Zugang, dessen Verdienst es unter anderem ist, die immense Stabilität der Aggressivität nachgewiesen zu haben. Stabilität bedeutet jedoch weder, dass aggressives Verhalten bereits im Kindesalter determiniert ist, noch, dass Aggressivität nicht veränderbar ist! Gerade die Entwicklungspsychologie hat deutlich gemacht, dass es bestimmte entwicklungsbedingte Faktoren gibt, die aggressives Verhalten (und seine Chronifizierung) im Lebenslauf begünstigen können, aber auch solche, die sich aggressionsreduzierend auswirken können. Ein unterstützender Erziehungsstil seitens der Eltern oder ein stabiler Status innerhalb der Peer-Gruppe stellen beispielsweise solch protektive Faktoren dar.

Funktion aggressiven Verhaltens. Die sozial-kognitive Lerntheorie und Banduras Befunde zum spontanen Modelllernen haben in faszinierender Weise deutlich gemacht, wie schnell aggressives Verhalten von Kindern imitiert wird und unter welchen Umständen Erfolgserwartungen hinsichtlich sozialer oder materieller Verstärker mit aggressivem Verhalten einhergehen. Insbesondere wenn aggressives Verhalten ein hohes soziales Ansehen verspricht, sinkt die Bereitschaft, auf Aggression verzichten zu wollen. Hier liegt folgerichtig auch ein Ansatzpunkt für die Prävention von Aggression: Aggressives Verhalten hat in den meisten Fällen eine individuell bedeutsame Funktion; das Herausarbeiten dieser Funktion und das Aufzeigen alternativer Möglichkeiten, sie erfüllen zu können, sind wichtige Bestandteile pädagogisch-psychologisch fundierter Trainingsmaßnahmen.

Gewalt in den Medien. Banduras Befunde werden darüber hinaus gerne als Beleg für die schädlichen Wirkungen gewalthaltiger Medien (Filme, Musik, Computerspiele) herangezogen. In der Tat scheint es diesen Zusammenhang zu geben, und gerade in jüngster Zeit mehren sich Studien, in denen ein kausaler Effekt des Konsums gewalthaltiger Medien auf Aggressionsbereitschaft mit Hilfe systematisch kontrollierter Experimente nachgewiesen werden konnte (vgl. Anderson & Bushman, 2001). Lernen am Modell ist nicht der einzige psychologische Mechanismus, der für diesen Effekt verantwortlich gemacht werden kann. Ganz im Sinne des kognitiv-neoassoziationistischen Modells von Berkowitz können gewalthaltige Medien aggressive Hinweisreize oder kognitive Legitimationen bereitstellen, die die Wahrscheinlichkeit aggressiven Verhaltens langfristig erhöhen.

Kognitive Aspekte. Aus der großen Zahl sozialpsychologischer Erklärungsmodelle wurden in diesem Kapitel nur vier ausgewählt. Das kognitiv-neoassoziationistische Modell von Berkowitz, ursprünglich als Erweiterung der Frustrations-Aggressions-Hypothese konzipiert, wurde bereits genannt. Auch wenn nicht alle seine spezifischen Vorhersagen empirisch bestätigt sind oder repliziert werden konnten, hat es insbesondere die sozial-kognitive Theorienbildung in der Aggressionsforschung maßgeblich beeinflusst. Dies trifft in besonderem Maße für die Annahme zu, dass es sich bei affektiv valenten Hinweisreizen, kognitiven Bewertungen und motorischen Reaktionstendenzen um „assoziative Knoten" handelt.

Das Modell von Crick und Dodge schließlich ist eigentlich ein entwicklungspsychologisches Modell, denn es wurde hauptsächlich zur Erklärung aggressiver Verhaltensbereitschaften bei Kindern entwickelt. Dennoch bezieht das Modell wichtige Aspekte sozialpsychologischen (oder eher sozial-kognitiven) Denkens mit ein, etwa Prozesse (und Verzerrungen bei) der Kausal- und Intentionsattribution sowie handlungstheoretische Grundannahmen. Das Modell ist nicht nur deshalb so populär, weil einige seiner Ableitungen in vielen Untersuchungen bestätigt werden konnten. Es legt auch Strategien zur Prävention und Reduktion aggressiven Verhaltens nahe. So baut eine der Implikationen aus dem Modell auf dem Hostile Attribution Bias auf: Wenn es gelingt, diese Verzerrung zu überwinden (z.B. indem man Kinder für die Mehrdeutigkeit sozialer Situationen sensibilisiert), dürfte dies aggressives Verhalten weniger wahrscheinlich machen – so die Annahme. Gleiches gilt für Schritt 4 des Modells: Gelingt es, Kindern alternative Reaktionsstrategien in Konfliktsituationen stärker verfügbar zu machen, so dürfte das einen aggressionsreduzierenden Effekt haben.

Viele Modelle, Befunde und Aspekte der sozialpsychologischen Aggressionsforschung konnten hier aus Platzgründen nur angerissen, nicht aber vertieft werden. Die Debatte zur Wirkung gewalthaltiger Medien hätte eigentlich ein eigenes Kapitel verdient, um in der gebotenen Breite dargestellt werden zu können. Gleiches gilt für den Zusammenhang zwischen Emotionen bzw. Affekten (z.B. Ärger) und Aggression. Soziobiologische und instinkttheoretische Ansätze konnten gar nicht erst aufgenommen werden. Der kurze Überblick hat deutlich gemacht, wie vielfältig und facettenreich die Aggressionsforschung ist. Ein Problem dieser Vielschichtigkeit besteht allerdings darin, dass die vielen Forschungsaktivitäten in diesem Bereich nur mäßig aufeinander abgestimmt sind und längst nicht von allen Forscherinnen und Forschern in ihren jeweiligen Teildisziplinen so rezipiert werden, wie es für eine integrative Theorienbildung notwendig wäre.

13.5 Zusammenfassung

Folgende Aggressionstheorien wurden behandelt:
▶ Soziale Lerntheorie von Bandura,
▶ Frustrations-Aggressions-Hypothese,
▶ Kognitiv-neoassoziationistisches Modell von Berkowitz,
▶ Erregungs-Transfer-Theorie von Zillman und
▶ Soziale Informationsverarbeitungstheorie der Aggression von Crick & Dodge.

Eine zentrale Aussage des Modells von Berkowitz ist, dass sich die an der Aggression beteiligten psychischen Systeme (Reaktionstendenz, Affekt, Kognition) gegenseitig aktivieren können. Semantische Hinweisreize, die mit Aggression assoziiert sind (z.B. Waffen), können die Wahrscheinlichkeit aggressiven Verhaltens erhöhen.

Zentrale Aussage der Theorie von Zillman ist, dass physiologische Erregung fehlattribuiert werden kann. Dies wiederum erhöht die Auftretenswahrscheinlichkeit aggressiver Reaktionen in späteren Situationen.

Im Modell von Crick und Dodge wird davon ausgegangen, dass es an fünf Stellen im Laufe eines kognitiven, d.h. informationsverarbeitenden Prozesses zu Bedingungen kommen kann, unter denen aggressive Reaktionen wahrscheinlich werden:

► wenn eine Situation als Provokation oder Bedrohung wahrgenommen wird,

► wenn dem Akteur eine feindselige Absicht unterstellt wird,

► wenn aggressionsbezogene Reaktionsziele generiert werden,

► wenn zur Erreichung der Ziele aggressionsbezogene Handlungsalternativen generiert werden,

► wenn aggressive Handlungsalternativen subjektiv als Erfolg versprechend wahrgenommen werden.

13.6 Übungsaufgaben

(1) Inwiefern ließe sich aus der sozialen Lerntheorie ableiten, dass ein regelmäßiger Konsum gewalthaltiger Spielfilme im Fernsehen langfristig aggressive Verhaltensbereitschaften fördern könnte?

(2) Wovon hängt es laut Berkowitz ab, ob man in einer Situation, in der negative Affekte ausgelöst werden, mit einer Fight- oder mit einer Flight-Tendenz reagiert?

(3) Was ist der sogenannte Waffeneffekt? Beschreiben Sie in groben Zügen den Aufbau des klassischen Experiments von Berkowitz und LePage (1967). Welche Bedeutung haben laut Berkowitz die Befunde für die „kognitive Architektur" aggressiver Verhaltensbereitschaften?

(4) Worin besteht der Zusammenhang zwischen dem Erregungs-Transfer-Modell von Zillmann und Theorien der Kausalattribution?

(5) Wo müsste in Anlehnung an die Theorie von Crick und Dodge ein Training zur Reduktion bzw. Prävention von Aggression bei Kindern und Jugendlichen ansetzen, um aggressives Reagieren in bestimmten Situationen weniger wahrscheinlich zu machen? Nennen Sie konkrete Möglichkeiten, wie ein solches Training geartet sein könnte, um diese Ziele zu erreichen.

Weiterführende Literatur

In folgendem Buchbeitrag werden insbesondere die Theorien von Bandura, Berkowitz sowie Crick und Dodge behandelt:
Otten, S. & Mummendey, A. (2002). Sozialpsychologische Theorien aggressiven Verhaltens. In D. Frey & M. Irle (Hrsg.), Theorien der Sozialpsychologie. Band II: Gruppen-, Interaktions- und Lerntheorien (2. Aufl.) (S. 198–216). Bern: Huber.

Das folgende Buch gibt einen aktuellen und integrativen Überblick über unterschiedliche theoretische Ansätze in der Aggressionsforschung (biologische und psychologische Theorien, dispositionale und situative Ansätze) und behandelt spezifische Phänomene aggressiven Verhaltens in der sozialen Wirklichkeit (Aggression in Schulen, innerfamiliäre und sexuelle Aggression etc.):
Krahé, B. (2001). The social psychology of aggression. Hove (UK): Psychology Press.

14 Altruismus und Hilfsbereitschaft

Was Sie in diesem Kapitel erwartet

Anders als aggressives ist hilfreiches Verhalten sozial erwünscht. Die Norm der Hilfsbereitschaft und der sozialen Verantwortung gilt prinzipiell für jeden Menschen. Allerdings verhalten wir uns nicht in allen Situationen entsprechend dieser Norm. Beispielsweise reagieren Menschen, wenn sie Zeugen einer möglichen Notfallsituation werden, manchmal geradezu apathisch. Man denkt sich „Es wird schon nicht so schlimm sein", „Andere können viel besser helfen", „Vielleicht mache ich etwas falsch" oder „Helfen ist zu gefährlich für mich". Man sieht: Hilfeverhalten hängt von Kostenkalkulationen, aber auch von Attributionen, und nicht nur von Normen ab.

Eine Frage, die uns Menschen schon seit Urzeiten beschäftigt ist: Gibt es überhaupt einen wahren Altruismus oder ist hilfreiches Verhalten letzten Endes eigennutzmotiviert? Wenn das so wäre, dann müssten Menschen jede Möglichkeit nutzen, einer Notfallsituation ungehindert und unentdeckt zu entkommen. Experimente zeigen allerdings, dass sie das nicht unbedingt tun. Um was geht es also beim Helfen? Um das Wohl des Hilfebedürftigen? Oder doch nur um unser eigenes Wohl?

Bezüge zu klassischen Theorie-Kapiteln:

- ► Gegenseitige Hilfe ist eine Norm des sozialen Austauschs **4**
- ► Wir helfen, wenn wir dadurch den Gerechte-Welt-Glauben bewahren können **5**
- ► Existentielle Schuld erhöht die Hilfsbereitschaft gegenüber Benachteiligten **5**
- ► In bestimmten Rollen ist Hilfsbereitschaft eine zentrale Norm **7**
- ► Altruistisches Verhalten hängt von Kosten-Nutzen-Abwägungen ab **8**
- ► Falsche Attributionen können dazu führen, dass in Notsituationen niemand hilft **9**
- ► Hilfsbereitschaft ist sowohl für den Geber als auch für den Empfänger der Hilfe evolutionär funktional **10**

Spezielle Theorien:

- ► Sozialer Einfluss **11**
- ► Soziale Einstellungen **12**
- ► Aggression **13**
- ► Altruismus **14**
- ► Gruppenprozesse **15**

Bezüge zu anderen Themen-Kapiteln:

- ► Wenn man die Verfügbarkeit einer altruistischen Einstellung erhöht, wird Hilfeverhalten wahrscheinlicher **12**
- ► Gruppenmitglieder helfen einander eher, wenn sie sich mit der Gruppe identifizieren **15**

Der Begriff **Altruismus** kommt aus dem Lateinischen und bezieht sich auf die Silbe altrui (= ein anderer). Altruismus ist Verhalten zugunsten von anderen, uneigennütziges, gemeinnütziges Verhalten – kurz: das Gegenteil von Egoismus.

Altruismus wird oft mit Hilfeverhalten gleichgesetzt. Hilfeverhalten kann aber unterschiedlich motiviert sein. Auch Egoismus kann sich in Hilfeleistung äußern. Mit Altruismus ist nur jenes Hilfeverhalten gemeint, das *nicht* egoistisch motiviert ist.

Der Fall „Kitty Genovese". Das sozialpsychologische Interesse an Altruismus und Hilfsbereitschaft gründet auf der Frage, unter welchen Umständen Menschen *nicht* helfen. Die Frage erhielt ihre Brisanz durch einen konkreten Vorfall: den Mord an Catherine (Kitty) Genovese am 13. 03. 1964. An diesem Tag um 3:00 Uhr morgens wurde in dem New Yorker Vorort Queens in einem dicht besiedelten Wohngebiet eine 28-jährige Frau von einem Unbekannten überfallen und mit mehreren Dutzend Messerstichen tödlich verwundet. Das Opfer schrie laut um Hilfe, es öffneten sich daraufhin mehrere Fenster. Insgesamt 38 Nachbarn beobachteten aus ihren Häusern heraus den Vorfall, aber niemand unternahm etwas. Um 3:50 Uhr (!) rief dann einer der Nachbarn die Polizei; zu diesem Zeitpunkt war Catherine Genovese schon tot. Der Fall hat solches Aufsehen erregt, dass dem Phänomen bald eine Reihe von Namen gegeben wurde (z.B. Genovese-Syndrom). Der heute geläufige wissenschaftliche Terminus für Nicht-Helfen in Notfallsituationen heißt Bystander-Phänomen; wir kommen hierauf noch zurück.

14.1 Reziproker Altruismus

Aus evolutionspsychologischer und soziobiologischer Perspektive (vgl. 10.3.2 Verwandtenselektion beim Hilfeverhalten) sind all jene Verhaltensweisen evolutionär funktional, welche die Reproduktionswahrscheinlichkeit eines Organismus erhöhen. Aus dem Konzept der Gesamtfitness folgt, dass es unter Umständen evolutionär funktional sein kann, einem Verwandten, mit dem man einen Teil seines genetischen Materials teilt, in einer Notsituation zu helfen – vorausgesetzt, dieser Verwandte hat seinerseits eine ausreichende Reproduktionswahrscheinlichkeit. Entsprechend zeigt sich in einigen Untersuchungen, dass die Hilfsbereitschaft positiv mit dem Verwandtschaftsgrad korreliert (z.B. Burnstein et al., 1994).

Nun wissen wir aus der eigenen Alltagserfahrung, dass wir uns nicht nur Verwandten gegenüber hilfsbereit verhalten: Vielmehr bieten wir auch fremden Menschen unsere Hilfe an. Welche evolutionäre Funktionalität könnte es haben, sich Nichtverwandten gegenüber altruistisch zu verhalten?

Auch im Tierreich gibt es Formen von Altruismus unter Nichtverwandten: Dabei kann man nicht nur Hilfsbereitschaft zweier (nichtverwandter) Artgenossen beobachten, sondern sogar Hilfsbereitschaft zweier völlig verschiedener Tierarten. Hier einige Beispiele:

▶ Pavianmännchen helfen anderen Pavianmännchen im Kampf gegen einen Rivalen.
▶ Eichelhäher füttern den Nachwuchs anderer Artgenossen.
▶ Fledermäuse füttern diejenigen Artgenossen, die bei der Nahrungssuche weniger erfolgreich waren.
▶ Putzerfische entfernen bei anderen Fischen Parasiten und Pilze, obwohl sie Gefahr laufen, von ihren „Kunden" gefressen zu werden.

Diese Beobachtungen, die den evolutionspsychologischen Annahmen zunächst scheinbar zuwiderlaufen, wurden von dem amerikanischen Biologen Robert Trivers in den 1970er Jahren in eine evolutionspsychologisch stimmige Hypothese mit dem Titel Reziproker Altruismus integriert. Reziproker Altruismus ist auf die Erwartung gebaut, dass eine geleistete Hilfeaktion zum Zeitpunkt t_1 eine ausgleichende Hilfeaktion zu einem späteren Zeitpunkt t_2 nach sich ziehen wird, nach dem Motto „Eine Hand wäscht die andere". Solche Reziprozitätserwartungen erweisen sich im Sinne einer Steigerung des Reproduktionserfolges der beteiligten Organismen als evolutionär funktional, wie ein einfaches Gedankenexperiment belegt: Sagen wir, ich befinde mich zur Zeit in einer Notlage; die Wahrscheinlichkeit, dass ich in fünf Jahren noch lebe, beträgt zur Zeit gerade mal 50 Prozent. Mein Nachbar könnte mir in dieser Notlage helfen und dadurch die Wahrscheinlichkeit, dass ich in fünf Jahren noch lebe, auf 90 Prozent erhöhen. Kommt mein Nachbar in fünf Jahren nun selbst in eine Notlage, könnte ich mich reziprok verhalten und ihm helfen (seine Überlebenswahrscheinlichkeit von 50 auf 90 Prozent erhöhen) – natürlich nur, wenn ich in fünf Jahren selbst noch lebe (die Wahrscheinlichkeit hierfür beträgt entweder 50 oder 90 Prozent). Falls wir uns also gegenseitig helfen, erhöhen wir unsere jeweiligen Überlebenschancen von 50 auf (90 Prozent × 90 Prozent) 81 Prozent.

14.2 Entscheidungsmodell von Latané und Darley (1970)

Eine Antwort auf die Frage, wann Menschen in Notsituationen helfen und wann nicht, wurde zunächst in Attributionsprozessen gesucht. Menschen müssen in Notsituationen eine Reihe attributionaler Fragen beantworten. Latané und Darley (1970) haben diese folgendermaßen systematisiert:
(1) Wird das Ereignis überhaupt wahrgenommen?
(2) Wird das Ereignis als Notfall interpretiert?
(3) Attribuiert die Person die Verantwortung für ein altruistisches Eingreifen auf sich selbst?
(4) Sieht die Person eine Möglichkeit zu helfen?
(5) Entscheidet sich die Person zu helfen?
Nur wenn alle diese Fragen mit ja beantwortet werden, kommt es zur Hilfeleistung, also zum Einschreiten in einer Notsituation.

Allerdings ist diese Liste der attributionalen Entscheidungen, die für die Hilfeleistung eine Rolle spielen, nicht erschöpfend. Weitere Attributionen, die für die Hilfeleistung wichtig sind, können sein:
► Was kostet mich die Hilfe?
► Wo liegen für mich die Risiken?
► Welche Alternativen gibt es?
► Verdient das Opfer überhaupt meine Hilfe?
► Wie ist das Opfer in diese Situation gekommen? etc.
Insbesondere die Antworten auf die ersten drei Fragen sind stark vom sozialen Kontext abhängig, in dem das Ereignis passiert. Die Frage, ob es sich überhaupt um einen Notfall handelt, ist meist nicht eindeutig zu beantworten. Andere Menschen dienen als Hinweisreize für die Entscheidung. Insofern mag es sinnvoll sein, erst einmal abzuwarten und zu schauen, was andere Menschen machen, wie sie reagieren.

Pluralistische Ignoranz. Wenn allerdings jeder so denkt, dann entsteht eine Art kollektives Abwarten bzw. eine Fehlattribution des Nicht-Handelns anderer (Wenn hier niemand etwas tut, dann wird es wohl auch nicht so schlimm sein). Diese Fehlattribution wird pluralistische Ignoranz genannt. Wichtig ist in diesem Zusammenhang die Feststellung, dass es nicht die bloße

Anwesenheit anderer Leute ist, die den Ignoranzeffekt bedingt. Vielmehr entsteht der Effekt nur unter der Voraussetzung, dass andere Menschen auch valide Hinweisreize sind, d.h. dass sie prinzipiell die Möglichkeit hätten, einzugreifen. So konnten Ross und Braband (1973) beispielsweise zeigen, dass der Ignoranzeffekt verschwindet, wenn die andere, nicht eingreifende Person blind ist. Empirisch zeigt sich, dass das Bystander-Phänomen von der Anzahl der bystander abhängt: Je mehr Personen in einer Notfallsituation anwesend sind, desto länger dauert es, bis sich eine Person entschließt, einzugreifen.

Verantwortungsdiffusion. Ein anderer Erklärungsversuch für diesen negativen Zusammenhang geht von der Annahme aus, dass die potentiellen Helfer sich zwar der Notlage durchaus bewusst sind, aber die Verantwortung für ein Eingreifen auf die anderen abschieben. Es handelte sich demnach nicht um eine Fehlattribution, sondern um eine motivierte Attributionsverzerrung (Wieso muss ausgerechnet ich eingreifen, jemand anderes könnte das doch auch und möglicherweise viel besser als ich!). Diesen Effekt haben Latané und Darley (1968) Verantwortungsdiffusion genannt.

Pluralistische Ignoranz und Verantwortungsdiffusion sind zwei Erklärungsversuche für das Bystander-Phänomen, das möglicherweise auch zum Tod von Kitty Genovese geführt hat. In den 1960er und 1970er Jahren wurden solche Erklärungen daher ausgiebig empirisch untersucht.

Experiment

Latané & Rodin (1969): Hilfsbereitschaft für eine verletzte Versuchsleiterin

Ablauf:
Studierende wurden gefragt, ob sie Interesse hätten, an einem Marktforschungsexperiment teilzunehmen. Die Studierenden wurden dann in einen Raum geführt, der direkt neben dem Büro der Versuchsleiterin lag. Dort bearbeiteten sie zunächst einen Fragebogen.

Unabhängige Variable:
Anwesenheit weiterer potentieller Helfer
Es gab vier experimentelle Bedingungen. In drei dieser Bedingungen befanden sich zwei Vpn im Raum und füllten gemeinsam einen Fragebogen aus. In der vierten Bedingung war die Vp alleine im Raum.

▶ **Bedingung 1:** Es handelt sich um zwei befreundete Vpn (sie wurden schon vorher gebeten, sich gemeinsam anzumelden).
▶ **Bedingung 2:** Es handelte sich um zwei fremde Vpn.
▶ **Bedingung 3:** Es handelte sich um eine echte Vp und einen Konföderierten, der die Anweisung hatte, nicht zu helfen.
▶ **Bedingung 4:** Die Vp ist alleine.

Nach einiger Zeit hörte man aus dem Nebenzimmer, dem Büro der Versuchsleiterin, einen lauten Knall: Offensichtlich waren ein Stuhl und mehrere Stapel Papier umgefallen. Die Versuchsleiterin rief „Oh je, mein Fuß, ich kann ihn nicht bewegen! Autsch, mein Knöchel!"

Abhängige Variable:
Ausgewertet wurde, ob und wann (d.h. nach wie vielen Sekunden) eine der Vpn aufstand, um ins Nebenzimmer zu gehen und nachzuschauen. Anschließend wurde mit allen Vpn eine ausführliche postexperimentelle Befragung durchgeführt.

Hypothese:
Die Hilfsbereitschaft, also sowohl die Wahrscheinlichkeit des Eingreifens als auch die Zeit, die vergeht, bevor der erste eingreift, hängt davon ab, ob die Vpn die Möglichkeit zur Verantwortungsdiffusion haben. Diese sollte am stärksten in den Bedingungen 2 (zwei Fremde) und 3 (Konföderierter) ausgeprägt sein.

Ergebnisse:
Die Wahrscheinlichkeit, mit der eine Person nach einer gewissen Zeit half, war am höchsten in den Bedingungen 4 (alleine; 70 Prozent) und 1 (zwei Freunde; 70 Prozent). Bei zwei fremden Vpn (Bedingung 2) sank die Wahrscheinlichkeit auf 40 Prozent. Im Falle einer echten Vp und eines (nicht helfenden) Konföderierten (Bedingung 3) sank die Wahrscheinlichkeit, dass die echte Vp half, auf 7 Prozent.

▶

Nicht geholfen zu haben begründeten die Vpn in der postexperimentellen Befragung entweder damit, dass sie „unsicher waren, was passiert war" (59 Prozent), dass es „bestimmt nicht so schlimm war" (46 Prozent) und dass „andere sicher schon etwas unternehmen werden" (25 Prozent).

Wieso ist die Hilfsbereitschaft in der Zwei-Freunde-Bedingung höher als in den beiden anderen Paar-Bedingungen? Drei Erklärungsmöglichkeiten sind denkbar:

(1) Dass der andere nicht hilft, wird *nicht* fehlattribuiert (Mein Freund macht jetzt nichts, weil er sich selbst unsicher ist).

(2) Unter Freunden fällt Verantwortlichkeitsdiffusion schwerer (Wir sind gemeinsam hier, jetzt sind wir auch gemeinsam verantwortlich).

(3) Zwei Freunde reduzieren gegenseitig ihre Unsicherheit, weil sie über das sprechen, was passiert sein könnte – dies haben Latané und Rodin durch Beobachtung ihrer Vpn bestätigen können.

14.3 Kosten des Helfens – Modell von Piliavin et al. (1981)

Austauschtheorien (Kapitel 4) und Handlungstheorien (Kapitel 8) lasssen erwarten, dass eine Hilfeleistung umso unwahrscheinlicher ist, je eher sie für den Helfer mit Kosten verbunden ist, etwa mit:

▶ Gefährdung des eigenen Wohlergehens oder Lebens,

▶ materiellen Kosten (z.B. Geld bei Spenden),

▶ Verlust von Zeit, Ressourcen etc.,

▶ psychologische Kosten (sich einer unangenehmen Situation auszusetzen).

Ein Modell, das sich mit den Kosten des Helfens auseinander setzt, ist das A/(C−R)-Modell (Arousal/(Cost−Reward)) von Piliavin et al. (1981). Die fünf Thesen des Modells lauten:

(1) Die Beobachtung des Leidens anderer führt zu einer Erhöhung des Erregungsniveaus (Arousal). Diese Erhöhung ist umso stärker, je schwerer der Vorfall ist und je enger die (physische und psychologische) Beziehung zwischen Beobachter und leidender Person ist.

(2) Je stärker das Erregungsniveau durch die Beobachtung des Leidens anderer ansteigt, desto aversiver wird dieser Zustand vom Beobachter erlebt: Er ist entsprechend bemüht, ihn zu reduzieren.

(3) Der Beobachter wird bevorzugt Handlungen ausführen, die geeignet sind, den Erregungszustand schnell, vollständig und effizient (d.h. mit möglichst geringen Kosten) zu neutralisieren.

(4) In Abhängigkeit von bestimmten situationalen und personalen Faktoren kann es Fälle geben, in denen der Beobachter impulsiv und irrational reagiert (reflexives Hilfe- oder Fluchtverhalten).

(5) Nach Ende des Vorfalls nimmt das Erregungsniveau kontinuierlich ab, unabhängig davon, ob dem Opfer geholfen wurde oder nicht.

Piliavin et al. unterscheiden zwei Arten von Kosten:

▶ Kosten des Helfens und

▶ Kosten des Nicht-Helfens: die Entscheidung, nicht zu helfen, kann unter Umständen ebenfalls mit Kosten verbunden sein. Beispiel: Eine Person befürchtet, dass sie sich, wenn sie nicht hilft, ihr Leben lang Vorwürfe machen wird, da sie Schlimmeres hätte verhindern können.

Kosten des Helfens und Kosten des Nicht-Helfens sind unabhängig voneinander. Bei einer einfachen Einteilung beider Kosten in niedrig und hoch ergibt sich folgendes Vierfelderschema:

Kosten des Helfens

		niedrig	hoch
Kosten des Nicht-Helfens	**hoch**	direkte Hilfeleistung	**wenn möglich:** Hilfe organisieren (indirekte Hilfeleistung) **wenn nicht möglich:** kognitive Uminterpretation
	niedrig	Hilfeleistung abhängig von sozialer Situation; persönlichen Normen etc.	keine Hilfeleistung

Tabelle 14.1. Zwei Arten von Kosten in der Theorie von Piliavin et al. (1981). Eine Hilfeleistung ist dann wahrscheinlich, wenn die Kosten des Helfens niedrig und die Kosten des Nicht-Helfens hoch sind. Im umgekehrten Fall ist Hilfeleistung unwahrscheinlich. Sind sowohl Kosten des Helfens als auch des Nicht-Helfens niedrig, hängt es von persönlichen Normen ab, ob man hilft oder nicht. Sind beide Kostenarten hoch, wird man entweder versuchen, fremde Hilfe zu organisieren, oder man deutet die Situation kognitiv um und hilft nicht

Aus der Graphik lassen sich konkrete Hypothesen über den Zusammenhang von Kosten des Helfens und Nicht-Helfens und Hilfsbereitschaft ableiten:

► Wenn die Kosten des Helfens niedrig, die Kosten des Nicht-Helfens hoch sind, ist die Wahrscheinlichkeit einer direkten Hilfeleistung am höchsten.

► Wenn die Kosten des Helfens hoch, die Kosten des Nicht-Helfens niedrig sind, ist die Wahrscheinlichkeit einer direkten Hilfeleistung am geringsten.

► Sind beide Kostenarten niedrig, ist das Hilfeverhalten abhängig von persönlichen Normen bezüglich Hilfsbereitschaft und sozialer Verantwortung.

► Sind beide Kostenarten hoch, wird man sich, wenn möglich, Hilfe besorgen oder andernfalls die Situation bzw. die Kosten des Nicht-Helfens umdeuten.

Untersuchungsbeispiele im Überblick. Von der Arbeitsgruppe um Jane Piliavin wurden mehrere Untersuchungen in der New Yorker U-Bahn durchgeführt. In diesen Untersuchungen wurde eine fiktive Notfallsituation hergestellt: eine Person (ein Konföderierter) fiel in der Nähe einer Ausgangstür plötzlich ohnmächtig zu Boden. In unterschiedlichen Untersuchungen hat man auf verschiedene Art und Weise versucht, die Kosten des Helfens zu erhöhen:

► In einer Untersuchung hatte die Person ein ekliges rotes Muttermal auf der Wange (Piliavin et al., 1975).

► In einer anderen Untersuchung lief der Person (Kunst-)Blut aus dem Mund (Piliavin & Piliavin, 1972).

► In einer dritten Untersuchung war das Opfer betrunken.

Die Kosten des Nicht-Helfens wurden experimentell manipuliert, indem im U-Bahn-Wagen auch ein (scheinbarer) Arzt saß (oder nicht). Verantwortungsdiffusion ist für Piliavin eine Form, die Kosten des Nicht-Helfens zu reduzieren: Man kann Vorwürfe wegen unterlassener Hilfe mit dem Argument zurückweisen, dass andere schließlich auch hätten helfen können.

In all diesen Untersuchungen gab es einen deutlichen Haupteffekt der Kosten des Helfens. Zusätzlich zeigte sich eine Interaktion zwischen Anwesenheit des Arztes und Kosten des Helfens:

▶ Wenn kein Arzt anwesend ist, wird selbst dann geholfen, wenn die Kosten des Helfens hoch sind.

▶ Sind die Kosten des Helfens hoch und besteht die Möglichkeit, die Kosten des Nicht-Helfens zu senken (Verantwortungsdiffusion), wird nicht geholfen.

Dissonanz als Kostenfaktor. Ein Kostenfaktor des Nicht-Helfens hat mit sozialen Normen zu tun: Personen, deren gesellschaftliche Rolle Hilfsbereitschaft und soziale Verantwortung vorschreibt (z.B. Ärzte, Priester etc.), müssten hilfsbereiter sein. Sind sie es nicht, verhalten sie sich norm-inkonsistent. Hierdurch wird Dissonanz ausgelöst.

! Dissonanz ist – in der Sprache des Piliavin-Modells – nichts anderes als ein Kostenfaktor des Nicht-Helfens.

Die Dissonanz ist umso größer, je stärker die Norm der Hilfsbereitschaft und der sozialen Verantwortlichkeit zuvor aktiviert wurde. Die bekannteste Studie hierzu stammt von Darley und Batson (1973).

Experiment

Darley & Batson (1973): Der barmherzige Samariter

Ablauf:
Die Vpn waren Theologiestudierende. Sie wurden gebeten, einen Vortrag zu halten und hatten zunächst 10 Minuten Zeit, diesen Vortrag alleine in einem Raum vorzubereiten.

Unabhängige Variable 1: Induktion der Norm der sozialen Verantwortung

▶ **Bedingung 1.1:** In einer Gruppe sollte das Thema des Vortrags das Gleichnis vom barmherzigen Samariter (Lukas 10, 29–37) sein. Hierdurch sollte den Theologiestudierenden die Norm der sozialen Verantwortung salient gemacht werden.

▶ **Bedingung 1.2:** In einer Kontrollgruppe sollte es dagegen um berufliche Probleme gehen.

Unabhängige Variable 2: Manipulation der Kosten (Zeitdruck)
Nach der Vorbereitungszeit kam der Vl in den Raum und teilte den Vpn mit, dass sie nun in einen anderen Raum gehen müssten, um dort den Vortrag zu halten. Es wurden drei Gruppen gebildet, denen der Vl Folgendes mitteilte:

▶ **Bedingung 2.1:** Oh, Sie sind spät dran, Sie werden schon seit ein paar Minuten im anderen Gebäude

erwartet – beeilen Sie sich! (hoher Zeitdruck – hohe Kosten des Helfens)

▶ **Bedingung 2.2:** Gehen Sie jetzt bitte ins andere Gebäude; aber es kann sein, dass Sie dort noch ein bisschen warten müssen. (geringer Zeitdruck – niedrige Kosten des Helfens)

▶ **Bedingung 2.3:** Der Assistent erwartet Sie jetzt drüben im anderen Gebäude; gehen Sie bitte jetzt hinüber! (neutrale Instruktion/Kontrollgruppe)

Abhängige Variable: Hilfsbereitschaft
Auf dem Weg zum anderen Gebäude mussten die Vpn durch einen Gang gehen. Dort saß ein älterer Mann mit geschlossenen Augen auf dem Boden. Er hustete und röchelte. Es wurde ausgezählt, wie viele der vorbeikommenden Vpn dem Mann ihre Hilfe anboten.

Hypothese:

▶ In Bedingung 2.1 sollte wegen der hohen Kosten des Helfens (Zeitdruck) weniger Hilfe gezeigt werden als in Bedingung 2.2 (kein Zeitdruck).

- Durch die Beschäftigung mit dem Gleichnis des barmherzigen Samariters (Bedingung 1.1) sollte die Norm der Hilfsbereitschaft salient gemacht und damit die Möglichkeit, die Kosten des Nicht-Helfens durch eine Umdeutung der Situation zu senken, erschwert werden. Deshalb sollte die Hilfsbereitschaft größer sein als in Bedingung 1.2.

Ergebnisse:
Die Hilfsbereitschaft war – in Übereinstimmung mit den Vorhersagen von Piliavin et al. – dann am höchsten, wenn die Kosten des Helfens (Zeitdruck) gering und die Kosten des Nicht-Helfens (Dissonanz) hoch waren. Die meisten Vpn boten dem alten Mann auf dem Gang dann ihre Hilfe an, wenn sie Zeit hatten und wenn sie kurz zuvor etwas über das Gleichnis des barmherzigen Samariters geschrieben hatten. War der Zeitdruck hingegen hoch und hatten die Vpn zuvor etwas über berufliche Probleme geschrieben, so leistete überhaupt niemand Hilfe.

- In Bedingung 2.1 (hoher Zeitdruck) waren die Vpn nur dann hilfsbereit, wenn zuvor die Norm der sozialen Verantwortung aktiviert wurde, die Kosten des Nicht-Helfens also erhöht wurden.
- Allerdings war nur der Haupteffekt Zeitdruck signifikant, nicht aber die hypothetisch erwartete Wechselwirkung.

14.4 Empathie-Altruismus-Hypothese

Das Piliavin-Modell geht von einem egoistischen Motiv des Helfens aus: Der Beobachter will sein als unangenehm erlebtes Erregungsniveau (Distress) reduzieren. Andere Autoren halten ein genuin altruistisches Interesse, eine echte Orientierung am Wohle der anderen Person für durchaus möglich. Dieser Idee ist Daniel Batson nachgegangen. Batson argumentiert, in Wirklichkeit gehe es bei Hilfeleistungen nicht um die Verringerung des eigenen Distress, sondern um den des Opfers. Diesen emotionalen Impuls zugunsten einer anderen Person bezeichnet Batson als Empathie.

Bedeutung von Empathie für Altruismus. Empathie ist schon von vielen Philosophen und Naturwissenschaftlern ausgiebig untersucht worden. Ein gutes Beispiel ist die Mutter, die reflexartig reagiert, wenn sie merkt, dass ihrem Baby etwas fehlt.
Batson hat versucht, ein Versuchsdesign zu entwickeln, mit dem er zwischen der Piliavin-Erklärung (Verringerung des eigenen Distress) und der Empathie-Erklärung (Verringerung des Opfer-Distress) unterscheiden kann. Batsons Logik war folgende: Wenn man die Kosten des Nicht-Helfens auf nahe Null reduziert und dabei die Kosten des Helfens konstant hält, müsste ein egoistisch motivierter Mensch stets weniger geneigt sein, Hilfe zu leisten. Batson spricht deshalb von einer escape option (Fluchtoption), weil er sich „ungestraft" aus der Verantwortung stehlen, also der Situation entfliehen kann.

Experiment

Batson et al. (1981): Hilft man auch, wenn man flüchten kann?
Ablauf:
Die Vpn wurden beauftragt, ein Experiment zu beobachten, in dem es offensichtlich um Leistung unter Stress ging: Eine scheinbare zweite Vp (Elaine) wurde an ein Elektroschockgerät angeschlossen und sollte eine Lernaufgabe (10 Durchgänge) bearbeiten. Die Schocks wurden Elaine unabhängig davon appliziert, ob sie Fehler machte oder nicht. Der Vl versicherte Elaine zuvor, dass die Schocks absolut ungefährlich seien. Die Vpn sollten Elaine beobachten und Notizen machen.

Unabhängige Variable 1: Kosten des Nicht-Helfens (escape option)

Den Vpn wurde gesagt, dass sie

▶ **Bedingung 1.1:** entweder alle 10 Lerndurchgänge oder

▶ **Bedingung 1.2:** nur 2 von 10 Durchgängen beobachten müssten.

In der Bedingung 1.2 (2 Durchgänge) bestand eine escape option, d.h. die Vpn hatten die Möglichkeit, das Feld zu verlassen, ohne weitere Konsequenzen befürchten zu müssen. Elaine nicht zu helfen, würde sie demnach nichts kosten. In Bedingung 1.1 (10 Durchgänge) hingegen waren die Kosten des Nicht-Helfens wesentlich höher.

Im Laufe des zweiten Lerndurchgangs bat Elaine darum, das Experiment zu unterbrechen, da die Schocks so unangenehm seien. Der Vl ging zu ihr und fragte sie, ob sie Probleme mit Elektroschocks habe. Darauf sagte Elaine, dass sie als Kind schon einmal von einem Pferd in einen Elektrozaun gefallen war. Der Arzt hatte ihr damals mitgeteilt, dass sie nun ein Elektroschock-Trauma habe und in Zukunft sehr sensibel auch auf die leichtesten Schocks reagieren würde (diese Information war nötig, um plausibel zu machen, wieso Elaine so stark auf die offensichtlich schwachen Schocks reagierte).

Der Vl hatte daraufhin die Idee, Elaine und die echte Vp könnten die Rollen tauschen: Die echte Vp könnte weitermachen und Elaine könnte die Beobachterin spielen. Elaine war einverstanden, der Vl ging also zur echten Vp und fragte diese, ob sie bereit wäre, von nun an für die restlichen acht Durchgänge Elaines Platz einzunehmen. Man muss sich noch einmal vor Augen führen, dass die Vpn in der Bedingung 1.1 (10 Durchgänge; keine Fluchtoption) auch die restlichen acht Durchgänge beobachten mussten, während die Vpn in der Bedingung 1.2 (2 Durchgänge) keine weiteren Durchgänge beobachten mussten; hier war also eine Fluchtoption gegeben.

Unabhängige Variable 2: Empathie/Ähnlichkeit

▶ **Bedingung 2.1:** Zusätzlich wurde versucht, empathische Gefühle der Vpn Elaine gegenüber zu manipulieren, indem man den Vpn suggerierte, Elaine und sie hätten sehr ähnliche Meinungen, Hobbys und Interessen. Erfahrungsgemäß sind wir ähnlichen Personen gegenüber empathischer als unähnlichen.

▶ **Bedingung 2.2:** Unter dieser Bedingung wurde Elaine als der Vp unähnlich dargestellt.

Abhängige Variable: Hilfsbereitschaft

Es wurde ausgezählt, wie viele Personen nach dem zweiten Durchgang bereit waren, Elaines Platz einzunehmen, um an ihrer Stelle die Elektroschocks zu empfangen.

Hypothese:

Wenn Hilfsbereitschaft eine Funktion egoistischer Motive ist, müsste die Hilfsbereitschaft lediglich von einem Haupteffekt des Faktors escape option abhängen:

▶ Die Vpn unter der Bedingung 1.1 (10 Durchgänge) müssten hilfsbereiter sein als Vpn unter Bedingung 1.2 (2 Durchgänge).

Wenn Hilfsbereitschaft aber eine Funktion echter altruistischer Motive ist, so müsste es eine Wechselwirkung geben:

▶ Die Hilfsbereitschaft müsste bei hoher Empathie (Bedingung 2.1) unabhängig von einer Fluchtmöglichkeit hoch sein; bei geringer Empathie (Bedingung 2.2) hingegen müsste die Hilfsbereitschaft nur dann verringert sein, wenn für die Vpn eine Fluchtoption besteht (Bedingung 1.2).

Ergebnisse:

Die Ergebnisse zeigen ein Muster, das Batson et al. (1981) als Beleg für ihre Empathie-Altruismus-Hypothese interpretieren: War die Empathie hoch, so halfen die Vpn, auch wenn sie einfach hätten gehen können (escape option). Die Fluchtmöglichkeit nutzten die Vpn nur dann, wenn die Empathie gering war. Hatten die Vpn jedoch keine Fluchtmöglichkeit, halfen sie unabhängig davon, ob die Empathie hoch oder gering war.

Batson folgert aus seinen Experimenten, dass Empathie zwar keine notwendige, aber eine hinreichende Bedingung für altruistisches Verhalten ist.

Diese Interpretation wurde in den 1980er Jahren teilweise stark kritisiert. Einer der Hauptkritiker der Empathie-Altruismus-Hypothese und insbesondere der Strategien ihrer empirischen Überprüfung war Robert Cialdini. Seine Arbeitsgruppe (Manucia et al., 1984) konnte in einem Experiment nachweisen, dass Vpn, die in eine schlechte Stimmung versetzt worden waren, dann hilfsbereiter waren, wenn sie hoffen konnten, ihre Stimmung durch einen altruistischen Akt zu verbessern. Wenn jedoch die schlecht gelaunten Vpn glauben mussten, dass ihre Stimmung unveränderlich sei, halfen sie nicht. Für die Autoren dieser Studie war dieser Befund ein Beleg dafür, dass Hilfeleistung doch im Kern egoistisch motiviert ist: Die Funktion hilfreichen Verhaltens besteht ihrer Ansicht nach in einer Verbesserung der eigenen Stimmung.

14.5 Strategien zur Prävention von Bystander-Effekten

Die unterschiedlichen Forschungsergebnisse im Zusammenhang mit Altruismus, hilfreichem Verhalten und der Unterlassung hilfreichen Verhaltens durch pluralistische Ignoranz und Verantwortungsdiffusion geben in der Zusammenschau einige wichtige Hinweise, wie altruistisches, sozial verantwortliches Handeln gefördert werden kann und wie es gelingt, Verantwortungsdiffusion in einer Notlage so weit wie möglich zu reduzieren (vgl. Smith & Mackie, 2000):

- ▶ die Mehrdeutigkeit einer Notfallsituation reduzieren und die Notwendigkeit der Hilfeleistung deutlich machen,
- ▶ hilfebezogene Selbstwirksamkeit in anderen stärken (Es ist ganz einfach, du *kannst* etwas erreichen),
- ▶ Identifikation mit denjenigen stärken, die die Hilfe brauchen,
- ▶ Normen etablieren, die Hilfsbereitschaft stärken (Du *musst* helfen),
- ▶ Normen in der gegebenen Situation aktivieren (Du hast *jetzt* die Gelegenheit, deine soziale Verantwortung zu demonstrieren),
- ▶ Verantwortung individuell fokussieren (*Du* musst jetzt etwas tun).

14.6 Kommentar und Ausblick

Kognitive Theorien. Obwohl die Frage, was Hilfsbereitschaft ist, welche Formen sie annehmen kann, wie sie motiviert ist, wann sie auftritt und wann nicht, zu den fundamentalen Fragen sozialpsychologischer Forschung gehört, gibt es erst seit Ende der 1960er Jahre intensive Bemühungen, das Phänomen systematisch zu untersuchen. In Anlehnung an die zu dieser Zeit vorherrschenden kognitiv-rationalen Modelle versuchte man, Hilfsbereitschaft in Notfallsituationen als einen deliberativen Entscheidungsprozess zu modellieren (vgl. das Prozessmodell von Latané und Darley). Auch der Überlegung, dass Kosten-Nutzen-Berechnungen bei der Entscheidung für oder gegen ein hilfsbereites Eingreifen eine Rolle spielen (vgl. das Modell von Piliavin), liegt ein rationales Menschenbild zugrunde.

Zivilcourage. Heute ist man sich darüber im Klaren, dass es wohl nicht möglich ist, den Prozess der Hilfeentscheidung zu modellieren. Nichtsdestotrotz liefert beispielsweise das Modell von

Latané und Darley wichtige Hinweise, wie man Hilfsbereitschaft fördern und die Fähigkeit zu zivilcouragiertem Verhalten steigern kann. Sogenannte Zivilcourage-Trainings, die sich an eine breite Öffentlichkeit wenden (vgl. etwa Jonas et al., 2002), versuchen beispielsweise, die Fähigkeit zum schnellen Erkennen einer Notlage zu trainieren (Schritte 1 und 2 des Modells), pluralistische Ignoranz und Verantwortungsdiffusion zu minimieren (Schritte 2 und 3 des Modells) sowie Strategien für eine schnelle und effektive Hilfe in der Notsituation zu vermitteln (Schritte 4 und 5 des Modells). Dazu gehört etwa, bystander zu mobilisieren und sich schnell professionelle Hilfe verschaffen zu können.

Motivationale Grundlagen hilfreichen Verhaltens. Eine zentrale Frage der Altruismus-Forschung ist seit jeher, wie Hilfsbereitschaft motiviert ist.

! Vertreter des Menschenbilds eines rationalen Nutzenmaximierers behaupten, dass jeder hilfsbereite Akt im Kern egoistisch sei, da er (fast) immer positive selbstbezogene Konsequenzen habe: eine Erhöhung des Selbstwertgefühls, soziale Anerkennung, eine Reziprozitätserwartung an den Hilfeempfänger, eine Verbesserung der Stimmung, den Abbau von Schuld- und Schamgefühlen etc.

Scheinbar ist es nicht möglich, eine Situation zu konstruieren, in der Hilfeverhalten lediglich positive Konsequenzen für den anderen, nicht aber positive Konsequenzen für einen selbst haben kann. Wäre es möglich, eine solche Situation zu konstruieren, könnte die Frage „Ist Hilfsbereitschaft altruistisch oder egoistisch?" geklärt werden. Aus der Ermangelung solcher Situationen den Schluss zu ziehen, Hilfe sei immer egoistisch motiviert, ist jedoch unzulässig.

! Nur weil es bislang noch keine eindeutigen Nachweise für altruistische Hilfsbereitschaft gibt, bedeutet das nicht, dass Hilfsbereitschaft immer egoistisch sein muss!

Vielmehr stehen die Egoismus-Verfechter genauso wie die Altruismus-Verfechter theoretisch in der Pflicht, ihre Auffassung nicht nur anhand des Nichtvorhandenseins alternativer Befunde, sondern anhand einer Falsifikation alternativer Hypothesen zu untermauern.

14.7 Zusammenfassung

In diesem Kapitel wurden neben einem evolutionspsychologischen vor allem drei sozialpsychologische Ansätze zur Erklärung altruistischen Verhaltens besprochen:

Das Entscheidungsmodell von Latané und Darley (1970) geht davon aus, dass einer Hilfeentscheidung fünf Attributions- und Entscheidungsschritte zugrunde liegen, die sich auf
(1) die Wahrnehmung und
(2) die Interpretation einer Notfallsituation,
(3) auf Verantwortlichkeitsattributionen und
(4) eigene Kompetenzen sowie
(5) auf die Entscheidung zu helfen beziehen.

Piliavin et al. (1981) gehen davon aus, dass Kosten des Helfens und Kosten des Nicht-Helfens gleichermaßen eine Rolle für die Entscheidung für oder gegen eine Hilfeleistung spielen. Zu Kosten des Nicht-Helfens gehören sowohl die Erwartung, dass man sich später einmal Schuldvorwürfen ausgesetzt sehen könnte, aber auch kognitive Dissonanz, die daraus entsteht, dass man soziale Erwartungen (oder aber persönliche Normen), hilfsbereit zu sein, nicht erfüllt.

Der Empathie-Altruismus-Hypothese (Batson et al., 1981) zufolge gibt es Formen des Hilfeverhaltens, die „echt" altruistisch motiviert sind und sich aus empathischen Gefühlen dem Opfer gegenüber ergeben. Ist Empathie vorhanden, spielen eventuelle Kosten des Nicht-Helfens und möglicherweise sogar eventuelle Kosten des Helfens nur eine untergeordnete Rolle.
Kritiker der Empathie-Altruismus-Hypothese verweisen jedoch darauf, dass auch empathischen Gefühlen letzten Endes eine egoistische Komponente innewohnt.

14.8 Übungsaufgaben

(1) Worin besteht der Unterschied zwischen Altruismus und Hilfsbereitschaft?
(2) Welche attributionalen Entscheidungen treffen Menschen in Notsituationen in Anlehnung an das Modell von Latané und Darley (1970)?
(3) Worin besteht der konzeptuelle Unterschied zwischen pluralistischer Ignoranz und Verantwortungsdiffusion?
(4) Nennen Sie fünf verschiedene Formen von Kosten des Nicht-Helfens sensu Piliavin.
(5) Mit welcher experimentellen Anordnung hat Daniel Batson in einer Reihe von Experimenten (z.B. Batson et al., 1981) nachzuweisen versucht, dass Empathie eine hinreichende Bedingung für altruistisches Verhalten ist, die nicht durch egoistische Motive erklärt werden kann?

Weiterführende Literatur

In folgendem Buchbeitrag wird insbesondere auf die Empathie-Altruismus-Hypothese genauer eingegangen. Ältere Theorien des Hilfeverhaltens und Nicht-Helfens werden nur gestreift:
Bierhoff, H.-W. (2002). Theorien hilfreichen Verhaltens. In D. Frey & M. Irle (Hrsg.), Theorien der Sozialpsychologie. Band II: Gruppen-, Interaktions- und Lerntheorien (2. Aufl.) (S. 178–197). Bern: Huber.
Theorien, die altruistisches Handeln als Problemlöseprozess auffassen, werden in folgendem Buchbeitrag ausführlich dargestellt:

Schneider, H.-D. (1988). Helfen als Problemlöseprozess. In H.-W. Bierhoff & L. Montada (Hrsg.), Altruismus. Bedingungen der Hilfsbereitschaft (S. 7–35). Göttingen: Hogrefe.
Neuere Forschung zu hilfreichem Verhalten wird in folgendem englischsprachigen Beitrag gut zusammengefasst. Die Autoren bemühen sich dabei insbesondere um eine Integration unterschiedlicher theoretischer Ansätze:
Penner, L.A., Dovidio, J.F., Piliavin, J.A. & Schroeder, D.A. (2005). Prosocial behavior: Multilevel perspectives. Annual Review of Psychology, 56, 365–392.

15 Soziale Gruppen

Was Sie in diesem Kapitel erwartet

Die bloße Anwesenheit anderer beeinflusst unser Verhalten: Manchmal spornt sie uns zu guten Leistungen an, ein andermal sind wir in Anwesenheit anderer gehemmt. Auch die Bystander-Apathie in Notfallsituationen ist eine Form sozialer Hemmung.

Man könnte annehmen, dass Gruppen in Leistungssituationen generell besser abschneiden als Einzelpersonen. Ob das tatsächlich der Fall ist, hängt unter anderem von der Art der Aufgabe ab. Eine Gefahr für die Gruppenleistung ist es, wenn einzelne Mitglieder unbemerkt faulenzen und nur die anderen arbeiten lassen.

Solches Trittbrettfahren lässt sich reduzieren, wenn man die Identifikation aller mit der Gruppe erhöht und alle motiviert, ein gemeinsames Ziel zu erreichen. Andererseits birgt ein zu starker Gruppenzusammenhalt auch Gefahren. Insbesondere wenn es um riskante Entscheidungen geht, sind hoch kohäsive Gruppen über die Maßen risikobereit; wenn Gegenmeinungen in der Gruppe nicht erwünscht sind oder von vornherein unterbunden werden, läuft die Gruppe Gefahr, zu siegessicher zu werden und fatale Entscheidungen zu treffen. Wie sollte angesichts dieser Komplexität eine „ideale Gruppe" beschaffen sein?

Bezüge zu klassischen Theorie-Kapiteln:

- Gruppenmitglieder orientieren sich bei ihrer Leistung an der (vermuteten) Leistung der anderen 3
- Wer in einer Gruppe faulenzt, erhöht auf Kosten der anderen seinen Outcome 4
- Intergruppaler Wettbewerb reduziert soziales Faulenzen innerhalb einer Gruppe 6
- Bei neu gebildeten Gruppen werden zunächst Rollen ausgehandelt 7

Spezielle Theorien:

- Sozialer Einfluss 11
- Soziale Einstellungen 12
- Aggression 13
- Altruismus 14
- Gruppenprozesse 15

Bezüge zu anderen Themen-Kapiteln:

- Gruppen neigen zur Ausbildung spontaner Normen 11
- Auch Minoritäten können die Gruppenmeinung beeinflussen 11
- Die bloße Anwesenheit anderer hemmt Hilfeverhalten in Notsituationen 14

Die Erforschung sozialer Gruppen hat in der Sozialpsychologie traditionell eine besondere Bedeutung. Während es in vielen Themenbereichen Überlappungen mit anderen psychologischen Teildisziplinen gibt, ist das Thema Gruppen immer ein genuin sozialpsychologisches geblieben.

15.1 Definition von sozialen Gruppen

Gruppen machen einen beträchtlichen Teil unseres sozialen Lebens aus: Wir arbeiten in Gruppen, wir studieren in Gruppen, wir spielen in Gruppen etc. Gruppen beeinflussen unser Leben: Gruppen, denen wir angehören und denen wir uns zugehörig fühlen, geben uns Normen für unser Verhalten vor. Warum ist das so? Man denke hier an die Theorie sozialer Vergleichsprozesse (siehe Kapitel 3): Gruppen streben – unter bestimmten Umständen – nach Uniformität. Gruppen beeinflussen uns sogar dann, wenn wir ihnen nicht faktisch angehören, sondern uns lediglich mit ihnen identifizieren (beispielsweise mit der deutschen Fußball-National-mannschaft, wenn sie ein wichtiges Länderspiel gewinnt; vgl. 6.1.2 Soziale Identität und 12.2.3 Selbstwertdienliche Funktion).

Persönliches Gruppenzugehörigkeitsgefühl ist nicht in allen Situationen zu allen Zeitpunkten konstant. Vielmehr hängt die Identifikation mit einer Gruppe davon ab, welche Gruppenzuge-hörigkeit in einer bestimmten Situation salient ist. Dies führt uns zu der Frage zurück, was eine Gruppe überhaupt ist.

Unterschied Gruppe vs. Kategorie. Im einfachsten Falle ist eine soziale Gruppe eine soziale Ka-tegorie, die aus Individuen besteht, die bestimmte Merkmale miteinander teilen (z.B. die Natio-nalität, das Geschlecht, die Augenfarbe etc.). Aber: Nicht alle Individuen, die ein oder mehrere Merkmale teilen, bilden im psychologischen Sinne eine Gruppe: Die Gruppe der Braunäugigen ist zwar eine soziale Kategorie, aber keine psychologische Gruppe. Alle Männer auf der Welt bilden zwar eine Kategorie, aber nicht unbedingt eine Gruppe. Gruppe ist also mehr (oder etwas anderes?) als Kategorie.

Eine Definition von sozialen Gruppen, auf die sich die meisten Gruppenforscher verständigt haben, stammt von Johnson und Johnson (1987):

Definition

Eine **Gruppe** besteht aus zwei oder mehr Personen,
- die miteinander interagieren,
- die sich der Gruppe zugehörig fühlen (betont den subjektiven Charakter von Zugehörigkeit),
- deren Verhalten in irgendeiner Form wechselseitig voneinander abhängt (Interdependenz),
- deren Interaktionen durch gruppenspezifische Rollen und Normen strukturiert sind,
- die sich gegenseitig beeinflussen,
- die ein gemeinsames Ziel verfolgen und
- deren individuelle Bedürfnisse durch die Gruppe befriedigt werden.

15.2 Einfluss der Anwesenheit anderer auf individuelles Verhalten

In Gruppen kann es einen massiven sozialen Einfluss geben (vgl. 3 Theorie sozialer Vergleichs-prozesse und 11 Sozialer Einfluss). Gruppen neigen dazu, spontan Normen und Standards zu entwickeln, die wiederum Verhalten und Meinungen der Gruppenmitglieder massiv beein-flussen oder zumindest bahnen (vgl. 11.1 Spontane Entstehung von Gruppennormen). Der Einfluss kann explizit sein (durch Gesetze und Regeln, z.B. Vereinssatzungen) oder implizit (durch die nicht ausgesprochene Erwartung, dass es in der Gruppe einhellige Meinungen geben soll).

Soziale Erleichterung. Eine andere Form sozialer Beeinflussung durch eine Gruppe ist durch die bloße Anwesenheit anderer Personen gegeben. Beispielsweise hat sich in vielen Untersu-chungen gezeigt, dass Menschen bestimmte Aufgaben schneller und besser bearbeiten, wenn noch weitere Personen anwesend sind. Dieses Phänomen wurde von Allport (1920) als soziale Erleichterung (social facilitation) und später etwas allgemeiner als Mere-Presence-Effekt be-zeichnet.

Erstmals empirisch registriert wurde der Effekt bereits 1898 von Norman Triplett. Triplett stellte fest, dass Personen eine Angelschnur schneller aufdrehten, wenn eine zweite Person anwesend war, die ebenfalls eine Angelschnur aufdrehen musste, und dass Radrennfahrer schneller waren, wenn sie im Wettkampf gegeneinander fuhren.

Soziale Erleichterung wurde auch bei Tieren nachgewiesen: Ratten führen in Anwesenheit anderer Ratten eine motorische Geschicklichkeitsaufgabe schneller durch als alleine. Ameisen schleppen Baumaterial für das Nest schneller, wenn andere Ameisen anwesend sind. Kakerlaken lernen ein Vermeidungsverhalten schneller in Anwesenheit anderer Kakerlaken.

Soziale Hemmung. Obwohl sich insbesondere in den 1930er und 1940er Jahren eine Flut von Forschungsarbeiten mit dem Phänomen der sozialen Erleichterung befasst hatte (unter anderem in Untersuchungen an Goldfischen, Landhühnern, Fliegen etc.), konnte es nicht konsistent repliziert werden. In vielen Untersuchungen zeigte sich sogar das Gegenteil, dass nämlich die Anwesenheit anderer das eigene Verhalten eher hemmte als erleichterte. Dieses Gegenphänomen wurde als soziale Hemmung (social inhibition) bezeichnet.

Eine Theorie zur Erklärung der Divergenz zwischen sozialer Erleichterung und sozialer Hemmung stammt von Robert Zajonc. Zajonc (1965) nahm an, dass die Anwesenheit anderer zu einem Anstieg des Erregungsniveaus einer Person führe. Dies sei evolutionär sinnvoll, schließlich kann man nicht genau vorhersagen, ob eine andere Person einem wohl gesonnen ist oder nicht.

In frühen triebtheoretisch motivierten Lernuntersuchungen (z.B. Hull, 1943; hier heißt es dann nicht Erregungsniveau, sondern Antriebszustand) hatte sich gezeigt, dass im Zustand eines erhöhten Erregungsniveaus die Ausführung dominanter, gut gelernter Verhaltensweisen begünstigt und die Ausführung neuer, schwieriger, ungeübter Verhaltensweisen erschwert wird. Diesen Befund übertrug Zajonc nun auf das Phänomen der sozialen Erleichterung (bzw. sozialen Hemmung): Dominante, gut gelernte Leistungsaufgaben (Routineaufgaben) werden in Anwesenheit anderer schneller und besser erledigt, neue und nicht gut geübte Aufgaben dagegen langsamer und schlechter.

Evaluation Apprehension. Eine eher kognitive Erklärung des Phänomens stammt von Cottrell (1972). Cottrell bestritt zwar nicht, dass die Anwesenheit anderer das Erregungsniveau erhöht, nahm aber an, dass hier kein Trieb, sondern kognitive Bewertungsvorgänge eine Rolle spielen: Er argumentierte, dass der Akteur sich durch die Anwesenheit anderer beobachtet und bewertet fühlt. Der Bewertung anderer ausgesetzt zu sein, ruft Bewertungsangst (oder besser: Bewertungsunsicherheit, evaluation apprehension) hervor. Diese Bewertungsunsicherheit ist der Grund für die physiologische Erregung.

Daraus folgt die Hypothese: Die Anwesenheit anderer führt nur dann zu sozialer Erleichterung oder sozialer Hemmung, wenn sie mit Bewertungsangst einhergeht. Diese Hypothese stellt also eine Alternative zu Zajoncs Auffassung dar, nach der die bloße Anwesenheit anderer (mere presence) bereits soziale Erleichterung bzw. soziale Hemmung auslösen könne.

Markus (1978): Mere presence oder evaluation apprehension?

Ablauf:

Unter einem Vorwand bat Markus die Vpn, vor Beginn des Experiments zunächst ihre Sachen aus- und stattdessen einen weißen Kittel, große Socken und Schuhe anzuziehen. Anschließend sollten die Vpn wieder ihre eigenen Sachen anziehen. Das Anziehen fremder Sachen diente als ungewohnte Aufgabe, das Anziehen der eigenen Kleidung als dominante (gewohnte) Aufgabe.

Unabhängige Variable:

Dabei waren die Vpn entweder

▶ **Bedingung 1:** alleine (keine mere presence und keine evaluation apprehension),

▶ **Bedingung 2:** zu zweit mit einer anderen Person, die mit einer anderen Sache beschäftigt war (presence, aber keine evaluation apprehension), oder

▶ **Bedingung 3:** zu zweit mit einer anderen Person, die die Vpn beim Aus- und Anziehen genau beobachtete (presence und evaluation apprehension).

Abhängige Variable:

Abhängige Variable war die Zeit, die die Vpn jeweils zum Anziehen der fremden Kleidung und der eigenen Kleidung benötigten.

Hypothese:

▶ Stimmt die Mere-Presence-Hypothese, müsste es in den Bedingungen 2 und 3 zu sozialer Erleichterung beim Anziehen der eigenen Sachen und zu sozialer Hemmung beim Anziehen der fremden Sachen kommen.

▶ Stimmt die Evaluation-Apprehension-Hypothese, müsste es nur in Bedingung 3 zu sozialer Erleichterung bzw. Hemmung kommen.

Ergebnis:

Wenn die Vpn eine ungewohnte Aufgabe verrichten sollten (sich fremde Kleider anziehen), war die bloße Anwesenheit anderer schon ein Anlass für soziale Hemmung – dies spricht für die Mere-Presence-Hypothese (Zajonc). Wenn die Vpn hingegen eine gewohnte Aufgabe verrichten sollten (sich die eigenen Kleider anziehen), fand soziale Erleichterung nur dann statt, wenn die Vpn von den Anwesenden genau beobachtet wurden – dies spricht für die Evaluation-Apprehension-Hypothese (Cottrell).

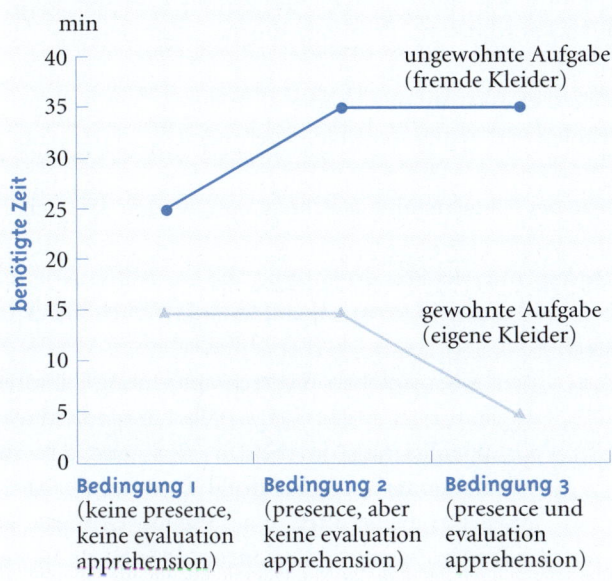

15.3 Gruppengröße und Gruppenleistung

Eine weitere Frage im Zusammenhang mit dem Einfluss der Anwesenheit anderer auf die individuelle Leistungsfähigkeit ist die nach der Gruppenleistung im Verhältnis zur Leistung der einzelnen Gruppenmitglieder. Entspricht die Gruppenleistung genau der Summe der Einzelleistungen? Es wäre auch denkbar, dass die Gruppenleistung unter Umständen mehr ist als die Summe der Einzelleistungen. Beispielsweise konnte Shaw (1932) zeigen, dass Wörter-Puzzles in Gruppen schneller gelöst werden. Ebenso gibt es Befunde, die zeigen, dass die Gruppenleistung unter Umständen unter der Summe der Einzelleistungen liegen kann. Mit diesem Phänomen wollen wir uns im Folgenden befassen.

15.3.1 Ringelmann-Effekt

Erstmals beschrieben wurde das Phänomen Einzel- vs. Gruppenleistung von dem französischen Landwirtschaftsingenieur Max Ringelmann im Jahre 1913. Ringelmann ließ seine Vpn an einem fünf Meter langen Seil ziehen, und zwar allein, zu zweit, zu dritt etc. Bei jedem Zug maß er die aufgewendete Kraft. Sein Befund: die Leistung jedes Einzelnen nahm umso mehr ab, je größer die Gruppe war: Zu zweit betrug die aufgewendete Kraft beim Seilziehen nur noch 93 Prozent, zu dritt 85 Prozent.

> **!** Die Leistung, die ein einzelnes Gruppenmitglied aufwendet, sinkt proportional zur Anzahl der Gruppenmitglieder.

Zwei Erklärungsfaktoren kommen für den sogenannten Ringelmann-Effekt in Betracht:

(1) **Motivationsverluste:** Der Mensch ist faul und versucht, mit der geringstmöglichen Anstrengung das Meiste herauszuholen. Je größer die Gruppe, desto weniger fällt man auf, wenn man nicht mitmacht: Die anderen werden's schon machen.

(2) **Koordinationsverluste:** Alle versuchen ihr Bestes, aber bei mehreren Leuten wird es schwieriger, die einzelnen Kräfte sinnvoll zu koordinieren, denn alle müssen zum gleichen Zeitpunkt ziehen.

Eine Möglichkeit, diese beiden Erklärungen empirisch voneinander zu trennen, bestand darin, das Ringelmann-Experiment zu wiederholen und dabei folgende experimentelle Manipulation einzuführen:

▶ **Bedingung 1:** Die Gruppe besteht wie bei Ringelmann aus echten Vpn, die am Seil ziehen, so gut sie können.

▶ **Bedingung 2:** Es gibt nur eine echte Vp in einer Pseudo-Gruppe, die aus Konföderierten besteht. Diese tun nur so, als ob sie am Seil zögen (d.h. sie schnaufen und stöhnen), aber sie wenden in Wirklichkeit keine Kraft auf.

Mit einer solchen Versuchsanordnung konnten Ingham et al. (1974) zeigen, dass die individuelle Gruppenleistung in beiden Bedingungen mit zunehmender Gruppengröße zurückging. Allerdings war die Leistung in der Pseudo-Gruppe – ab einer Größe von 3 Personen – besser als in der echten Gruppe (s. Abb.). Das bedeutet, es gibt beides:

▶ Motivationsverluste – Leistungsunterschied zwischen Pseudo-Gruppe und idealer Gruppe (Summe der Einzelleistungen) und

▶ Koordinationsverluste – Leistungsunterschied zwischen echter und Pseudo-Gruppe.

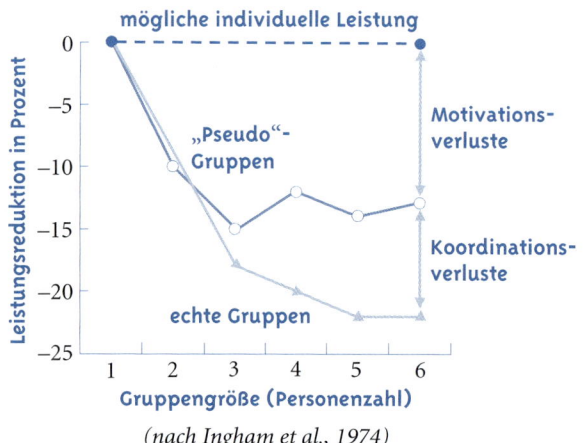

(nach Ingham et al., 1974)

15.3.2 Social loafing

Latané hat Motivationsverluste als social loafing (soziales Faulenzen) bezeichnet. Eine andere Bezeichnung ist das Trittbrettfahren, das vor allem im Zusammenhang mit Steuerhinterziehung, Schwarzfahren, Versicherungsbetrug und anderen egoistisch motivierten Normverletzungen zum Schaden der Allgemeinheit bekannt ist.

> **!**
>
> Social loafing beschreibt die Tendenz, in einer Gruppe weniger hart zu arbeiten, wenn man glaubt, dass andere ebenfalls an der gleichen Sache arbeiten.

Erklärungsalternativen. Social loafing ist kein Beleg dafür, dass Menschen zielgerichtet und taktisch geschickt versuchen, die Gruppenleistung zu eigenen Gunsten auszunutzen: Es gibt eine ganze Reihe möglicher Erklärungen für das Phänomen. Etwa könnten Gruppenmitglieder damit rechnen, dass auch die anderen Mitglieder versuchen zu faulenzen (d.h. man unterliegt einer Attributionsvoreingenommenheit). In diesem Sinne wäre man der Dumme, würde man selbst die maximale Leistung erbringen – also tut man es nicht. Das Interessante an dieser Interpretation ist, dass sie nicht auf einer egoistischen Motivation basiert, sondern vielmehr austausch- oder sogar gerechtigkeitspsychologisch erklärt werden kann. Andere Erklärungsmodelle sind:

- ▶ **Evaluation apprehension:** Je größer die Gruppe, desto geringer ist die Bewertungsangst des Einzelnen. Daher strengt man sich auch nicht mehr an.
- ▶ **Soziale Vergleichsprozesse:** Wenn man alleine ist, ist man motiviert, die persönliche Maximalleistung zu erbringen; in einer Gruppe orientiert sich die Motivation jedoch vielmehr daran, der Durchschnittsleistung der Gruppe entsprechen zu wollen. Diese liegt häufig niedriger als die persönliche Maximalleistung.
- ▶ **Verantwortungsdiffusion:** Einzelne fühlen sich in einer Gruppe für die Leistung, die erbracht werden muss, weniger verantwortlich.

Brainstorming. Der Ringelmann-Effekt und die Befunde zum social loafing lassen es fragwürdig erscheinen, dass eine Gruppe stets bessere Leistungen erbringt als einzelne Personen. Dies wird allerdings oft nicht problematisiert. Ein gutes Beispiel für die Missachtung der Befunde ist das Brainstorming (Osborn, 1957). Beim Brainstorming soll eine Gruppe möglichst viele Ideen zu einer Sache produzieren. Man erhofft sich davon die Freisetzung einer Art „kreativer Energie", so dass die produzierten Ideen immer zahlreicher und besser werden. Man kann sich aber fragen, ob es nicht auch beim Brainstorming Koordinationsverluste gibt. Beispielsweise haben Diehl und Stroebe (1987) festgestellt, dass die Anzahl der generierten Ideen in nicht-interagierenden Gruppen höher ist als in interagierenden Gruppen. Sie erklären dies damit, dass man, während die anderen Gruppenmitglieder sprechen, seine eigenen Ideen schneller vergisst oder durch die Ideen der anderen bei der Suche nach eigenen Vorschlägen eingeschränkt ist.

Moderatorvariablen. Der Social-Loafing-Effekt wird geringer oder verschwindet, wenn

- ▶ Vpn glauben, dass ihre individuelle Leistung vom Vl herausgelesen werden könne (Williams et al., 1981),
- ▶ eine Gruppe von Vpn glaubt, sie stehe mit einer anderen Gruppe (Outgroup) in Wettbewerb,
- ▶ die Aufgabe ansprechend (z.B. komplex) ist und man motiviert ist, ein bestimmtes Ziel zu erreichen,

> man – unter der Bedingung, dass das Ziel auch wirklich attraktiv ist – glaubt, dass die Leistungen der anderen Gruppenmitglieder schlechter sind als die eigene,

> man eine dispositionell stark ausgeprägte Gruppenorientierung hat, also der Gruppenarbeit an sich bereits einen positiven Wert beimisst.

Ein schönes – wenn auch nicht unbedingt eindeutig interpretierbares – Beispiel für social loafing aus dem Musikgeschäft: Jackson und Padgett (1982) analysierten die relative Popularität von Beatles-Hits. Songs, die von John Lennon und Paul McCartney gemeinsam komponiert und verfasst worden waren, erzielten im Durchschnitt geringere Popularitätswerte als Songs, die nur von einem von beiden komponiert und verfasst worden waren …

15.3.3 Gruppenleistungen und die Art der Aufgabe

Eine weitere wichtige Variable der Gruppenleistung scheint die Art der Aufgabe zu sein, um die es geht. Wenn man die Frage überprüfen will, welche Aufgaben von Gruppen besser und welche schlechter gelöst werden, braucht man zunächst einmal eine sinnvolle Taxonomie möglicher Gruppenaufgaben. Eine solche Taxonomie stammt von dem amerikanischen Sozialpsychologen Ivan Steiner (1972). Steiner zufolge muss man drei Aspekte unterscheiden:

(1) Kann man die Aufgabe in Subkomponenten unterteilen? Beim gemeinsamen Kochen mit Freunden kann jeder einen Teil der Aufgabe sinnvoll übernehmen. Beim Lesen eines Buches gibt es dagegen keine sozial teilbaren Subkomponenten.

(2) Geht es mehr um die Quantität oder um die Qualität der Leistung? Tauziehen ist eine Maximierungsaufgabe (je mehr, desto besser), Rätsel lösen eher eine Optimierungsaufgabe (richtig – falsch).

(3) In welchem Verhältnis stehen die Einzelleistungen der Individuen zur Gesamtleistung der Gruppe? Hier unterscheidet Steiner vier Arten von Aufgaben:

(1) Additive Aufgaben. Die Gruppenleistung entspricht der Summe der Leistungen jedes Einzelnen (unabhängig davon, ob die Einzelleistungen durch social loafing verringert sind oder nicht). Ein Beispiel wäre das Tauziehen.

(2) Kompensatorische Aufgaben. Die Gruppenleistung entspricht dem Durchschnitt der Einzelleistungen. Ein Beispiel für kompensatorische Aufgaben sind Schätzungen (Wie lang ist der Rhein?). Man geht davon aus, dass die einzelnen Gruppenmitglieder fehlerbehaftete Schätzwerte abgeben, die sich aber im Durchschnitt herausmitteln und so zu einem guten Ergebnis führen. Die Gruppenleistung ist – wie bei den additiven Aufgaben auch – tendenziell besser als eine Einzelleistung.

(3) Konjunktive Aufgaben. Die Gruppenleistung entspricht der Leistung des schlechtesten Gruppenmitglieds, etwa bei einer Gletscherwanderung, bei der alle Wanderer aneinander angeseilt sind und die Gruppe nicht schneller gehen kann als ihr langsamstes Mitglied.

!

Als **Köhler-Effekt** bezeichnet man das Phänomen, dass das schwächste Mitglied einer Gruppe unter Umständen besonders motiviert ist, gute Leistungen zu bringen. Otto Köhler (1926) konnte zeigen, dass der Zusammenhang zwischen der Leistung des schwächsten Gruppenmitglieds und dem Abstand zur durchschnittlichen Leistung der anderen besseren Gruppenmitglieder umgekehrt U-förmig ist: Motivation und Leistung des schwächsten Gruppenmitglieds sind dann am höchsten, wenn der Leistungsabstand zu den übrigen Grupenmitgliedern mittelgroß ist. Sind die anderen nur unwesentlich oder aber sehr viel besser, dann ist der Schwächste kaum motiviert, sich anzustrengen.

(4) Disjunktive Aufgaben. Die Gruppenleistung entspricht der Leistung des besten Gruppenmitglieds, z.B. wenn die Gruppe ein Rätsel lösen soll und eines der Gruppenmitglieder plötzlich die richtige Lösung vorschlägt. Man kann zwei Subtypen disjunktiver Aufgaben unterscheiden: Aufgaben mit bestimmbarer Richtigkeit der Lösung (eine Lösung ist in dem Moment, da sie gefunden wird, eindeutig bestimmt, z.B. wenn man in einem Labyrinth plötzlich den Ausgang findet) und Aufgaben mit unbestimmbarer Richtigkeit der Lösung (die Richtigkeit einer Lösung ist in dem Moment, da sich die Gruppe für sie entscheidet, noch nicht offenbar, z.B. bei Personalentscheidungen).

Hidden-Profile-Paradigma. Disjunktive Aufgaben werden von Gruppen oft nicht optimal gelöst. Stasser und Titus (1985) haben versucht, derart suboptimale Gruppenentscheidungen zu modellieren und zu beschreiben. Sie bedienen sich eines ausgeklügelten Untersuchungsparadigmas, des sogenannten Hidden-Profile-Paradigmas.

Hidden-Profile-Paradigma — Personalauswahlkommission

Eine Kommission, bestehend aus drei Personen, soll entscheiden, welche von zwei Bewerbern (A und B) der bessere ist. Es gibt eine Anzahl von Argumenten, die für A sprechen und eine Anzahl von Argumenten, die für B sprechen. Die „richtige" Entscheidung wäre die für den Bewerber mit der größeren Anzahl von Argumenten. Sagen wir, es gibt sieben Argumente, die für A sprechen (a_1 bis a_7), und vier Argumente, die für B sprechen (b_1 bis b_4). A wäre also objektiv der bessere Bewerber. Nun liegen aber nicht allen Mitgliedern der Kommission alle Argumente gleichzeitig vor. Die vier für B sprechenden Argumente sind allen Mitgliedern verfügbar (geteilte Argumente). Von den sieben für A sprechenden Argumenten sind jedem Kommissionsmitglied jeweils nur drei verfügbar. Unterm Strich gibt es für Bewerber A nur ein einziges geteiltes Argument (a_1) und sechs ungeteilte Argumente.

	Argumente für A			Argumente für B			
Kommissionsmitglied 1	a_1	a_2	a_3	b_1	b_2	b_3	b_4
Kommissionsmitglied 2	a_1	a_4	a_5	b_1	b_2	b_3	b_4
Kommissionsmitglied 3	a_1	a_6	a_7	b_1	b_2	b_3	b_4
Objektive Anzahl der Argumente:	7			4			

Um die richtige Lösung zu finden, müsste die Gruppe eigentlich nichts weiter tun, als alle Argumente auszutauschen (so dass jeder alle Argumente kennt), auszuzählen und dann zu ermitteln, dass es objektiv mehr Argumente für A als für B gibt.

Stasser und Titus (1985) konnten allerdings zeigen, dass sich die meisten Gruppen für B entscheiden und somit die geteilten Argumente gegenüber den ungeteilten bevorzugen.

Folgende Erklärungsalternativen werden für den Effekt suboptimaler Entscheidungen in hidden profiles diskutiert und erforscht:

▶ Geteilte Argumente werden im Laufe einer Diskussion öfter genannt, da sie mehreren Personen bekannt sind; daher beeinflussen sie die Entscheidung allein aus stochastischen Gründen stärker (vgl. Kerschreiter et al., 2003).

▶ Geteilte Argumente werden in der Diskussion früher genannt und setzen somit einen Anker, von dem man widerwilliger abweicht.

► Geteilte Argumente werden von den Gruppenmitgliedern als glaubwürdiger und relevanter betrachtet als nicht-geteilte Argumente („Das ist mir neu, das glaube ich erst mal nicht!"; vgl. Greitemeyer & Schulz-Hardt, 2003).

► Es ist für eine Gruppe unangenehmer, nicht-geteilte Informationen zu diskutieren. Im Sinne eines Strebens nach Uniformität wird die Entscheidung eher auf Basis geteilter Argumente getroffen, denn hier gibt es Konsens. Das bedeutet auch: Gruppendiskussionen haben keinen Mehrwert – sie bestätigen nur, was zuvor sowieso schon alle wussten (vgl. Pavitt, 1994).

15.4 Homogene und heterogene Gruppen

15.4.1 Leistungsvorteile heterogener Gruppen

Bei heterogenen Gruppen bringen die einzelnen Mitglieder unterschiedliche Persönlichkeiten, Biographien, Erfahrungs- und Wissenshintergründe mit. Oft erhofft man sich von heterogenen Gruppen für die Gruppenleistung sogenannte Synergie-Effekte: Durch das Zusammenwirken aller soll die Gruppenleistung am Ende besser als in homogenen Gruppen sein.

Sind heterogene Gruppen tatsächlich produktiver als homogene? Auch hier lautet die Antwort: Das hängt entscheidend von der Art der Aufgabe ab. Beispiel Brainstorming: Trotz seiner immensen Popularität ist es nicht unbedingt erfolgreich. Interagierende Gruppenmitglieder können sich bei der Ideengenerierung gegenseitig hemmen. Eine solche Produktionsblockierung (vgl. Diehl & Stroebe, 1987) ist in heterogenen Gruppen schwächer ausgeprägt, weil alle aus ihrem jeweiligen Erfahrungshorizont heraus Ideen generieren. Dadurch ist die Gesamtheit der Ideen kreativer und stimulierender – ein echter Synergie-Effekt. Andererseits gibt es auch Beispiele für bessere Gruppenleistungen von homogenen Gruppen.

15.4.2 Leistungsvorteile homogener Gruppen

Tuckman (1965) zufolge durchläuft eine Kleingruppe, insbesondere eine Arbeitsgruppe mit klar definiertem Ziel, fünf Phasen:

(1) **Forming:** Orientierung und gegenseitiges Kennenlernen,

(2) **Storming:** Aushandeln von Zielen, Rollen, Normen, gegenseitigen Erwartungen, Statushierarchien etc.,

(3) **Norming:** Bildung einer gemeinsamen Identität,

(4) **Performing:** Festigung der Normen und Rollen, produktives Arbeiten am gemeinsamen Ziel,

(5) **Adjourning:** Auflösung der Gruppe nach Zielerreichung.

In heterogenen Gruppen werden insbesondere die ersten drei Phasen wahrscheinlich länger dauern, weil man sich zunächst kennen lernen muss, weil es länger dauert, bis man Rollen und Normen ausgehandelt hat und zur Ausbildung einer gemeinsamen Identität kommt.

Identifikation und Kohäsion. Insbesondere gemeinsame Identität dürfte dazu beitragen, dass Gruppenmitglieder intrinsisch motiviert sind und ein Ziel-Commitment entwickeln, so dass die Gruppenleistung entsprechend besser ist.

Mit der Herstellung und Aufrechterhaltung eines Wir-Gefühls, einer gemeinsamen Identität, versuchen große Konzerne oft, das Ziel-Commitment ihrer Mitarbeiter zu erhöhen. Man denke an Mitgliederzeitschriften oder die Schaffung von corporate identity durch einen einheitlichen Auftritt nach außen mit Firmenlogo etc. Schafft man es, bei seinen Mitarbeitern ein Wir-Gefühl zu etablieren, sollen Ziel-Commitmer und Leistungsbereitschaft höher und das Arbeitsklima besser sein.

In empirischen Untersuchungen zeigte sich allerdings, dass Wir-Gefühl und Produktivität einer Gruppe bivariat nur schwach zusammenhängen und dass dieser Zusammenhang von weiteren (moderierenden) Faktoren abhängt. Es dürfte bereits deutlich geworden sein: Ein zentraler moderierender Faktor ist das Vorhandensein eines gemeinsamen Ziels. Entsprechend stellte Seashore (1954) fest, dass die Korrelation zwischen Wir-Gefühl und Produktivität nur dann positiv war, wenn es im Betrieb eine gemeinsame positiv bewertete Zielvorstellung bezüglich der zu zeigenden Leistung gab.

15.4.3 Groupthink

Wir-Gefühl und Kohäsion einer Gruppe bergen substantielle Gefahren, die von Irving Janis (1972, 1982) als groupthink bezeichnet wurden. Janis bezieht seine Überlegungen aus der Auswertung historischer Dokumente zu wichtigen politischen Entscheidungen, insbesondere Entscheidungen, die im Gruppenkontext gefällt worden waren und im Fiasko endeten. Prototypische Beispiele sind die Invasion Kubas durch das amerikanische Militär im Jahre 1961, die von einer Beratergruppe um den damaligen US-Präsidenten Kennedy angeordnet worden war, oder die Entscheidung eines US-Admirals im Jahre 1941, trotz vorangegangener Warnungen den Hafen Pearl Harbor ungeschützt zu lassen, was den Japanern den Angriff ermöglichte.

Bedingungen und Symptome von groupthink. Wann immer eine Gruppe ein starkes Wir-Gefühl und eine starke Norm der Solidarität zwischen ihren Mitgliedern etabliert, entsteht Janis zufolge Konformitätsdruck. Dieser führt dazu, dass sich die Gruppe vorschnell auf eine Entscheidung festlegt und sie weniger sorgfältig, als es erforderlich wäre, reflektiert. Die Motivation, in der Gruppe einhelligen Konsens zu fassen, ist stärker als die Motivation, die richtige Entscheidung zu treffen.

Bedingungen und Symptome für groupthink

Zu den Risikofaktoren für groupthink gehören:

▶ überstarkes Wir-Gefühl (Kohäsion)

▶ Isolation der Gruppe und Intransparenz ihrer Entscheidungsprozesse (Unangreifbarkeit von außen)

▶ einseitiger, repressiv-autoritärer Führungsstil, abweichende Meinungen sind nicht erwünscht

▶ Stress (Komplexität der Entscheidungsaufgabe, Zeitdruck)

Groupthink zeigt sich an folgenden Symptomen:

▶ Gefühl der Unverwundbarkeit und Einmütigkeit

▶ zweifelloser Glaube an die Richtigkeit der getroffenen Entscheidung

▶ Tendenz, entscheidungskonträre Information zu ignorieren oder abzuwerten

▶ Tendenz, Zweifler in der Gruppe unter Druck zu setzen

▶ starke Neigung, Outgroup-Mitglieder abzuwerten

Forschung zu groupthink. In den 1980er und 1990er Jahren gab es zahlreiche Versuche, die Zusammenhänge zwischen Kohäsion, Isolation, Stress und groupthink konzeptuell und empirisch genauer zu fassen. Es zeigte sich, dass groupthink möglicherweise kein eigenständiges sozialpsychologisches Phänomen ist, sondern auch in andere Konstrukte eingebettet werden kann, etwa kognitive Dissonanz (siehe Kapitel 2; Beharren auf einmal getroffenen Entscheidungen), höhere Bereitschaft von Gruppen im Vergleich zu Einzelpersonen zu riskanten Entscheidungen (risky shift), Gruppenpolarisation oder heuristische Verarbeitung der Situation und Vernachlässigung wichtiger Hinweisreize im Falle eingeschränkter Ressourcen (im Sinne des Elaboration-Likelihood-Modells von Petty und Cacioppo, 1986; vgl. 12.4.2).

Strategien zur Prävention von groupthink. Um groupthink zu verhindern, empfiehlt Janis folgende Strategien:

▶ Einladung externer Experten in regelmäßigen Abständen,
▶ Schaffen einer offenen, nicht-restriktiven Kommunikations- und Diskussionskultur,
▶ Sicherung eines ausreichenden Zeithorizonts zum Treffen der Entscheidung; ggf. Anberaumen einer zweiten Sitzung einige Zeit später.

15.5 Zusammenfassung

Die bloße Anwesenheit anderer führt dazu, dass wir bestimmte Tätigkeiten schneller bzw. besser (soziale Erleichterung) oder aber langsamer bzw. schlechter (soziale Hemmung) ausführen.
Ist soziale Erleichterung bzw. soziale Hemmung nun aber eine Funktion der bloßen Anwesenheit anderer (mere presence) oder eine Funktion der Angst vor Bewertung durch andere (evaluation apprehension)? Die Befunde von Markus (1978) legen nahe, dass

▶ bei ungewohnten Aufgaben die bloße Anwesenheit anderer,
▶ bei gut geübten Aufgaben eher Bewertungsangst eine Rolle spielen.

Die Gruppenleistung erreicht oft nicht – wie man meinen könnte – das Niveau einer Addition der Einzelleistungen. Hierfür sind motivationale Faktoren (social loafing) und mangelnde Koordination verantwortlich.

Wie sich Gruppenleistung und Einzelleistungen zueinander verhalten, hängt maßgeblich von der Art der Aufgabe ab: Steiner zufolge kann man zwischen additiven, kompensatorischen, konjunktiven und disjunktiven Aufgaben unterscheiden. Bei Aufgaben, bei denen die Richtigkeit der gefundenen Lösung zunächst nicht eindeutig ist, neigen Gruppen dazu, sich nur auf Informationen, die alle von Anfang an hatten, zu verlassen.

Es gibt Befunde und Beispiele, nach denen entweder homogene oder heterogene Gruppen leistungsbereiter und leistungsfähiger sein können. Ein spezifischer Aspekt von Homogenität ist, dass eine Gruppe ein überstarkes Wir-Gefühl sowie Gefühle der Unbesiegbarkeit entwickelt. Dies scheint insbesondere bei isolierten Gruppen mit einer autoritären Führung, die folgenschwere Entscheidungen zu treffen hat, der Fall zu sein. Irving Janis hat dieses Symptomcluster als groupthink bezeichnet und in der politischen Historie einige überzeugende Beispiele für dieses Phänomen gefunden. Obwohl der theoretische und empirische Status von groupthink nicht eindeutig ist, ist die Gefahr, die von hoch kohäsiven Gruppen mit großer Entscheidungsmacht ausgeht, augenfällig und unbestreitbar gegeben.

15.6 Übungsaufgaben

(1) Beispiel: Schriftliche Prüfung im Studium. Wenn die Interpretation, die die Befunde des Experiments von Markus (1978) zulassen, korrekt ist: Welchen Einfluss müsste die Größe des Hörsaals (d.h. die Anzahl der Studierenden, die mit einem zusammen die Prüfung schreiben) auf die Klausurnote haben, wenn
  (a) eine Person am Ende ihres Studiums steht?
  (b) die Person noch am Anfang ihres Studiums steht?

(2) Unter welchen Umständen kann der Social-Loafing-Effekt zum Verschwinden gebracht werden?

(3) Beispiel „Schnitzeljagd". Wenn man den Social Loafing-Effekt auf Basis der Theorie sozialer Vergleichsprozesse erklären würde, wie könnte man die Gruppe im Vorhinein gegen social loafing impfen?

(4) Kann es social loafing auch bei kompensatorischen Aufgaben geben?

(5) Was versteht man unter dem Köhler-Effekt?

(6) Wie könnten Sie als Leiter(in) einer interdisziplinär arbeitenden Forschergruppe trotz der Heterogenität der Gruppe versuchen, sich die Vorteile homogener Gruppen zu Nutze zu machen?

(7) Stellen Sie sich vor, Sie seien Berater(in) und wollten eine neu zu bildende Regierungskommission vor groupthink schützen. Was würden Sie – in Anlehnung an die Vorschläge von Janis – konkret tun, um groupthink zu vermeiden bzw. zu reduzieren?

Weiterführende Literatur

Das folgende Lehrbuchkapitel behandelt gut strukturiert und an vielen Beispielen und empirischen Befunden die Aspekte Kohäsion, Gruppenleistung, Gruppensozialisation und Gruppennormen:
Hogg, M.A. & Vaughan, G.M. (2002). Social psychology (3. Aufl.) (Kapitel 8; S. 267–307). Harlow (UK): Pearson Education.

In folgendem Buchbeitrag wird auf die Problematik von Gruppenentscheidungen eingegangen, ein aktueller Überblick über die Hidden-Profile-Forschung gegeben und die Themen Gruppenleistung und Gruppenlernen behandelt:
Schulz-Hardt, S., Greitemeyer, T., Brodbeck, F. & Frey, D. (2002). Sozialpsychologische Theorien zu Urteilen, Entscheidungen, Leistung und Lernen in Gruppen. In D. Frey & M. Irle (Hrsg.), Theorien der Sozialpsychologie. Band II: Gruppen-, Interaktions- und Lerntheorien (S. 13–46). Bern: Huber.

Teil III
Methoden

16 Forschungsmethoden in der Sozialpsychologie

Sozialpsychologische Forschung kommt nicht ohne empirische Studien aus: Woher will man sonst wissen, ob eine Theorie falsch oder verbesserungswürdig ist bzw. ob sie sich gegen eine andere Theorie behaupten kann? Bei der Planung einer sozialpsychologischen Studie gibt es eine Reihe wichtiger Entscheidungen zu treffen: Experiment oder Korrelationsstudie? Feldexperiment oder Laboruntersuchung? Soll man die abhängige Variable explizit oder implizit erheben? usw. Jede dieser Entscheidungen birgt Vor- und Nachteile: So sind beispielsweise Feldstudien zwar „natürlicher" als Laborexperimente, aber störende Einflussgrößen sind meist schlechter zu kontrollieren.

Größtes Kopfzerbrechen bereiten einem Sozialpsychologen aber meist die Versuchspersonen (Vpn) selbst: Schön wäre, wenn sich alle im Experiment natürlich

Was Sie in diesem Kapitel erwartet

und ehrlich verhalten würden – leider tun sie das oft nicht, und gerade Sozialpsychologen wissen, warum: Manche wollen dem Versuchsleiter einen Gefallen tun, manche wollen das Experiment sabotieren. Unter Umständen ist es gerade der Versuchsleiter, der einen mehr oder weniger subtilen Einfluss auf seine Versuchspersonen ausübt – schließlich ist er die Autorität.

Die Frage, wie man eine „gute" sozialpsychologische Untersuchung plant und durchführt, lässt sich am besten beantworten, indem man zeigt, was man alles falsch machen kann und was schief gehen kann. Erfahrungsgemäß ist die Enttäuschung über ein nicht-interpretierbares Ergebnis am Ende schlimmer als die Geduld und die Sorgfalt, die man in eine Untersuchungsplanung investieren muss!

Bezüge zu Teil I
(Klassische Theorie-Kapitel):

▶ Ökonomische Spielexperimente (z.B. das „Ultimatum-Bargaining"-Spiel) sind meist nur eingeschränkt extern valide 4
▶ In der Gerechtigkeitsforschung arbeitet man oft mit Vignettenstudien 5
▶ Sherif hat Intergruppen-Konflikte in Feldstudien untersucht 6
▶ Spontane Schuldattributionen können zur Messung von Einstellungen verwendet werden 9
▶ Bei evolutionspsychologischen Befunden besteht oft die Gefahr von Scheinkorrelationen 10

▶ Forschungsmethoden in der Sozialpsychologie 16

Bezüge zu Teil II
(Spezielle Themen-Kapitel):

▶ Der Versuchsleiter übt oft einen subtilen Einfluss auf die Vpn aus 11
▶ Wenn man Einstellungen direkt erfragt, erhält man unter Umständen verfälschte Antworten 12
▶ Die Notfall-Experimente von Piliavin et al. (1975) waren Feldstudien, bei denen die Hilfsbereitschaft verdeckt erfasst wurde 14
▶ Mit soziometrischen Methoden lassen sich Gruppenstrukturen und -dynamiken analysieren 15

Wie geht man empirisch an eine sozialpsychologische Fragestellung heran? Wir erläutern in diesem Kapitel

- einige Grundbegriffe der sozialwissenschaftlich-empirischen Methodologie (16.1),
- grundlegende Forschungsansätze (16.2),
- konkrete Methoden der Datengewinnung (16.3), in diesem Zusammenhang etwas ausführlicher eine für die Sozialpsychologie typische Analysemethode: die Soziometrie (16.3.2) und Methoden zur Messung von Einstellungen (16.3.3),
- sozialpsychologische Methodenartefakte (16.4).

16.1 Methodologische Grundbegriffe

Hypothesen. Eine wissenschaftliche Theorie ist empirisch überprüfbar, wenn man aus ihr Hypothesen, d.h. Vorhersagen nach einem Wenn-dann-Schema über beobachtbare Sachverhalte ableiten kann (z.B. Wenn man viel isst, dann steigt das Körpergewicht).

Konstrukte. Auf der Wenn- wie auf der Dann-Seite von Hypothesen stehen meist Konstrukte (in unserem Beispiel auf der Wenn-Seite das Konstrukt „viel essen", auf der Dann-Seite das Konstrukt Körpergewicht).

Operationalisierung. Die Konstrukte müssen in beobachtbare Größen übersetzt werden. Diese Übersetzung nennt man Operationalisierung. Operationalisierungen können mehr oder weniger gut sein, d.h. sie können als Indikatoren eines Konstrukts unterschiedlich gut geeignet sein. Die Güte einer Operationalisierung bemisst sich im Allgemeinen an drei diagnostischen Kriterien:

(1) **Reliabilität** (oder Zuverlässigkeit): Ein Merkmal soll möglichst genau gemessen werden.
(2) **Validität** (oder Gültigkeit): Die Operationalisierung sollte ein möglichst treffender Indikator des Konstrukts sein.
(3) **Objektivität:** Die Operationalisierung eines Konstrukts sollte nicht davon abhängen, wer sie vornimmt.

Beispiel

Reliabilität. Das Körpergewicht einer Person wird ermittelt, indem man diese Person auf eine Waage stellt; das angezeigte Ergebnis sollte möglichst genau sein: Verschiedene Waagen sollten für die Person das gleiche Ergebnis anzeigen, wiederholtes Wiegen der Person auf der gleichen Waage sollte zu identischen Ergebnissen führen.

Validität. Ein Forscher möchte das Konstrukt „Ausländerfeindlichkeit" operationalisieren. Dazu fragt er seine Vpn: „Wie oft waren Sie in den vergangenen fünf Jahren im Ausland?" – Die Validität dieser Frage in Bezug auf das Konstrukt Ausländerfeindlichkeit ist

jedoch zweifelhaft: Die Antworten auf diese Frage sind durch eine Vielzahl anderer Größen beeinflusst, zum Beispiel den Beruf, das Alter, das Einkommen der Person etc.

Objektivität. Die Messung des Körpergewichts mit Hilfe einer Waage ist dann objektiv, wenn unterschiedliche Personen auf der Waage das gleiche Gewicht ablesen (Auswertungsobjektivität) und wenn unterschiedliche Personen aufgrund dieser Messung zu der gleichen Erkenntnis (z.B. der Diagnose Übergewicht) gelangen (Interpretationsobjektivität).

16.2 Forschungsansätze

Man unterscheidet in den Sozialwissenschaften prinzipiell drei Ansätze zur Prüfung von Hypothesen, den experimentellen, den korrelativen und den interaktionistischen Ansatz.

16.2.1 Experimenteller Forschungsansatz

Experimente eignen sich zur systematischen Überprüfung von Wenn-dann-Aussagen. Der Forscher führt auf der Wenn-Seite eine unabhängige, auf der Dann-Seite eine abhängige Variable ein. Durch systematische Manipulation der unabhängigen Variablen kann er überprüfen, ob diese Variation einen Einfluss (Effekt) auf die abhängige Variable hat.

Beispiel

Effekt der unabhängigen auf die abhängige Variable

Die Hypothese **Wenn** sich die Mitglieder in einer Gruppe ähnlich sind, **dann** nähern sie sich in Bezug auf ihre Einstellungen an (vgl. Theorie sozialer Vergleichsprozesse von Festinger, 1954; Kapitel 3) könnte überprüft werden, indem man die unabhängige Variable (UV) „Ähnlichkeit" operationalisiert und systematisch manipuliert: Man bildet eine Gruppe aus sehr unähnlichen und eine zweite Gruppe aus sehr ähnlichen Personen. Nach einigen Monaten erfasst man die abhängige Variable (AV) „Einstellungen der Gruppenmitglieder" (z.B. gegenüber Ausländern). Wenn die Einstellungen der ähnlichen Gruppe homogener sind als die Einstellungen der unähnlichen Gruppe, hatte die Ähnlichkeit im Sinne der Hypothese einen Effekt auf die Angleichung der Einstellung.

Kausale Hypothesen

Eine strengere Form einer Wenn-dann-Aussage ist die Weil-dann-Aussage. In solchen Hypothesen wird von der unabhängigen Variablen angenommen, dass sie einen kausalen Einfluss auf die abhängige Variable hat. Kausalaussagen müssen drei Voraussetzungen erfüllen:

(1) Es gibt einen Zusammenhang zwischen unabhängiger und abhängiger Variable (Korrelation): Wenn sich die eine Variable verändert, verändert sich auch die andere Variable.
(2) Die Ursache muss der Wirkung zeitlich vorgeordnet sein.
(3) Es handelt sich um eine echte Korrelation und keine Scheinkorrelation, d.h. die Korrelation kann nicht dadurch zum Verschwinden gebracht werden, dass man Drittvariablen (= Störvariablen) konstant hält (Prinzip der Unkonfundiertheit).

Beispiel

Scheinkorrelation und konfundierte Drittvariable

Es kann gezeigt werden, dass in einem Gebiet umso mehr Kinder geboren werden, je mehr Störche es dort gibt. Es gibt also eine positive Korrelation zwischen Anzahl von Störchen (UV) und Anzahl von Neugeborenen in einem Gebiet (AV). Also bringt doch der Storch die Kinder?

Nein, es handelt sich um eine Scheinkorrelation. Sie geht auf eine sogenannte konfundierte Drittvariable zurück: den Grad der Urbanisierung. In Stadtgebieten gibt es selten Störche, aber gleichzeitig viele Singles ohne Kinder. Auf dem Land gibt es weniger Singles und entsprechend mehr Kinder – und (aus einem völlig anderen Grund) ebenfalls mehr Störche! Das bedeutet: Die Korrelation zwischen Störchen und Neugeborenen ist innerhalb der Stadtgebiete und innerhalb der Landgebiete gleich Null, aber gemeinsam betrachtet, ohne zwischen Stadt und Land zu unterscheiden, ist die Korrelation deutlich positiv.

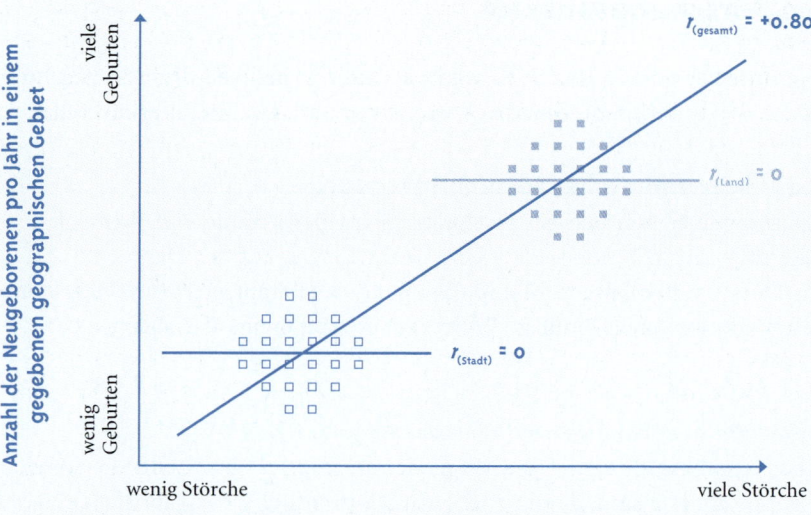

Abbildung 16.1. Graphische Darstellung (Scattergramm) einer Scheinkorrelation. In dem fiktiven Datenbeispiel beträgt die Korrelation zwischen Anzahl Störche und Anzahl Neugeborener in einem Gebiet $r = 0.80$. Berechnet man die Korrelationen für alle Stadtgebiete und alle Landgebiete getrennt, findet man innerhalb der Stichprobe der Städte und innerhalb der Stichprobe der Landgebiete jeweils eine Korrelation von $r = 0$! Dass es auf dem Land mehr Störche, aber auch mehr Neugeborene gibt, hat nichts miteinander zu tun!

□ Stadtgebiet ▪ Landgebiet

Im Experiment hat der Forscher im Allgemeinen perfekte Kontrolle über die Situation. Er kann insbesondere die zeitliche Vorgeordnetheit und die Unkonfundiertheit der unabhängigen Variablen mit anderen Variablen kontrollieren, die zu einer Scheinkorrelation zwischen unabhängiger und abhängiger Variable führen könnte.

Interne Validität

Die experimentellen Bedingungen, d.h. die Stufen der unabhängigen Variablen, sind im Idealfall so gewählt, dass sich die Versuchsbedingungen jeweils lediglich in einem einzigen, den Forscher interessierenden Merkmal unterscheiden. Das wird als interne Validität oder Ceteris-Paribus-Validität bezeichnet. Man möchte den Einfluss der Stimmung auf Hilfeleistung untersuchen und versetzt die Vpn entweder in gute Stimmung (Bedingung 1) oder in schlechte Stimmung (Bedingung 2). Diese Manipulation darf nicht mit anderen Variablen, die möglicherweise ebenfalls Unterschiede bezüglich der Hilfeleistung erklären könnten, konfundiert sein.

Echte Experimente versus Quasi-Experimente

Beim echten Experiment hat der Forscher nicht nur über die Stufen der UV Kontrolle, sondern auch darüber, welche Person welcher Stufe jeweils zugeordnet wird. Im Idealfall werden die Vpn den Versuchsbedingungen vollständig zufällig zugewiesen (Randomisierung). Die Randomisierung ist wichtig, um sicherzustellen, dass sich Störvariablen über alle Versuchsbedingungen hinweg gleich verteilen und es zu keinen Konfundierungen kommt.

! Wann immer der Forscher keine komplette Kontrolle über die Zuweisung von Personen zu Versuchsbedingungen hat, handelt es sich um ein Quasi-Experiment.

Beispiel: Ein Forscher will die Hypothese testen, dass ausländerfeindliche Einstellungen (AV) mit dem Alter zunehmen (UV). Die UV ist in zwei Altersstufen realisiert: 20- bis 30-Jährige und 50- bis 60-Jährige. Da man Personen diesen beiden Gruppen nicht zufällig zuordnen kann, handelt es sich um ein Quasi-Experiment. Angenommen, der Forscher findet einen Zusammenhang zwischen Alter und Ausländerfeindlichkeit (Ältere Menschen sind ausländerfeindlicher als jüngere), dann wäre es möglich, dass die junge Gruppe nur deshalb ausländerfreundlicher ist als die alte, weil sie mehr Auslandsreisen unternommen und dabei positive Erfahrungen gemacht hat. Das Alter wäre mit der Auslandserfahrung konfundiert, und Alter an sich hätte keinen eigenständigen kausalen Einfluss auf die Einstellung. Es handelte sich wie beim Störche-Beispiel um eine Scheinkorrelation.

> Der Vorteil von echten Experimenten mit randomisierter Bedingungszuweisung ist, dass in den meisten Fällen (aber nicht notwendigerweise!) eine kausale Interpretation möglich ist: Echte Experimente haben meist eine höhere interne Validität. Ein Vorteil von Quasi-Experimenten ist allerdings, dass sie oftmals weniger künstlich sind. Im Übrigen gibt es Fälle, in denen ein echtes Experiment nicht möglich ist.

Beispiel: Man will untersuchen, ob sich projektbezogener Unterricht im Vergleich zu Frontalunterricht (UV) positiv auf das Klassenklima (AV) auswirkt. Die UV realisiert man in zwei Bedingungen: In Klasse A wird Projektunterricht gemacht, in Klasse B Frontalunterricht. Am Ende des Schuljahres erfasst man das Klassenklima (AV). In diesem Fall wäre es nicht sinnvoll und vielleicht gar nicht möglich, eine randomisierte Bedingungszuweisung vorzunehmen, stattdessen würde man die Kinder in ihren Klassen belassen. Man würde damit das Risiko in Kauf nehmen, dass sich die beiden Klassen noch in einem anderen, mit dem Klassenklima konfundierten Merkmal unterscheiden.

Labor- und Feldexperimente

Außer der Unterscheidung in echte und Quasi-Experimente kann man Experimente danach einteilen, ob sie im Labor, also unter kontrollierten standardisierten Bedingungen, durchgeführt werden oder im Feld, also in einem natürlichen Setting.

Laborexperimente. Sie sind besser kontrollierbar, da der Versuchsablauf im Regelfall komplett vorgegeben ist und alles, was passiert, vom VI standardisiert werden kann. Ziel der Standardisierung ist die Kontrolle von Störeinflüssen. Hierzu gehört beispielsweise auch, die Versuchsinstruktionen schriftlich vorzugeben, was allerdings oft sehr künstlich wirkt, oder die Versuchsräume sehr karg einzurichten, um einer Ablenkung der Vpn vorzubeugen.

Feldexperimente. Sie sind weniger gut kontrollierbar. Daher ist bei Feldexperimenten mit einem stärkeren Einfluss von Störvariablen zu rechnen.
Beispiel: Die Untersuchung von Schmitt et al. (1991; vgl. 9.3.2). Hier wurde untersucht, inwiefern die Verantwortlichkeit eines Übeltäters das Ärgerausmaß beim Opfer beeinflusst. Schmitt et al. (1991) arbeiteten mit Vignetten, d.h. mit standardisierten Texten, um die unterschiedlichen Verantwortlichkeitsstufen zu operationalisieren. Man hätte die Situationen (ein Mitbewohner beschmutzt den Hausflur) auch real herstellen können. Das wäre ein Feldexperiment gewesen. Man kann sich ausmalen, wie schwierig das gewesen wäre.

> Generell hängt die Bevorzugung von Feld- oder Laborforschung davon ab, ob man eher dem möglichst realistischen Untersuchungssetting und damit einhergehend einer höheren externen Validität oder lieber einer höheren internen Validität den Vorzug geben will.

Vor- und Nachteile von Labor- und Feldexperimenten

	Vorteile	Nachteile
Laborexperimente	▶ Kontrollierbarkeit ▶ höhere interne Validität ▶ Kausalinterpretation möglich	▶ Gefahr von Artefakten ▶ geringere externe Validität ▶ manchmal triviale Schlüsse
Feldexperimente	▶ natürliche Settings ▶ echtes Verhalten ▶ größere Repräsentativität	▶ geringere interne Validität ▶ größerer Interpretationsspielraum

16.2.2 Korrelativer Forschungsansatz

Natürliche Variation. Leider lassen sich nicht alle Ursachenvariablen, die in sozialpsychologischen Theorien vorkommen, experimentell manipulieren, so etwa das Geschlecht, das Alter, die Intelligenz, bestimmte Einstellungen und andere Persönlichkeitsvariablen. In solchen Fällen macht man sich die natürliche Variation zunutze, d.h. man untersucht die Korrelation zwischen der mutmaßlichen Ursache und der mutmaßlichen Folge. Beispiel: Man möchte untersuchen, ob Personen mit externalen Kontrollüberzeugungen einen stärkeren Gerechte-Welt-Glauben haben als Personen mit internalen Kontrollüberzeugungen. Da dispositionelle Kontrollüberzeugungen nicht experimentell manipulierbar sind, nutzt man die natürliche Variation in einer Stichprobe. Je höher die externale Kontrollüberzeugung, desto höher sollte der Gerechte-Welt-Glauben sein. Statt einer unabhängigen Variablen mit zwei Stufen hat man hier also eine unabhängige Variable mit vielen Stufen.

Interpretation korrelativer Zusammenhänge. Wichtig ist die Einsicht, dass korrelative Zusammenhänge nicht ohne Weiteres kausal interpretierbar sind!
Eine hohe positive Korrelation zwischen externaler Kontrollüberzeugung **Ext KÜ** und Gerechte-Welt-Glauben **GWG** kann auf vier Arten interpretiert werden:

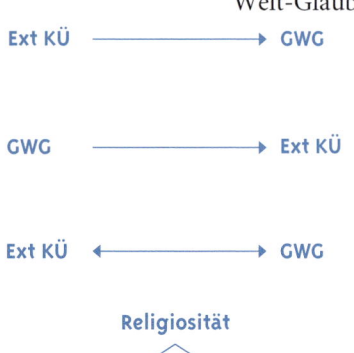

(1) Unidirektionaler Effekt. Ext KÜ wirkt sich kausal auf GWG aus; eine hohe externale Kontrollüberzeugung hat zur Folge, dass eine Person einen hohen Gerechte-Welt-Glauben ausbildet (und nicht umgekehrt).

(2) Inverser unidirektionaler Effekt. GWG wirkt sich kausal auf Ext KÜ aus; ein hoher Gerechte-Welt-Glaube hat zur Folge, dass die Person eine externale Kontrollüberzeugung ausbildet (und nicht umgekehrt).

(3) Bidirektionaler Effekt. Eine hohe externale Kontrollüberzeugung bedingt einen hohen Gerechte-Welt-Glauben und umgekehrt.

(4) Scheinkorrelation. Der Zusammenhang zwischen externaler Kontrollüberzeugung und Gerechte-Welt-Glauben ist auf eine gemeinsame Drittvariable (Religiosität, z.B. einen starken Glauben an einen lenkenden Gott) zurückzuführen. Würde man diese Variable konstant halten, würde die Korrelation zwischen externaler Kontrollüberzeugung und Gerechte-Welt-Glauben verschwinden.

Zeitliche Vorordnung. Eine Voraussetzung dafür, dass eine Variable (x) eine andere Variable (y) tatsächlich kausal beeinflusst, ist, dass die Variable x der Variablen y zeitlich vorgeordnet ist. Beobachtet man beispielsweise eine hohe positive Korrelation zwischen elterlichem Erziehungsverhalten (x) und späteren Auffälligkeiten im Sozialverhalten des Kindes (y), wäre die Annahme eines Einflusses von y auf x wohl kaum plausibel zu begründen! Zeitliche Vorgeordnetheit ist in vielen Fällen ein guter Hinweis auf die kausale Einflussrichtung.

Allerdings ist auch hier die Möglichkeit einer Scheinkorrelation in Betracht zu ziehen: Die Korrelation zwischen Erziehung und Sozialverhalten könnte nämlich auch durch eine konfundierende Drittvariable (z.B. das soziale Umfeld der Familie) zustande gekommen sein. Ein solches Konfundierungsproblem kann man ggf. lösen: Man muss die Drittvariablen, die möglicherweise für die Scheinkorrelation verantwortlich sind, mit erfassen und kann sie dann statistisch kontrollieren. Man nennt dies den Einfluss der Drittvariablen auspartialisieren. Notwendige Voraussetzung für ein solches Vorgehen ist allerdings, dass man die Drittvariable benennen und natürlich auch messen kann.

Kreuzverzögerte Korrelation. Bei dem Beispiel „externale Kontrollüberzeugung und Gerechte-Welt-Glaube" ist keine eindeutige zeitliche Vorgeordnetheit gegeben, man weiß nicht, was früher da war (wie bei vielen Persönlichkeitseigenschaften haben wir hier ein Henne-Ei-Problem). In solchen Fällen muss das Vorordnungsproblem durch Längsschnittuntersuchungen gelöst werden, beispielsweise durch eine sogenannte kreuzverzögerte Korrelation.

Beispiel

Kreuzverzögerte Korrelation

Man erfasst die externalen Kontrollüberzeugungen **Ext KÜ** und den Gerechte-Welt-Glauben **GWG** zu einem Zeitpunkt t_1 und ein zweites Mal zu einem Zeitpunkt t_2 (z.B. zwei Jahre später). Nun kann man (außer zwei querschnittlichen) vier längsschnittliche Korrelationen berechnen:

(a) die Korrelation zwischen **Ext KÜ** zu t_1 und zu t_2: Stabilität der externalen Kontrollüberzeugung

(b) die Korrelation zwischen **GWG** zu t_1 und **Ext KÜ** zu t_2

(c) die Korrelation zwischen **Ext KÜ** zu t_1 und **GWG** zu t_2

(d) die Korrelation zwischen **GWG** zu t_1 und zu t_2: Stabilität des Gerechte-Welt-Glaubens

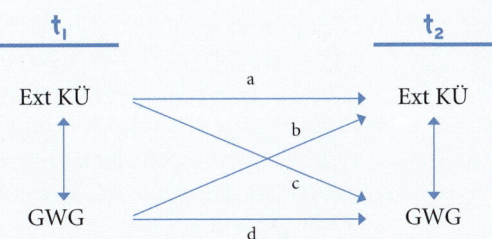

Von Interesse sind nun die Korrelationen **(b)** und **(c)**:

▶ Wenn **(b)** > **(c)**, spricht das für einen kausalen Einfluss von GWG auf Ext KÜ

▶ Wenn **(c)** > **(b)**, spricht das für einen kausalen Einfluss von Ext KÜ auf GWG

▶ Wenn **(b)** = **(c)**, spricht das für einen bidirektionalen kausalen Einfluss.

16.2.3 Interaktionistischer Forschungsansatz

Neben korrelativem und experimentellem Forschungsansatz gibt es eine dritte Strategie, die leider in der Psychologie noch ein Schattendasein führt, obwohl vieles dafür spricht, dass sie den beiden anderen überlegen ist (Schmitt, 2005). Es ist die interaktionistische Strategie: eine systematische Kombination von experimenteller und korrelativer Strategie (Schmitt et al.,

2003). Beispiel: Die Vpn einer Untersuchung von Schmitt und Sabbagh (2004) sollten so schnell wie möglich ein Puzzle am Bildschirm lösen und wetteiferten dabei mit einem Konkurrenten. Nachdem sie das Puzzle gelöst hatten, wurde ihnen gesagt, wie lange sie (angeblich) dafür gebraucht hatten. In Wahrheit wurde einer Hälfte der Versuchspersonen gesagt, sie seien doppelt so schnell, der zweiten Hälfte sie wären fast doppelt so langsam wie ihr Kontrahent gewesen. Anschließend bekamen die Vpn eine gemeinsame Belohnung, die sie fair zwischen sich und dem Gegenspieler aufteilen sollten. Hätten sich die Personen in dieser Wettbewerbssituation ausschließlich nach der Leistung gerichtet, hätten sie den Gewinn im Verhältnis 1 : 2 bzw. 2 : 1 aufteilen müssen. Abweichend von einem solchen Haupteffekt kam es jedoch zu einer Interaktion zwischen Leistung (Situation) und Einstellung (Person): Die Vpn berücksichtigten den Leistungsunterschied umso mehr, je mehr sie das Prinzip der Gleichverteilung ablehnten.

16.3 Methoden der Datengewinnung

16.3.1 Strategien der Datengewinnung

Zunächst wollen wir einen Überblick anhand folgender Ordnungsfragen geben:

► Einzel- oder Gruppenerhebung?
► Analyseeinheit: Individuum, Gruppe, soziales System (z.B. eine Schule) etc.?
► Reaktive oder nicht-reaktive Messung?
 Reaktive Messung bedeutet, dass die Reaktion einer Vp auf einen vorgegebenen Stimulus (oder eine bestimmte Situation) untersucht wird (z.B. das Verhalten einer Person, die mit einer Notfallsituation konfrontiert wird). Nicht-reaktive Messung bedeutet, dass nicht die Reaktion auf einen Stimulus, sondern Verhalten aus dem normalen Verhaltensstrom erfasst wird (z.B. Spielverhalten von Kindergartenkindern beobachten)
► Offene oder verdeckte Messung?
 Offene Messung bedeutet, dass die Person weiß, dass sie gerade Messwerte liefert (z.B. in einer Testsituation oder einem Untersuchungslabor). Verdeckte Messung bedeutet, dass sie dies nicht weiß (z.B. wenn Kindergartenkinder von versteckten Kameras gefilmt werden oder wenn ausgezählt wird, wie viele Studierende eine Vorlesung besuchen).
► Vl (bzw. Beobachter) anwesend oder nicht?
► Messung von eher typischem oder eher maximalem Verhalten?
 Das Item „Wie häufig ärgern Sie sich im Allgemeinen über andere Menschen oder über Ereignisse?" erfasst das durchschnittliche Ausmaß an Ärgerneigung. Die meisten Tests (z.B. Schuleignungstests) erfassen hingegen ein Maximum an Leistung oder Leistungsfähikeit.
► Direkte oder indirekte Maße?
 Bei direkten (oder transparenten) Maßen kann die Person ihr Antwortverhalten kontrollieren, z.B. ihr Verhalten in einer Situation, ihre Antworten auf eine Frage, ihr Kreuzchen in einem Fragebogen. Von indirekten (oder intransparenten) Maßen wird hingegen angenommen, dass sie nicht willentlich durch die Person verfälscht werden können.

Im Folgenden besprechen wir einige konkrete Erhebungsmethoden, die als relativ typische Methoden in der Sozialpsychologie gelten.

Schriftliche Befragung und Fragebogen. Eine schriftliche Befragung kann unstrukturiert oder halbstrukturiert erfolgen. Ein Beispiel für eine unstrukturierte Befragung wäre, die Vpn darum zu bitten, ein Essay über ein bestimmtes Thema (z.B. Studiengebühren) zu verfassen. Bei der halbstrukturierten schriftlichen Befragung werden Themenbereiche und eine konkretere Aufgabenstellung vorgegeben (z.B. Was spricht für ein Einwanderungsgesetz, was dagegen?).

Von Fragebogen spricht man in der Regel, wenn die schriftliche Befragung strukturiert und standardisiert ist, d.h. die Antwortmöglichkeiten des Befragten ganz oder weitgehend festgelegt sind. Fragebogen haben gegenüber Befragungen und Essays den Vorteil, dass sie aufgrund der Standardisierung der Fragen (Items) und der Antwortformate meist eine hohe Auswertungsobjektivität besitzen. Allerdings wird an Fragebogenmaßen häufig kritisiert, dass sie leicht verfälschbar sind.

Tests. Hierunter versteht man im engeren Sinne solche Verfahren, die bestimmte Leistungs- und Fähigkeitseigenschaften von Personen prüfen (beispielsweise Intelligenztests).

Die zentralen Unterschiede zwischen Tests und Fragebögen sind folgende:

▶ Fragebogen zielen meist auf das typische, charakteristische Verhalten und Erleben ab, Tests hingegen auf maximales Verhalten (z.B. möglichst schnell auf einen Stimulus reagieren).

▶ Fragebogen erfassen subjektive Urteile (z.B. Selbsteinschätzungen), Tests hingegen Verhalten, das von Außenstehenden objektiv beurteilt wird.

▶ Die subjektiven Urteile, die mit Fragebogen erfasst werden, sind wertneutral, vielleicht mit Ausnahme abweichenden, pathologischen Verhaltens und Erlebens. Hingegen werden die Verhaltensweisen, die mit Tests erhoben werden, in der Regel als richtig oder falsch, gut oder schlecht etc. bewertet.

Psychophysiologische Diagnostik. Sozialpsychologisch relevante physiologische Maße sind etwa die Hautleitfähigkeit (als Indikator für emotionale Erregung), Pupillenerweiterung (als Indikator für Interesse und positive Einstellungen) oder die Konzentration von Cortisol im Speichel (als Indikator für Stress).

Interpretative Verfahren. Hierzu zählen Verfahren, bei denen Verhaltensweisen von Vpn von geschulten Fachleuten interpretiert und kodiert werden müssen. Sie haben meist eine eher geringe Auswertungs- und Interpretationsobjektivität. Solche Verfahren liegen – was das Reizmaterial angeht – entweder in standardisierter Form (z.B. Thematischer Apperzeptionstest TAT) oder in nicht-standardisierter Form vor (z.B. Interpretation von Essays).

Auswertung von Akten- und Archivinformationen. Hierzu zählen registrierte statistische Indikatoren (z.B. die Anzahl von Klassenbucheinträgen eines Kindes als Indikator für unerwünschtes soziales Verhalten).

Verhaltensbeobachtung. Näheres zur Methode der Verhaltensbeobachtung sowie zu Möglichkeiten der Quantifizierung und Auswertung gewonnener Beobachtungsdaten siehe Greve und Wentura (1997).

Interviews oder Gespräche. Sie werden zur Erhebung von Einstellungen, Meinungen und biographischen Daten durchgeführt, wenn die Fragestellung es erfordert, flexibel auf die individuellen Besonderheiten von Vpn einzugehen (z.B. im postexperimentellen Interview).

Verhaltenssimulationen. Beispiele für Simulationen sind Rollenspiele (z.B. im Rahmen von Trainings zur Förderung sozialer Kompetenzen) oder Arbeitsproben (im Rahmen von Assessment Centern zur Berufeignungsdiagnostik).

Soziometrie. Mit dieser Methode beschäftigen wir uns im Folgenden etwas ausführlicher.

16.3.2 Soziometrie

Die Soziometrie ist eine Datenerhebungsmethode, die speziell für sozialpsychologische Fragestellungen entwickelt wurde. Die soziometrische Datenerhebung ist recht einfach: Eine Gruppe von Personen wird aufgefordert, jene Gruppenmitglieder zu benennen, die ihr besonders sympathisch und unsympathisch sind. Häufig wird nicht direkt nach Sympathie und Antipathie gefragt, sondern indirekt nach Sympathieindikatoren (bei Schulklassen z.B.: Mit wem würdest du am liebsten in die Ferien fahren? Mit wem möchtest du auf keinen Fall in die Ferien fahren? Neben wem möchtest du am liebsten sitzen? Neben wem möchtest du auf keinen Fall sitzen?).

Zuweilen werden statt Sympathie auch andere Strukturvariablen erhoben, z.B. Macht: Von wem würdest du dir am ehesten etwas sagen lassen? Von wem würdest du dir auf keinen Fall etwas sagen lassen? Oder Kompetenz: Mit wem würdest du am liebsten in einer Mannschaft zusammenspielen? Mit wem möchtest du auf keinen Fall in einer Mannschaft zusammenspielen? Die Anzahl von möglichen Nennungen kann festgelegt sein oder offen bleiben.

Darstellungsformen. Die soziometrische Struktur kann man graphisch und numerisch darstellen. Beim graphischen Verfahren, dem Soziogramm, werden positive Nominierungen als durchgezogene Verbindungen und negative Nominierungen als gestrichelte Verbindungen dargestellt. Beim numerischen Verfahren werden die Beziehungen in Form einer Matrix dargestellt. Die Matrix hat so viele Zeilen und Spalten, wie die Gruppe Personen umfasst (N). Das bedeutet, die Matrix hat N^2 Zellen, wobei die Diagonalen immer Nullen beinhalten, da eine Person nicht sich selbst wählen kann.

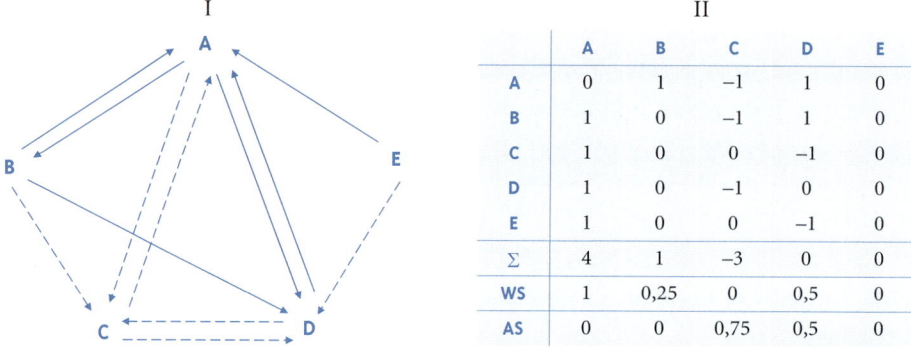

	A	B	C	D	E
A	0	1	−1	1	0
B	1	0	−1	1	0
C	1	0	0	−1	0
D	1	0	−1	0	0
E	1	0	0	−1	0
Σ	4	1	−3	0	0
WS	1	0,25	0	0,5	0
AS	0	0	0,75	0,5	0

Abbildung 16.2. Graphische (I) und numerische (II) Darstellung des Soziogramms einer 5-Personen-Gruppe. (I) Im Soziogramm symbolisieren **durchgezogene** Linien Sympathie, **gestrichelte** Linien Antipathie. Person **A** ist der Star, alle anderen finden ihn sympathisch. **C** ist ein Abgelehnter, drei finden ihn unsympathisch. **D** ist ein Umstrittener, zwei finden ihn sympathisch, zwei finden ihn unsympathisch. **E** ist ein Isolierter, auf ihn entfallen weder positive noch negative Nominierungen. **(II)** In der Matrix werden positive Nominierungen durch die Zahl **1** und negative Nominierungen durch die Zahl **−1** dargestellt. Die Zahl **0** steht für neutrale Beziehung. Aus den Spaltensummen kann man erkennen, wie oft eine Person gewählt bzw. abgelehnt wurde (Herkner, 1996). Die Bedeutung der Symbole WS und AS wird im Text erläutert

Soziometrische Kennwerte

Personbezogene Indikatoren. Aus den Spaltensummen können zwei soziometrische Indikatoren berechnet werden:

▶ **Wahlstatus WS:** der Anteil positiver Nominierungen einer Person, geteilt durch die Gesamtheit der Wähler. Der Kennwert kann zwischen 0 und 1 variieren.

▶ **Ablehnungsstatus AS:** der Anteil negativer Nominierungen einer Person, geteilt durch die Gesamtheit der Wähler. Auch dieser Kennwert kann zwischen 0 und 1 variieren.

Auf Basis der individuellen Kennwerte kann man eine Typologie von Gruppenmitgliedern anhand soziometrischer Statusmaße erstellen: Die vier Typen (Stars, Abgelehnte, Umstrittene und Isolierte) ergeben sich aus der Kombination von Wahlstatus (relative Anzahl positiver Nominationen) und Ablehnungsstatus (relative Anzahl negativer Nominationen) einer Person.

Gruppenbezogene Indikatoren. Neben den personenbezogenen kann man vier gruppenbezogene Indikatoren bilden:

(1) **Kohäsion einer Gruppe:** definiert als relativer Anteil gegenseitiger Wahlen. Eine maximal kohäsive Gruppe bestünde also aus Personen, die sich alle gegenseitig sympathisch finden; Kohäsion wäre dagegen nicht gegeben, wenn entweder niemand eines seiner Gruppenmitglieder sympathisch fände oder wenn Sympathien lediglich einseitig blieben, d.h. nicht von der entsprechenden Person erwidert würden.

(2) **Integriertheit einer Gruppe:** definiert als die Inverse des relativen Anteils der Isolierten. Je weniger Isolierte sich in einer Gruppe befinden, desto stärker ist ihre Integriertheit.

(3) **Balanciertheit.** Balanciert (im Sinne der Balancetheorie von Heider; vgl. 2.2) sind Gruppen dann, wenn reziproke Nennungen die gleiche Valenz haben (wechselseitige Sympathie oder Antipathie).

(4) **Zentralisation von Gruppen:** wenn sich der Wahlstatus von Personen sehr stark unterscheidet, wenn es also einen oder wenige Stars gibt und ansonsten Personen, die nur einen geringen Wahlstatus haben oder isoliert sind. Erkennen kann man die Zentralisation an den Spaltensummen der Strukturmatrix: Je variabler die Spaltensummen, desto größer die Zentralisation.

16.3.3 Methoden zur Messung von Einstellungen

Wenn man Einstellungen zur Verhaltensvorhersage nutzen will oder eine Einstellungstheorie empirisch prüfen will, muss man Einstellungen messen. Zu diesem Zweck wurde eine große Zahl unterschiedlicher Instrumente vorgeschlagen und entwickelt. Die verfügbaren Messinstrumente unterscheiden sich darin, welche Indikatoren herangezogen werden und wie diese erhoben werden. Gemeinhin unterteilt man Einstellungsmaße in direkte und indirekte Maße.

Direkte Einstellungsmaße

Mit Abstand am häufigsten werden Fragebögen zur Messung von Einstellungen verwendet. In der Regel bestehen diese aus mehreren Items. Wie kommt man zu den Items solcher Fragebogenskalen? Drei Verfahren zur Skalierung und zur Selektion von Items werden in der Einstellungsmessung besonders häufig verwendet:

(1) Thurstone-Skalierung (Methode der gleich erscheinenden Intervalle). Hierbei werden die Items von Experten so ausgewählt, dass sie auf einer Dimension mit den Endpolen „maximal negative Einstellung gegenüber X" (ausgedrückt etwa durch die Zahl „−10") bis „maximal positive Einstellung gegenüber X" (ausgedrückt etwa durch die Zahl „+10") einen ganz bestimmten Wert indizieren. Man spricht hier von Reizskalierung. Die Auswahl der Items und die Festlegung ihres „Einstellungswertes" werden von Experten auf dem jeweiligen Forschungsgebiet vorgenommen. Die befragte Person bejaht im Idealfall nur jenes Item, das ihrer Einstellung am nächsten kommt.

(2) Likert-Skalierung (Methode der summierten Bewertungen). Diese heute geläufigere Methode wurde von Likert (1932) vorgeschlagen. Auch hier werden Items generiert, die das Spektrum der Einstellungen, die man gegenüber X haben kann, möglichst breit abdecken. Allerdings haben die Items – anders als bei der Thurstone-Skalierung – nicht von vornherein einen festen Wert. Vielmehr wird der Einstellungswert eines Items hinterher empirisch ermittelt. Insofern spricht man von Reaktionsskalierung.

Eine Person beantwortet die Items auf einer Antwortskala, die z.B. von „stimme überhaupt nicht zu" (indiziert etwa durch die Zahl 0) bis „stimme voll und ganz zu" (indiziert etwa durch die Zahl 5) reicht.

Anschließend wird über alle Items pro Person ein Summenwert berechnet. Nun stellt sich die Frage, ob Items aus der Skala entfernt werden müssen. Dazu berechnet man für jedes Item – über alle Personen hinweg – die Korrelation zwischen Item und Summenwert, die sogenannte Trennschärfe. Je höher diese Korrelation, desto besser repräsentiert das jeweilige Item den Gesamtwert. Items mit geringer Trennschärfe (z.B. $r < .30$) werden aus der Skala entfernt.

(3) Guttman-Skalierung (Skalogramm-Methode). Dieses Verfahren wurde von Guttman (1944) vorgeschlagen. Wie bei der Thurstone-Skala werden Aussagen gesucht, die ein breites Spektrum möglicher Einstellungen gegenüber X abdecken sollen. Im Unterschied zu Thurstone sollen die Items aber so geartet sein, dass sich eine transitive Urteilsstruktur ergibt: Wer einem Item mit einem bestimmten Einstellungswert zustimmt, sollte auch allen Items mit einem geringeren Einstellungswert zustimmen.

Man kann sich an einer Analogie aus dem Bereich des Sports klarmachen, was das bedeutet: Wer 150 cm hoch springen kann, kann auch 140 cm, 130 cm oder 120 cm hoch springen, aber

Beispiel: Thurstone-Skala mit vier Items, die die Einstellung einer Person zur Abtreibung indizieren sollen. Die Werte in der rechten Spalte geben die Lage des Items auf einer Dimension zwischen maximal negativer Einstellung und maximal positiver Einstellung an. Diese Werte wurden durch eine Expertenbefragung ermittelt. Die befragte Person bejaht idealerweise nur ein Item – jenes, das ihre Einstellung am besten wiedergibt. Der Einstellungswert dieses Items entspricht dann der Lokation der Person auf der Einstellungsdimension – also ihrem Einstellungswert

Item	Wert
Abtreibung sollte in jedem Fall mit Gefängnis bestraft werden.	−3
Abtreibung hat Vor- und Nachteile, aber die Nachteile überwiegen tendenziell.	−1
Abtreibung ist oft die einzige Lösung.	+1
Die Entscheidung für oder gegen eine Abtreibung sollte von jedem frei getroffen werden dürfen.	+3

Item	Person									
	1	2	3	4	5	6	7	8	9	10
1	ja	ja	ja	ja	ja	ja	ja	ja	ja	ja
2	nein	ja	ja	ja	ja	ja	ja	ja	ja	ja
3	nein	nein	ja	ja	ja	ja	ja	ja	ja	ja
4	nein	nein	nein	ja	ja	ja	ja	ja	ja	ja
5	nein	nein	nein	nein	ja	ja	ja	ja	ja	ja
6	nein	nein	nein	nein	nein	ja	ja	ja	ja	ja
7	nein	nein	nein	nein	nein	nein	ja	ja	ja	ja
8	nein	nein	nein	nein	nein	nein	nein	ja	ja	ja
9	nein	nein	nein	nein	nein	nein	nein	nein	ja	ja
10	nein	nein	nein	nein	nein	nein	nein	nein	nein	ja

Beispiel: Guttman-Skala mit 10 Items und dichotomem Antwortformat; Idealfall, die Items haben eine perfekt transitive Urteilsstruktur. In diesem Fall dürfte eine Person mit einer negativen Einstellung (Person 1) nur dem ersten Item zustimmen, die anderen müsste sie ablehnen. Eine Person mit einer maximal positiven Einstellung müsste hingegen alle 10 Items bejahen. Transitivität bedeutet, dass bei einem bejahten Item auch alle vorausgegangenen Items bejaht werden müssen

nicht 160 cm. Guttmans Idee war es, Items zusammenzustellen, deren Schwierigkeit in diesem Sinne zunimmt.

Bereits vor Guttmans Artikel gab es Vorschläge zur Einstellungsmessung, die das Grundprinzip der geordneten Itemschwierigkeit und der Urteilstransitivität beinhalteten. Das bekannteste Beispiel stammt von Bogardus (1925). Er schlug vor, die soziale Einstellung gegenüber einer Person oder Gruppe X als soziale Distanz zu operationalisieren. Die Logik dieses Distanzmaßes ist einfach: Je positiver meine Einstellung gegenüber X, desto eher lasse ich Nähe zu X zu; je negativer meine Einstellung, desto eher bin ich geneigt, X auf Distanz zu halten und Kontakt bzw. Konfrontation zu vermeiden. Beispiel: (1) Ich hätte nichts dagegen, X in der Nachbarschaft wohnen zu haben, (2) fände es nicht schlimm, wenn X Mitglied in meinem Sportverein werden würde, (3) könnte mir vorstellen, gemeinsam mit X joggen zu gehen, (4) könnte mir vorstellen, X zum Abendessen zu mir einzuladen. Bei gelungener Guttman-Skalierung sollte eine Bejahung von Item 4 implizieren, dass man auch die Items 1, 2 und 3 bejaht usw.

Indirekte Einstellungsmaße

Die Validität direkter Einstellungsmaße wird – zum Teil zu Recht – immer wieder kritisiert: Eines der größten Probleme bei direkter Einstellungsmessung ist die Tendenz einiger Befragter, sich positiver darzustellen, als sie tatsächlich sind. Solche Selbstdarstellungstendenzen (auch als soziale Erwünschtheit bezeichnet) finden sich vor allem dort, wo tabuisierte oder normativ stark belegte Einstellungen (z.B. Einstellungen gegenüber Ausländern, älteren Menschen etc.) abgefragt werden. Von indirekten Einstellungsmaßen, bei denen die befragte Person weniger oder gar keine Kontrolle darüber hat, welche Werte sie letztlich abgibt, wird dagegen angenommen, dass sie von Verfälschungstendenzen weitgehend frei sind.

Wir nennen im Folgenden fünf indirekte Verfahren zur Messung von Einstellungen, beschreiben sie kurz und geben Beispiele dafür.

(1) Physiologische Indikatoren von Einstellungen

Hautleitfähigkeit. In einem Experiment von Porier und Lott (1967) wurde eine Situation hergestellt, in der die (allesamt weißen) Vpn scheinbar zufällig von ihrem Vl am Arm berührt wurden. Einmal handelte es sich um einen schwarzen, einmal um einen weißen Vl. Die Vpn waren während der gesamten Zeit an ein Gerät zur Messung der Hautleitfähigkeit angeschlossen. Ausgewertet wurde die Hautleitfähigkeit nach der Berührung durch einen weißen und nach der Berührung durch eine schwarzen Vl. Es wurde angenommen, dass die Höhe der Differenz zwischen diesen beiden Messwerten mit der Einstellung gegenüber Schwarzen korreliert. Den Ergebnissen zufolge war das der Fall.

Elektromyogramm (EMG) der Gesichtsmuskulatur. Emotionen korrelieren mit einem bestimmten Gesichtsausdruck und somit mit der Aktivität der Gesichtsmuskeln. Aktivitäten des Zygomatikus (Lachmuskel), der das Heben und Senken der Mundwinkel kontrolliert, korrelieren mit dem Empfinden von Freude. Aktivitäten des Corrugator (Runzlermuskel), der für ein Zusammenziehen der Augenbrauen zuständig ist, korrelieren mit dem Empfinden von Ärger. In einer Untersuchung von Cacioppo und Petty (1979) ließ sich anhand des Gesichts-EMG feststellen, ob eine persuasive Botschaft einstellungskongruent oder einstellungskonträr war.

Pupillenerweiterung. In einer Untersuchung von Atwood und Howell (1971) wurden pädophilen Strafgefangenen Bilder nackter Frauen und Bilder nackter Mädchen gezeigt. Dabei wurden die Augen gefilmt. Während normal heterosexuell veranlagte Männer bei nackten Frauen mit einer Pupillenerweiterung reagierten, zeigten die pädophilen Strafgefangenen diese Reaktion beim Anblick nackter Mädchen.

(2) Intransparente Bewertungen des Einstellungsobjekts

Eine echte Vp bewertet die Leistung (z.B. die Qualität eines Aufsatzes) einer angeblichen zweiten Vp; dabei werden Attribute dieser scheinbar zweiten Person systematisch variiert. So konnte beispielsweise Goldberg (1968) zeigen, dass Aufsätze, die vermeintlich von einem Mann verfasst wurden, positiver beurteilt wurden als dieselben Aufsätze, wenn diese vermeintlich von einer Frau verfasst wurden.

(3) Intransparente Verantwortlichkeits- und Schuldattributionen

Bei diesem Ansatz werden Vpn mit positiven oder negativen Vorfällen, an denen das Einstellungsobjekt (z.B. Frauen versus Männer) beteiligt war, konfrontiert. Die Vpn sollen Kausalattributionen vornehmen. Die personale Attribution positiver Ereignisse (also eine Attribution auf das Einstellungsobjekt) und eine situationale Attribution negativer Ereignisse wird als Zeichen einer positiven Einstellung interpetiert. Entsprechend gilt die personale Attribution negativer Ereignisse und die situationale Attribution positiver Ereignisse als Zeichen einer negativen Einstellung. In einer Untersuchung von Duncan (1976) wurde weißen Vpn eine Auseinandersetzung geschildert, in deren Verlauf es zu einem „Stoß" kam. Ging der Stoß von einer schwarzen Person aus, wurde er häufiger personal, d.h. auf die (schwarze) Person attribuiert. Ging der Stoß von einer weißen Person aus, wurde er häufiger situativ erklärt.

(4) Intransparente Verhaltensmaße – Beispiele

Sozialverhalten in einer Wartezimmersituation. Die Vp sitzt mit dem Einstellungsobjekt (z.B. einem „Punk") in einem angeblichen Wartezimmer. Abhängige Variablen könnten etwa sein:

Nimmt die Vp Kontakt auf oder nicht? Wie nah oder entfernt vom Einstellungsobjekt nimmt sie Platz? Wie reagiert sie auf Ansprache durch das Einstellungsobjekt?

Nähe und Distanzregulierung in einem natürlichen Setting. Z.B. wird die Anzahl freier Plätze zwischen farbigen und weißen Studierenden in einem Hörsaal gezählt (vgl. Campbell et al., 1966), oder es wird die „Durchmischtheit" einer Sitzverteilung in einer Cafeteria ausgewertet (vgl. Clack et al., 2004).

Hilfsbereitschaft und Hilfeverhalten. Sollte sich zeigen, dass Vpn gegenüber bestimmten Gruppen (z.B. Ausländern) hilfsbereiter sind als gegenüber anderen (z.B. Deutschen), wäre das ein Hinweis auf eine positive Einstellung gegenüber Ausländern (vgl. Gaertner & Dovidio, 1977).

Lost letter technique (Milgram et al., 1965): Ein frankierter und adressierter Brief wird in einer Telefonzelle hinterlegt. Es scheint so, als hätte jemand den Brief verloren, kurz bevor er ihn einwerfen wollte. Die Beschriftung des Umschlags weist darauf hin, dass es sich bei dem Adressaten (oder auch dem Absender) um ein bestimmtes Einstellungsobjekt handelt (z.B. türkischer versus deutscher Name). Man kann nun abwarten und auszählen, welche Briefe eher ankommen, d.h. welche von zufällig die Telefonzelle betretenden Vpn die „lost letters" in einen Briefkasten einwerfen. In der Untersuchung von Milgram et al. (1965) wurde beispielsweise herausgefunden, dass Briefe, die an die UNICEF adressiert waren, eher eingeworfen wurden als Briefe, die an die kommunistische Partei adressiert waren.

(5) Intransparente kognitive Maße

Social cognition ist die Bezeichnung für eine Forschungsorientierung in der Sozialpsychologie, die Theorien und Modelle der kognitiven Psychologie auf sozial-psychologisch relevante Inhalte anwendet. Im Kontext unseres Themas ist die Annahme von Bedeutung, dass soziale Einstellungen die soziale Informationsverarbeitung beeinflussen. Eine Untersuchung, die sich zur indirekten Messung von Einstellungen eines kognitionspsychologischen Paradigmas (einer sogenannten lexikalischen Entscheidungsaufgabe) bedient, wurde von Gaertner und McLaughlin (1983) durchgeführt.

Experiment

Gaertner & McLaughlin (1983): Einstellungsmessung mit lexikalischer Entscheidungsaufgabe

Aufbau:
Den Vpn wurden am Computer Wortpaare vorgegeben. Eines der Wörter stammte aus der Kategorie weiß oder der Kategorie schwarz, das jeweils andere der Wörter war ein Adjektiv und war entweder positiv oder negativ. Die Vpn mussten durch Drücken einer Taste so schnell wie möglich entscheiden, ob die jeweilige Paarung für sie einen Sinn ergab oder nicht. Alle Vpn waren Weiße.

Unabhängige Variable:
Durch eine vollständige Kreuzung aller möglichen Wortpaarungen erhält man vier Bedingungen (schwarz–negativ, schwarz–positiv, weiß–negativ, weiß–positiv). Für jede dieser Bedingungen kann man nun getrennt die Reaktionszeiten berechnen.

Abhängige Variable:
Ausgewertet wurde jeweils die Reaktionszeit (Latenzzeit) bis zum Tastendruck. Je schneller eine Person antwortet, desto eher ergibt die Verknüpfung der beiden dargebotenen Wörter für sie spontan Sinn.

Hypothese:	*Ergebnis:*
Personen mit einer negativen Einstellung gegenüber Schwarzen sollten bei der Wortpaarung schwarz–negativ und weiß–positiv schneller reagieren als bei der Wortpaarung schwarz–positiv und weiß–negativ. Bei Personen mit einer positiven Einstellung gegenüber Schwarzen sollte dies genau umgekehrt sein.	Es zeigte sich, dass die Latenzzeit bei der Paarung schwarz–positiv am höchsten war, bei der Paarung weiß–positiv dagegen am geringsten. Dies deutet auf durchschnittlich negative Einstellungen der weißen Probanden gegenüber Schwarzen hin.

16.4 Sozialpsychologische Methodenartefakte

Die meisten sozialwissenschaftlichen Untersuchungen finden im sozialen Kontext statt, also etwa im Beisein eines Vl oder mit scheinbaren oder echten weiteren Vpn. Nach allem, was wir aus der Sozialpsychologie wissen, müssen wir damit rechnen, dass die tatsächliche oder auch nur vorgestellte Anwesenheit anderer Personen das Verhalten unserer Vpn beeinflusst. In den meisten Fällen sind solche Einflüsse nicht erwünscht, da sie die Ergebnisse verfälschen. Der Verfälschungseffekt kann zweierlei Auswirkungen haben:

Unsystematischer Verfälschungseffekt. Er ist zwar mit der abhängigen Variablen korreliert, aber nicht mit den untersuchten Einflussgrößen (unabhängigen Variablen) konfundiert. In diesem Fall leidet die Präzision der Untersuchung: Die Fehlervarianz wird größer. Beispiel: Man untersucht den Effekt des Geschlechts auf die Hilfsbereitschaft und führt die Untersuchung in der U-Bahn durch. Die Anzahl der mitreisenden Fahrgäste hat nachweislich einen Einfluss auf die Hilfsbereitschaft: Je mehr Personen anwesend sind, desto länger dauert es, bis jemand hilft. Aber mit dem Geschlecht der Vp hängt diese „Störvariable" nicht zusammen. Insgesamt nimmt also dadurch, dass in den verschiedenen Versuchsdurchgängen jeweils unterschiedlich viele bystander anwesend sind, die Fehlervarianz zu, aber es handelt sich nicht um eine Konfundierung mit einem möglichen Geschlechtseffekt.

Systematischer Verfälschungseffekt. Er korreliert mit den untersuchten Einflussgrößen (unabhängigen Variablen). In diesem Fall leidet die interne Validität der Untersuchung. Beispiel: Man möchte die Hypothese testen, dass Menschen in einer „femininen" Umgebung eher bereit sind zu helfen als in einer „maskulinen" Umgebung, und führt die Untersuchung einmal in einem Geschäft für Damenmoden und einmal auf dem Fußballplatz (während eines Spiels) durch. Hier hat der Untersuchungsleiter allerdings nicht bedacht, dass sich der Fußballplatz vom Damenmodengeschäft noch in einer weiteren wichtigen (und mit der Hilfsbereitschaft korrelierten) Variablen unterscheidet, nämlich der Anzahl der bystander: Die wird auf dem Fußballplatz wesentlich höher sein und die Hilfsbereitschaft dort verringern.

Solche Verfälschungseffekte beschränken sich nicht auf sozialpsychologische Untersuchungen. Sie kommen in allen sozialwissenschaftlichen Untersuchungen vor. Sie sind auch nicht auf die Grundlagenforschung beschränkt, sondern bedrohen in gleicher Weise die Präzision und Validität von angewandter Forschung, z.B. Marktforschungs- oder Evaluationsstudien.

Formen von Artefakten. Die Sorge um Verfälschungseffekte hat zu einer eigenen Teildisziplin der sozialpsychologischen Methodenlehre geführt, der Artefaktologie. Mit dem Begriff ist wörtlich gemeint, dass die Ergebnisse nicht auf natürliche (= valide) Weise zustande gekommen, sondern künstlich entstanden sind. Die meiste Aufmerksamkeit widmeten die Artefaktologen den Verfälschungseffekten: soziale Erwünschtheit und Selbstdarstellung, Akquieszenz, Aufforderungsgehalt der Untersuchungssituation (demand characteristics) und Versuchsleitereffekt.

16.4.1 Soziale Erwünschtheit und Selbstdarstellung

Soziale Erwünschtheit bedeutet, dass Personen ihr Verhalten an sozialen Normen orientieren und sich bemühen, einen möglichst guten und angepassten Eindruck zu machen. Sie wird häufig auf ein Motiv nach sozialer Anerkennung (approval motive; vgl. Crowne & Marlowe, 1960) zurückgeführt oder mit diesem gleichgesetzt.

Selbstdarstellung ist dagegen der allgemeinere Begriff. Er bedeutet, dass Personen sich in Untersuchungssituationen nicht natürlich verhalten, sondern sich verstellen, um einen bestimmten Eindruck zu erzeugen. Dieser muss nicht positiv, er kann auch negativ sein: Beispielsweise mag sich jemand dumm stellen, um Anforderungen abzuwehren (etwa bei der Tauglichkeitsuntersuchung bei der Bundeswehr).

Soziale Erwünschtheit als Verfälschungsmotiv wurde zunächst vor allem im Zusammenhang mit persönlichkeitspsychologischer und klinischer Diagnostik thematisiert. Soziale Erwünschtheit kann aber auch in sozialpsychologischen Experimenten eine Rolle spielen, wenn Vpn versuchen, sich so zu verhalten, wie sie denken, dass es der Vl von ihnen erwartet. Zur Lösung des Problems wurden verschiedene Methoden entwickelt.

Vermeidung der Verfälschung. Eine Strategie versucht, Verfälschungen entgegenzuwirken. Bei schriftlichen Befragungen kann man in der Instruktion oder in einem Begleitschreiben

- ▶ das Problem transparent machten und an die Ehrlichkeit der Probanden appellieren,
- ▶ darauf hinweisen, dass es keine richtigen und falschen, keine guten und schlechten Antworten gibt,
- ▶ darauf hinweisen, dass Menschen sich unterschiedlich verhalten und man an solchen Unterschieden interessiert ist (z.B. Manche Menschen bevorzugen A, andere hingegen B. Was denken Sie?),
- ▶ behaupten, Verfälschungen seien durchschaubar.

Eine spezielle Variante der Strategie, Vpn zu suggerieren, ihre Antworten seien durchschaubar, ist die Bogus-Pipeline-Methode (wörtlich: Schwindelleitung), die von Jones und Sigall (1971) entwickelt wurde. Die Vpn werden (angeblich) an einen Lügendetektor angeschlossen. Dann wird ihnen das Messinstrument vorgelegt, z.B. ein Einstellungsfragebogen. Mit einem Lenkrad sollen sie durch Drehung nach links und rechts ihre Zustimmung bzw. Ablehnung zu jedem der dargebotenen Items anzeigen. Es wird behauptet, dass der Lügendetektor erkennen würde, wenn man das Lenkrad willentlich anders dreht, als es dem unwillkürlichen Impuls entspricht.

Kontrolle der Verfälschung. Man kann auch die soziale Erwünschtheit als Kontrollfaktor messen und die Daten anschließend bereinigen. Diese Strategie setzt voraus, dass die Tendenz, sozial erwünscht zu antworten, interindividuell variiert. Diese Voraussetzung ist erfüllt: Menschen sind in unterschiedlichem Maße anerkennungsmotiviert, d.h. unterschiedlich stark bemüht, die normativen Erwartungen anderer zu erfüllen. Zur Messung solcher individueller Unterschiede wurden sogenannte Soziale-Erwünschtheits-Skalen (oder Lügenskalen) konstruiert. Lügenskalen beinhalten Items wie „Wenn ich etwas versprochen habe, halte ich es ohne Wenn und Aber" oder „Ich habe schon einmal geliehene Sachen nicht zurückgegeben" (beide aus der Skala SES-17 von Stöber, 1999). Wenn eine Person dem ersten Item zustimmt bzw. das zweite Item verneint, wird angenommen, dass sie lügt. Der Lügen-Wert einer Person bemisst sich an der Anzahl der so beantworteten Items.

16.4.2 Akquieszenz

Es gibt eine interindividuell variierende Tendenz, Aussagen in Fragebogen zuzustimmen, die Akquieszenz genannt wird. Aufmerksam wurde man auf das Problem in den 1960er Jahren aufgrund eines im klinischen Kontext gewonnenen Befundes: Unabhängig vom Iteminhalt wurden von einigen Personen mehr bejahende als verneinende Antworten gegeben, selbst wenn es dadurch zu Widersprüchen im Sinne der Zustimmung zu gegenteiligen Aussagen kam. So wurden etwa die Items „Ich fühle mich selten gesund" und „Ich fühle mich selten krank" im gleichen Fragebogen von den gleichen Personen jeweils eher bejaht.

Was könnten solche inhaltsunabhängigen Bejahungen psychologisch bedeuten?

▶ Eine Hypothese wäre, dass die Personen überhaupt nicht auf den Inhalt der Items achten, sondern nur schematisch antworten.

▶ Eine kognitionspsychologisch interessante, aber sozialpsychologisch irrelevante Hypothese besagt, dass wir bei Fragen zunächst unser Gedächtnis nach bestätigenden Informationen absuchen. Werden wir fündig, brechen wir die Suche ab. Ansonsten suchen wir weiter nach Informationen, die eine Verneinung der Frage begründen. Man nennt dies den confirmation bias (deutsch etwa Bestätigungsverzerrung).

▶ Sozialpsychologisch relevanter ist die Hypothese der Autoritätsgläubigkeit. Nach dieser Hypothese werden Items bejaht, weil Wissenschaftler (also diejenigen, die sich die Items ausgedacht haben) Autoritäten sind. Wenn sich Menschen nun hinsichtlich ihrer Autoritätsgläubigkeit unterscheiden, könnte das eine Erklärung für interindividuelle Unterschiede in der Akquieszenz sein: Personen mit hoher Autoritätsgläubigkeit sollten demnach eher dazu neigen, die Items zu bejahen – denn das wird die Autorität (der Versuchsleiter) wohl im Sinn gehabt haben.

Dem Akquieszenzphänomen kann man begegnen, indem man in der Instruktion darauf hinweist, dass es bei den Items um echte Fragen und nicht um a priori richtige Behauptungen handelt.

Das Phänomen statistisch kontrollieren kann man, indem man

▶ inhaltlich maximal heterogene (möglichst in Wahrheit unkorrelierte) Items zu einer Akquieszenzskala zusammenstellt (der Inhalt ist nebensächlich) und anschließend

▶ aus der Summe der Zustimmungen ein Maß für die individuelle Akquieszenz bildet.

Den Einfluss dieses Maßes kann man dann aus dem eigentlich interessierenden Effekt herauspartialisieren.

16.4.3 Aufforderungsgehalt (demand characteristic) einer Versuchssituation

Der amerikanische Psychiater und Sozialpsychologe Martin T. Orne ging davon aus, dass Vpn wissen wollen, was mit ihnen im Experiment gemacht wird (Orne, 1962; 1969). Sie versuchen, die Hypothesen des Vl herauszufinden, und registrieren zu diesem Zweck alle Hinweisreize, die ihnen dabei behilflich sein könnten. Die Verarbeitung solcher Hinweisreize führt schließlich zu Vermutungen darüber, was die Hypothese des Experiments sein könnte. Ob es in Folge dessen zu einem Verfälschungseffekt kommt, hängt davon ab,

- ▶ ob die Vermutungen der Vpn richtig sind oder nicht,
- ▶ ob alle Vpn zur gleichen Vermutung gelangen (oder zu unterschiedlichen),
- ▶ ob die Vpn die vermuteten Hypothesen bestätigen oder widerlegen wollen.

Je nachdem, ob es sich bei der Verfälschung aufgrund des Aufforderungscharakters einer Versuchssituation um einen systematischen oder einen unsystematischen Effekt handelt, werden die Ergebnisse des Versuchs in unterschiedlicher Art und Weise beeinflusst:

- ▶ **Unsystematischer Effekt:** Unterschiedliche Vpn haben unterschiedliche Vermutungen. Einige Vpn wollen die vermuteten Hypothesen bestätigen, andere wollen sie widerlegen. In einem solchen Fall leidet lediglich die Präzision der Untersuchung (d.h. die Fehlervarianz steigt).
- ▶ **Systematischer Effekt.** Alle Vpn erraten die richtige Hypothese und wollen dem Vl einen Gefallen tun. In diesem Fall kommt es zu einer artifiziellen Bestätigung der Hypothese; es leidet die Validität des Experiments.

Beispiel

Systematischer Effekt

Man möchte herausfinden, ob sich Vpn über eine schlechte Leistung ärgern und lässt eine Experimentalgruppe an einer unlösbaren Aufgabe arbeiten. Die Kontrollgruppe arbeitet an einer leicht lösbaren Aufgabe. Das Experiment wurde als Ärger-Experiment angekündigt; die Vpn wissen also schon, dass es um Ärger geht. Die Vpn der Experimentalgruppe erraten nun (richtig), dass sie sich darüber ärgern „sollen", die Aufgabe nicht lösen zu können. Wenn ihnen ein Ärgerfragebogen vorgelegt wird, kreuzen alle an, dass sie sich ärgern, weil sie dem Vl einen Gefallen tun wollen. Der Mittelwertsunterschied zwischen Experimentalgruppe und Kontrollgruppe wäre zwar hypothesenkonform, aber künstlich.

Unterschiede in der Konformitätsmotivation. Wie bereits erwähnt, hängt der Effekt des Aufforderungscharakters eines Experiments nicht nur davon ab, ob die Vpn die Untersuchungshypothese richtig erkennen, sondern auch von ihrer Motivation, der in der Hypothese implizierten Erwartung Folge zu leisten (man beachte die Ähnlichkeit zum Konzept der Konformitätsmotivation in der Theorie des überlegten Handelns von Fishbein und Ajzen; vgl. 8.3.2). Bezüglich dieser Motivation gibt es interindividuelle Unterschiede; man unterscheidet vier Typen von Vpn:

(1) **Die „guten" Vpn (Good-Subject-Motivation):** Sie sind bestrebt, zum Gelingen des Experiments und zur Bestätigung der Hypothese beizutragen und sorgen daher für eine artifizielle Bestätigung der Hypothese.

(2) **Die Selbstdarsteller (Evaluation-Apprehension-Motivation):** Vpn dieses (häufigsten) Typs gehen davon aus, dass es trotz aller Täuschungsversuche letztlich immer darum geht herauszufinden, wie gut (intelligent, kreativ, gesund usw.) jemand ist. Die Personen fassen das Experiment also als Leistungs- und Testsituation auf und bemühen sich um positive Selbstdarstellung.

(3) **Die Spielverderber (Bad-Subject-Motivation):** Sie versuchen, das Experiment zu vermasseln oder dem Vl zu beweisen, dass er falsch gedacht hat.

(4) Die Immunen (Faithful-Subject-Motivation): Sie lassen sich durch Hinweisreize nicht beeinflussen, verhalten sich authentisch und tragen dadurch zur Präzision und Validität des Experiments bei.

Coverstory. Eine versuchsplanerische Maßnahme, die oft verwendet wird, um den Aufforderungscharakter einer Situation abzumildern, besteht darin, den Vpn falsche Informationen über den angeblichen Zweck der Untersuchung zu geben (Coverstory). Eine plausible Coverstory, so die Idee, befriedigt das Bedürfnis der Vpn nach einem Durchschauen der Hypothese und verringert damit den Verfälschungseffekt. Coverstorys können leider systematische Verfälschungen nicht verhindern, es aber unwahrscheinlicher machen, dass die wahre Hypothese artifiziell bestätigt wird.

Postexperimentelle Befragung. Man erläutert den Vpn das Problem und bittet sie anzugeben, welche Fragestellung sie bei dem gerade durchgeführten Experiment vermuteten. Ebenso wird versucht, Verhaltensmotive im Sinne der obigen Typologie zu erfahren. Jene Vpn, bei denen man aufgrund der postexperimentellen Befragung mit systematischen Verfälschungseffekten rechnen kann, werden dann ausgesondert.

16.4.4 Versuchsleitereffekte

Die meisten Vl sind gegenüber dem Ausgang eines Experiments nicht neutral. Sie rechnen mit einem bestimmten Ergebnis oder erhoffen dieses sogar. Diese Einstellung oder Motivation führt dazu, dass sie subtile Signale senden, die die Vpn dazu veranlassen, das erwünschte Verhalten verstärkt zu zeigen. Ein solches Signal könnte etwa ein kaum merkliches Nicken oder Lächeln sein, wenn die Vpn macht, was sie „soll".

Rosenthal-Effekt. Dass es Versuchsleitereffekte gibt, wissen wir hauptsächlich dank der Untersuchungen von Rosenthal (1966). Deshalb spricht man auch vom Rosenthal-Effekt; er selbst hat ihn auch als Pygmalion-Effekt bezeichnet. Pygmalion war der Sage nach ein griechischer Bildhauer, der sich in eine von ihm geschaffene Mädchengestalt verliebte; er hatte also ein Kunstprodukt (ein Artefakt) geschaffen, das ihm gefiel.
Der Rosenthal-Effekt bewirkt sich selbst erfüllende Prophezeiungen (self-fulfilling prophecies): Der Vl erwartet von der Vp ein Verhalten, und das wird dann auch gezeigt. Der Rosenthal-Effekt wurde vor allem in der Schule untersucht. Hatte man Lehrern am Anfang des Schuljahres prophezeit, dass bestimmte (zufällig ausgewählte) Schüler in der Klasse „große Talente" seien, so veränderte sich allmählich das Leistungsverhalten dieser Schüler: Sie zeigten am Ende des Schuljahrs bessere Leistungen als Schüler, über die man den Lehrern anfänglich nichts verraten hatte.
Um Versuchsleitereffekten zu begegnen, werden insbesondere drei Maßnahmen vorgeschlagen:

(1) Versuchsleitertraining: Die Vl werden für das Problem sensibilisiert und in der Versuchsdurchführung trainiert. Die Evaluation solcher Trainings hat jedoch immer wieder einen Überkompensationseffekt gezeigt, also einen gegenteiligen Effekt: Die Vl versuchten nach der Sensibilisierung, Hinweise auf die Hypothese bewusst zu vermeiden, und gaben stattdessen gegenteilige Hinweise, was die artifizielle Widerlegung der Untersuchungshypothese begünstigt. Man könnte von sich selbst verwerfender Prophezeihung sprechen.

(2) **Doppelblind-Versuche:** Der Vl kennt die Hypothese nicht oder weiß nicht, in welcher Versuchsbedingung sich eine Vp gerade befindet.

(3) **Automatische Versuchssteuerung:** Der Vl wird sozusagen eliminiert, z.B. indem die Instruktionen schriftlich oder vom Tonband gegeben werden oder die komplette Versuchssteuerung vom PC erfolgt.

16.5 Zusammenfassung

Die wichtigsten Gütekriterien empirischer Operationalisierungem sind Reliabilität (Genauigkeit), Validität (Gültigkeit) und Objektivität.

Echte und Quasi-Experimente. Die Validität eines Untersuchungsdesigns ist insbesondere für den Nachweis wichtig, dass ein empirisch gefundener Effekt echt ist, d.h. zwischen den Konstrukten stattfindet, für den er postuliert wurde. Konfundierungen (z.B. Scheinkorrelationen) sollten eliminiert, zumindest aber kontrolliert werden. Eine randomisierte Bedingungszuweisung trägt zur Minimierung von Konfundierungen und daher zur internen Validität eines Versuchs bei. Bei Versuchen ohne randomisierte Bedingungszuweisung (Quasi-Experimente) besteht die Gefahr systematischer Konfundierungen unabhängiger Variablen mit Drittvariablen (= systematische Störvariablen).

Labor- und Feldstudien. In Laborstudien sind potentielle Störeffekte durch eine vollständig standardisierte Versuchsdurchführung prinzipiell besser kontrollierbar, allerdings werden dabei zu Gunsten der internen Validität Einbußen bei der externen Validität in Kauf genommen.

Experimenteller und korrelativer Ansatz. Beim experimentellen Ansatz werden die unabhängigen Variablen gezielt manipuliert und die Effekte einer solchen Bedingungsvariation auf die abhängige Variable beobachtet. Der korrelative Ansatz macht sich die natürliche Variation von Merkmalen in einer Stichprobe zunutze. Korrelationen können nur dann kausal interpretiert werden, wenn andere mögliche Einflussrichtungen (inverser Effekt, bidirektionaler Effekt) und Scheinkorrelationen ausgeschlossen werden können. Kreuzverzögerte Korrelationsanalysen bieten die Möglichkeit, uni- und bidirektionale Effekte im Längsschnitt zu identifizieren.

Soziometrie. Zur Datengewinnung gibt es in der Psychologie verschiedene Methoden, die jeweils ihre inhärenten Stärken und Schwächen haben. Die Soziometrie als eine für sozialpsychologische Fragestellungen (im Gruppenkontext) relevante Methode wurde etwas detaillierter besprochen. Soziometrische Indikatoren können sich entweder auf die Gruppe als Ganzes beziehen (z.B. Kohäsion) oder auf einzelne Mitglieder (z.B. Wahlstatus).

Direkte Einstellungsmessung. Einstellungen können direkt oder indirekt erfasst werden. Bei der Konstruktion von Skalen zur direkten Einstellungsmessung werden drei Skalierungsmethoden unterschieden:
- Thurstone-Skalierung,
- Likert-Skalierung,
- Guttman-Skalierung.

Indirekte Einstellungsmessung. Die Schwierigkeiten einer direkten Einstellungsmessung (z.B. Verfälschungstendenzen) lassen es ratsam erscheinen, indirekte Einstellungsmaße zu verwenden. Beispielhaft wurden folgende Möglichkeiten besprochen:

▶ physiologische Indikatoren,
▶ intransparente Bewertungen des Einstellungsobjekts sowie Verantwortlichkeits- und Schuldattributionen,
▶ intransparente Verhaltensmaße (z.B. Distanzverhalten, Hilfeverhalten) und
▶ kognitionspsychologische Paradigmen (z.B. lexikalische Entscheidungsaufgabe).

Methodenartefakte. Ein fundiertes Wissen über Ursachen und Gefahren sogenannter Verfälschungseffekte ist unabdingbar. Die Psychologie hat diesbezüglich mehr und größere Probleme als andere Naturwissenschaften. Solche Effekte können entweder die Präzision eines Ergebnisses (wenn sie unsystematisch sind) oder die Validität einer Untersuchung (wenn sie systematisch sind) gefährden und zu künstlichen (artifiziellen) Effekten führen. Die Ursachen solcher Artefakte hängen zusammen mit

▶ Eigenschaften der empirischen Fragestellung (z.B. wenn ein Merkmal gemessen wird, das als sozial unerwünscht gilt),
▶ Eigenschaften der untersuchten Personen (z.B. Annahmen über den Untersuchungsgegenstand, gezielte Versuche, die angenommene Hypothese zu boykottieren etc.) oder
▶ Eigenschaften der Untersuchungssituation (z.B. der Aufforderungscharakter einer Situation oder subtile Einwirkungen des Vl; Rosenthal-Effekt).

Es gibt einige Möglichkeiten, Störeffekte zu kontrollieren oder sogar zu eliminieren (geeignete Instruktionen, eine Standardisierung der Durchführungsbedingungen etc.), aber nicht immer führen diese Maßnahmen zum Erfolg. Auch machen Standardisierungen bzw. Automatisierungen des Versuchsablaufs das Geschehen mitunter allzu künstlich.

16.6 Übungsaufgaben

(1) Bitte kreuzen Sie von den genannten Antwortalternative jeweils diejenige(n) an, die Sie für richtig halten.

(1.1) **Methodische Konzepte in der experimentellen Forschung:**

☐ (a) Laborexperimente haben meist eine größere interne Validität als Feldexperimente, da eventuelle Störeinflüsse besser kontrollierbar sind.

☐ (b) Im Gegensatz zu Laborexperimenten ist bei Feldexperimenten keine randomisierte Bedingungszuweisung möglich.

☐ (c) Wenn Störeinflüsse unsystematisch über die experimentellen Bedingungen hinweg verteilt sind, dann leidet zwar die Genauigkeit (Präzision), nicht aber die interne Validität der Untersuchung.

☐ (d) Ein Vorteil von Feldexperimenten besteht in der grundsätzlich größeren Repräsentativität der Stichprobe.

(1.2) **Methoden der Einstellungsmessung:**

☐ (a) Physiologische Indikatoren (z.B. Pupillenerweiterung) sind validere Maße der Einstellung, da sie der willentlichen Kontrolle nicht unterlegen sind.

☐ (b) Bei der Thurstone-Skalierung liegt der „Einstellungswert" eines Items bereits im Vorhinein fest.

☐ (c) Durch die Verwendung sogenannter „Lügenskalen" lässt sich der Aufforderungs-charakter (demand characteristics) eines Einstellungsmaßes besser kontrollieren.

☐ (d) Indirekte Maße für Einstellungen sind immun gegenüber unsystematischen Ver-fälschungseinflüssen wie Müdigkeit, Verständnisschwierigkeiten oder Motiva-tionsdefiziten.

(1.3) **Methodenartefakte:**

☐ (a) Akquieszenz bedeutet, dass die Befragten den Items nicht genügend Beachtung schenken.

☐ (b) Demand characteristics wirken sich immer dann negativ auf die Validität eines Experiments aus, wenn alle Vpn die Hypothese der Untersuchung richtig erraten.

☐ (c) Wenn es in einer Stichprobe nur sogenannte gute Vpn gibt, besteht die Gefahr ei-ner artifiziellen Bestätigung der empirischen Hypothese.

☐ (d) Wenn es in einer Stichprobe nur sogenannte Selbstdarsteller gibt, besteht die Ge-fahr einer artifiziellen Widerlegung der empirischen Hypothese.

(2) In der Soziometrie werden vier Statustypen von Gruppenmit-gliedern unterschieden. Sehen Sie sich das Soziogramm an und identifizieren Sie aus der Gruppe jeweils einen typischen Vertre-ter für jeden der vier Statustypen.

(3) Die folgenden Fragen beziehen sich auf soziometrische Parame-ter der abgebildeten Gruppe. Sie können die Fragen alleine aus dem Augenschein heraus beantworten, d.h. ohne irgendwelche Berechnungen vorzunehmen.

Ist die **Kohäsion** in dieser Gruppe . . .

☐ . . . eher hoch   oder   ☐ . . . eher niedrig?

Ist die **Integration** in dieser Gruppe . . .

☐ . . . eher hoch   oder   ☐ . . . eher niedrig?

Ist die **Zentralisation** in dieser Gruppe . . .

☐ . . . eher hoch   oder   ☐ . . . eher niedrig?

(4) Erklären Sie in kurzen Stichworten, was die folgenden forschungsmethodologisch bedeut-samen Konzepte bedeuten:

(a) soziale Erwünschtheit

(b) Akquieszenz

(c) Bogus-Pipeline

(d) demand characteristic (dt.: Aufforderungscharakter)

(3): Kohäsion: eher niedrig; Integration: eher niedrig; Zentralisation: eher hoch.

(2): Star: C; Abgelehnter: E; Isolierte: A, F, H (evtl. B); Umstrittene: D, G

(1): Richtige Aussagen: (1.1): a, c. (1.2): b. (1.3): c.

Weiterführende Literatur

Der folgende Beitrag gibt einen Überblick über sozial-psychologische Forschungsstrategien, behandelt die Frage der Güte (insbesondere der Validität) experimenteller Design und umreißt Möglichkeiten der Operationalisierung sozialpsychologischer Konstrukte:
Manstead, A. & Semin, G.R. (2002). Methodologie in der Sozialpsychologie: Werkzeuge zur Überprüfung von Theorien. In W. Stroebe, K. Jonas & M. Hewstone (Hrsg.). Sozialpsychologie: Eine Einführung (4. Aufl.) (Kapitel 4; S. 81–122). Berlin: Springer.

Einen kurzen Abriss über die Unterschiede zwischen Labor- und Feldforschung gibt der folgende Beitrag:
Guski, R. (1997). Labor- oder Feldforschung. In D. Frey & S. Greif (Hrsg.), Sozialpsychologie. Ein Handbuch in Schlüsselbegriffen (4. Aufl.) (S. 405–412). Weinheim: Beltz.

Einige der sozialpsychologischen Methodenartefakte, die wir auch hier angesprochen hatten, werden in folgendem Beitrag sehr kurz behandelt:
Bungard, W. (1997). Artefakte. In D. Frey & S. Greif (Hrsg.), Sozialpsychologie. Ein Handbuch in Schlüsselbegriffen (4. Aufl.) (S. 375–380). Weinheim: Beltz.

Glossar

Affekt. Ausmaß und Qualität einer unwillkürlichen emotionalen Empfindung. Manche Autoren verwenden die Begriffe Affekt, Emotion und Gefühl synonym; andere bezeichnen mit Affekt die spontane, nicht-kognitive Facette emotionaler Empfindungen.

Akquieszenz. („Ja-Sage-Tendenz") Eine Quelle für Verfälschungen in Fragebögen und anderen Selbstauskunftsmaßen. Versuchspersonen neigen dazu, Fragen und Aussagen, mit denen sie konfrontiert werden, eher zu bejahen als zu verneinen.

Altruismus. von lat. (altrui = ein anderer) Hilfsbereitschaft, die rein durch die Sorge um das Wohl des anderen motiviert ist. Wird oft gleichgesetzt mit Hilfsbereitschaft, obwohl diese auch anders motiviert sein kann als durch Sorge für den anderen.

Antworttendenzen. (engl. response tendencies). Eine Quelle für Verfälschungen in Fragebögen. Gibt man Versuchspersonen im Fragebogen eine Antwortskala (z.B. von „stimmt gar nicht" bis „stimmt voll und ganz") vor, so nutzen sie nicht alle Kategorien in gleicher Weise: Extreme Antwortkategorien werden beispielsweise gemieden. Auch → Akquieszenz ist eine Antworttendenz. Solche Tendenzen wirken sich negativ auf die → Reliabilität, aber ggf. auch auf die → Validität von Selbstberichtsmaßen aus.

Artefakt. von lat. (ars = Kunst; factum das Gemachte) Künstliche empirische Befunde, die fälschlicherweise interpretiert werden, obwohl sie in Wirklichkeit bloß Scheinergebnisse sind. Eine → Scheinkorrelation ist ein solches Artefakt. Auch → Versuchsleitereffekte können artifizielle Ergebnisse verursachen.

Attribution. Prozess und Ergebnis der Ursachenzuschreibung. Insbesondere bei unerwarteten und negativen Ereignissen suchen Menschen spontan nach Ursachen. Solche Ursachenzuschreibungen sind entscheidend für unsere Wahrnehmung von uns selbst, von anderen, von der Welt im Allgemeinen. Attributionen sind oft → schematisch und verzerrt (→ Bias), beispielsweise weil wir uns schwer tun, einmal gefasste Meinungen zu revidieren, oder weil wir nach einem positiven → Selbstwert streben.

Behaviorismus. Strömung in den Verhaltenswissenschaften, die menschliches Verhalten nur aufgrund von Beschreibungen der Zusammenhänge (→ Kontingenzen) zwischen Reiz (z.B. negative Verstärkung) und Reaktion zu erklären versuchte. → Kognitionen und → Emotionen waren für die Behavioristen zweitrangig. Im behavioristischen Ansatz wurden Mechanismen des Lernens (z.B. → Konditionierung) ausgiebig untersucht.

Bias. Verzerrung bei der Wahrnehmung, der Interpretation bzw. der Erinnerung von Informationen. Beispiele: Beobachter attribuieren das Verhalten anderer eher auf deren Person (personale → Attribution), die handelnden Personen selbst machen hingegen eher situationale Einflüsse verantwortlich (actor-observer-bias; die erhöhte Neigung, personale Attributionen vorzunehmen, wird auch als fundamentaler Attributionsfehler [fundamental attribution bias] oder correspondence bias bezeichnet). Aggressive Kinder neigen dazu, anderen Kindern feindselige Absichten zu unterstellen (hostile attribution bias). Menschen neigen dazu, jene Informationen stärker zu gewichten, die ihre Voreinstellungen bestätigen (confirmation bias).

Deprivation. Im → Behaviorismus definiert als Abwesenheit (positiver) Verstärker; allgemeiner: Reizarmut oder Unerreichbarkeit von Ressourcen (Geld, Gütern, Anerkennung etc.). Der Begriff relative Deprivation meint, weniger Ressourcen als jemand anders zu haben.

Distinktheit. Zwei Dinge sind distinkt, wenn sie hinreichend unterschiedlich sind. Mit sozialer Distinktheit im Intergruppenkontext ist beispielsweise gemeint, dass sich die eigene Gruppe von einer anderen Gruppe deutlich abhebt (im Idealfall positiv). In der → Attributionsforschung bedeutet Distinktheit, dass sich ein Ereignis (z.B. ein Klausurergebnis) zwischen zwei → Entitäten (z.B. Klausuren in zwei Fächern) unterscheidet.

Dyade. System, das aus zwei Elementen besteht (z.B. ein Kontext, in dem zwei Personen miteinander interagieren). Konzept in der Balancetheorie von Heider. Zum Vergleich siehe → Triade.

Emotion. Qualität eines Erlebniszustandes, umgangssprachlich „Gefühl". Emotionen hängen – nach Ansicht vieler Theorien – von vorangegangenen kognitiven Bewertungen ab: Aus der Wahrnehmung von Gefahr entsteht Angst, aus der Wahrnehmung von Ungerechtigkeit entsteht Empörung etc. Sie sind nur zum Teil kontrollierbar. Emotionen haben handlungsleitenden Charakter.

Empathie. Nachempfinden der emotionalen Befindlichkeit anderer Menschen („mitfühlen"). Emotionale Komponente der Fähigkeit, sich in andere Menschen hineinversetzen zu können (→ Perspektivenübernahme). Einige Autoren sind der Meinung, Empathiefähigkeit sei ein fundamentaler Baustein der sozialen Interaktion und müsse daher angeboren sein. In Theorien zum → Altruismus wird Empathie als Voraussetzung für hilfsbereites Handeln verstanden.

Entität. von lat. (entitas = Wesen, Seiendes) In der Attributionstheorie von Kelley bezeichnen Entitäten unterschiedliche Situationen, in denen vergleichbare Ereignisse stattfinden. Beispielsweise würde man eine Person, die sowohl im privaten als auch im beruflichen Bereich Pech hat, als Pechvogel (→ Attribution auf die Person) bezeichnen. Der private und der berufliche Bereich stellen hier zwei Entitäten dar.

Equity. Auch Leistungsproportionalitätsprinzip. In der Gerechtigkeitsforschung (Equity-Theorie) verstanden als Gleichheit von Outcome-Input-Relationen: Eine Aufteilung von Gütern ist dann gerecht, wenn das Verhältnis meines eigenen Anteils (Outcome) zu meinen Kosten bzw. Investitionen (Input) identisch ist mit der entsprechenden Relation bei anderen Personen. Damit ist Equity ein → Gerechtigkeitsprinzip bei Verteilungen.

Erlernte Hilflosigkeit. (engl. learned helplessness) Wahrnehmung, dass bestimmte (unangenehme) Konsequenzen nicht durch eigenes Handeln beeinflusst werden können (d.h. fehlende → Kontingenz zwischen Handeln und Konsequenzen). Tierexperimente haben gezeigt, dass zufällig verabreichte Stromschläge dazu führen, dass die Tiere jeglichen Versuch, diesen zu entgehen, mit der Zeit aufgeben und in einen apathischen Zustand fallen. Beim Menschen ist erlernte Hilflosigkeit ein Faktor bei der Ausbildung depressiver Symptome (siehe auch → Kontrollüberzeugung).

Ethnozentrismus. Allgemein: Beurteilung anderer Völker und Kulturen und deren Eigenschaften aus der Perspektive der eigenen Kultur. Meist wird der Begriff dann verwendet, wenn solche Beurteilungen negative Werturteile (→ Vorurteile, → Stereotype) beinhalten, d.h. wenn die eigene Kultur als „Maß aller Dinge" gesehen und jegliche Abweichungen negativ bewertet werden. Ethnozentrische Wahrnehmungen sind häufig die Grundlage sozialer Diskriminierungen. Gegenteilige Begriffe wären „Ethnorelativismus" oder (allgemeiner) Toleranz.

Exklusion. Ausschluss aus (oder Bestreiten der Zugehörigkeit zu) einer sozialen Gemeinschaft (soziale Exklusion) oder aus einer Kategorie, für die bestimmte Normen der gegenseitigen Fairness gelten (moralische Exklusion; auch: Dehumanisierung).

Experiment. Wissenschaftliche Untersuchung, mit der eine bestimmte empirische Fragestellung systematisch überprüft werden soll, indem die kontrollierte Veränderung (Manipulation) einer (unabhängigen) Variablen auf eine andere (abhängige) Variable überprüft wird. Von einem „echten Experiment" spricht man, wenn die zu untersuchenden Personen einer Manipulationsbedingung zufällig zugewiesen werden (→ Randomisierung).

Fitness. In der → Soziobiologie bzw. Evolutionspsychologie bezeichnet Fitness den → Reproduktionserfolg (genauer: die Reproduktionswahrscheinlichkeit) eines Individuums. Charles Darwin hatte die Hypothese geprägt, dass sich jene Merkmale, die zur Sicherung oder Erhöhung der Fitness beitragen, weitervererben, während jene, bei denen dies nicht der Fall ist, aussterben (Selektion; siehe → sexuelle Selektion). Es vererben sich etwa solche Merkmale weiter, die die Überlebenswahrscheinlichkeit eines Individuums unter spezifischen Umweltbedingungen erhöhen (z.B. eine bestimmte Schnabelform, um Nüsse besser knacken zu können).

Gerechtigkeitsprinzipien. Ob etwas gerecht oder ungerecht ist, wird danach bemessen, ob bestimmte Prinzipien angemessen angewandt worden sind. Ressourcen und Güter können beispielsweise nach dem Gleichheitsprinzip, dem Bedürfnisprinzip, dem Leistungsproportionalitätsprinzip (→ Equity) usw. verteilt werden. Auch für andere Domänen der Gerechtigkeit (Verfahren, Vergeltung) gibt es entsprechende Prinzipien.

Gruppe. Im sozialpsychologischen Sinn spricht man von einer Gruppe, die aus mindestens zwei Personen besteht, die (a) miteinander interagieren, (b) sich als Gruppe wahrnehmen (→ Identifikation), (c) sich gegenseitig beeinflussen und (d) ein gemeinsames Ziel verfolgen und deren Verhalten (e) voneinander abhängt (→ Interdependenz) sowie (f) durch gruppenspezifische → Normen strukturiert ist.

Hedonismus. In der Philosophie als das Streben nach Lust und Genuss bzw. das Vermeiden von Schmerz bezeichnet. Hedonismus ist an sich keine psychologische Theorie, sondern ein Menschenbild. Die Annahme, dass Menschen grundsätzlich nach Lust streben und Schmerz vermeiden wollen (Hedonismusmotiv), liegt beispielsweise einigen Austauschtheorien zugrunde.

Heuristik. Interpretationen oder Entscheidungen, bei denen nicht alle zur Verfügung stehenden Informationen genutzt werden, sondern die auf der Basis verkürzter, schematischer (→ Schema), „unsauberer", manchmal sogar irrationaler Regeln und Grundlagen getroffen werden. Heuristiken werden vor allem unter Entscheidungsunsicherheit angewendet (beispielsweise wenn wir eine bestimmte Zahlenkombination beim Lotto immer wieder verwenden). Heuristiken erleichtern die Informationsverarbeitung, sie tragen zur kognitiven Effizienz und zur → Komplexitätsreduktion bei.

Identifikation. Wahrnehmung von und Gefühl der Zugehörigkeit zu einer sozialen Kategorie (z.B. der → Peer-Gruppe); oft begleitet von Stolz. Für Dinge, mit denen wir uns identifizieren, setzen wir uns ein (z.B. → Normen in einer Gruppe) und sind sogar bereit, Opfer zu bringen, um sie zu verteidigen. Über die Identifikation erfahren wir Identität, sie macht einen Teil unseres → Selbstkonzepts aus. Wenn sich Gruppenmitglieder mit ihrer Gruppe identifizieren, entsteht in der Gruppe → Kohäsion.

Interaktionismus. Strömung in der Persönlichkeitspsychologie, die auf der Annahme basiert, dass Personmerkmale (z.B. Ängstlichkeit) und Situationsmerkmale (z.B. eine gefahrenreiche Umgebung) das Verhalten (Fluchttendenzen) nicht additiv, sondern interaktiv beeinflussen: So wird Fluchtverhalten nur in gefahrenreichen Umgebungen ausgelöst, aber nur bei ängstlichen Menschen.

Interdependenz. Wechselseitige Abhängigkeit. In den Austauschtheorien spricht man von Interdependenz, wenn ein bestimmtes Verhalten für eine Person nur dann einen Nutzen bringt, wenn andere Personen ebenfalls entsprechendes Verhalten zeigen (und umgekehrt). In → Gruppen besteht Interdependenz, wenn die Gruppenmitglieder nach der Leistung der Gesamtgruppe belohnt werden: Dann ist jedes Mitglied abhängig von den Leistungen, die die jeweils anderen Mitglieder bringen.

Kognition. Allgemein: Bewusstseinsinhalt. Kognitionen können Wahrnehmungen, Interpretationen, Erinnerungen, Attributionen, Behauptungen, Handlungsabsichten etc. sein. Die Kognitionsforschung ist Teil der Allgemeinen Psychologie. Viele sozialpsychologische Theorien beziehen kognitive Elemente aber ganz explizit mit ein.

Kohäsion. Stärke des Zusammenhalts („Wir-Gefühl") in einer → Gruppe; insofern eng verwandt mit dem Begriff → Identifikation. Während Identifikation jedoch ein Merkmal von Gruppenmitgliedern ist, ist Kohäsion ein Gruppenmerkmal. Es kann → soziometrisch erfasst werden. Hohe Kohäsion hat für Gruppenleistungen oft Vorteile, sie birgt aber auch Gefahren, wenn sich die Gruppe unbesiegbar fühlt (groupthink).

Komplexitätsreduktion. Aufgrund der Begrenztheit des kognitiven Systems sind Menschen nicht in der Lage, die Komplexität ihrer Umwelt voll zu erfassen. Hätten wir nicht die Fähigkeit, Informationen auszublenden und Entscheidungen auch unter Unsicherheit zu treffen, wären wir vollkommen handlungsunfähig. Insofern dienen Hilfsmittel unseres kognitiven Systems (→ Schemata, → Heuristiken, auch → Emotionen) dazu, die Komplexität unserer Umwelt zu reduzieren. Sie tragen dazu bei, dass wir in vielen Fällen dennoch gut begründete Entscheidungen treffen können.

Konditionierung. Beeinflussung von Verhaltensmustern durch direkte Verstärkung (operante K.) oder durch Paarung (Assoziation) neutraler Reize (z.B. einem akustischen Signal) mit einem Verstärker, so lange, bis der neutrale Reiz selbst Verstärkerwert hat (klassische K.). Obwohl vor allem im Rahmen des → Behaviorismus untersucht, findet der Begriff der Konditionierung auch in modernen sozialpsychologischen Theorien noch Verwendung (z.B. beim Einstellungserwerb).

Konföderierter. (engl. confederate; auch Strohmann) Eingeweihte Mitarbeiter des Versuchsleiters in einem sozialpsychologischen Experiment. Für die Versuchsperson jedoch scheint es jedoch, als sei diese Person eine andere „echte" Versuchsperson. Konföderierte werden verwendet, um in Experimenten soziale Situationen nachzustellen.

Konformität. Orientierung des Verhaltens einer Person (oder einer Gruppe) an den – impliziten oder expliziten – Erwartungen und Meinungen anderer. Solomon Asch konnte nachweisen, dass sich Versuchspersonen selbst dann der Gruppenmeinung anpassen, wenn diese objektiv falsch ist. Ob hier allerdings eine echte Beeinflussung stattfand oder ob die Versuchspersonen bloß nicht als Abweichler dastehen wollten, ist unklar.

Kongruenz. In der Geometrie die Deckungsgleichheit von Flächen; in der Sozialpsychologie vor allem im Zusammenhang mit dem Zusammenpassen von Erwartungen und Ereignissen (oder auch mit der Passung von Einstellungen und Verhalten; siehe aber auch → Konsistenz) verwendet.

Konsistenz. von lat. (con = zusammen, sistere = halten). In verschiedenen Disziplinen übersetzt mit Widerspruchsfreiheit, Abwesenheit von Spannungen. Sozialpsychologische Konsistenztheorien gehen davon aus, dass Menschen in Bezug auf ihre Einstellungen, → Werte, Meinungen und Handlungen nach Widerspruchsfreiheit streben (Konsistenzmotiv). Obwohl sich diese Annahme im Allgemeinen bestätigt, fällt die empirische Korrelation zwischen Einstellung und Verhalten im Durchschnitt nur schwach aus (siehe auch → Konsistenzkontroverse).

Konsistenzkontroverse. Eine in den 1960er und 1970er Jahren lebhaft geführte Diskussion um die Frage, ob man aus den Einstellungen, die eine Person gegenüber Dingen oder anderen Menschen hat, ihr Verhalten diesen Dingen oder Menschen gegenüber vorhersagen kann. Da die Korrelation zwischen Einstellung und Verhalten empirisch so gering ausfiel, waren einige Forscher der Meinung, Einstellungen seien als Verhaltensprädiktoren ungeeignet. Später wurden Bedingungen identifiziert, unter denen der Zusammenhang zwischen Einstellung und Verhalten mehr oder weniger hoch ist. Die gleiche Kontroverse wurde gleichzeitig in der Differenziellen Psychologie zum Zusammenhang zwischen Persönlichkeitseigenschaften und Verhalten geführt.

Kontingenz. In der Philosophie als „(mehr oder weniger) zufällige Möglichkeit", in der Statistik als Zusammenhangsmaß bezeichnet. In Lern- und Handlungstheorien wird der Begriff verwendet, um subjektive Erwartungen hinsichtlich des Zusammenhangs zwischen Handlungen und ihren Bekräftigungsfolgen (Rotter) zu beschreiben.

Kontrollüberzeugung. (engl. locus of control) Generalisierte Erwartungen einer Person über die Kontingenz zwischen Handlungen und deren Konsequenzen. Julian Rotter konnte zeigen, dass sich Menschen dahingehend unterscheiden, inwiefern sie Ereignisse (z.B. Prüfungsergebnisse, aber auch Schicksalsschläge) für kontrollierbar durch eigenes Handeln (interne Kontrollüberzeugung) oder unkontrollierbar (externale Kontrollüberzeugung) halten. Eine externale K. ist das Resultat → erlernter Hilflosigkeit.

Minimales Gruppenparadigma. Experimentelles Paradigma, das vor allem von Henri Tajfel verwendet wurde, um herauszufinden, unter welchen Bedingungen Menschen dazu neigen, Mitglieder ihrer eigenen Gruppe (Ingroup) zu bevorzugen und die Mitglieder konkurrierender Gruppen (Outgroup) abzuwerten oder zu benachteiligen.

Moderatorvariable. Variable, von deren Ausprägung der Zusammenhang zwischen zwei anderen Variablen oder der Effekt einer unabhängigen Variable auf eine abhängige Variable abhängt. Moderatoreffekte sind Interaktionseffekte zwischen der Moderatorvariable und einer unabhängigen Variable auf eine abhängig Variable (→ Interaktionismus).

Norm. Verhaltensvorschrift oder Verhaltensgebot. Man unterscheidet soziale Normen (Verhaltenserwartungen anderer an die handelnde Person) und persönliche Normen (Verhaltenserwartungen der handelnden Person an sich selbst). Verbotsnormen beinhalten die Pflicht, ein bestimmtes Verhalten zu unterlassen (Du sollst nicht lügen). Gebotsnormen beinhalten die Pflicht, ein bestimmtes Verhalten zu zeigen (Du sollst Gutes tun).

Nutzenmaximierung. Handlungsstrategie, die den größten Nettogewinn (Gewinn minus Aufwand oder Gewinn im Verhältnis zum Aufwand) garantiert. Beispiel: Die Erfüllung der Bitte einer hilfsbedürftigen Person davon abhängig machen, ob sich daraus ein Vorteil schlagen lässt.

Objektivität. Beschreibung oder Beurteilung eines Objektes, eines Sachverhalts oder einer Person, die nicht durch persönliche Vorlieben oder Einstellungen gefärbt ist, sondern von vielen unabhängigen Personen geteilt oder mit Hilfe eindeutiger Regeln vorgenommen wird. Bei der Beurteilung der eigenen Person und der uns nahe stehenden Personen sind wir häufig nicht zu Objektivität in der Lage (→ Bias). Objektivität ist ein wichtiges Gütekriterium von psychologischen Messinstrumenten. Messinstrumente sind objektiv, wenn das Ergebnis einer Messung unabhängig davon ist, wer sie vorgenommen hat (→ Reliabilität; → Validität).

Operationalisierung. Der Begriff wird in zwei verwandten Bedeutungen verwendet. (1) Definition eines psychologischen Merkmals anhand von objektiv beobachtbaren Anzeichen einschließlich der Festlegung von Regeln, nach denen die Beobachtung geschieht. Beispiel: Die Aggressivität einer Person wird daran fest gemacht, mit Stromstößen welcher Stärke sie einen vermeintlichen Schüler für Fehler bestraft. (2) Definition einer Versuchsbedingung anhand von objektiv beschreibbaren Merkmalen, die nach festgelegten Regeln zwischen den Bedingungen variiert werden.

Peer-Gruppe. Bezugsgruppe einer Person. Die Mitglieder von Peer-Gruppen sind sich in mindestens einem relevanten Merkmal ähnlich. Bei Kindern und Jugendlichen ist dies häufig das Alter. Deshalb wird dort unter der Peer-Gruppe häufig die Gruppe der Gleichaltrigen verstanden. Im Erwachsenenalter ist das relevante Merkmal häufig die Berufszugehörigkeit. So wird unter der Peer-Gruppe eines Wissenschaftlers meistens die Gemeinschaft aller anderen Wissenschaftlerinnen und Wissenschaftler verstanden, die in der gleichen Disziplin forschen und lehren (→ Referenzgruppe).

Perspektivenübernahme. (engl. perspective taking, role taking). Die Welt mit den Augen eines anderen betrachten. Perspektivenübernahme ist eine wichtige Fähigkeit in der sozialen Interaktion mit anderen. Wer sich und die Welt mit den Augen des Interaktionspartners betrachten kann, versteht diesen besser, kann dessen Gefühle und Handlungen besser vorhersagen und sich auf diese einstellen (→ Empathie).

Prävention. Einem unerwünschten Ereignis vorbeugen. Beispielsweise sollen Programme zur Prävention von Gewalt das Auftreten aggressiven Verhaltens unwahrscheinlicher machen.

Randomisierung. Zufällige Zuweisung von Versuchspersonen zu Versuchsbedingungen in einem → Experiment. Dadurch soll sichergestellt werden, dass sich die Versuchsgruppen nur in den für die Fragestellung relevanten Merkmalen unterscheiden, nicht aber in irrelevanten Merkmalen. Würden sich die Versuchsgruppen auch in irrelevanten Merkmalen (Störvariablen) unterscheiden, könnten die Verhaltensunterschiede zwischen den Gruppen nicht mehr zweifelsfrei auf die Versuchsbedingungen zurückgeführt werden. Der Versuch wäre dann nicht mehr intern valide (→ Validität).

Rational Choice-Theorie. Gruppe von Theorien, die davon ausgehen, dass Menschen sich für jene Handlungsalternative entscheiden, die insgesamt für sie am günstigsten ist, also den größten Gesamtnutzen mit sich bringt (→ Nutzenmaximierung). Die Erwartung x Wert – Theorie ist ein typischer Vertreter. Sie nimmt an, dass Menschen für jede Folge, die eine Handlung haben könnte, zwei Schätzungen vornehmen: Wie wahrscheinlich tritt die Folge ein? Welchen Wert hat die Folge? Diese beiden Schätzungen werden multipliziert und über alle möglichen Folgen aufsummiert. Die Handlungsalternative mit der größten Produktsumme hat den größten Nutzen und wird präferiert.

Reaktanz. Widerstand gegen die Einengung des Verhaltensspielraums. Menschen reagieren auf einen Rat, eine Aufforderung oder eine Anweisung häufig mit Widerwillen, weil sie sich in ihrer Freiheit eingeschränkt fühlen, selbst zu entscheiden, was sie tun möchten. Dadurch, dass eine Person einem Rat nicht folgt oder sich einer Anordnung widersetzt, versichert sie sich ihrer Willens- und Handlungsfreiheit.

Referenzgruppe. Gruppe, mit der man sich oder die eigene Gruppe (Ingroup) vergleicht. Der Begriff spielt in allen Theorien eine wichtige Rolle, die soziale Vergleiche als Quelle der Erkenntnis und Maßstab der Bewertung annehmen (Theorie sozialer Vergleichsprozesse, Soziale Identitätstheorie, Relative Deprivationstheorie). Referenzgruppen sind meistens solche, die der Person in einem relevanten Merkmal ähnlich sind. Beispielsweise können Westdeutsche für Ostdeutsche eine Referenzgruppe darstellen, weil beide Gruppen einen gemeinsamen Staat bilden (→ Peer-Gruppe).

Reizgeneralisierung. (engl. stimulus generalization) Reize können Reflexe oder Reaktionen auslösen. Reize, die einem Auslösereiz ähnlich sind, können seine Wirkung annehmen. Je größer die Ähnlichkeit zwischen dem ursprünglichen Auslösereiz und seinem Stellvertreter, desto wahrscheinlicher hat dieser die gleiche Wirkung. Wenn beispielsweise ein Lehrer mit einem Schüler häufig schimpft und der Schüler Angst vor diesem Lehrer entwickelt, kann es zu einer ängstlichen Reaktion kommen, wenn der Schüler einer Person begegnet, die dem Lehrer ähnlich sieht.

Relative Deprivation. Eine Person fühlt sich im Vergleich zu einer anderen Person benachteiligt (→ Deprivation). Häufig kommt es zu diesem Gefühl, wenn sich eine Person mit einer Gruppe identifiziert (→ Identifikation; → soziale Kategorisierung), diese Gruppe (Ingroup) im Vergleich zu einer → Referenzgruppe (Outgroup) schlechter gestellt ist und für diese Schlechterstellung keine Rechtfertigung erkannt oder anerkannt wird.

Reliabilität. Zuverlässigkeit eines Messinstruments, definiert als Reproduzierbarkeit eines Messergebnisses. Ein Messinstrument misst ein konstantes psychologisches Merkmal zuverlässig, wenn es bei wiederholten Messungen den gleichen Messwert liefert.

Reproduktionserfolg. Anzahl der biologischen Nachkommen einer Person, gewichtet mit dem Verwandtschaftsgrad. Der Reproduktionserfolg entscheidet über den Fortbestand und die Verbreitung der eigenen Gene. Kinder tragen die Hälfte der Gene eines Elternteils, Enkel ein Viertel. Die Anzahl der Nachkommen muss deshalb mit dem Faktor $0,5^k$ gewichtet werden, wobei k die Folgegeneration bezeichnet (1 = Kinder, 2 = Enkel, 3 = Urenkel usw.). Der Reproduktionserfolg hängt nicht nur von der Anzahl eigener Nachkommen ab, sondern auch von der Anzahl der Nachkommen von Personen, mit denen man verwandt ist. Beispielsweise tragen die Kinder des eigenen Bruders ein Viertel der eigenen Gene in sich. Die entsprechend gewichtete Summe aller biologischen Nachfahren und jener von Verwandten ergibt die Gesamtfitness einer Person (→ Fitness; → Soziobiologie).

Rolle. Aus der Theatersprache (Schriftrolle) importierter Begriff. Eine Rolle besteht aus der Gesamtheit aller Verhaltenserwartungen (Vorschriften), die an den Träger einer Rolle gerichtet werden. Der Träger ist austauschbar, die Rolle beständig (→ Norm). Typische Rollen sind die der Mutter, des Vaters, des Lehrers, des Polizisten, des Kellners.

Scheinkorrelation. (engl. spurious correlation) Unechter Zusammenhang zwischen zwei Variablen, der durch eine dritte Variable erzeugt wird. Beispiel für eine Scheinkorrelation: Das Gehalt korreliert mit der Schuhgröße. Dahinter steht die Korrelation beider Variablen mit dem Geschlecht. Frauen verdienen weniger und haben kleinere Füße als Männer. Zwischen Schuhgröße und Gehalt besteht kein echter Zusammenhang, sondern nur ein scheinbarer.

Schema. Charakteristisches Muster von wesentlichen Merkmalen eines Objekts oder Ereignisses, welches seine Wahrnehmung und Beurteilung beschleunigt. Sobald eine hinreichende Menge an wesentlichen Merkmalen des Objekts oder Ereignisses erkannt wurde, wird der Wahrnehmungs- oder Urteilsprozess abgebrochen. Unwesentliche Merkmale werden ignoriert, noch nicht erkannte wesentliche Merkmale werden gedanklich ergänzt. Verfügbarkeit und Gebrauch eines Schemas erleichtern und beschleunigen die Wahrnehmung und die Bewertung. Bezahlt wird dieser Vorteil mit einer Einbuße an Genauigkeit und der größeren Wahrscheinlichkeit von Wahrnehmungs- und Urteilsfehlern. Beispiel: Ein schmutziger Mantel und eine Schnapsflasche können genügen, um das Schema „Obdachloser" zu aktivieren, ein entsprechendes Urteil, eine entsprechende Emotion und ein entsprechendes Verhalten auszulösen.

Selbstaufmerksamkeit. (engl. self-awareness; selfconsciousness) Die Wahrnehmung der Person ist auf sich selbst gerichtet. Dazu kommt es z.B., wenn man vor einen Spiegel tritt oder gefilmt wird. Das Ausmaß der Selbstaufmerksamkeit variiert zudem interindividuell; Selbstaufmerksamkeit ist auch eine Persönlichkeitseigenschaft. Im Zustand der Selbstaufmerksamkeit verhalten sich Menschen eher ihren Einstellungen und Werten gemäß (→ Konsistenz; → Werte).

Selbstkonzept. Bild einer Person von sich selbst oder Gesamtheit des Wissens, das eine Person über sich selbst hat. Dieses Wissen enthält außer Fakten auch subjektive Überzeugungen. Diese können objektiv falsch sein. Eine Person mag sich für intelligent halten, obwohl sie in einem Intelligenztest nur 80 IQ-Punkte erreicht (→ Objektivität).

Selbstüberwachung. (engl. self-monitoring). Menschen unterscheiden sich darin, wie sehr sie ihr eigenes Verhalten in sozialen Situationen kontrollieren und an die dort gültigen Verhaltenserwartungen anpassen. Das Verhalten von Personen mit einer ausgeprägten Selbstüberwachungstendenz variiert deshalb stärker über Situationen mit unterschiedlichen Verhaltensvorschriften als das Verhalten von Personen mit einer geringen Selbstüberwachungstendenz. Deren Verhalten spiegelt in stärkerem Maße ihre stabilen Persönlichkeitseigenschaften, Motive, Einstellungen, Bedürfnisse und Werte wider (→ Werte).

Selbstwertdienlichkeit. (engl. self-servingness; self-serving attribution; self-serving judgment; self-serving bias). Menschen interpretieren Ereignisse häufig so, dass ein gutes Licht oder wenigstens kein schlechtes auf sie fällt. Beispielsweise schreiben sie Erfolge sich (ihrer Begabung, ihrem Geschick, ihrer Anstrengung), Misserfolge hingegen den Umständen oder anderen Personen zu (→ Bias; → Attribution).

Selbstwirksamkeit. (engl. self-efficacy). Menschen unterscheiden sich in ihrer Überzeugung, ob sie aus eigener Kraft wichtige Ziele erreichen und Widrigkeiten meistern können oder nicht. Selbstwirksamkeit hat sich in vielen Untersuchungen als psychologische Ressource erwiesen. Sie fördert das Wohlbefinden und den tatsächlichen Lebenserfolg. Personen mit einer geringen Selbstwirksamkeitsüberzeugung meiden Herausforderungen und schränken dadurch ihre Entwicklungsmöglichkeiten ein.

Sexuelle Selektion. Bestimmte Merkmale von Menschen (oder Tieren) erhöhen den Reproduktionserfolg eines Individuums dadurch, dass sie vom anderen Geschlecht geschätzt werden (intersexuelle Selektion) oder im Wettbewerb mit Rivalen Vorteile verschaffen (intrasexuelle Selektion).

Skalierung. Anwendung einer Methode zur Gewinnung eines Messinstruments mit bestimmten Messeigenschaften. Bei der Guttman-Skalierung werden Items zusammengestellt, deren Schwierigkeitsrangreihe bei allen Personen identisch ist. Dieses Kriterium gewährleistet, dass alle Items das gleiche Merkmal messen, die resultierende Skala (lat. scala = Treppe) eindimensional ist.

Solidarität. von lat. (solidus = ganz). Für die Mitglieder einer Gemeinschaft einstehen, sie unterstützen, für sie haften. Solidarität ist eine spezifische Form der Hilfsbereitschaft, der Hilfsbereitschaft gegenüber Mitgliedern der eigenen Gruppe (Ingroup).

Soziale Erwünschtheit. (engl. social desirability) Das eigene Verhalten oder die Beschreibung der eigenen Person an soziale Normen anpassen, um in den Augen anderer möglichst unauffällig, angepasst oder attraktiv zu erscheinen. Sozial erwünschtes Verhalten und sozial erwünschte Antworten in Fragebögen resultieren aus dem Anerkennungsbedürfnis. Dieses variiert interindividuell; soziale Erwünschtheit ist somit eine Persönlichkeitseigenschaft, die bei starker Ausprägung die Aussagekraft von Selbstbeschreibungen schmälert (→ Validität).

Soziale Kategorisierung. Menschen nehmen sich selbst und andere nicht nur als Individuen wahr, sondern auch als Mitglieder von Gruppen, die bestimmte Merkmale teilen (z.B. Interessen und Vorlieben, den Wohnort, die Nationalität, das Geschlecht, den Beruf). Die soziale Kategorisierung erfüllt wichtige Funktionen. Als Selbstkategorisierung (→ Identifikation) hilft sie der Person, sich in einer komplexen Gesellschaft zu verorten und eine soziale Identität auszubilden. Als Fremdkategorisierung anderer erleichtert sie die soziale Interaktion, indem sie ein → Schema für die soziale Wahrnehmung und das soziale Urteil bereitstellt.

Sozialisation. Menschen durch absichtsvolle oder beiläufige Erziehung und Bildung zu Mitgliedern einer Gemeinschaft machen. Zentraler Bestandteil der Sozialisation ist die Vermittlung der → Normen, Symbole und Kulturtechniken einer Gemeinschaft.

Soziobiologie. Theoretische Position, die menschliches Erleben und Verhalten mit der Evolutionslehre Darwins erklärt und davon ausgeht, dass sich letztlich alle psychologischen Merkmale über evolutionäre Prozesse ausgebildet haben, insbesondere auf dem Weg der natürlichen Selektion (siehe → sexuelle Selektion; → Fitness). Beispielsweise werden Geschlechtsunterschiede im Sexualverhalten damit erklärt, dass Männer und Frauen aufgrund ihrer biologischen Unterschiedlichkeit ihren → Reproduktionserfolg durch unterschiedliche sexuelle Präferenzen und Strategien maximieren müssen.

Soziometrie. Methode zur Messung der Beziehungen zwischen Mitgliedern einer Gruppe. Diese werden aufgefordert anzugeben, welche anderen Gruppenmitglieder sie besonders sympathisch finden und welche besonders unsympathisch. Statt Sympathie/Antipathie können auch andere Merkmale gemessen werden, z.B. Überlegenheit/Unterlegenheit. Die Urteile lassen sich zu Kennwerten für die Gruppenmitglieder und die Gruppe verdichten, die graphisch und numerisch dargestellt werden können (z.B. → Kohäsion). Beispielsweise ist der Star einer Gruppe definiert als jenes Gruppenmitglied, das die meisten Sympathiestimmen erhält.

Stereotyp. Vorgefertigtes, festes, sozial geteiltes Bild über eine Klasse von Objekten oder eine Gruppe von Personen, für die bestimmte Merkmale als typisch erachtet werden. Entscheidend ist, dass alle Mitglieder der Klasse oder Gruppe als gleich oder in hohem Maße ähnlich wahrgenommen werden. Geschlechtsstereotypen beinhalten beispielsweise feste Vorstellungen davon, wie Frauen oder Männer typischerweise sind. Heterostereotypen beziehen sich auf andere Gruppen (Polen sind …), Autostereotypen auf die eigene Gruppe (Deutsche sind …).

Strukturfunktionalismus. Rollentheoretische Vorstellung, dass eine Gesellschaft oder Gemeinschaft als Satz von Rollen beschrieben werden kann, die von (austauschbaren) Trägern eingenommen werden müssen und häufig in einem komplementären Verhältnis zueinander stehen (Arzt – Patient; Lehrer – Schüler). Angenommen wird, dass die Funktionsfähigkeit einer Gemeinschaft an die Existenz der von ihr definierten Rollen gebunden ist und fortbesteht, auch wenn alle Rollenträger vollständig ausgetauscht werden (→ Rolle).

Triade. System, das aus drei Elementen besteht (z.B. ein Kontext, in dem drei Personen miteinander interagieren). Wichtiges Konzept in der Balancetheorie Heiders. Dort sind die Elemente einer Triade eine Person P, eine andere Person O und ein Objekt X. Zwischen den drei Elementen der Triade bestehen Beziehungen (Relationen), die anhand ihrer Valenz (positiv, negativ) beschrieben werden können; die Konfiguration dieser Valenzen entscheidet darüber, ob die Triade balanciert oder unbalanciert ist.

Uniformität. (eine Form habend). Begriff aus der Theorie der sozialen Vergleichsprozesse von Festinger. Er nimmt an, dass Menschen Vergleiche mit Personen bevorzugen, die ihnen ähnlich sind. Da Menschen soziale Vergleich anstreben, um sich selbst besser einschätzen zu können, folgt daraus, dass sie Gruppen bevorzugen, deren Mitglieder einander ähnlich sind. Daher streben Gruppen nach Uniformität.

Validität. Der Begriff hat zwei verwandte Bedeutungen. (1) Gültigkeit oder Genauigkeit, mit der ein psychologisches Messverfahren misst, was es messen soll. (2) Gültigkeit einer Schlussfolgerung aus einer psychologischen Untersuchung (z.B. einem → Experiment). Die interne Validität einer Untersuchung ist gewährleistet, wenn die unabhängige Variable nicht mit Störvariablen korreliert. Besteht eine solche Korrelation, kann der Effekt der unabhängigen Variablen auf die abhängige Variable nicht mehr zweifelsfrei der unabhängigen

Variablen zugeschrieben werden (→ Randomisierung). Er könnte auch durch die Störvariable verursacht worden sein. Externe oder ökologische Validität bedeutet, dass ein Zusammenhang oder Effekt, der in einem Kontext besteht und dort ermittelt wurde (z.B. in einem Labor), auch in einem anderen Kontext (z.B. außerhalb des Labors) besteht und folglich auf diesen generalisiert werden kann. Historische Validität bedeutet, dass ein Zusammenhang oder Effekt unabhängig von der Zeit besteht, zu der er entdeckt wurde.

Vergleichsniveau. (engl. comparison level) Begriff aus den Austauschtheorien. Die Bewertung eines Objekts oder Ereignisses hängt von Erwartungen ab. Wer erwartet, von seinem Partner täglich beschenkt zu werden (Vergleichsniveau), wird enttäuscht sein, wenn er nur ab und zu Geschenke bekommt. Das Vergleichsniveau ergibt sich aus früheren Erfahrungen (temporale Vergleiche) und Vergleichen mit anderen Personen (soziale Vergleiche).

Versuchsleitereffekt. (auch Rosenthal-Effekt, Pygmalion-Effekt). Unbewusste Beeinflussung der Ergebnisse einer psychologischen Untersuchung durch Erwartungen des Versuchsleiters. Ohne es zu wollen und zu wissen, verhalten sich Versuchsleiter in psychologischen Untersuchungen häufig so, dass das Verhalten der Versuchspersonen den Hypothesen oder Erwartungen des Versuchsleiters entspricht. Rosenthal, der dieses Phänomen systematisch untersuchte, bezeichnete es als Pygmalion-Effekt – nach dem sagenhaften griechischen Bildhauer, der sich in eine von ihm geschaffene Mädchengestalt verliebte.

Viktimisierung. Jemanden zum Opfer machen. Als sekundäre Viktimisierung zentraler Begriff der Gerechtigkeitsmotivtheorie von Lerner. Seine Theorie nimmt an (und seine Untersuchungen zeigen), dass Menschen den Opfern von Unfällen oder Verbrechen (z.B. einer Vergewaltigung) häufig Selbstverschuldungsvorwürfe machen oder sie charakterlich abwerten (ein zweites Mal viktimisieren), um ihren Glauben an eine gerechte Welt zu verteidigen, der verworfen werden müsste, wenn die Opfer unschuldig wären.

Vorurteil. (engl. prejudice) Urteil ohne sorgfältige Anschauung des Urteilsgegenstands. Vorurteile kann man gegenüber Objekten (z.B. Konsumgütern), Institutionen (z.B. der Universität) und abstrakten Ideen (z.B. dem Kommunismus) haben. Die Sozialpsychologie interessiert sich vor allem für soziale Vorurteile, das sind Vorurteile gegenüber Gruppen, die sich durch bestimmte Merkmale wie dem Geschlecht, dem Alter, der Hautfarbe, dem religiösen Bekenntnis, dem Beruf oder Interessen und Vorlieben von einem selbst und der eigenen Gruppe (Ingroup) unterscheiden. Obwohl der Begriff es nicht beinhaltet, werden mit Vorurteilen überwiegend negative Urteile gemeint. Negative Vorurteile werden von negativen Emotionen wie Ärger und Ekel begleitet und ziehen diskriminierendes oder gar feindseliges Verhalten nach sich.

Werte. (engl. values) Vorstellungen davon, was für uns erstrebenswert ist. Werte oder Werthaltungen sind im Unterschied zu Handlungszielen sehr abstrakt konzipiert. Sie wirken als Leitmotive im Leben und bieten die Grundlage für Bewertungen und Handlungspräferenzen.

Zivilcourage. Mutiges Einschreiten gegen Unrecht, auch auf die Gefahr eigener Nachteile. Beispiel: Ein Schüler beobachtet, dass ein Mitschüler von mehreren anderen misshandelt wird. Er stellt die Täter zur Rede und setzt sich damit der Gefahr aus, selbst angegriffen zu werden.

Literatur

Abramson, L.Y., Seligman, M.E.P. & Teasdale, J.D. (1978). Learned helplessness in humans: Critique and reformulation. Journal of Abnormal Psychology, 87, 32–48.

Abramson, L.Y., Seligman, M.E.P. & Teasdale, J.D. (1987). Learned helplessness in humans: Critique and reformulation. Journal of Abnormal Psychology, 87, 49–74.

Adams, J.S. (1965). Inequity in social exchange. In L. Berkowitz (Hrsg.), Advances in experimental social psychology, Band 2 (S. 267–299). New York: Academic Press.

Ajzen, I. (1985). A theory of planned behavior. In J. Kuhl & J. Beckmann (Hrsg.), Action control: From cognition to behavior (S. 11–39). Heidelberg: Springer.

Allport, F.H. (1920). The influence of the group upon association and thought. Journal of Experimental Psychology, 3, 159–182.

Allport, G.W. (1935). Attitudes. In C.M. Murchison (Hrsg.), Handbook of Social Psychology (S. 792–844). Worcester: Clark University Press.

Anderson, C.A. & Bushman, B.J. (2001). Effects of violent video games on aggressive behavior, aggressive cognition, aggressive affect, physiological arousal, and prosocial behavior: A meta-analytic review of the scientific literature. Psychological Science, 12, 353–359.

Anderson, K.G., Kaplan, H., Lam, D. & Lancaster, J. (1999). Paternal care by genetic fathers and stepfathers II: Reports by Xhosa high school students. Evolution and Human Behavior, 20, 433–451.

Aronson, E. (1968). Dissonance theory: Progress and problems. In R.P. Abelson, E. Aronson, W.J. McGuire, T.M. Newcomb, M.J. Rosenberg & P.H. Tannenbaum (Hrsg.), Theories of cognitive dissonance – A sourcebook (S. 5–27). Chicago: Rand-McNally.

Aronson, E. & Mills, J. (1959). The effects of severity of initiation on liking for a group. Journal of Abnormal and Social Psychology, 59, 177–181.

Asch, S.E. (1951). Effects of group pressure upon the modification and distortion of judgement. In H. Guetzkow (Hrsg.), Groups, leadership, and men (S. 76–92). Pittsburgh: Carnegie Press.

Asch, S.E. (1955). Opinions and social pressure. Scientific American, 193, 31–35.

Atwood, R.W. & Howell, R.J. (1971). Pupillometric and personality test score differences of female aggressing pedophiliacs and normals. Psychonomic Science, 22 (2), 115–116.

Bandura, A. (1979). Sozial-kognitive Lerntheorie. Stuttgart: Klett-Cotta.

Bandura, A., Ross, D. & Ross, S. (1961). Transmissions of aggression through imitation of aggressive models. Journal of Abnormal and Social Psychology, 63, 575–582.

Bandura, A., Ross, D. & Ross, S. (1963). Imitation of film-mediated aggressive models. Journal of Abnormal and Social Psychology, 66, 3–11.

Bargh, J.A., Chen, M. & Burrows, L. (1996). Automaticity of social behavior: Direct effects of trait construct and stereotype activation on action. Journal of Personality and Social Psychology, 71 (2), 230–244.

Batson, C.D., Duncan, B.D., Ackerman, P., Buckley, P. & Birch, K. (1981). Is empathic emotion a source of altruistic motivation? Journal of Personality and Social Psychology, 40, 290–302.

Beck, A.T., Rush, A.J., Shaw, B.F. & Emery, G. (1999). Kognitive Therapie der Depression. Weinheim: Beltz.

Beck, A.T., Rush, A.J., Shaw, B.F. & Emery, G. (2004). Kognitive Therapie der Depression. Weinheim: Beltz.

Becker, P. (1995). Seelische Gesundheit und Verhaltenskontrolle. Eine integrative Persönlichkeitstheorie und ihre klinische Anwendung. Göttingen: Hogrefe.

Bem, D.J. (1965). An experimental analysis of self-persuasion. Journal of Experimental Social Psychology, 1, 199–218.

Bem, D.J. (1972). Self-perception theory. Advances in Experimental Social Psychology, 6, 1–62.

Bentham, J. (1789/2003). Eine Einführung in die Prinzipien der Moral und der Gesetzgebung. In O. Höffe (Hrsg.), Einführung in die utilitaristische Ethik (3. Aufl.), (S. 55–83). Stuttgart: UTB.

Berkowitz, L. & Embree, M. (1987). The effect of escape possibility on aversively stimulated aggression. Journal of Research in Personality Psychology, 40, 687–700.

Berkowitz, L. (1962). Aggression: A social psychological analysis. New York: McGraw-Hill.

Berkowitz, L. (1965). The concept of aggressive drive: Some additional considerations. In L. Berkowitz (Hrsg.), Advances in experimental social psychology, Band 2 (S. 301–329). New York: Academic Press.

Berkowitz, L. (1990). On the formation and regulation of anger and aggression – A cognitive-neoassociationistic analysis. American Psychologist, 45, 494–503.

Berkowitz, L. (1993). Aggression: Its causes, consequences, and control. New York: McGraw-Hill.

Berkowitz, L. & LePage, A. (1967). Weapons as aggression-eliciting stimuli. Journal of Personality and Social Psychology, 7, 202–207.

Billig, M. & Tajfel, H. (1973). Social categorization and similarity in intergroup behavior. European Journal of Social Psychology, 3 (1), 27–52.

Blau, P.M. (1964). Exchange and power in social life. New York: Wiley & Sons.

Boehnke, K. (2001). Parent-offspring value transmissions in a societal context: Suggestions for a Utopian research design with empirical underpinnings. Journal of Cross-Cultural Psychology, 32, 241–255.

Bogardus, E.S. (1925). Measuring social distances. Journal of Applied Sociology, 9, 299–308.

Borkenau, P. (1993). Reicher Mann und schöne Frau? Zwei Studien zu Geschlechtsunterschieden in der Partnerpräferenz. Zeitschrift für Sozialpsychologie, 24, 289–296.

Brandtstädter, J. & Renner, G. (1990). Tenacious goal pursuit and flexible goal adjustment: Explication and age-related analysis of assimilative and accommodative strategies of coping. Psychology and Aging, 5, 58–67.

Brehm, J.W. (1956). Postdecision changes in the desirability of alternatives. Journal of Abnormal and Social Psychology, 52, 384–389.

Brehm, J.W. (1966). A theory of psychological reactance. New York: Academic Press.

Brewer, M.B. (1999). The psychology of prejudice: In-group love or out-group hate? Journal of Social Issues, 55 (3), 429–444.

Brockner, J., Heuer, L., Magner, N., Folger, R., Umphress, E., van den Bos, K., Vermunt, R., Magner, M., Siegel, P. (2003). High procedural fairness heightens the effect of outcome favorability on self-evaluations: An attributional analysis. Organizational Behavior and Human Decision Processes, 91 (1), 51–68.

Brodbeck, F.C., Kerschreiter, R., Mojzisch, A., Frey, D. & Schulz-Hardt, S. (2002). The dissemination of critical, unshared information in decision-making groups: The effects of pre-discussion dissent. European Journal of Social Psychology, 32 (1), 35–56.

Burnstein, E., Crandall, C.S. & Kitayama, S. (1994). Some neo-Darwinian decision rules for altruism: Weighing cues for inclusive fitness as a function of the biological importance of the decision. Journal of Personality and Social Psychology, 67, 773–789.

Burt, M.R. (1980). Cultural myths and supports for rape. Journal of Personality and Social Psychology, 38 (2), 217–230.

Buss, D.M. (1995). Evolutionary psychology: A new paradigm for psychological science. Psychological Inquiry, 6, 1–30.

Buss, D.M. (2004). Evolutionäre Psychologie (2. Aufl.). München: Pearson.

Buss, D.M. & Dedden, L.A. (1990). Derogation of competitors. Journal of Social and Personal Relationships, 7, 395–422.

Cacioppo, J.T. & Petty, R.E. (1979). Effects of message repetition and position on cognitive responses, recall and persuasion. Journal of Personality and Social Psychology, 37, 2181–2199.

Cacioppo, J.T., Priester, J.R. & Berntson, G.G. (1993). Rudimentary determinants of attitudes. II. Arm flexion and extension have differential effects on attitudes. Journal of Personality and Social Psychology, 65 (1), 5–17.

Campbell, D.T., Kruskal, W. & Wallace, W. (1966). Seating aggregation as an index of attitude. Sociometry, 29, 1–15.

Carlsmith, K.M., Darley, J.M. & Robinson, P.H. (2002). Why do we punish? Deterrence and just deserts as motives for punishment. Journal of Personality and Social Psychology, 83, 284–299.

Cartwright, D. & Harary, F. (1956). Structural balance: A generalization of Heider's theory. Psychological Review, 63, 277–293.

Cartwright, J. (2000). Evolution and human behavior. Cambridge, MA: MIT Press.

Catalano, R., Dooley, D., Novaco, R.W., Wilson, G. & Hough, R. (1993). Using ECA survey data to examine the effect of job layoffs on violent behavior. Hospital and Community Psychiatry, 44 (9), 874–879.

Chagnon, N. (1983). Yanomamo: The fierce people (3. Aufl.). New York: Holt, Rinehart & Winston.

Cialdini, R.B., Cacioppo, J.T., Bassett, R. & Miller, J.A. (1978). Low-ball procedure for producing compliance: Commitment, then cost. Journal of Personality and Social Psychology, 36 (5), 463–476.

Cialdini, R.B., Borden, R.J., Thorne, R.J., Walker, M.R., Freeman, S. & Sloan, L.R. (1976). Basking in reflected glory: Three football field studies. Journal of Personality and Social Psychology, 34, 366–375.

Cialdini, R.B., Vincent, J.E., Lewis, S.K., Catalan, J., Wheeler, D. & Darby, B.L. (1975). Reciprocal concessions procedure for inducing compliance: The door-in-the-face technique. Journal of Personality and Social Psychology, 31 (1), 206–215.

Clack, G.B., Allen, J., Cooper, D. & Head, J.O. (2004). Personality differences between doctors and their patients: Implications for the teaching of communication skills. Medical Education, 38 (2), 177–186.

Clarke, R.D. & Hatfield, E. (1989). Gender differences in receptivity to sexual offers. Journal of Psychology and Human Sexuality, 2 (1), 39–55.

Cottrell, N.B. (1972). Social facilitation. In M.G. McClintock (Hrsg.), Experimental Social Psychology (S.185–236). New York: Holt, Rinehart & Winston.

Crick, N.R. & Dodge, K.A. (1994). A review and reformation of social information-processing mechanisms in children's social adjustment. Psychological Bulletin, 115 (1), 74–101.

Crick, N.R. & Dodge, K.A. (1996). Social information-processing mechanisms on reactive and proactive aggression. Child Development, 67 (3), 993–1002.

Crick, N.R. & Grotpeter, J.K. (1995). Relational aggression, gender and social-psychological adjustment. Child Development, 66 (3), 710–722.

Crosby, F. (1976). A model of egoistical relative deprivation. Psychological Review, 83, 85–113.

Crosby, F. (1982). Relative deprivation and working women. New York: Oxford University Press.

Crowne, D. & Marlowe, D. (1960). A new scale of social desirability independent of psychopathology. Journal of Consulting Psychology, 24, 349–354.

Dalbert, C., Montada, L. & Schmitt, M. (1987). Glaube an eine gerechte Welt als Motiv: Validierungskorrelate zweier Skalen. Psychologische Beiträge, 29, 596–615.

Daly, M. & Wilson, M. (1981). Abuse and neglect of children in evolutionary perspective. In R.D. Alexander & D.W. Tinkle (Hrsg.), Natural selection and social behaviour (S. 405–416). New York: Chiron.

Daly, M. & Wilson, M. (1988). Homicide. Hawthorne, NY: Aldine.

Darley, J. & Pittman, T.S. (2003). The Psychology of Compensatory and Retributive Justice. Personality and Social Psychology Review, 7 (4), 324–336.

Darley, J. & Batson, C.D. (1973). "From Jerusalem to Jericho": A study of situational and dispositional variables in helping behavior. Journal of Personality and Social Psychology, 27 (1), 100–108.

Darley, J. & Latané, B. (1968). Bystander intervention in emergencies: Diffusion of responsibility. Journal of Personality and Social Psychology, 8, 377–383.

Darwin, C. (1859). On the origin of species by means of natural selection; or the preservation of favoured races in the struggle for life. London: John Murray. (Titel der deutschen Übersetzung von J.V. Carus [1899]: Über die Entstehung der Arten im Tier- u. Pflanzenreich durch natürliche Züchtung, oder Erhaltung der vervollkommneten Rassen im Kampf ums Dasein. Stuttgart: Schweizerbart.)

Dawkins, R. (1976). The selfish gene. New York: Oxford University Press.

Deutsch, M. (1975). Equity, equality, and need: What determines which value will be used as the basis of distributive justice? Journal of Social Issues, 31 (3), 137–149.

Deutsch, M. (1985). Distributive justice. New Haven: Yale University Press.

Diehl, M. & Stroebe, W. (1987). Productivity loss in idea-generating groups: Tracking down the blocking effect. Journal of Personality and Social Psychology, 61, 392–403.

Dodge, K.A. & Newman, J.P. (1981). Biased decision making processes in aggressive boys. Journal of Abnormal Psychology, 90 (4), 375–379.

Dodge, K.A. & Tomlin, A.M. (1987). Utilization of self-schemas as a mechanism of interpretational bias in aggressive children. Social Cognition, 5 (3), 280–300.

Dollard, J., Doob, L., Miller, N., Mowrer, O.H. & Sears, R.R. (1939). Frustration and aggression. New Haven: Yale University Press.

Duncan, B. (1976). Differential social perception and attribution of intergroup violence: testing the lower limits of stereotyping Blacks. Journal of Personality and Social Psychology, 34, 590–598.

Duval, T.S. & Wicklund, R.A. (1972). A theory of objective self-awareness. New York: Academic Press.

Edwards, W. (1954). The theory of decision making. Psychological Bulletin, 51, 380–417.

Ellis, J.B. (1994). Children's sex role development: Implications for working mothers. Social Behavior and Personality, 22, 131–136.

Fazio, R.H. (1990). Multiple processes by which attitudes guide behavior: The MODE model as an integrative framework. In M.P. Zanna (Hrsg.), Advances in experimental social psychology, Band 23 (S. 75–109). San Diego: Academic Press.

Feather, N.T. & Dawson, S. (1998). Judging deservingness and affect in relation to another's employment or unemployment: A test of a justice model. European Journal of Social Psychology, 28 (3), 361–381.

Feather, N.T. (1999). Values, achievement and justice: Studies in the psychology of deservingness. New York: Kluwer Academic/Plenum Publishers.

Fenigstein, A., Scheier, M.F. & Buss, A.H. (1975). Public and private self-consciousness: Assessment and theory. Journal of Consulting and Clinical Psychology, 43, 522–527.

Festinger, L. & Carlsmith, J.M. (1959). Cognitive consequences of forced compliance. Journal of Abnormal and Social Psychology, 58, 203–211.

Festinger, L. (1954). A theory of social comparison processes. Human Relations, 7, 117–140.

Festinger, L. (1957). A theory of cognitive dissonance. Stanford: Stanford University Press.

Festinger, L., Gerard, H.B., Hymovitch, B., Kelley, H.H. & Raven, B. (1952). The influence process in the presence of extreme deviates. Human Relations, 5, 327–346.

Fetchenhauer, D. (1994). Zur Theorie der Rollenbilanz (unveröffentlichtes Manuskript). Köln: Universität zu Köln.

Fincham, F.D., Bradbury, T.N., Arias, I., Byrne, C.A. & Karney, B.R. (1997). Martial violence, martial distress, and attributions. Journal of Family Psychology, 11, 367–372.

Fishbein, M. & Ajzen, I. (1975). Belief, attitude, intention, and behavior. An introduction to theory and research. Reading: Addison-Wesley.

Foa, E.B. & Foa, U.G. (1976). Resource theory of social exchange. In J.W. Thibaut, J.T. Spence & R.C. Carson (Hrsg.), Contemporary topics in social psychology (S. 99–131). Morristown, NY: General Learning Press.

Foa, U.G. & Foa, E.B. (1974). Social structures of the mind. Oxford: Charles C. Thomas.

Förster, J. & Werth, L. (2001). Zur Wechselwirkung von Medien und Motorik: Der Einfluss induzierten Annäherungs- und Vermeidungsverhaltens auf die Beurteilung der FDP. Zeitschrift für Sozialpsychologie, 32 (4), 223–233.

Försterling, F. (1989). Models of covariation and attribution: How do they relate to the analogy of analysis of variance? Journal of Personality and Social Psychology, 57, 615–625.

Freedman, J.L. & Fraser, S.C. (1966). Compliance without pressure: The foot-in-the-door-technique. Journal of Personality and Social Psychology, 4 (2), 195–202.

Frey, D. & Rosch, M. (1984). Information seeking after decisions: The roles of information and decision reversibility. Personality and Social Psychology Bulletin, 10 (1), 91–98.

Frijda, N.H. (1994). The lex talionis: On vengeance. In N.E. van de Poll, S.H. M. van Goozen (Hrsg.), Emotions: Essays on emotion theory (S. 263–289). Hillsdale: Lawrence Erlbaum Associates, Inc.

Gaertner, S.L. & Dovidio J.F. (1977). The subtlety of white racism, arousal, and helping behavior. Journal of Personality and Social Psychology, 35, 691–707.

Gaertner, S.L. & McLaughlin, J.P. (1983). Racial stereotypes: Associations and ascriptions of positive and negative characteristics. Social Psychology Quarterly, 46 (1), 23–30.

Gilbert, D.T. (1995). Attribution and interpersonal perception. In A. Tesser (Hrsg.), Advanced Social Psychology (S. 99–147). New York: McGraw-Hill.

Gilbert, D.T., Pelham, B.W. & Krull, D.S. (1988). On cognitive busyness: When person perceivers meet persons perceived. Journal of Personality and Social Psychology, 54, 733–740.

Goldberg, P. (1968). Are women prejudiced against women? Transaction, 5, 28–30.

Gouze, K.R. (1987). Attention and social problem solving as correlates of aggression in preschool males. Journal of Abnormal Child Psychology, 15 (2), 181–197.

Greitemeyer, T. & Schulz-Hardt, S. (2003). Preference-consistent evaluation of information in the hidden profileparadigm: Beyond group-level explanations for the dominance of shared information in group-decisions. Journal of Personality and Social Psychology, 84, 322–339.

Greve, W. & Wentura, D. (1997). Wissenschaftliche Beobachtung – eine Einführung. Weinheim: Beltz.

Gross, N., Mason, W.S. & McEachern, A.W. (1958). Explorations in role analysis: Studies on the school superintendency role. Oxford: Wiley.

Güth, W., Schmittberger, R. & Schwarze, B. (1982). An experimental analysis of ultimatum bargaining. Journal of Economic Behavior and Organization, 3, 367–388.

Guthrie, E.R. (1935). The psychology of learning. Oxford: Harper.

Guttman, L. (1944). A basis for scaling qualitative data. American Sociological Review, 9, 139–150.

Hacker, W. (1978). Arbeitspsychologie. Psychische Regulation von Arbeitstätigkeiten. Bern: Huber.

Hamilton, W. (1964). The genetical evolution of social behavior, I and II. Journal of Theoretical Biology, 7, 1–52.

Hatfield, E., Utne, M.K. & Traupmann, J. (1979). Equity theory and intimate relationships. In R.L. Burgess & T.L. Huston (Hrsg.), Social exchange in developing relationships (S. 99–133). New York: Academic Press.

Heckhausen, H., & Gollwitzer, P.M. (1987). Thought contents and cognitive functioning in motivational vs. volitional states of mind. Motivation & Emotion, 11, 101–120.

Heider, F. (1946). Attitudes and cognitive organization. Journal of Psychology, 21, 107–112.

Heider, F. (1958). The psychology of interpersonal relations. New York: Wiley.

Herkner, W. (1996). Lehrbuch Sozialpsychologie (5. Aufl.). Bern: Huber.

Hoffman, M.L. (1976). Empathy, role-taking, guilt, and development of altruistic motives. In T. Lickona (Hrsg.), Moral development and behavior (S. 124–143). New York: Holt, Rinehart & Winston.

Hoffmann, M.L. (1981). Is altruism a part of human nature? Journal of Personality and Social Psychology, 40, 121–137.

Hogan, R. & Emler, N.P. (1981). Retributive justice. In M.J. Lerner & S.C. Lerner (Hrsg.), The justice motive in social behavior (S. 125–143). New York: Plenum.

Hogg, M. & Abrams, D. (1993). Towards a single-process uncertainty reduction model of social motivation in groups. In M. Hogg & D. Abrams (Hrsg.), Group motivation: Social psychological perspectives (S. 173–190). Hemel Hempstead: Harvester Wheatsheaf.

Homans, G.C. (1961). Social behavior: Its elementary forms. New York: Harcourt Brace.

Homans, G.C. (1974). Social behavior: Its elementary forms. Oxford: Harcourt Brace Jovanovich.

Huesmann, L.R., Eron, L.D., Lefkowitz, M.M. & Walder, L.O. (1984). Stability of aggression over time and generations. Developmental Psychology, 20, 1120–1134.

Hull, C.L. (1943). Principles of behavior: An introduction to behavior theory. Oxford: Appleton-Century.

Ingham, A.G., Levinger, G., Graves, J. & Peckham, V. (1974). The Ringelmann effect: studies of group size and group performance. Journal of Personality and Social Psychology, 10, 371–384.

Insko, C.A. (1965). Verbal reinforcement of attitude. Journal of Personality and Social Psychology, 2, 621–623.

Jackson, J.M. & Padgett, V.R. (1982). With a little help from a friend: Social loafing and the Lennon-Mc Cartney songs. Personality and Social Psychology Bulletin, 8 (4), 672–677.

Janis, I.L. (1972). Victims of groupthink. Boston: Houghthon Mifflin.

Janis, I.L. (1982). Groupthink: Psychological studies of policy decisions and fiascoes (2. Aufl.). Boston: Houghthon Mifflin.

Johnson, D.W. & Johnson, F.P. (1987). Joining together: Group theory and group skills (3. Aufl.). Englewood Cliffs, NJ: Prentice Hall.

Jonas, K.J., Boos, M., Backes, S., Büttner, N. Ehrenthal, J. & Prasse, A. (2002). Göttinger Zivilcourage-Training. Polizei und Wissenschaft 1/2002, 72–82.

Jones, C. & Aronson, E. (1973). Attribution of fault to a rape victim as a function of the respectability of the victim. Journal of Personality and Social Psychology, 26, 415–419.

Jones, E.E. & Nisbett, R.E. (1972). The actor and the observer: Divergent perceptions of the causes of behavior. In E.E. Jones, D.E. Kanouse, H.H. Kelley, R.E. Nisbett, S. Valins & B. Weiner (Hrsg.), Attribution: Perceiving the causes of behavior (S. 79–94). Morristown: General Learning Press.

Jones, E.E. & Sigall, H. (1971). The bogus pipeline: A new paradigm for measuring affect and attitude. Psychological Bulletin, 76, 349–364.

Judge, D. & Blaffer Hrdy, S. (1992). Allocation of accumulated resources among close kin: Inheritance in Sacramento, California, 1890–1984. Ethology and Sociobiology 13, 495–522.

Kant, I. (1797/1990). Metaphysik der Sitten. Stuttgart: Reclam.

Kelley, H.H. & Thibaut, J. (1978). Interpersonal relations: A theory of interdependence. New York: Wiley.

Kelley, H.H. (1967). Attribution theory in social psychology. In D. Levine (Hrsg.), Nebraska Symposium in Motivation (Band 15, S. 192–238.). Lincoln: University of Nebraska Press.

Kelley, H.H. (1972). Attribution in social interaction. In E.E. Jones, D.E. Kanouse, H.H. Kelley, R.E. Nisbett, S. Valins & B. Weiner (Hrsg.) Attribution: Perceiving the causes of behavior (S. 1–26). Morristown: General Learning Press.

Kelley, H.H. (1973). The process of causal attribution. American Psychologist, 28, 107–128.

Kelley, H. & Thibaut, J. (1978). Interpersonal relations: A theory of interdependence. New York: Wiley.

Kerschreiter, R., Mojzisch, A, Schulz-Hardt, S., Brodbeck, F.C. & Frey, D. (2003). Informationsaustausch bei Entscheidungsprozessen in Gruppen: Theorie, Empirie und Implikationen für die Praxis. In S. Stumpf & A. Thomas (Hrsg.). Teamarbeit und Teamentwicklung (S. 85–118). Göttingen: Hogrefe

Klink, A., Hamberger, J., Hewstone, M. & Avci, M. (1998). Kontakte zwischen Gruppen als Mittel zur Reduktion von Aggression und Gewalt: Sozialpsychologische Theorien und ihre Anwendung in der Schule. In H.W. Bierhoff & U. Wagner (Hrsg.), Aggression und Gewalt (S. 279–306). Stuttgart: Kohlhammer.

Köhler, O. (1926). Kraftleistungen bei Einzel- und Gruppenarbeit. Industrielle Psychotechnik, 3, 274–282.

Krampen, G. (1981). IPC-Fragebogen zu Kontrollüberzeugungen. Handanweisung. Göttingen: Hogrefe.

Krampen, G. (2000). Handlungstheoretische Persönlichkeitspsychologie (2. Aufl.). Göttingen: Hogrefe.

Kruglanski, A.W., Shah, J.Y., Fishbach, A., Friedman, R., Chun, W.Y. & Sleeth-Keppler, D. (2002). A theory of goal systems. In M. Zanna (Hrsg.), Advances in experimental social psychology, Band 34 (S. 331–378). New York: Academic Press.

Kuhl, J. (2001). Motivation und Persönlichkeit. Interaktionen psychischer Systeme. Göttingen: Hogrefe.

LaPiere, R.T. (1934). Attitudes vs. actions. Social Forces, 13, 230–237.

Latané, B. & Darley, J.M. (1968). Group inhibition of bystander intervention. Journal of Personality and Social Psychology, 10, 215–221.

Latané, B. & Rodin, J. (1969). A lady in distress: Inhibiting effects of friends and strangers on bystander intervention. Journal of Experimental Social Psychology, 5, 189–202.

Latané, B. & Darley, J.M. (1970). The unresponsive bystander: Why doesn't he help? New York, NY: Appleton-Century Crofts.

Lazarus, R. S & Folkman, S. (1984). Stress, appraisal and coping. New York: Springer.

Lerner, M.J. & Simmons, C.H. (1966). Observer's reaction to the "innocent victim": Compassion or rejection? Journal of Personality and Social Psychology, 4, 203–210.

Lerner, M.J. (1965). Evaluation of performance as a function of performer's reward and attractiveness. Journal of Personality and Social Psychology, 1, 335–360.

Lerner, M.J. (1980). The belief in a just world: A fundamental delusion. New York: Plenum Press.

Leventhal, H. (1980). Toward a comprehensive theory of emotion. In L. Berkowitz (Hrsg.), Advances in experimental social psychology, Band 1 (S. 139–207.). New York: Academic Press.

Likert, R. (1932). A technique for the measurement of attitudes. Archives of Psychology, 140, 5–53.

Mann, J. (1992). Nurturance or negligence: Maternal psychology and behavioral preference among preterm twins. In J. Barkow, L. Cosmides & J. Tooby (Hrsg.), The adapted mind (S. 367–390). New York: Oxford University Press.

Manucia, G.K., Baumann, D.J. & Cialdini, R.B. (1984). Mood influences on helping: Direct effects or side effects? Journal of Personality and Social Psychology, 46 (2), 357–346.

Marazzitti, D., Rotondo, A., Presta, S., Pancioloi-Guadagnucci, M.L., Palego, L. & Conti, L. (1993). Role of serotonin in human aggressive behavior. Aggressive Behavior, 19, 347–353.

Markus, H. (1978). The effect of mere presence on social facilitation: An unobtrusive test. Journal of European Social Psychology, 14 (4), 380–397.

McArthur, L.Z. (1972). The how and what of why: Some determinants and consequences of causal attribution. Journal of Personality and Social Psychology, 22, 171–193.

McGuire, W.J. (1964). Inducing resistance to persuasion. In L. Berkowitz (Hrsg.), Advances in experimental social psychology (Band 1, S. 192–229). New York: Academic Press.

Meichenbaum, D. (1977). Cognitive-behavior modification: An integrative approach. New York: Plenum Press.

Meichenbaum, D.W. (1995). Kognitive Verhaltensmodifikation. Weinheim: Beltz/PVU.

Mesquida, C. & Wiener, N. (1999). Male age composition and severity of conflicts. Politics and the Life Sciences, 18 (2), 181–189.

Mikula, G. (1997). Psychologische Theorien des sozialen Austauschs. In D. Frey & M. Irle (Hrsg.), Theorien der Sozialpsychologie. Band II: Gruppen- und Lerntheorien (1. Aufl.) (S. 273–305). Bern: Huber.

Milgram, S. (1963). Behavioral study of obedience. Journal of Abnormal and Social Psychology, 67, 371–378.

Milgram, S. (1965). Some conditions of obedience and disobedience to authority. Human Relations, 18, 57–76.

Milgram, S. (1974). Obedience to authority: An experimental view. New York: Harper & Row.

Milgram, S., Mann, L. & Harter, S. (1965). The lost-letter technique: A tool of social science research. Public Opinion Quarterly, 29, 437–438.

Miller, D.T. & Vidmar, N. (1981). The social psychology of punishment reactions. In M.J. Lerner & S.C. Lerner (Hrsg.), The justice motive in social behavior (S. 145–172). New York: Plenum Press.

Miller, D.T. (1977). Altruism and threat to a belief in a just world. Journal of Experimental Social Psychology, 13, 113–124.

Miller, D.T., Norman, S.A. & Wright, E. (1978). Distortion in person perception as a consequence of the need for effective conrtol. Journal of Personality and Social Psychology, 36, 598–607.

Miller, G.A., Galanter, E. & Pribram, K.H. (1960). Plans and the structure of behavior. New York: Holt.

Miller, N. (1941). The frustration-aggression hypothesis. Psychological Review, 48, 337–342.

Mischel, W. (1968). Personality and assessment. New York: Wiley.

Mohazab, F. & Feger, H. (1985). An extension of Heiderian balance theory for quantified data. European Journal of Social Psychology, 15, 147–165.

Montada, L. & Kals, E. (2001). Mediation. Lehrbuch für Psychologen und Juristen. Weinheim: Beltz/PVU.

Montada, L. (1989). Möglichkeiten der Kontrolle von Ärger im Polizeidienst (Berichte aus der Arbeitsgruppe „Verantwortung, Gerechtigkeit, Moral" Nr. 51). Universität Trier, Fachbereich I – Psychologie.

Montada, L., Schmitt, M. & Dalbert, C. (1986). Thinking about justice and dealing with one's own privileges: A study of existential guilt. In H.W. Bierhoff, R. Cohen, & J. Greenberg (Eds.), Justice in social relations (S. 125–143). New York: Plenum Press.

Moscovici, S. (1976). Social Influence and Social Change. London: Academic Press.

Moscovici, S., Lage E. & Naffrechoux, M. (1969). Influence of a consistent minority on the response of a majority in a colour perception task. Sociometry, 32, 365–380.

Mummendey, A., & Wenzel, M. (1999). Social discrimination and tolerance in intergroup relations: Reactions to intergroup difference. Personality and Social Psychology Review, 3, 158–174.

Niederland, W.G. (1981). The survivor syndrome: Further observations and dimensions. Journal of the American Psychoanalytic Association, 29 (2), 413–425.

Novaco, R. (1991). Aggression on roadways. In R. Baenninger (Hrsg.), Targets of violence and aggression (Serie "Advances in psychology" Nr. 76) (S. 253–326). Amsterdam: North-Holland.

Oesterreich, R. (1981). Handlungsregulation und Kontrolle. München: Urban & Schwarzenberg.

Orne, M.T. (1962). On the social psychology of the psychological experiment: with particular reference to demand characteristics and their implications. American Psychologist, 17, 776–783.

Orne, M.T. (1969). Demand characteristics and the concept of quasi-controls. In R. Rosenthal & R.L. Rosnow (Hrsg.), Artifact in behavioral research (S. 143–179). New York: Academic Press.

Osborn, A.F. (1957). Applied imagination. New York: Scribner's.

Otten, S. (2002). "Me and us" or "us and them"? The self as a heuristic for defining minimal ingroups. European Review of Social Psychology, 13, 1–33.

Overmier, J. & Seligman, M. (1967). Effects of inescapable shock on subsequent escape and avoidance behavior. Journal of Comparative Physiology and Psychology, 63, 23–33.

Parsons, T. (1951) The social system. New York: Free Press.

Pavitt, C. (1994). Another view of group polarizing: The "reasons for" one-sided oral argumentation. Communication Research, 21 (5), 625–642.

Petty, R.E. & Cacioppo, J.T. (1986). Communication and persuasion: Central and peripheral routes to attitude change. New York: Springer.

Petty, R.E, Wells, G.L. & Brock, T.C. (1976). Distraction can enhance or reduce yielding to propaganda: Thought disruption versus effort justification. Journal of Personality and Social Psychology, 34, 874–884.

Piaget, J. (1932/1983). Das moralische Urteil beim Kinde. Stuttgart: Klett-Cotta.

Piliavin, J.A. & Piliavin, I.M. (1972). The effect of blood on reactions to a victim. Journal of Personality and Social Psychology, 23, 253–261.

Piliavin, I.M., Piliavin, J.A. & Rodin, J. (1975). Costs, diffusion and the stigmatized victim. Journal of Personality and Social Psychology, 32, 429–438.

Piliavin, J.A., Dovidio, J., Gaertner, S. & Clark, R.D., III. (1981). Emergency intervention. New York: Academic Press.

Piontkowski, U., Ruppelt, M. & Sandmann, M. (1981). Eine Normierung von Rotters I-E-Skala. Diagnostica, 27 (4), 313–323.

Porier, G.W. & Lott, A.J. (1967). Galvanic skin response and prejudice. Journal of Personality and Social Psychology, 5, 253–259.

Pryor, J.B. & Stoller, L.M. (1994). Sexual cognition processes in men high in the likelihood to sexually harass. Personality and Social Psychology Bulletin, 20 (2), 163–169.

Randall, P. (1997). Adult bullying: Perpetrators and victims. London: Routledge.

Rosenberg, M.J. & Hovland, C.I. (1960). Cognitive, affective, and behavioral components of attitude. In M.H. Rosenberg et al. (Hrsg.), Attitude organization and change: An analysis of consistency among attitude components (S. 1–14). New Haven: Yale University Press.

Rosenberg, M.L. & Abelson, R.P. (1960). An analysis of cognitive balancing. In M.J. Rosenberg et al. (Hrsg.). Attitude organization and change (S. 112–163). New Haven: Yale University Press.

Rosenthal, R. (1966). Experimenter effects in behavoral research. New York: Appleton-Century-Crofts.

Ross, A.S. & Braband, J. (1973). Effect of increased responsibility on bystander intervention: II. The cue value of a blind person. Journal of Personality and Social Psychology, 25 (2), 254–258.

Ross, L., Amabile, T.M., & Steinmetz, J.L. (1977). Social roles, social control, and biases in social perception. Journal of Personality and Social Psychology, 35, 485–494.

Ross, L., Greene, D. & House, P. (1977). The false consensus effect: An egocentric bias in social perception and attribution processes. Journal of Experimental Social Psychology, 13 (3), 279–301.

Rotter, J.B. (1954). Social learning and clinical psychology. Englewood Cliffs, NJ: Prentice Hall.

Rubin, Z. & Peplau, L.A. (1973). Belief in a just world and reactions to another's lot: A study of participants in the national draft lottery. Journal of Social Issues, 29, 73–93.

Runciman, W.G. (1966). Relative deprivation and social injustice. London: Routledge & Kegan Paul.

Salmivalli, C. & Kaukiainen, A. (2004). „Female aggression" revisited: Variable- and person-centered approaches to studying gender differences in different types of aggression. Aggressive Behavior, 30, 158–163.

Schachter, S. (1964). The interaction of cognitive and physiological determinants of emotional state. In L. Berkowitz (Hrsg.), Advances in experimental social psychology, Vol. 1 (S. 49–80). New York: Academic Press.

Schachter, S. & Singer, J. (1962). Cognitive, social and physiological determinants of emotional state. Psychological Review, 69, 379–407.

Schlenker, B.R. (1980), Impression management: The self-concept, social identity, and interpersonal relations. Monterey, CA: Brooks Cole.

Schmitt, M. (2005). Interaktionistische Ansätze. In H. Weber & T. Rammsayer (Hrsg.), Handbuch der Persönlichkeitspsychologie und Differentiellen Psychologie (S. 104 115). Göttingen: Hogrefe.

Schmitt, M. & Maes, J. (2002). Stereotypic ingroup bias as self-defense against relative deprivation: Evidence from a longitudinal study of the German unification process. European Journal of Social Psychology, 32, 309–326.

Schmitt, M., Hoser, K. & Schwenkmezger, P. (1991). Schadensverantwortlichkeit und Ärger. Zeitschrift für Experimentelle und Angewandte Psychologie, 28, 634–647.

Schmitt, M., Neumann, R. & Montada, L. (1995). Dispositional sensitivity to befallen injustice. Social Justice Research, 8, 385–407.

Schmitt, M., Eid, M. & Maes, J. (2003). Synergistic person × situation interaction in distributive justice behavior. Personality and Social Psychology Bulletin, 29, 141–147.

Schmitt, M. & Sabbagh, C. (2004). Synergistic person × situation interaction in distributive justice judgment and allocation behavior. Personality and Individual Differences, 37, 359–371.

Schmitt, M., Gollwitzer, M., Maes, J. & Arbach, D. (in Druck). Justice sensitivity: Assessment and location in the personality space. European Journal of Psychological Assessment.

Seashore, S.E. (1954). Group cohesiveness in the industrial work group. Ann Arbor: University of Michigan, Survey Research Center Institute for Social Research.

Seligman, M.E. P. (1975). Helplessness: On depression, development, and death. San Francisco: Freeman.

Shaver, K.G. (1985). The attribution of blame: Causality, responsibility, and blameworthiness. New York: Springer.

Shaw, M. (1932). A comparison of individuals and small groups in the rational solution of complex problems. American Journal of Psychology, 44, 491–504.

Sherif, M. (1935). A study of some factors in perception. Archives of Psychology, 27 (187), 1–60.

Sherif, M. (1936). The psychology of social norms. New York: Harper.

Sherif, M. (1966). In common predicament: Social psychology of intergroup conflict and cooperation. Boston: Houghton Mifflin.

Sherif, M., White, B.J. & Harvey, O.J. (1955). Status in experimentally produces groups. American Journal of Sociology, 60, 370–379.

Sherif, M., Harvey, O.J., White, J., Hodd, W. & Sherif, C.W. (1961). Intergroup conflict and cooperation: The robber's cave experiment. Norman: Institute of Intergroup Relations, University of Oklahoma.

Smith, E.R. & Mackie, D.M. (2000). Social Psychology (2. Aufl.). Philadelphia: Psychology Press.

Snyder, M. (1974). Self-monitoring of expressive behavior. Journal of Personality and Social Psychology, 30, 526–537.

Sonde-Info (2001). „Mit Keule und Computer" – Evolution des Geistes. Baden-Baden: Südwestrundfunk.

Staats, A.W. & Staats, C.K. (1958). Attitudes established by classical conditioning. Journal of Abnormal and Social Psychology, 57, 37–40.

Stasser, G. & Titus, W. (1985). Pooling of unshared information in group decision making: Biased information sampling during discussion. Journal of Personality and Social Psychology, 48, 1467–1478.

Steiner, I.D. (1972). Group process and productivity. New York: Academic Press.

Stöber, J. (1999). Die Soziale-Erwünschtheits-Skala-17 (SES-17): Entwicklung und erste Befunde zu Reliabilität und Validität. Diagnostica, 45, 173–177.

Storms, M.D. (1973). Videotape and the attribution process: Reserving actors' and observers' points of view. Journal of Personality and Social Psychology, 27, 163–175.

Stouffer, S.A., Suchman, E.A., DeVinney, L.C., Star, S.A. & Williams, R.M. Jr. (1949). The american soldier: Adjustment during army life (Band 1). Princeton: Princeton University Press.

Stroebe, W. & Diehl, M. (1994). Why groups are less effective than their members. On productivity in idea-generating groups. In W. Stroebe & M. Hewstone (Hrsg.), European Review of Social Psychology, Band 5 (S. 271–304). London: Wiley.

Symons, D. & Ellis, B. (1989). Human male-female differences in sexual desire. In A.S. Rasa, C. Vogel & E. Voland (Hrsg.), The Sociobiology of sexual and reproductive strategies (S. 131–146). London: Chapman & Hall.

Tajfel, H. (Hrsg.) (1978). Differentation between social groups: Studies in the social psychology of intergroup relations. London: Academic Press.

Tajfel, H. & Turner, J. (1986). An integrative theory of intergroup conflict. In W.C. Austin & S. Worchel (Hrsg.), The Social Psychology of Intergroup Relations (2. Aufl., S. 7–24). Montery: Brooks/Cole.

Tajfel, H. & Wilkes, A.L. (1963). Classification and quantitative judgement. British Journal of Psychology, 54, 101–114.

Tedeschi, J.T. (1981) (Hrsg.). Impression management theory and social psychological research. New York: Academic Press.

Tedeschi, J.T. & Felson, R.B. (1994). Violence, aggression and coercive actions. Washington: American Psychological Association.

Thibaut, J.W. & Kelley, H.H. (1959). The social psychology of groups. New York: Wiley.

Thibaut, J.W. & Walker, L. (1975). Procedural justice. Hillsdale: Lawrence Erlbaum.

Thibaut, J.W. & Walker, L. (1978). A theory of procedure. California Law Review, 86, 386–400.

Tomada, G. & Schneider, B.H. (1997). Relational aggression, gender, and peer acceptance: Invariance across culture, stability over time, and concordance among informants. Developmental Psychology, 33, 601–609.

Triplett, N. (1898). The dynamogenic factors in pacemaking and competition. American Journal of Psychology, 9, 507–533.

Tuckman, B. (1965). Developmental sequence in small groups. Psychological Bulletin, 63, 384–399.

Turner, J.C. & Oakes, P.J. (1989). Self-categorization theory and social influence. In P.B. Paulus (Hrsg.), The psychology of group influence (2. Aufl.) (S. 233–275.). Hillsdale: Lawrence Erlbaum.

Tyler, T.R. (2000). Social justice: Outcome and procedure. International Journal of Psychology, 35 (2), 117–125.

Tyler, T.R., Boeckmann, R.J., Smith, H.J. & Huo, Y.J. (1997). Social justice in a diverse society. Boulder, CO: Westview Press.

Van Yperen, N. & Buunk, B. (1994). Social comparison and social exchange in marital relationships. In M. Lerner & G. Mikula (Hrsg.), Entitlement and the affectional bond: Justice in close relationships (S. 89–116). New York: Plenum.

Volpert, W. (1974). Handlungsstrukturanalyse. Köln: Pahl-Rugenstein.

Volpert, W. (1987). Psychische Regulation von Arbeitstätigkeiten. In U. Kleinbeck & J. Rutenfranz (Hrsg.), Arbeitspsychologie. Enzyklopädie der Psychologie, Themenbereich D, Serie III, Band 1 (S. 1–42). Göttingen: Hogrefe.

Walster, E., Walster, G.W. & Berscheid, E. (1978). Equity: Theory and research. Needham Heights: Allyn & Bacon.

Watzlawick, P., Beavin, I.H. & Jackson, D.D. (1969). Menschliche Kommunikation – Formen, Störungen, Paradoxien. Bern: Huber.

Weiner, B. (1986). An attributional theory of motivation and emotion. New York: Springer.

Wicker, A.W. (1969). Attitudes versus actions: The relationship between verbal and overt behavioral responses to attitude objects. Journal of Social Issues, 25, 41–78.

Williams, K., Harkins, S. & Latané, B. (1981). Identifiability as a deterrent to social loafing: Two cheering experiments. Journal of Personality and Social Psychology, 40, 303–311.

Wilson, E.O. (1975). Sociobiology – The new synthesis. Oxford: Belknap Press of Harvard University Press.

Wiswede, G. (1991). Führungsforschung im Wandel. In G. Wiendieck & G. Wiswede (Hrsg.), Führung im Wandel (S. 1–38). Stuttgart:

Wojciszke, B. (1987). Wplyw struktury ja na zgodnosc zachowania z wartosciami: Studium korelacyjne [Der Einfluss der Selbst-Struktur auf die Werte-Verhaltens-Konsistenz: Eine Korrelationsstudie] Psychologia-Wychowawcza, 30 (3), 272–284.

Zajonc, R.B. (1965). Social facilitation. Science, 149, 296–274.

Zajonc, R.B. (1968). Attitudinal effects of mere exposure. Journal of Personality and Social Psychology, (9) Monogr. Suppl. Nr.2.

Zajonc, R.B. & Burnstein, E. (1965). Structural balance as sources of cognitive bias. Journal of Personality, 33, 570–583.

Zanna, M.P. & Cooper J. (1974). Dissonance and the pill: An attribution approach to studying the arousal properties of dissonance. Journal of Personality and Social Psychology, 29, 703–709.

Zanna, M.P., Goethals, G.R. & Hill, J.F. (1975). Evaluating a sex-related ability: Social comparison with similar others and standard setters. Journal of Experimental Social Psychology, 11, 86–93.

Zillman, D. (1971). Excitation transfer in communication-mediated aggressive behaviour. Journal of Experimental Social Psychology, 7, 419–34.

Zuckerman, M. (1979). Attribution of success and failure revisited, or: The motivational bias is alive and well in attribution theory. Journal of Personality, 47, 245–287.

Sachverzeichnis

Sozialpsychologie für die Praxis

Auhagen • Bierhoff (Hrsg.)
Angewandte Sozialpsychologie
Das Praxishandbuch

BELTZ**PVU**

A. E. Auhagen • H.-W. Bierhoff (Hrsg.)
Angewandte Sozialpsychologie
Das Praxishandbuch
Gebunden. XII, 642 S.
ISBN 3-621-27522-3

Wie kann ein Betrieb freiwilliges Arbeitsengagement fördern? Sind Zeugenaussagen vor Gericht immer glaubwürdig? Welche Fertigkeiten braucht ein guter Moderator? Bergen die neuen Medien mehr Chancen oder Gefahren? Diese Fragen zeigen nur einen kleinen Ausschnitt aus dem breiten Anwendungsspektrum der Sozialpsychologie.

Psychologen, Fachleute aus der Wirtschaft, Personalentwickler, Politiker, Juristen – sie alle werden im beruflichen Alltag oft mit Fragen konfrontiert, die in den Bereich der Angewandten Sozialpsychologie fallen und die im vorliegenden Handbuch praxisnah angegangen werden.
Gegliedert ist es in die Bereiche „Kommunikation und Interaktion" und „Praxisfelder", und geschildert werden Themen wie etwa Rhetorik, Coaching, Wissensmanagement und Globalisierung oder Personalauswahl, Teamarbeit, Werbung und Internet – um nur einige zu nennen. Zu jedem Anwendungsbereich beschreiben Experten
• die theoretischen Grundlagen,
• die konkrete Umsetzung in die Praxis,
• die Verbesserungsmöglichkeiten.
Das Handbuch ermöglicht vertiefendes Verständnis eines jeden Themas und ist dennoch zum schnellen Nachschlagen geeignet. Für Fachleute und Studierende aus Psychologie, Wirtschaft und Pädagogik das Standardwerk zur Sozialpsychologie in Anwendung und Praxis.

Verlagsgruppe Beltz • Postfach 100154 • 69441 Weinheim • www.beltz.de